VOLKER STUTZER

Teufelstritt und Seelenloch

ISBN 3-92 44 84-22-8

1. Auflage

Gesamtherstellung: Neue Presse Verlags-GmbH

Teufelstritt und Seelenloch

Aus dem heimatgeschichtlichen Archiv geplaudert und kommentiert von

VOLKER STUTZER

Neue Presse Verlags-GmbH, Passau

Der Autor

Diplom-Finanzwirt und Journalist Volker Stutzer, arbeitete 26 Jahre lang als verantwortlicher Redakteur der "Passauer Neuen Presse" und Leiter der Redaktion und Geschäftsstelle Untergriesbach. Er stammt aus Ficht in der Gemeinde Untergriesbach, wo er am 9. Dezember 1927 geboren wurde, aufwuchs und noch heute mit seiner Familie wohnt.
Er ging in Passau und Deggendorf zur Oberschule, leistete Wehrdienst bei der Luftwaffe und der Fallschirmtruppe und wurde bei den Kämpfen an der Ostfront verwundet.
Nach Kriegsgefangenschaft und schwerer Arbeit in den Nachkriegsjahren, u.a. als Bauernknecht, Bäcker und Besenbinder, zerrannen erste schriftstellerische Erfolge mit der Währungsreform.

Volker Stutzer trat in die Bundesfinanzverwaltung ein, stieg zum Zollinspektor auf und erfüllte sich 1964 den Berufswunsch, Journalist zu werden. Sein Engagement für die Heimat und ihre Menschen fand vielfältige Anerkennung. 1979 wurde Volker Stutzer mit dem Bundesverdienstkreuz am Bande ausgezeichnet, 1989 ernannte ihn seine Heimatgemeinde Untergriesbach zum Ehrenbürger. Mehrere Gemeinden verliehen ihm Ehrenbriefe, Vereine die Ehrenmitgliedschaft. Der Freistaat Bayern und der Landkreis Passau übertrugen ihm das Amt des Kreisarchivpflegers.
1982 erhielt Volker Stutzer den Theodor-Wolff-Preis für hervorragende journalistische Leistungen. Er veröffentlichte mehrere Bücher, so den Bildband "Land an drei Flüssen", die "Bunten Blätter" und die "Neuen Schlehreuther Geschichten".
Er unternahm ausgedehnte Reisen u.a. in Indien, Ägypten und Australien und rief ein soziales Hilfswerk für arme indische Kinder ins Leben, das er seit 1976 leitet.

Inhaltsverzeichnis

Geleitwort

DES BAYERISCHEN STAATSMINISTERS FÜR ARBEIT UND SOZIALORDNUNG

Der vorliegende Sammelband von Reportagen, Artikeln und Kommentaren aus der Feder von Volker Stutzer macht deutlich, was wirklicher, verantwortungsvoller Journalismus sein sollte und sein kann.

Mehr als ein Vierteljahrhundert ist Volker Stutzer seiner Berufsauffassung treu geblieben. Nicht die schnelle Schlagzeile, nicht die Sensation, sondern Sensibilität, das Gespür für den Menschen und eine kritische Liebe zur Heimat zeichnen seine Arbeiten aus.

Seine journalistische Tätigkeit war daher immer mehr als bloße Berichterstattung. Engagiert, mit der notwendigen Distanz, aber auch mit einer in jeder Zeile spürbaren Identifizierung mit unserer Heimat und ihren Menschen hat Volker Stutzer nicht nur informatorisch begleitet — er hat auf eine stille und unaufdringliche Weise seinen Beitrag zur Entwicklung unserer Heimat geleistet. Heimat wird mit dem Herzen erlebt und mit dem Verstand gestaltet — diese Symbiose zwischen Emotion und Rationalität konnte der Autor in seinen Beiträgen glaubhaft vermitteln. Nicht rührselige Romantik, aber auch nicht blinder Fortschrittseifer, sondern das Wissen um die Notwendigkeit der Wurzeln des Menschen, denen nur die Heimat Boden bietet, machten ihn zu einem Anwalt unserer Region, zu einem Journalisten im besten Sinn, der sich selbst in die Verantwortung nimmt: Objektiv in der Information, subjektiv im Kommentar, suggestiv im Stil.

Es macht noch heute Freude, in seinen alten Reportagen und Artikeln zu blättern. Losgelöst von der Tagesaktualität bestechen sie den Leser in Form und Inhalt als Beispiel für journalistische Arbeit, die sich nicht als Beruf, sondern als Berufung versteht.

Diese Arbeiten sind aber weit mehr als die bloße Darstellung des Lebenswerkes eines engagierten Zeitungsmannes. In dieser Zusammenfassung ist es dem Autor und dem Verlag gelungen, ein bemerkenswertes Zeitdokument, eine Chronik unserer Heimat zu schaffen.

Man hört zwar oft den Satz "Nichts ist so alt wie die Zeitung von gestern"; dieser Satz ist jedoch genauso verbreitet, wie er falsch ist. Die tagesjournalistische Arbeit wird im Rückblick — wenn sie sich nicht an die Sensation, an die nur vermeintliche Aktualität verliert — zu einer wichtigen historischen Quelle. Sie zeigt den Wandel und die Entwicklung auf, macht deutlich, was vor Jahren die Menschen bewegte, führt uns Hoffnungen und Ängste, Meinungen und Stimmungen, die in Vergessenheit geraten waren, wieder vor Augen.

Sie ermöglicht uns, die Vergangenheit noch einmal im Spiegel der Zeitgenossen zu sehen — im Spiegel eines Zeitgenossen, der das Beobachten und das Berichten gleichermaßen beherrscht. Damit werden frühere Jahre wieder lebendig, erstehen farbig und plastisch vor unseren Augen.

Ich wünsche dem vorliegenden Sammelband die ihm gebührende Aufmerksamkeit und bin sicher, der Leser wird das Buch mit demselben Interesse aufnehmen, das die Artikel des Journalisten Stutzer stets fanden.

Dr. Gebhard Glück

Ein Vorwort

das eigentlich garnicht geschrieben werden sollte, denn Vorworte sind altmodisch...

Aber da ich selbst altmodisch bin, wird mir der geneigte Leser hoffentlich zugestehen, etwas zu der Frage zu sagen, warum dieses Buch zusammengestellt wurde. Denn geschrieben wurde es nicht als Buch, es ist eine Sammlung von Reportagen, Berichten, Kommentaren, Plaudereien und heimatkundlichen Artikeln samt einigen Bildern und umfaßt mehr als ein Vierteljahrhundert journalistische Arbeit. Ein Lokalredakteur ist auch ein Mensch! Er hat es nicht gern, wenn die Ergebnisse seiner Mühen am Tag nach dem Erscheinen der Zeitung nur mehr gut sind, um Salatköpfe d'rin einzuwickeln. Er schmeichelt sich, wenigstens ab und zu etwas geschrieben zu haben, das über das bloße Transportieren von Tagesneuigkeiten hinausgeht. Die Zeitung ist eine leichtverderbliche Ware, sagt man und nichts ist älter als die Neuigkeit von gestern!

Alles recht und gut und selbst die Autoreneitelkeit reicht nicht aus, sich einzubilden, die vielen hundert, ja sogar tausend Polizeireports, Berichte aus kommunalen Gremien oder Vereinen, von Festen, Sport und selbst Besuchen leibhaftiger Minister könnten Interesse über den Tag hinaus beanspruchen. Wem käme in den Sinn, einem Leser zuzumuten, die Wahrheit des Spruchs, getret'ner Quark wird breit, nicht stark, anhand einer Sammlung solcher Tagesarbeitsergebnisse nachzuprüfen? Da sei der olle Horaz 'vor, der den Autoren riet, ihre Arbeiten sieben Jahre in der Schublade liegen zu lassen, ehe sie die Menschheit beglücken sollen...

Die meisten der hier nun neu gedruckten Artikel haben viel länger als sieben Jahre im Archiv geruht und ich gestehe, daß ich sie wie Arbeiten eines Fremden las und dabei kritisch horchte auf Sprachklang, Wahrhaftigkeit der Darstellung und Aktualität des Themas. Bei der Auswahl haben mir meine lieben, treuen Leser geholfen, die sich (höchste Wonne eines Autors!) noch nach Jahren an Geschriebenes, Verfochtenes und manchmal auch Erreichtes erinnern und danach fragen. Oder die sogar selbst aus eigener Sammlung beisteuerten mit dem dringenden Wunsch, es nicht verloren sein zu lassen. Das gilt vor allem für die vielen heimatkundlichen und heimatgeschichtli-

chen Arbeiten, die in diesem Buche enthalten sind, beim Ordnen und Redigieren staunte ich selbst, was in mehr als einem Vierteljahrhundert so alles zusammenkommt, es macht fast ein Heimatbuch aus!

Aber ich wollte auch gern die Menschen nicht vergessen sein lassen, die ich einst als "Besucher beim Nachbarn" porträtierte oder über die ich aus aktuellem Anlaß plauderte. Ich wollte wichtige Anliegen, wie der Kampf um soziale Gerechtigkeit für die, die sich nicht selbst ausdrücken können oder die Ordnung der heimatlichen Gemeinden in Reformzeiten über den Tag hinaus im Bewußtsein verankern.

Gehabte Schmerzen, die mag ich gern — weiß der Volksmund, aber manchmal ist die Rückschau und Rückbesinnung so etwas wie ein Atemholen auf dem Weg voran. Danach wurde ausgesucht, was hier nun erscheint und noch mehr weggelassen. Der Leser wird's danken, sich aber hoffentlich an dem erfreuen, das geblieben ist. Soweit reicht die Autoreneitelkeit, das heimlich zu wünschen.

Die Zeit der aktiven tagesjournalistischen Arbeit ist für mich zuende, was heute vorgelegt wird, ist so eine Art Erntewagen, der hochbeladen in die Scheune einfährt, ehe das Gewitter losbricht.

Ich wünsche mir, daß mich der Blitz noch nicht gleich erschlägt, damit noch ein wenig Arbeit getan werden kann für die Heimat, die wir alle doch so lieben. Und Du, geneigter Leser, gewiß sehr, sonst hättest Du dieses Buch jetzt nicht in der Hand.

Volker Stutzer

Ein gutes Blatt Geschichte
ist mehr wert als tausend Gedichte

Joseph Viktor von Scheffel

Das Breitenberger "Seelenloch"...
...ist ein Denkmal uralten religiösen Volksglaubens

Neben dem Breitenberger Zollamt, fast unmittelbar an der Grenze zu Österreich steht ein kleines, geduckt wirkendes Haus, das früher von einfachen Leuten bewohnt wurde und heute einem Auswärtigen gehört. Er hat es renoviert und zum Glück fast unverändert belassen. Vor allem hat er zwei Besonderheiten dieses einmaligen Hauses nicht angetastet, die aber kaum jemand wahrnimmt oder auch nur ihren Ursprung und die Bedeutung kennt. Es handelt sich dabei um die "Zollwetterfahne" auf dem Giebel und das "Seelenloch" über dem Wohnstubenfenster.

Zur "Zollwetterfahne" erzählt man sich in Breitenberg, daß früher, als das Schwärzen und Schmuggeln noch lohnte und im Schwange war, (von den Leuten auch nicht als Sünde empfunden wurde) die Bewohner des kleinen Grenzhäuschens die Zollwachebeamten beobachteten und vom Inneren des Hauses aus mit einer sinnreichen Konstruktion die Wetterfahne auf dem First so drehten, daß die Schwärzer daraus die Richtung entnahmen, in der die Streife gegangen war. Das muß eine ziemlich neue Erfindung der listigen Waldler gewesen sein, das "Seelenloch" aber ist alt, uralt, gerade noch, daß eine Greisin sich entsann, man habe das kleine Fensterl einstmals geöffnet in dem Augenblick, da drinnen in Haus und Stube ein Bewohner starb. Das alte Breitenberger Haus ist mit seinem wohlbewahrten Seelenloch oder Seelenfenster ein sehr seltener Beweis für einen uralten, weit ins Heidentum zurückreichenden Brauch. Wir wollen hier ein wenig Licht darauf werfen.

Viel Hilfe erfahren wir dabei von Jacob Grimm, der nicht nur zusammen mit seinem Bruder die deutschen Kinder- und Hausmärchen sammelte, sondern eine heute leider garnicht mehr gekannte "Deutsche Mythologie" schrieb. Darin zitiert er einen gotischen Ausspruch: "Hina fuartanan Tod", was wir heute ausdrücken mit: "Der Tod nimmt die Seele und führt sie weg". Und damit in engem Zusammenhang stehen andere altdeutsche Bilder vom Tod, der als Bote kommt, dem eine Tür offengelassen werden muß oder dem die Seele durch ein Fenster zufliegt. Die Goten nannten die Seele "saivala", was von "saivs" abgeleitet ist, das die wogende, flutende Kraft des Meeres meint.

Ethymologisch wird das aus der Tatsache abgeleitet, daß im Altgermanischen die Vorstellung bestand, die Seelen der Ungeborenen und Toten lebten im Wasser. Über althochdeutsch "sela", mittelhochdeutsch "sele" führte ein direkter Sprachweg zu unserem Wort Seele, das viele Entsprechungen in verwandten Sprachen hat, etwa altnordisch "sal", schwedisch/dänisch "Själ", lettisch "dwesele". Lateinisch ist die Seele "anima", die weiblich gedacht ist, während der männliche Anteil durch "spiritus" ausgedrückt wird. Interessanterweise weiß Jakob Grimm, daß als "spiritus" der "aus- und eingehende Atem" bezeichnet wurde, dem im Augenblick des Todes "ein Weg offengelassen werden mußte".

Diese Vorstellungen kennen übrigens alle alten Völker und sie sind später in die christliche Denk- und Fühlweise eingegangen. Jacob Grimm schreibt: "Die aus des Leibes Fessel gelöste Seele gleicht jenen luftigen, geisterhaften Wesen, schwebt mit derselben Leichtigkeit, erscheint und verschwindet..." Die Seele wurde sogar als Vogel, oft als Taube gesehen und viel auf Grabmälern dargestellt. "Die Seele gilt der kindlichen Fantasie des Volkes als Vogel, der aus des Sterbenden Munde kommt, aufflattert und verschwindet..." Dieses Bild, das Jacob Grimm gebraucht, läßt es sehr natürlich erscheinen, daß das "kindliche Volk" auch einen Ausschlupf für den Seelenvogel zu brauchen meinte!

Das Breitenberger Seelenloch.

Die heidnischen Böhmen glaubten, (immer noch nach Jacob Grimm), daß der Seelenvogel solange im Zimmer oder auf den Bäumen vor dem Haus herumirre, bis der Tote ehrenhaft bestattet war, was damals meist eine Verbrennung bedeutete.

An der Unsterblichkeit der Seele bestand bei den Völkern des vorchristlichen Europa nicht der geringste Zweifel, was sich in zahlreichen Sitten und Gebräuchen ausdrückte, wir erinnern nur an das Fährgeld der Griechen für Charon (das aber auch die Germanen kannten) und an den "Totenschuh", der altnordisch "Helsko" hieß und es der Seele ermöglichen sollte, die lange, beschwerliche Wanderung zu machen. Der Brauch hat sich bis in die Zeit Jacob Grimms erhalten, der berichtet, in einigen deutschen Gauen würde die dem Toten erwiesene letzte Ehre der "Totenschuh" genannt.

Die besonders im Katholizismus gepflegte Vorstellung von den "armen Seelen" ist keineswegs eine Erfindung des Christentums. Schon die Alten glaubten, daß unter jedem Gatter, das die Viehweiden begehbar machte, eine Seele kauere, deshalb wurde gefordert, die Gatter sachte zu öffnen und zu schließen... Ein anderer sehr alter Glaube sieht die Seele dem Sterbenden entfliehen, durchs Seelenloch aus dem Hause schweben und sich am offenen Grabe auf

dem Friedhof aufhalten. Solange der Sarg noch nicht unter der Erde ist, irrt die Seele des Toten umher und kehrt auch ins Haus zurück (wieder durch das solange offengelassene Seelenfenster). Ein beherzter Mann, der die richtigen Bannworte kannte, mußte in der Nacht vor der Beisetzung die Seele "zurückleiten".
Diese wenigen Beispiele zeigen schon, wie altehrwürdig die menschlichen Vorstellungen von der Unsterblichkeit der Seele sind und wie sie als etwas Eigenständiges, mit zwar unsichtbarem, aber dennoch sehr vorhandenem Leben Begabtes vorgestellt wurde. Das Christentum hat diese Gedankenwelten dann durchdrungen, jedoch, wie Jacob Grimm zu recht meint "nicht wesentlich verändert oder gar in geistigere Höhen geführt". Wir möchten dazusetzen: "Warum auch?" Denn die unsterbliche Seele sich als durchs Fenster flatternden Vogel vorzustellen oder als Nebelhauch, der mit einem Seufzer durch das sorgfältig offen gehaltene Fensterchen davonzieht, ist nicht nur poetisch, sondern auch tröstlich und sehr menschlich.
Früher müssen viele Häuser, wir meinen sogar alle, Seelenlöcher oder Seelenfenster gehabt haben, die "Aufklärung" hat sie wohl alle verschwinden lassen, so wie auch zahlreiche "abergläubische" Bräuche rings um Sterben, Tod und Begräbnis. Ob der Tausch mit dem kahlen Sterbezimmer im Krankenhaus, in das die Angehörigen nicht hineindürfen (oder oft garnicht wollen) ein Gewinn ist, muß bezweifelt werden.
Die Thematik des Seelenlochs erhält übrigens einen sehr interessanten Aspekt durch neuere Forschungen, die sich auf die merkwürdig-geheimnisvollen kreisrunden Löcher beziehen, die man in den großen Steinen der "Hünengräber" fand. Sie waren sorgfältig in die Granitplatten gebohrt worden und befanden sich immer in der Richtung, die man für die Lage des Bestatteten aus den Umständen schließen kann. Heute werden diese Löcher (die man übrigens in allen Steinganggräbern der Megalithkultur auf der ganzen Erde bis hin nach Indien findet) als "Seelenlöcher" bezeichnet! Die Forscher schließen aus vielen Indizien, daß die Megalithleute an die Unsterblichkeit der Seele glaubten, und ihren Bestatteten dieses "Loch" offenließen, damit die sich langsam vom Leibe lösende Seele davonschleichen konnte...
Insofern hat das alte Haus in Breitenberg indirekt etwas mit den Megalithgräbern zu tun! Auf jeden Fall ist es ein erstaunliches, erhaltenswertes Zeugnis für altüberlieferten Glauben an die Unsterblichkeit der Seele!

Bei Jägerbild steht ein "Teufelsstein"

Der Satan soll wütend aufgestampft haben beim Läuten der Breitenberger Kirchenglocken

Breitenberg. Da sogar der Hl. Vater den Teufel als leibhaftig auf dieser Welt wirkend beschreibt, wie sollte man es den Breitenbergern verübeln, daß sie den Gottseibeiuns einst als ihren Besucher wähnten? Aber er blieb nicht, als er die Kirchenglocken von Breitenberg hörte, da stampfte er wütend auf und flog davon. Das Mal seines Fußes ist noch heute auf dem "Teufelsstein" am Jägerbild vorhanden.

Bis vor kurzem war der Teufelsstein nicht zu sehen, er stand mitten in einem dichten Gehölz. Dieses ist jetzt vollkommen abgehauen und plötzlich kam auch der Teufelsstein wieder ins Gedächtnis der Leute. Die Gemeinde hat sogar vor, dieses kuriose Denkmal des Aberglaubens, wie die Einen sagen oder der Volksfrömmigkeit, wie die Anderen meinen, zu erhalten und zugänglich zu machen. Einstweilen muß noch, wer das Mal des Teufels sehen will, sich durch Gestrüpp und Brombeerstauden den Weg bahnen, die aus dem Erdreich der verschwundenen Gehölze bei Jägerbild üppig aufgeschossen sind.

Der Stein, ein tonnenschwerer Brocken, der mitten in der Landschaft aufragt, ganz allein, ist lang, breit und wuchtig, stark verwittert und oben drauf, nur sichtbar, wenn man hinaufklettert, ein tiefer, ebenmäßig geformter Eindruck, ein "Mal" halt...

Das hat der Teufel hinterlassen, erzählen sich die Leute. Unterschiedliche Überlieferungen gibt es. Die eine will wissen, in alter, alter Zeit, als der Wald noch unberührt war, sei der Teufel auf dem Stein gestanden und habe ins Land hinaus geschaut, bis zum Dreisesselberg hin und über den weiten, weiten Wald. Er habe sich gefreut, als er Menschen herankommen sah, Holzhauer und Beerensamler, von denen er annahm, daß ihr hartes, gefährliches Leben ihnen Flüche abpressen würde, die ihre Seelen in seine Hände spielten... Aber die frommen Waldler fluchten nicht, sondern stimmten Gebete an und da ergrimmte der Gottseibeiuns, flog auf vom Stein und hinterließ den Eindruck seines Bocksfußes! Eine andere Sage, recht ähnlich vieler anderer Berichte über von Kirchenglocken irritierten Teufeln, sieht den Satan auf dem Stein stehen und ins Land hineinschauen, die Seelen abschätzend, die er zu verführen gedachte. Da läutete der fromme Expositus von Breitenberg das Arme-Seelen-Glöckchen der damals noch kleinen und unscheinbaren Kirche und der Teufel stampfte grimmig mit dem Fuß auf, weil er seine Beute verloren sah...

Wie auch immer, das Mal im Stein ist da und wenn auch nüchterne Zeitgenossen es auf natürliche Verwitterung zurückführen, so bleibt doch der fromm-poetische Gedanke übrig, daß der Teufel sich einst leibhaftig unter die Neuweltler gemischt hat. Da wird Goethe zuschanden, der im "Faust" reimte: "Das Völkchen spürt den Teufel nicht, und wenn er es am Kragen hätte..." Die Vorfahren der Breitenberger haben die Allgegenwart des Bösen gespürt und ihre Angst, Seelenpein und Reue in solchen Sagen manifestiert.

Nach dem Verschwinden des Waldes ist der Teufelsstein bei Jägerbild wieder zu sehen. Die runde Vertiefung oben wird Teufelstritt genannt.

Der wieder ins Bewußtsein der Leute zurückgekehrte Teufelsstein bei Jägerbild hat uns zu einer kleinen Sprach-Erkundungsreise verführt, die, das sei schon vorausgeschickt, zu einem verblüffenden Ergebnis hinleitet. Das uns geläufige Wort "Teufel" stammt ab vom griechischen "ballein", was werfen bedeutet und als "dia-ballein", durcheinanderwerfen und entzweien, später auch "verleumden" bedeutet. Der, der sowas tat, war der "diabolus" und von ihm führt ein direkter sprachlicher Weg zum althochdeutschen "tiufal", zum mittelhochdeutschen "tiuvel" und zu unserem "Teufel". Wer ahnte auch nur, daß unser "Symbol" mit "Teufel" verwandt ist, nämlich aus "sym-ballein-zusammenwerfen", daß Embolie, Parabel und Palaver alle von "ballein" herkommen und daß sich "Parlament" direkt von "Palaver" herleitet! Na sowas!
Und jetzt erfahren wir, daß unsere bayerische Sprache noch immer das mittelhochdeutsche Wort "tiuval" bewahrt, denn ganz so wird hierzulande "Teufel" ausgesprochen. Wie konnte nun der Teufel sich so fest im Volksglauben verankern, daß er sogar einen Abdruck in einem Stein bei Breitenberg hinterließ? Im Alten Testament ist die Gestalt der Verführer der Menschen und zugleich ihr Ankläger vor Gott, im Neuen Testament wird er zum "Fürsten der Welt" und Feind Gottes. Er ist eng vermischt mit der Gestalt des "lichten Engels, der von Gott abfiel", des "Luzifer" von lux-lucis, das Licht. "Satan" ist im Bayerischen wenig gebräuchlich, es stammt, durch die Jahrtausende unverändert, aus dem Hebräischen und heißt dort "Widersacher". Ebenfalls

hebräischen Ursprungs ist der oftzitierte "Beelzebub", eine Verballhornung aus "Baal-ze-bub" ("Herr der Fliegen") der im Alten Testament in 2. Könige 1.2 ff. als Dämonenfürst im Dienste Satans erscheint. Da man den Teufel nicht gern beim Namen rief, wurde er auch "Gottseibeiuns" genannt, was keine Erklärung benötigt, aber in Bayern nie recht gebräuchlich wurde.
Auf dem Stein bei Jägerbild ist nur ein Mal des Teufels zu sehen, seine berühmt-berüchtigte Großmutter war nicht mit auf dem Ausflug. Wieso hat der Teufel überhaupt eine Großmutter? Auch das haben Sprachforscher herausgebracht. Er hat sie, weil spätrömische Christen nicht mehr ordentlich Latein konnten! Denn die kleinasiatische Göttin Kybele wurde als "magna mater dei", große Gottesmutter bezeichnet und die frühen Christen übersetzten magna mater falsch mit Großmutter und "dei" verstanden sie als "Teufel". Und so kam des Teufels Großmutter in die Märchen und in unseren Sprachschatz!
Vielleicht macht sich die Gemeinde Breitenberg die Mühe, diese hübschen Hinweise einem "pp Publikum" zu unterbreiten, sollte einmal der Teufelsstein am Jägerbild als kleines heimatgeschichtliches Kuriosum erhalten und bewahrt werden.

Wie kam die Statuette des Gottes Osiris nach Bauzing?

Sensationeller Fund erstmals wissenschaftlich begutachtet — Reizvolle Theorie aufgestellt

Hauzenberg. Die Ostbayerischen Grenzmarken 1985, das "Passauer Jahrbuch für Geschichte, Kunst und Volkskunde", enthält einen Artikel, der nicht nur für die Fachwelt interessant ist, sondern für den ganzen Hauzenberger Raum einer Sensation gleichkommt. Besprochen und im Bilde gezeigt wird nichts Geringeres als eine rund 2 200 Jahre alte Bronze-Statuette des ägyptischen Gottes Osiris, die in Bauzing gefunden wurde. Wie kam der Gott nach Bauzing?

Dafür bieten sich mehrere Möglichkeiten an, die — wir wollen es ganz klarmachen — nur Gedankenspielereien sind, aber ist es nicht reizvoll, sich auszumalen, was vor langer, langer Zeit hier geschehen ist. Immerhin ist allerhand passiert, ehe es soweit war, daß die Fachwelt vom Osiris aus Bauzing zu hören bekam. Fassen wir also zusammen, was die Grenzmarken in wissenschaftlich knapper Form berichten, nicht ohne Herrn Professor Dr. Wolff als Verantwortlichen für die Veröffentlichung und den beiden Verfassern des Artikels, Hans Kapfhammer und Dietrich Wildung, für die Erlaubnis zu danken, uns "mit ihren Federn zu schmücken".

Hans Kapfhammer, ein Passauer Arzt und Heimatforscher von hohen Graden, ist es zu verdanken, daß dieser Osiris überhaupt Beachtung gefunden hat. Denn als er 1972 ans Licht dieser modernen Welt kam, wußte zunächst niemand etwas davon und der Finder war nahe daran, einen unförmigen Klumpen, an den seine Schaufel gestoßen war, einfach wegzuschmeißen... Er tat es dann doch nicht und das war gut so.

Zehn Jahre dauerte es, also bis 1982, bis Hans Kapfhammer überhaupt von dem Fund vernahm und 1983 erforschte er dann alle näheren Umstände und stellte sie in den Grenzmarken so dar. In dem allen Einheimischen bestens bekannten Steinbruchgelände des "Oberen Bauzing" entstand 1936 bis 1939 eine Steinhauersiedlung und eines der Häuser machte seinen Besitzern wenig Freude. Es war ständig naß und war in schlechtem Zustand, als es der jetzige Besitzer 1972 erwarb. Er ist auch Steinhauer und verstand was von handwerklichen Künsten, deshalb verzagte er nicht, sondern suchte die Ursache der Nässe mit einem tiefen Graben an der Bergseite des Hauses. Er grub sich durch eine schwarze Erdschicht von einem Meter Dicke, die mit Steinen und verrotteten Wurzeln durchsetzt war, durchstieß eine 20 Zentimeter dicke Lehmschicht und kam dann auf Sand. Dieser wurde immer nasser und endlich konnte man ihm nur mit Eimern begegnen, mittels derer ein Sand-Wasser-Gemisch herausgeschöpft wurde. Die Ursache der Nässe war gefunden, eine starke Quelle! In 2,5 Meter Tiefe war der Sand so locker geworden, daß das drückende Wasser ihn sprudelnd aufwirbelte und da der Hausbesitzer sowas schon vermutet hatte, bereitete er eine Ableitung vor und faßte das Wasser. Es wurde ums Haus herum abgeleitet und sprudelt, wie sich jedermann noch heute überzeugen kann, in dickem Strahl hangwärts heraus und läuft weg, wie viele andere Wasser auch aus den Bergen, die zum Tal und zu den dortigen Gewässern wie Staffelbach und andere strömen und von da zur Donau.

Der Bauzinger Osiris.

Soweit also die Quellensucherei und das erfolgreiche Trockenlegen des Hauses, tief unten aber im Sand des Quellhorizonts lag ein "gelblichgrüner Klumpen". Gerade ehe er weggeschmissen wurde, schaute man ihn doch an, murkste daran herum, brach Verkrustungen ab und es kam eine Figur zum Vorschein. Der Finder feilte etwas daran herum und da seine Neugier geweckt wurde, las er sich ein wenig Kenntnisse an und als Hans Kapfhammer von dem seit Jahren vergessenen dastehenden Fund erfuhr, da sagte man ihm, "wenn das stimmt, was ich im Buch gesehen habe, muß es der König Osiris sein..."

Immerhin! Und recht hatte er, der Finder, er brachte im weltenfernen Bauzing eine in das 2. Jahrhundert vor Christus datierte Bronzefigur des ägyptischen Auferstehungsgottes Osiris zutage. Sie steht heute, konserviert und an einem Ständer befestigt, bei einem Privatsammler. Schaut man sich einmal etwas näher um, so verliert der Osiris von Bauzing ein wenig von seiner Exotik. Denn, man mag es kaum glauben, Statuen und Statuetten dieses im fernen Niltal erstmals verehrten Gottes sind immer einmal wieder gefunden worden. Aus dem benachbarten Oberösterreich sind mehr als ein halbes Dutzend Osirisfunde gesichert und die "Grenzmarken" führen aus dem ostbayerischen Raum eine Osiris von Tacherting auf und dazu noch Funde ähnlicher Götterstatuen wie Apis, Hermes usw. aus dem Raum Regensburg/Straubing.

Wie ja gerade in letzter Zeit durch zahlreiche Funde bekannt wurde, ist der heimatliche Raum keineswegs nur das menschenleere Gebiet des "undurchdringlichen Nordwaldes" gewesen, sondern es gibt gesicherte Funde aus der Steinzeit, vor allem dem Neolithikum, aus der Bronzezeit, wobei der Depotfund von Riedl bei Gottsdorf besonders bemerkenswert ist und in der Literatur wird auch ein Bronzeschwert aus Hartingerhof bei Raßberg genannt. Die Wissenschaft ist da zwar immer noch skeptisch und ziert sich stark, von altüberkommenden Lehrmeinungen abzuweichen, während die Amateurforscher und Heimatfreunde längst wesentlich mehr Phantasie aufwenden, um die ältere Geschichte der engeren Heimat zu illustrieren. Deshalb ist es nicht verwunderlich, daß wegen des Osiris von Bauzing ein kleiner Gelehrtenstreit entstanden ist. Zwar gibt es wohl keinen begründeten Zweifel daran, daß man einen Kult dieses ägyptischen Gottes nördlich des römischen Limes nicht annehmen darf. Es ist also nichts mit der reizvollen Vorstellung, in Bauzing habe sich ein Osirisheiligtum erhoben! Ebenso absurd erscheint aber dem Einheimischen, der den Bauzingberg kennt und weiß, wie er aussah, ehe die Steinhauer dort 1936 mit dem Hausbauen begannen, die Annahme, die die Grenzmarken übernommen haben. Daß nämlich ein zeitgenössischer Sammler von Antiquitäten seinen Osisris loswerden wollte; nach Bauzing fuhr und ihn dort 2,5 Meter tief in einer alten Quelle vergrub...

Darüber braucht wohl niemand ernsthaft zu sprechen, eine "Baugrube" in die die Statuette geworfen worden sein könnte, gab es nie, die Fundumstände scheinen auch keinen Raum dafür zu lassen. Die andere Richtung vertritt Hans Kapfhammer. Er hat einfach einmal seiner Vorstellungskraft freien Lauf gelassen und sich gefragt, wie der Osiris wohl nach Bauzing gekommen sein könnte? Er dachte sich einen Germanen oder Kelten, der zu der Zeit, als die Römer an der Donau ihre Limesgrenze hatten, in die Dienste des Imperiums trat und römischer Legionär wurde. Das gab es vieltausendfach über Jahrhunderte. Vielleicht ist dieser Legionär bis in die ägyptische Garnison Roms gekommen oder dem im ganzen Imperium weitverbreiteten Osiriskult irgendwo anders begegnet? Jedenfalls muß er einmal, vielleicht am Ende seiner Dienstzeit, hier vorbeigekommen sein. Im Hain auf dem Bauzingberg rastete er und labte sich an der damals frei sprudelnden Quelle. Dankbar für seine Heimkehr nach langem Kriegsdienst opferte er seine Osirisstatuette den Quellnymphen und langsam sank die Bronze in die Tiefe und wurde in Jahrhunderten vom Sand verkrustet, bis sie 1972 aus der mittlerweile in der Erde verschwundenen Quelle durch die Schaufel des Steinhauers wieder ans Tageslicht kam...

Wirklich eine reizvolle Phantasie und die Fachhistoriker mögen uns verzeihen, daß sie uns verzaubert hat und zu einer kleinen Geschichte anregte, die wir diesem Artikel als Ergänzung beifügen. Soll sie uns doch ein wenig unterhalten und amüsieren!

Es muß nicht so gewesen sein, es kann auch ganz anders abgelaufen sein, aber irgendwie muß der Osiris ja mal nach Bauzing gelangt und 2,5 Meter tief unter die Erdoberfläche gekommen sein.

Zwei Lehren kann man ziehen aus dieser interessanten Geschichte. Lehre Nr. 1: Seltsame Funde nicht wegschmeißen, sondern Fachleute davon unterrrichten, man kann nicht wissen, was dabei herauskommt! Lehre Nr. 2: Die "Ostbayerischen Grenzmarken" lesen! Denn daß sie uns Interessantes und Neues zu vermitteln haben, das ist gerade anläßlich dieser hübschen Geschichte vom Osiris von Bauzing wieder so recht deutlich geworden.

(Weihnacht 1985)

Als Decimus Tullius an der Quelle in Bauzing opferte

Eine Phantasiereise in die mögliche Vergangenheit unserer engeren Heimat

"...die waffenfähige Jugend wurde abexerziert und in weitentfernten Reichsteilen unter die Legionen gesteckt."
Benno Hubensteiner "Bayerische Geschichte".

Als er noch ein Markomannenbub war, hieß er im Dorf "Hirsch", weil er schnell rennen konnte, aber das hatte er fast vergessen, sprach seit langer Zeit Legionärslatein und nannte sich Decimus Tullius, weil er damals, als die Römer ihn fingen und zum Militärdienst preßten, der Zehnte in der Reihe des Tullius gewesen war, der ihn einübte. Jetzt war er auf dem Weg heim, 25 Jahre waren vergangen, seit dem Tag, als die Römer die Streife in sein Dorf schickten, das war, wenn er sich recht entsann noch im letzten Jahr der Regierung des Imperators Hadrian gewesen. Unter Antoninus Pius Cäsar Imperator hatte er gedient und nun sollte, wie der Futtermeister erzählt hatte, Marcus Aurelius das Imperium Romanum regieren. Decimus Tullius oder Hirsch regte das weiter nicht mehr auf, er war müde geworden, die Sandalenriemen hatten tiefe Furchen in seine Füße gegraben, die Schwertnarbe an der linken Schulter tat ihm weh, das rechte Bein war ein wenig kürzer als das linke, seit ihn damals das Pferd getreten hatte. Es scheute mitsamt seinem Centurio, als die Parther garso heulten beim wilden Anrennen gegen die Kohorte, die ihre Spieße vorstreckte wie ein Igel seine Stacheln...
Decimus Tullius hatte die Gewohnheit angenommen, mit sich selbst zu murmeln, vor allem, seit sein Freund und Dorfgenosse Tertius Tullius, der mit ihm in der gleichen Reihe stand (nur eben als Dritter) in die Etsch gefallen und ertrunken war auf dem Weg heim. "Schöner Mist" murmelte der einstige Hirsch mit sich selber, "jetzt haben sie mich kreuz und quer durchs ganze Imperium geschickt, sogar in Britannien habe ich mir die Beine in den Leib gestanden am Pictenwalll und in Ägypten hätten mich fast die Sandflöhe gefressen. Und was habe ich jetzt?"
Er murmelte weiter und zählte sich im Geiste zusammen, was er erworben hatte. Anständige Kleider, drei paar Sandalen, einen Zwerchsack, einen dünnen Beutel mit Golddenaren, den ihm der Intendant ausgehändigt hatte samt der in Metall gegossenen Urkunde über treuen Dienst für das Imperium Romanum und ein paar Beutestücke, einen goldenen Nasenring, den er einem der schwarzen Krieger der Parther weggenommen hatte, eine Gürtelschnalle mit einem Phönix drauf und dann — Decimus fühlte nach hinten und tastete nach dem Zwerchsack — da war der Osiris! Während der ausgediente Legionär so dahinging im eingeübten Schritt der ewigen Marschierer und die Sonne langsam über den Waldbergen aufging, die rechts von ihm schwarz drohten, erinnerte er sich an den Tag, als er die kleine Bronze erwarb. Wann war es nun gewesen? Vor zehn Jahren? Vor acht? Gleichgültig, ein Goldstück gab er

damals dem Devotionalienhändler, der in Ägypten ins Lager kam und den Osiris anpries in seinem seltsamen Singsang. Was hatte er denn damals eigentlich gesungen? Decimus wußte es noch gut, weil alle Legionäre seiner Kochgruppe es bald auswendig konnten. "...ob man Kanäle gräbt, ob man Häuser und Tempel baut, ob man Denkmäler aufstellt, ob man den Boden bereitet, ob man Gräber oder Totengrüfte aushebt, sie sind auf dir und du erschaffst sie, o Osiris. Re-Chepri glänzt auf deiner Brust, während du im Schlummer ruhst wie Sokaris..."

Decimus hatte gefallen, was der Ägypter ihm da erzählte, vom strahlenden Gotte in seinem Glück mit der geliebten Schwester Isis, wie der tückische Seth ihn tötete, zerstückelte und in den Nil warf. Die Klage der Isis, die Suche nach dem Geliebten, wie sie ihn dann wieder zusammensetzt und belebt, er aber dann in Amenti, der Unterwelt bleiben mußte als Gott der Toten. Und Gott der Auferstehung! Der Hirsch bei den Markomannen erinnerte sich nebelhaft an das, was die Ältesten den Buben sagten über die unsterbliche Seele, die einst zur Rechenschaft gezogen wird vor den Göttern und deshalb fiel das, was die Ägypter von Osiris glaubten, auf fruchtbaren Boden bei ihm. Und bei vielen seiner Legionärskameraden.

Decimus erinnerte sich, daß der Osiriskult schon lange im ganzen Reich verbreitet war, als er mit ihm in Berührung kam. "Auferstehung — ja, das ist's" murmelte er vor sich hin und erklomm den letzten Höhenrücken, "und wenn die gerechten Paviane mich einmal vor dich schleppen, o Osiris, dann werden mich Anubis und Thoth auf die Waage setzen..."

Er wisperte Anrufungen und Gebete und tastete wieder nach dem Zwerchsack. Ganz langsam fing im Geiste des Decimus Tullius die Vergangenheit an zu verblassen, er roch zwar immer noch den Gestank der Lager, dieses Gemisch aus Staub, Urin und Pferdemist, er hörte auch in seinen Ohren noch das Klingen der Schwerter auf den Schilden und den Marschtritt der Kohorten, die nach dem Rhythmus der großen Holztrommel im Gleichschritt gingen ... Aber schon hörte er auch wieder den Vogelsang in den großen, lichten Wäldern seiner Heimat, der er nun nahe war, er glaubte seine Mutter ihn rufen zu hören zum abendlichen Brei und ganz plötzlich wurde dem Hirsch, dem Decimus Tullius von 25 Jahren klar, daß er heimkam. Daß ihn 25 Jahre lang jemand beschützt hatte in den Schlachten und auf den Märschen, gegen das Sumpffieber und die Durchfälle, gegen böse Centurios und diebische Bataver, die mit ihm am Pictenwall dienten. Er stand halb auf einem Berg, den er gerade ganz hinaufzugehen sich anschickte, da sah er mitten in einem schönen Hain aus Eichen und Eschen eine Quelle hervorsprudeln. Es war so still auf diesem südwärts geneigten Berghang, nichts rührte sich unter ihm im Tale, gegenüber ragte ein ebenmäßiger Berg hervor, der ihn an Vulkanformen erinnerte, die er einst gesehen hatte auf dem Wege nach Ägypten. Decimus Tullius kniete nieder, schöpfte mit der Hand Wasser aus der Quelle und trank es. Er richtete sich nicht mehr ganz auf und blieb auf den Knien. "Ich bin beschützt worden..." murmelte er, "...ich komme doch tatsächlich wieder heim".

Und der alte Legionär, der geglaubt hatte, daß ihn nichts mehr erschüttern könne, sah im von Wellenringen getrübten Wasser sein Gesicht und er sagte "Ecce homo..." zu sich selbst und atmete tief durch. Er öffnete den Zwerchsack, nahm die kleine bronzene Osirisstatue heraus und legte sie langsam auf den Grund der sprudelnden Quelle. Sie sank tiefer in den Sand ein, leise bewegt vom Wasser, und Decimus Tullius schaute dem Gott nach, wie er versank. Hier sollst du bleiben auf immer als meine Weihegabe an die Götter meiner Heimat, sagte er, ich bin dir dankbar, Gott, daß du mich beschützt hast all meine Zeit und nun kehre ich heim. Wenn's zum Auferstehen wird, erinnere dich an mich, ich bitte dich!
Und dann stand Decimus Tullius, der Hirsch der Markomannen, auf, schaute sich um im sonnigen Wald und ging weiter, heimzu...
In der Quelle am Berghang sank der Osiris bis auf den Grund, langsam, langsam vom Sande bedeckt, verkrustet zuletzt. Die Zeiten gingen hin über den Wald und die Berge, niemand mehr wußte etwas von Hirsch, dem Decimus Tullius und seiner Frömmigkeit, seinem Gedenken an den schützenden Gott und sein Opfer an der Quelle. Bis — ja bis zum Tage, da der Osiris wieder heraufstieg ans Licht des Tages. Hören wir noch immer seine Botschaft von der Liebe, dem Opfer und der Auferstehung?

Eine Bemerkung zum Schluß:
Die Historiker mögen mir verzeihen, daß ich bei ihnen im Revier wildere. Und sie mögen nicht gar zu kritisch sein. Aber ich frage: Ist es nicht gerade herausfordernd, sich einmal auszumalen, wie einst diese Osirisbronze in die Quelle kam? Soll es nicht erlaubt sein, die Phantasie in Bewegung zu setzen und sich ein Bild vorzumalen, daß es so gewesen sein kann und anders auch? Ich habe es einmal gewagt und erhoffe Verzeihung von den Geschichtsgelehrten, Interesse aber bei denen, die sich bewußt sind, daß ihre Heimat mehr Schätze birgt, als man weiß — wenn man sie nur sehen und erfühlen kann.

Die rätselhaften Gräberfunde von Wegscheid

Brandbestattung und ein Massengrab als Zeugen einer bewegten Vergangenheit

Wegscheid. Die in alter Zeit auf einem Hügel stehende Pfarrkirche mit den sie umgebenden Häusern gilt als erstes Siedlungszentrum des Ortes "an der Wegscheide". Noch heute grenzen Kirchstraße, Sattlersbrücke und Verschönerungsgarten in etwa diesen Raum ein und die später entstandene Doppelreihe der Markthäuser schließt sich an wie ein Lanzenschaft ans Blatt oder der Körper an den Kopf. Die Straße nach Wegscheid führte über die Stiermühle und erreichte den Ort in der heutigen Rosengasse, deren Häuser früher einmal etwas wie eine "Vorstadt" waren. Die Pfarrkirche war umgeben vom "Gottesacker", der allerdings schon ab 1838 nicht mehr belegt wurde, denn da bauten die Wegscheider weit draußen vor dem Markt einen neuen Friedhof. Große Baumaßnahmen haben nun rätselhafte Gräber zutage gebracht, deren Deutung hier versucht wird.

Selten kommt es heute vor, daß an geschichtsträchtigen Stätten so umfangreiche Erdbewegungen vorgenommen werden, daß die Freilegung tieferer Schichten Funde zutage bringt. Das Gelände des seit über 120 Jahren aufgelassenen Friedhofs rund um die Pfarrkirche wäre wohl für immer unberührt geblieben, wenn man nicht wegen der Kirche und der Kreissparkasse dort tiefe Baugruben hätte ausheben müssen. Zwar wurde die Grabesruhe längstverblichener Geschlechter gestört, aber zugleich interessante und rätselhafte Funde gemacht. Es begann mit der Aufdeckung einer ausgemauerten kleinen Gruft im westlichen Teil des Friedhofs. Darin lagen die Reste eines in eine Kutte gekleideten Mannes, sogar Teile des Bartes waren noch zu erkennen. Leider wurde die Fundstelle so nachhaltig gestört, daß keine Bestandsaufnahme mehr möglich war. Es kann nur vermutet werden, daß hier einmal ein Mönch beigesetzt wurde. Die nur mehr in Bruchstücken erhaltenen Aufzeichnungen des Pfarramts geben darüber keinen Aufschluß. Der Mönch, dessen Leben und Todesumstände niemand mehr kennt, ruht inzwischen auf dem Friedhof.

Es wurde nun bei den Grabungsarbeiten an der östlichen Seite der Kirche, unmittelbar an deren Grundmauer, ein sehr merkwürdiges Grab gefunden. Etwa 3 Meter lang, 1,50 Meter breit und ebenso hoch, enthielt es zahlreiche menschliche Knochen, von denen viele durch Feuer versengt waren. Manche waren regelrecht verkohlt. Das Grab hat, den gefundenen Schädeldecken nach zu schließen, 20 bis 30 Menschen als letzte Ruhestätte gedient. Eingehende Untersuchungen brachten Begleitfunde zutage, die Schlüsse auf die Ereignisse zulassen, die zum Tode dieser Menschen führten. Mit im Grab waren nämlich teils zerbrochene, teils erhaltene einfache Haushaltsgeräte, Nägel einer handgeschmiedeten Form, wie man sie früher zum Befestigen der Dachschindeln brauchte und sogar verkohlte Holzstücke und Balkenreste. Einen interessanten Fund machte man bei näherem Zusehen, es war nämlich der kunstvoll auf eine altertümliche Weise geflochtene Zopf einer Frau noch erhalten. Es besteht

Aufeinandergeschichtet und mit Brandschutt vermengt wurden die Gebeine zahlreicher Erwachsener in einem Gemeinschaftsgrab gefunden.

kein Zweifel daran, daß hier Reste von Menschen beigesetzt wurden, die bei einer Brandkatastrophe in ihren Häusern ums Leben kamen. Vermutlich hat man sie bei den Aufräumungsarbeiten zusammengesucht und zusammen mit dem Brandschutt, in dem sie lagen, bestattet.
Zu dem Zeitpunkt dieses Ereignisses sind nur Vermutungen möglich. Wahrscheinlich ist folgende Deutung. Da ab 1838 der neue Friedhof angelegt wurde, können die Bestattungen nicht jünger sein. 1818 und 1822 haben aber große Brände den Markt verwüstet. Die Ortschronik meldet für 1818 das Abbrennen des ganzen unteren Marktes und für 1822 die Vernichtung Wegscheids bis auf vier Häuser durch Feuer. Selbst Kirche und Pfarrhof brannten nieder. Wahrscheinlich wurden damals die verkohlten Leichen der Opfer gemeinsam beigesetzt. Das Ausmaß der Katastrophe war wohl so, daß keine Zeit für Einzelgräberbestattung blieb. Vielleicht hat man aber auch nur diejenigen gemeinsam beigesetzt, die nicht identifizierbar waren oder zur armen Bevölkerung gehörten. Die Lagen von Holzkohle, die sich mit den aufgefundenen Gebeinen vermengt hatten, lassen vermuten, wie schnell und hastig damals zu Werke gegangen wurde.
Der alte Friedhof von Wegscheid hat aber noch weitere Rätsel parat. Bei Ausschachtungsarbeiten für das Fundament der Kreissparkasse ist ein Massengrab aufgedeckt worden. Leider wurde die Fundlage durch Baggerarbeiten wieder sehr gestört und der Kreisheimatpfleger erhielt erst Nachricht, als die

meisten Gebeine schon weggeschafft waren. Die übriggebliebenen Reste, die im Boden verbleiben und hinter der Wand der Sparkasse verschwinden, lassen aber noch einige Rückschlüsse zu. Betont muß allerdings werden, daß es sich um Vermutungen handelt, die durch bekannte historische Tatsachen kaum gestützt werden.

Das aufgedeckte Grab hat, den gefundenen Schädeln nach zu schließen zwischen 50 und 70 Personen als letzte Ruhestätte gedient. Begleitfunde fehlen ganz, ebenso irgendwelche Hinweise auf Brand. Die Toten wurden vielmehr, wie aus dem Querschnitt durch das Grab deutlich zu erkennen ist, sorgsam neben- und übereinander gelegt. Mehrere Reihen Schädel, alle in der gleichen Position, sind zu erkennen.

An einem besonders gut erhaltenen Schädel wurden genaue Beobachtungen angestellt. Sie ergaben, daß es sich um eine vollausgewachsene Person, vermutlich einen Mann, gehandelt hat. Die fast vollständigen Zähne waren zwar stark abgekaut, aber ohne Karies. Dies erlaubt den Schluß, daß der Tote zu Lebzeiten ein einfaches, hartes Leben geführt haben muß, etwa als Soldat und daß er gestorben ist, ehe die Zahnfäule durch Einführung des Zuckers auf dem Lande die Menschen ergriff. Die übrigen Schädel sind, soweit man das noch sehen kann, ähnlich beschaffen. In großer Zahl gefundene Röhrenknochen von Armen und Beinen und die besonders gut erhaltenen Kugeln der Gelenke erlauben die Folgerung, daß es sich um kräftige, ausgewachsene Leute handelte. Kinderskelette befinden sich nicht unter den Fundgegenständen. Das Grab ist, soweit man nach der Zerstörung dies noch abschätzen kann, etwa vier oder fünf Meter lang, zwei bis drei Meter breit und stellenweise über einen Meter hoch gewesen. Stellenweise deshalb, weil es keine gleichmäßige Form aufweist. Es ist vielmehr nach den beiden Unterseiten zu ausgebeult und offenbar in den Felsen geschlagen worden, der an allen anderen Stellen der Baugrube deutlich sichtbar ist. Berechnungen haben ergeben, daß es sehr wohl möglich war, diese Zahl von Toten in dem Grab unterzubringen, vor allem, da die Fundumstände auf eine genaue Schichtung hinweisen.

Wer war es aber nun, der da mitten im Ortskern von Wegscheid im Massengrab seine letzte Ruhe fand und wann geschah das Fürchterliche, das zum Tode so vieler Menschen führte? Ehe diese Frage zu deuten versucht wird, muß die wahrscheinlichste Möglichkeit gefunden werden. Der erste Gedanke ist der einer Bestattung von Gebeinen aus aufgelassenen Gräbern. Dagegen spricht, daß die Skelette alle im gleichen Erhaltungszustand sind, sich keine Kinder dabei befinden und keine Nachricht darüber erhalten ist, daß man früher Gebeine sorgsam aufeinandergeschichtet wieder beizusetzen pflegte. Dagegen sind für lange belegte Friedhöfe Beinhäuser üblich, in Wegscheid gab es das nicht. Es ist unwahrscheinlich, daß 50 bis 70 Menschenreste gleichzeitig aus ihren Gräbern gehoben und neu bestattet wurden und daß es sich dabei um etwa gleichzeitig gestorbene Männer gehandelt haben könnte.

Eine weitere Möglichkeit ist ein Massengrab für Pesttote. Aber auch hier besteht wenig Wahrscheinlichkeit, denn man pflegte früher Pesttote nicht im

Ort zu bestatten, sondern weit außerhalb in Pestfriedhöfen, zudem ist auch bei einer solchen Hypothese das Fehlen von Kindern und Frauen auffallend.Es bleibt eigentlich nur die Deutung übrig, daß in diesem Massengrab in der Schlacht gefallene Männer beigesetzt wurden. Und zwar in einer großen Notzeit, als man ihre Kleidung, Stiefel und Waffen brauchte und sie deshalb nackt in die Grube legte. Das Grab befand sich soweit östlich der Kirche, fast an den Mauern des abgerissenen alten Schulhauses, daß sich eine Deutung fast aufdrängt. Als es angelegt wurde, lag es außerhalb der Friedhofsmauer! Die Chronik berichtet nämlich von 1708, daß damals die Erweiterung des Friedhofs und seine Umgrenzung mit einer Mauer beantragt und wenig später durchgeführt wurde. Es hat viel für sich, anzunehmen, daß das Massengrab vor 1708 bestanden hat und bei der Erweiterung in den Friedhof einbezogen wurde. Vorher war an dieser Stelle kein Friedhof.
Sind es gefallene Soldaten, die man damals dort begrub, erklärt sich auch das Fehlen von Begleitfunden. Wegscheider können es kaum gewesen sein, denn sie wären sicher in den Familiengräbern bestattet worden.
Der Tod der Männer ist kaum zu rekonstruieren. Die Chronik berichtet in diesen Jahrhunderten laufend von Kriegsvolk, von Hussiten und Passauer Söldnern, die in der Gegend waren. Erzählt wird auch von Hungersnot, Brandschatzung, Räuberei und Seuchen. Vielleicht ist das Massengrab von Wegscheid die letzte Kunde eines blutigen Gemetzels, von dem kein Geschichtsbuch Nachricht gibt?

Die frommen Schiffsleut' reizten den Teufel

Der Jochensteiner Felsen in der Donau ist sagenumwoben — Relikt der letzten Hebung des Bayerischen Waldes

Jochenstein. Es gab einmal eine Zeit, da die Benützer der wichtigen Wasserstraße Donau mit Fug und Recht den Teufel als Urheber des Jochensteiner Felsens und des ihn umgebenden Kachlets vermuteten. Denn da war sie heimtückisch-reißend und manche Plätte, mancher Fließstein ging unter: Der heilige Nepomuk wurde angerufen in der Not und seine Statue steht noch heute mitten im Strom — nur schaut sein Gesicht andersherum.

Erzählen wir einmal die Geschichte des Felsens in der Donau, der Jochenstein genannt wird und den viele Gäste gern und oft fotografieren. Die Sage: "In alter Zeit, als das Beten noch geholfen hat, da saß der Teufel gern auf dem Ebenstein hoch über dem Donautal und schaute den Schiffsleuten zu, wie sie an den strudelnden Untiefen des reißenden Flusses sich drehten, ruderten und unter Schreien untergingen. Denn ihre Seelen wollte er sich holen, der Gottseibeiuns. Und es gelang ihm nur zu oft. Aber da taten sich die Schiffsleut' aus Obernzell und Engelhartszell zusammen und fuhren die Donau hinunter auf einer Plätte, sangen lauthals fromme Lieder, beteten gar oftmals das "Gegrüßt seist du Maria" und viele andere hilfreiche Gebete mehr und wie sie gerade unterhalb des Ebenstein vorbeikamen, da läuteten die Kirchenglocken in den beiden Zell und dem vereinigten Läuten und Beten konnte der Teufel nicht widerstehen — fluchend riß er einen großen Felsen vom Ebenstein ab und schleuderte ihn gegen die Plätte mit den frommen Schiffsleuten. Diese aber entkamen und seitdem steht dieser Felsen mitten im Donaustrom, dem Teufel zum Possen und als ewige Mahnung an die Macht des Gebets."

Die Wissenschaft: "Die Donau bricht im Bereich Jochenstein ihre Bahn durch Urgestein aus Granit und Gneis. Die auflagernden Verwitterungsschichten hat der Fluß seit Jahrhunderttausenden abgetragen und bis auf die feste Steinsohle geschürft, diese widerstand ihm. Es kreuzte ein Gang oder Kamm aus Granit den Lauf des Flusses, irgendwann einmal bei der Gebirgsfaltung hochgehoben, und dem Strom gelang es kaum, die wirren Felsen zu überspülen — ein Kachlet entstand, eine gefährliche Flußpartie mit Schnellen und Wirbeln, unvorhersehbaren Strömungen. Der Jochensteiner Felsen aber als am weitesten herausgehobener Teil dieses Steinwalls im Strom konnte immer herausschauen und wurde im Laufe der Äonen nur ein wenig milder in seinen Formen..."

Nun, sei's drum, hat der Teufel den Felsen geschleudert oder ist er ein Relikt aus der letzten Hebung des Bayerischen Waldes — ein lebensgefährliches Hindernis war er immer. Wer verstehen will, warum sich Sagen und Legenden um den Jochenstein ranken, wer nachfühlen möchte, was die Schiffsleute früherer Jahrhunderte bei seinem Anblick fühlten, der muß die behäbig und gezähmt dahinfließende Donau von heute vergessen. Muß sich vorstellen, daß dieser "Nil Europas" einst ein reißender Fluß war, unregelmäßig in seinem

Der Jochensteinfelsen soll einst vom Teufel auf die frommen Schiffsleut' geworfen worden sein. Kapelle und Nepomukstatue erinnern an einstige Gefahren.

Lauf, von Auwäldern und Altwassern begleitet, Hochwasser führend oder bei Niedrigwasser die "Hungerfelsen" sehen lassend. Und eben dort, wo unter dem schnellfließenden Wasserspiegel die Felsen lauerten, eben das "Kachlet" bei Passau und bei Jochenstein, da warteten auch Havarie, Verlust von Schiff und Habe oder gar der Tod auf die Schiffsleute.

Und wie der Väter Sitte war in der Zeit der magischen Weltsicht, wurde der Felsen wie eine Person angeschaut oder doch wenigstens wie die Behausung einer Person. Und was konnte es anderes sein als eine Nixe, ein Wasserweib? Noch heute wird den Fremden erzählt, auf dem Jochensteiner Felsen sei die Nixe "Isa" zu Hause (nicht Isar!) und das ist eine Schwester der Loreley vom Rhein. Und wie diese lockt sie heimtückisch die Schiffsleut' in den Strudel oder beschützt sie auch, wenn sie gerade die Laune dazu hat.

Unschwer auszumalen, daß die Schiffer sich dieser Nixe zu erwehren trachteten und dazu den heiligen Johannes von Nepomuk anriefen, den Brücken- und Wasserheiligen. Zwar spottet der Volksmund "der heilige Nepomuk steht auf der Donaubruck, hat an Keil Brot im Mei, nageld a wei...", aber das hinderte niemanden, den Heiligen auf den Felsen zu postieren. Der, der jetzt dort steht, stammt aus der Mitte des 18. Jahrhunderts, ist 1,90 Meter groß und aus Granit in einem Stück gearbeitet. Und es steht auch ein "Kapellchen" auf dem Jochensteiner Felsen, wie es der Denkmälerband nennt, ebenfalls aus dem 18. Jahrhundert stammend und erst vor ein paar Jahren von der Pfarrei Gottsdorf restauriert und mit neuem Bilde versehen.

Es ist wohl glaubhaft, daß Nepomuk und Kapelle Vorgänger hatten, nur weiß man nichts von ihnen.
Aber so, wie sie jetzt dort stehen, standen sie nicht immer. Denn früher bewegten sich die Plätten, Fließstein, Schachteln und wie sie noch hießen, die Donauschiffe, mehr in der Strommitte und der Nepomuk schaute auf die österreichische Seite hinüber (eben zu den Schiffen) und drehte dem bayerischen Ufer den Rücken zu. Als aber das Donaukraftwerk Jochenstein gebaut wurde, da veränderte sich alles, die Schiffe bewegen sich nun auf die Schleusen zu und aus ihnen hinaus, nahe am Ufer, zwischen Felsen und Land. Da hat die DKJ den Nepomuk einfach umgedreht, denn daß der Heilige den Schiffen den Buckel zukehrt — damit wäre niemand einverstanden gewesen.
Daß übrigens die Schauergeschichten vom Jochensteiner Kachlet nicht aus der Luft gegriffen sind, zeigte sich auch beim Kraftwerksbau. Noch nie seit es die Donau gibt, wurde dort so tief gegraben, soviel Gestein bewegt, wurde erstmals der Flußgrund stellenweise trockengelegt. Da kamen dann allerhand Sachen ans Licht, vom Bronzeschwert bis zur Münze, vom verrosteten Pferdezaumzeug bis zum Kochtopf. Jedes dieser Fundstücke könnte Geschichten erzählen!
Denn schon die Kelten benützten die Donau als Heerstraße und Güterweg, die Hunnen zogen auf ihr herauf bis zur Schlacht auf dem Lechfeld, Kriemhild und der grimmige Hagen schaukelten am Felsen in Jochenstein vorbei mit einem Gebet um Errettung aus dem Kachlet auf den Lippen. Kaiser Barbarossa zog hier vorbei ins heilige Land und das Entsatzheer für die von Türken belagerte Stadt Wien gondelte viel zu gemächlich auf dem Strome dahin...
Und bis in die letzten Jahrzehnte des vergangenen Jahrhunderts trat der Pfarrer von Obernzell vor seine Kirche, sobald ein Zug hölzerner Schiffe den Ort passierte und segnete Schiffsleut' und Ladung mit weitausschwingendem Weihwedel. Vielleicht hat sich deshalb der Teufel nicht mehr unterstanden, sich nochmal auf den Ebenstein zu setzen und die Seelen der Schiffer zu begehren?

(12 .9. 1987)

Öffentliche Beschämung für die Übeltäter

Der Pranger steht seit 1490 —
Seltenes Denkmal der niederen Gerichtsbarkeit

Untergriesbach: Der Markt bewahrt ein seltenes und merkwürdiges Denkmal der einst ihm zustehenden "niederen Gerichtsbarkeit", den Pranger. Alle Nachbarorte haben diese "Schandsäulen" schon im vorigen Jahrhundert vernichtet. Heute reut es sie, denn viel erzählt der Pranger von den Verhältnissen der alten Zeit.

Zum erstenmal wird der Untergriesbacher Pranger 1490 in der Marktchronik erwähnt. Auf der Säule, die heute tief im Boden steckt, sind die Jahreszahlen 1590 und 1847 eingemeißelt. Letztere Zahl weist wohl auf das Jahr hin, als der Pranger von seinem historischen Standort auf dem Marktplatz dorthin verlegt wurde, wo er jetzt noch steht — in die kleine dreieckige Grünanlage, wo die Badgasse in die Hauptstraße einmündet.

Das "Prangerstehen" war schon lange abgekommen, es wird vereinzelt noch aus dem Beginn des 19. Jahrhunderts erwähnt. Was die Untergriesbacher Bürger dazu veranlaßte, anders zu handeln als ihre Nachbarn in den drei übrigen fürstbischöflich-passauischen Märkten, die ihre Prangersäulen einfach vernichteten, kann man nur vermuten. Vielleicht waren die Untergriesbacher besonders stolz auf dieses "Symbol der niederen Gerichtsbarkeit", wie der Pranger im Heimatbuch genannt wird?

Um die Bedeutung des Prangers durch die Jahrhunderte zu verstehen, muß man einen Blick auf die Herkunft und Bedeutung des Wortes werfen. Die Goten hatten das Wort "ana-praggan", was bedrängen bedeutet, im Mittelhochdeutschen sagt man "pfrengen" für pressen, drücken oder zwängen, im Mittelniederdeutschen bedeutet "prangen" ebenfalls drücken und klemmen und der Maulkorb und auch die Klemme waren eine "Prange". Das uns bekannte Wort Pranger als Schandsäule ist seit dem 14. Jahrhundert überliefert und das Wort wird direkt abgeleitet von der "Prange", dem drückenden Halseisen, mit dem der zu Bestrafende auf der Standfläche des Prangers schmerzhaft befestigt wurde. Heute noch ist "anprangern" überall im Gebrauch, ohne daß man sich viele Gedanken darüber macht, welch altes Wort da benützt wird.

Für Pranger wird auch oft "Schandpfahl" gesagt und schon das Wort allein läßt den Hinweis auf hohes Alter zu. "Schande" wiederum wird von der Sprachforschung von dem altgermanischen Wort "Schame" abgeleitet, das in der Bedeutung keinen Wandel erfuhr und englisch immer noch "shame" heißt, schwedisch "skan" und deutsch "Scham". Über das gotische "skanda" = beschämen führt ein direkter sprachlicher Weg zum "Schandpfahl". Er sollte dabei helfen, durch öffentliche Beschämung Übeltäter zu bestrafen und von weiteren Vergehen abzuhalten. Die Germanen wandten also bereits "Psychologie" in der Rechtspflege an.

Zu allen diesen Überlegungen (die übrigens durch schriftliche und in Sagen enthaltene Hinweise belegt sind), führte uns der Untergriesbacher Pranger.
Die germanische Tradition der Rechtspflege war direkt von den mittelalterlichen Deutschen und damit auch Bayern übernommen worden. Scharf unterschieden, auch im Bistum Passau, wurde dabei zwischen der "niederen und hohen Gerichtsbarkeit", auch Blutgerichtsbarkeit genannt, die nur den Fürsten vorbehalten war und deren Symbol Galgen und Richtschwert bildete. Das Symbol der niederen Gerichtsbarkeit hingegen war der Pranger.
Es gehörte zu den Privilegien, die die Passauer Bischöfe ihren Märkten gewährten, daß die niedere Gerichsbarkeit ausgeübt werden durfte und zwar durch den Marktrichter und vier Ratsgeschworene. Der Marktrichter mußte vom Fürstbischof, bzw. seinem Pfleger bestätigt werden und die Chronik gibt ihm "örtliche Polizeigewalt und erste Instanz in Straf- und Verwaltungsangelegenheiten". Der Pfleger mußte die ergangenen Urteile "bestätigen" oder, wenn sie ihm falsch erschienen, kassieren und die Sache dem Landgericht Oberhaus zuweisen.
"Boshafte und streitsüchtige Frauen oder freche Buben wurden zum Prangerstehen verurteilt, oftmals verstärkt durch die Hände und Hals einzwängende Geige", schreibt das Heimatbuch von Professor Miller und es ist auch überliefert, daß auf einer Tafel, die am Fuß der Prangersäule stand, die Schandtat des "Delinquenten" angeschrieben war. In einer Zeit, als nur wenige Leute lesen konnten, wird das wohl selten gewesen sein, wahrscheinlicher ist eine grobe Zeichnung, die Täter und Tat karikierend dem Spott der Menge preisgab.

Der Pranger steht seit 1490.

Daß das "Rechtsinstitut Pranger" durch soviele Jahrhunderte Bestand hatte, läßt zwei Schlüsse zu: Daß dafür großer Bedarf bestand und daß es wenig nützte...

Der Untergriesbacher Pranger nun, durch die vielen Jahrhunderte unversehrt erhalten, besteht aus einer quadratischen Granitsäule von sechs Metern Höhe, die eine achteckige Plattform trägt, auf der eine ins Achteck übergeleitete, dann über einen Knauf zu Rundschaft werdende Säule steht. Der Untergriesbacher Pranger zeigt noch als Rostspuren die Reste der einstigen Halseisen und obendrauf eine Windfahne aus Eisenblech. Und sie erzählt eine kuriose Geschichte. 1804 bis 1810 waren viele Franzosen einquartiert und eine Gruppe dieser Soldaten zechte einst beim Gastwirt Heindl in der Wirtsstube und aus Übermut schossen die Männer mit Pistolen auf die Wetterfahne am Pranger. Sie hat seitdem mehrere Löcher...

Da sich die Natur der Menschen nicht ändert, hört man öfter einmal den Wunsch, dieses oder jenes spitzzüngige Frauenzimmer dieser oder jener garzu "letzte" Mann gehöre eigentlich an den Pranger gestellt. Aber dieses Symbol der niederen Gerichtsbarkeit und Relikt germanischer Rechtssprechung bleibt leer...

Vom "Fürstensteig" sind noch immer Reste im Wald zu sehen

Vor mehr als 200 Jahren von robotenden Bauern angelegt — Jagdweg des Nimrods Firmian

Hauzenberg. In seiner "Volkserzählung aus den Passauer Wald" — Regina — hat der seinerzeit hochberühmte Maximilian Schmidt, genannt Waldschmidt, in die Handlung und die Dialoge immer wieder Beschreibungen topographischer, naturkundlicher, historischer Art eingestreut. Das macht sein Werk noch heute wichtig als Quelle, die eigentliche Romanhandlung verblaßt dagegen. Gerade die "Regina" ist eine Fundgrube für solche Quellenforschungen, denn Maximilian Schmidt liebte seinen Bayerischen Wald sehr, suchte ihn in jeder Weise zu fördern, von dem Odium des Rückständigen zu befreien und auf seine wahre historische Bedeutung zu verweisen. Darin ist der Waldschmidt uns noch heute ein Vorbild, denn vergleicht man einmal die verbalen Beteuerungen der Heimatliebe mit den Zerstörungstaten, die allerorts zu beobachten sind, muß man sich schämen.

In "Regina" steht auf Seite 371 etwas geschrieben, das heute noch immer oder schon wieder in höchstem Grade lesenswert ist. "Der Fürstensteig oder Firmiansweg befindet sich gegen die Thierhamer Waldung zu. Dieser Weg durch den ungangbaren Forst ist vom Fürstbischof Firmian (er regierte von 1763 bis 1783) angelegt worden, um auf ihm bequem zu seinem Jagdrevier, das besonders mit Hirschen besetzt war, gelangen zu können. Der Steig war zwei Meter breit und mit Platten belegt und zu beiden Seiten waren Steinplatten als Mauern aufgerichtet. Er ist heute noch auf einer Länge von hundert Metern erhalten. Der Fürstbischof, der die Jagd leidenschaftlich liebte, ließ sich in einer Sänfte von kräftigen Waldlern auf diesem Steige in das Revier tragen."

Soweit Waldschmidt, "Regina" erschien 1908, geschrieben wurde das Buch also vor rund 80 Jahren. Wieweit sich Schmidt auf Erzählungen und Berichte verließ oder selbst nach seinem Firmiansweg schaute, ist heute nur mehr zu raten. Er spricht von hundert Metern, die noch vorhanden sind. Begibt man sich heute, mehr als 200 Jahre nach dem Bau des Steigs in den "ungangbaren Forst", so kann man mühelos sehr viele und sehr eindrucksvolle Reste dieses baulichen Wunders finden. Die beigegebenen Bilder, am Sonntag, 20. Mai 1984, aufgenommen, sprechen für sich. Bauliches Wunder? Gewiß, setzt man seine Phantasie ein wenig in Gang und versucht man nachzuempfinden, was damals vor sich gegangen ist. Als der "große Nimrod vor dem Herrn", der jagdfreudige Barockfürstbischof Firmian in Passau regierte, führten nur schlechte Straßen ins "Land der Abtei". Und hier bei uns gab es überhaupt keine Straße, die diesen Namen aus heutiger Sicht verdient hätte. Die B 388 ließ noch mehr als 100 Jahre auf sich warten, die Fuhrwerke aus Passau quälten sich von Obernzell die Roll hinauf! Die Straße führte damals am Holzhäusl vorbei in Richtung Wirtwiesen und Pölzöd, letzte Reste davon sind als Hohl-

"Fürstensteig" oder Firmiansweg wird ein noch 200 Jahre nach seiner Erbauung in Teilen erhaltener Steinplattenweg mitten im Wald genannt.

weg noch im Hochwald zu sehen. Dort, wo die Straße die Steigung nach Wildenranna (an der "Mauth" vorbei!) anfing, stand auch ein großer runder Meilenstein, bis er in den fünfziger Jahren dieses Jahrhunderts der Zerstörungswut und dem Unverständnis zum Opfer fiel. Letztes Relikt der alten Straße ist das verwitterte Wegkreuz, das dort noch in der Wiese steht. Daß die steile Strecke nur durch Stiervorspann aus der "Stiermühle" zu bewältigen war, weiß man. Wie mögen die Straßen in der Neuwelt beschaffen gewesen sein, wie die im Bereich Thierham oder Pfaffenreut? Man kann es nur ahnen und schaut man Bilder der Wege an, wie sie hier vor der Flurbereinigung üblich waren, mag man sich eine Vorstellung davon machen.
Und die Wälder selbst? Kein Weg und kein Steg! Es ist wirklich wahr, was dem Waldschmidt da vor 80 Jahren erzählt wurde von der Sänfte, die den Fürstbischof trug, von stämmigen Bauernburschen geschaukelt. Reste dieser Sänfte aus festem Leder wurden bis in den Zweiten Weltkrieg hinein in Bauernhäusern von Hirschenberg, Gemeinde Gegenbach, aufbewahrt. Der nun schon lange verstorbene Kreisrat Raab hat sie noch selbst gesehen und uns davon erzählt. Diese Ledersänfte wurde in der Not des Krieges zu Schuhsohlen verarbeitet!
Und auch daß der Herr Fürstbischof ein großer Jäger war, wird noch immer im Volksmund weitererzählt. Er war solch ein Nimrod, daß er darüber sein geistliches Amt manchmal vergaß. Kreisrat Raab wußte von ihm zu erzählen, daß bei einer seiner Jagden ein Treiber angeschossen wurde und schwerverletzt am Boden lag, die fürstliche Jagdgesellschaft ratlos um ihn herumstehend. Bischof Firmian drängte sich durch und rief: "Der Mann stirbt ja, holt schnell einen Priester..." Kreisrat Raab lachte immer, wenn er das erzählte und sich vorzustellen versuchte, wie man es seinerzeit dem Herrn jagenden Bischof wohl klargemacht hat, daß er selbst ein Priester war...
Wer baute nun diesen Fürstensteig oder Firmiansweg? Die robotpflichtigen Bauern natürlich und unschwer kann man sich vorstellen, was das für eine Schufterei war. Tausende, wenn nicht gar Zehntausende von Steinplatten mußten gebrochen, transportiert, eingebaut werden. Denn daß der Fürstensteig massiv angelegt wurde, das sieht man nach 200 Jahren noch. Wir machten uns auf, ihn zu suchen nach der Beschreibung in "Regina" und wurden dabei von Lehrer Hermann Haderer sehr unterstützt, der, selbst von dem Weg fasziniert, nach den Quellen gesucht, und sie uns zugänglich gemacht hatte. So schwer ist der Fürstensteig gar nicht zu finden. Er muß einmal in Pfaffenreut begonnen haben, schon damals bei Bischof Firmian ein wichtiges Graphitdorf mit reichen, behäbigen Bauern, bei denen der Bischof wohl zur Brotzeit eingesprochen hat. Wegebau hat den Steig zerstört bis hinter Steinbüchl, wo heute die Teerstraße endet und das letzte Haus steht. Geht man dann in den Wald hinein auf einem Weg, der heute eben Holzfuhrwerken und gelegentlichen Wanderern vorbehalten ist, dann erblickt man schon bald die Reste des Plattenbelags des Fürstensteigs. Er zieht sich schnurstracks in Richtung Thierham zu, eben dort, wo des Bischofs Hirschen standen! Wir folgten dem Weg bis fast nach Neuhäusl. Thierham zu sind ebenfalls noch ähnliche Reste vorhanden.

Mehrere Dinge fallen dabei auf. Der Steig muß vor 200 Jahren sehr solide fundamentiert worden sein, denn starke Benützung hat ihn an den Stellen, wo er unversehrt blieb, weder einsinken lassen noch sonst zerstört. Es hat aber wohl Generationen von Waldbesitzern gegeben, die sich Steine aus dem Steig holten zum Bauen, denn er ist teilweise ganz verschwunden, es liegen sogar Steine daneben im Wald. An anderer Stelle ist er von Erde bedeckt, sehr deutlich sieht man an einigen Steinen, daß lange Generationen dieser Steig auch dem öffentlichen Verkehr diente, er wurde mit Karren befahren, die Räder haben "Gliaßen" hinterlassen. Die Bevölkerung kennt den Weg auch unter dem Namen "Böhmsteig", weil er als Richtweg nach Böhmen benutzt worden sein soll. Auch Reste der von Waldschmidt erwähnten seitlich aufgestellten Steinplatten sind noch zu finden. Und auf einem besonders großen Stein ist eine Kombination von Buchstaben und einem Kreuz zu sehen. Wir wollen das heute nicht auszudeuten versuchen, es ist als Denkmal an sich schon interessant.

Die Phantasie geht mit einem durch, wenn man so mutterseelenallein durch den summenden Maiwald wandert, auf dem Steig des Barockfürsten entlang. Harte Fronarbeit war es, die die zum Robot verpflichteten Bauern da leisten mußten, wie mögen sie geschwitzt und geflucht haben, wenn die Aufseher gerade nicht hinhörten! Fast glaubt man, die lustig schwätzende Hofgesellschaft zu hören, wie sie hinter der Tragesänfte des Bischofs her durch den Wald zieht, dem Hirschenrevier entgegen! Es ist sehr reizvoll, diesen Weg zu erwandern, unseres Wissens hat sich noch nie bisher jemand die Mühe gemacht, die Steinplatten dort zu erklären von Herkunft und Bedeutung her und das Andenken des jagdfrohen Bischofs auf diese Weise mit zu bewahren. Wir tun das heute in skizzenhafter Weise, regen aber gleichzeitig dazu an, dieses Denkmal an die Zeit des Bistums besser zu bewahren. Das, was noch da ist vom Fürstensteig oder Böhmsteig, sollte erhalten werden. Und es sollte eine kleine historische Attraktion werden für unsere Gäste. Kann man einmal dies alles ein wenig darstellen? Ist im künftigen Heimatmuseum Wegscheid dafür Platz? Oder im Granitmuseum Hauzenberg, das hoffentlich in diesem Jahrtausend noch kommt? Immerhin ist der Fürstensteig ein Beispiel für praktisch verwendeten Granit zu einer Zeit, als gepflasterte Straßen so selten waren, daß in der Stadt Passau eine der "Steinweg" genannt wurde?

Nun, wir regen an, sich um diese historische Kuriosität ein wenig anzunehmen. Der Himmel verhüte, daß der Straßenbau weiter in den Wald fortschreitet und womöglich noch die letzten Reste des Firmianswegs vernichtet!

(26. 5. 1984)

Das Zeichen am "Firmiansteig" ist Christusmonogramm

Großes Echo auf unseren Bericht über alte Straße — Historisches Dokument

Hauzenberg. Am 26. Mai berichteten wir ausführlich und bebildert über einen heute fast vergessenen, etwa 200 Jahre alten steinernen Weg durch den Wald zwischen Pfaffenreut und Thierham. Er wird im Volksmund "Böhmsteig" genannt, in der Literatur ist er als "Fürstensteig" oder "Firmiansteig" bekannt, weil Fürstbischof Firmian ihn bauen ließ. Wir zitierten dazu aus Waldschmidts "Regina" und erzählten von dem, was wir bei einer Wanderung auf dem Steig gesehen haben.

Wir fanden auch einen halb im Boden versunkenen Stein, auf dem eine Buchstabenkombination zu sehen ist, auf der gegenüberliegenden Seite auch eine schwer lesbare Jahreszahl. Der Bericht über den Firmiansteig hat bei unseren Lesern ein großes, durchwegs positives Echo gefunden. Alle Zuschriften äußerten sich lobend und dankend über das Bemühen der "PNP", dieses wertvolle Kulturdenkmal in die Erinnerung zurückzurufen und zu schützen. Das von uns absichlich nicht gedeutete Monogramm auf dem Stein wurde uns von mehreren kompetenten Einsendern und Sachkennern übereinstimmend und zutreffend als "Christusmonogramm" bezeichnet. Der Vorsitzende der Volkshochschule für das Wegscheider Land, Oberstudienrat Heinrich Köberl, führte dazu folgendes aus: "Es gibt zwei Christusmonogramme, das eine zusammengesetzt aus den griechischen Buchstaben Chi und P, das andere lautet IHS, gebildet aus den Anfangs-, Mittel- und Endbuchstaben von "Jesous". Häufig werden sie auch gedeutet als griechische Kürzel für "Jesous hyios sotär" (wir bitten zu entschuldigen, daß wir mit lateinischen Buchstaben die korrekte griechische Schreibweise nur andeuten können!), was heißt: "Jesus, Gottessohn, Retter".

Oberstudienrat Köberl meint in seinem Brief weiter, daß das Christusmonogramm am Fürstensteig kaum aus der Zeit von Bischof Firmian stammt, weil im Stein auch stark verwischt "1868" zu lesen ist. Unklar bleibt das Motiv des Steinmetzes, Monogramm, Jahreszahl und vielleicht sogar sein Namenskürzel hier mitten im Wald einzumeißeln. Köberl spekuliert, ob es ein "Marterlersatz" war oder was sonst diesem Tun zugrunde lag. Er beklagt auch den unverdient schlechten Ruf, den Fürstbischof Firmian bei den Literaten hat.

Ergänzt werden diese Ausführungen von einem Brief, den M. Nicola Franz vom Kloster Freudenhain uns schrieb. Auch sie zeigte sich interessiert und erfreut über die Tatsache, daß nun der fast vergessene Firmiansteig wieder in die Diskussion gekommen ist und deutet ebenfalls das von uns gezeigte Monogramm als "Jesus" M. Nicola Franz merkt dazu an, daß schon im 6. Jahrhundert aus den griechischen Buchstaben die lateinischen IHS wurden, wobei in späteren Jahrhunderten die populäre Lesart "Jesus — Heiland —

Ein halb in der Erde versunkener Randstein des einstigen Fürstensteigs trägt eine als Christusmonogramm erklärte, noch gut lesbare Inschrift.

Seligmacher" daraus wurde. Dazu kommt oft das Kreuz, wie auch auf dem Stein. Auch Mater Nicola denkt an ein Marterl, vielleicht eine Erinnerung an ein Jagdunglück und meint, vielleicht stand sogar einmal ein Kreuz auf dem Stein. Sie schließt: "Ich hoffe mit Ihnen, daß der Rest des Weges nicht weiter zerstört wird, sondern erhalten bleibt."

Denselben Wunsch hat auch Dr. phil. Gottfried Schäffer, Stadtrat und Kreisheimatpfleger von Passau, der uns sehr interessante Ergänzungen zu der skizzierten Geschichte des Steigs gab. Dr. Schäffer will sich aktiv dafür einsetzen, gemeinsam mit Kreisheimatpfleger Rudolf Hammel, daß die Reste des Firmiansteigs in die bayerische Denkmalliste eingetragen werden.

Dr. Schäffer schrieb uns auch, er sammele seit längerer Zeit Material über die Wirtschaftspolitik von Fürstbischof Firmian und vor allem auch über seinen Straßenbau und daß unser Bericht ihm wertvolle Hinweise gab. Dr. Schäffer kannte z. B. bisher nicht die hierzulande noch immer erzählte Geschichte von der Ledersänfte, in der sich der Bischof auf die Jagd tragen ließ, und auch die Sache mit dem Bischof, der nach einem Priester rief, war ihm in unserer Fassung nicht bekannt. Dafür in einer anderen. Wir gestatten uns hier den Hinweis, daß beide Motive erzählerisch verarbeitet sind in der Skizze "Der Bischof auf der Jagd" in den Schlehreuther Geschichten von Volker Stutzer. Dr. Schäffer zeigt sich in seinem Brief auch sehr angetan von dem Umstand, daß wir sogar noch Reste der einstigen aufrecht stehenden Seitenbegrenzungsstei-

ne der Straße finden konnten. Sie galten bisher als verschollenes Denkmal der Straßenbautechnik der Barockzeit.
Unser Hinweis, daß der Weg in der Bevölkerung "Böhmsteig" genannt wird, veranlaßte Dr. Schäffer zu folgenden Ausführungen: "Daß diese enorm solid gebaute Straße nur zur bequemeren Zugänglichmachung von Firmians Hirschrevier gedient haben sollte, halte ich nicht für sehr wahrscheinlich. Wie ich aus den Plänen des Münchner Hauptstaatsarchivs entnehmen konnte, beabsichtigte der Kardinal, anstelle der abgegangenen "Goldenen Steige" eine neue Handelsstraße nach Böhmen trassieren zu lassen. Der Plan konnte niemals ganz verwirklicht werden, aber der Fürstensteig scheint möglicherweise ein ausgebautes Teilstück davon zu sein." Dazu paßt auch, daß wir bei der Begehung die restlichen Teile des Plattenbelags stark durch Wagenräder abgenützt fanden.
Auch Dr. Schäffer erklärt uns die Buchstaben auf dem Stein als Jesusmonogramm und weiß zu erzählen, daß es vor allem seit dem 15. Jahrhundert durch Bernhardin von Siena verbreitet und später von den Jesuiten in der ganzen Welt bekanntgemacht wurde.
Außerordentlich interessant für die örtliche Geschichte ist die Fassung der Anekdote vom Bischof, der einen Geistlichen ruft in der Überlieferung, die Dr. Schäffer kennt: "Der Neffe des Kardinals, der junge Passauer Weihbischof Franz Karl von Firmian, wurde am 17. August 1776 im Jagdwagen nahe beim Jagdschloß Thyrnau durch die plötzliche Lösung eines Schusses, den ein leichtfertiger Büchsenspanner durch Hantierung mit dem Gewehr auslöste, ins Herz getroffen. Der Kardinal sei, momentan seiner Sinne nicht mächtig, so entsetzt gewesen, daß er gerufen habe: 'Man hole schnell einen Priester'. Einige Augenblicke später habe er jedoch seinem Neffen selbst die Generalabsolution erteilt und einen Reiter nach dem Leibarzt in Thyrnau geschickt. Als dieser dann eintraf, war der Weihbischof bereits tot." Diese Geschichte scheint großen Eindruck bei der Bevölkerung gemacht zu haben, denn, wie erwähnt, sie wird noch heute hier erzählt, zwar leicht abgewandelt, aber immerhin. Dr. Schäffer hat weitere Details über die "robotenden Bauern" beigesteuert, die wir unseren an der Sache so sehr interessierten Lesern hier noch gern unterbreiten möchten.
"Die Robotpflicht der Bauern war gewissermaßen eine persönliche Steuerleistung, sie war im Hochstift Passau auch eine 'gemessene', das heißt zeitlich genau fixierte. Im Gegensatz zum Kurfürstentum Bayern, wo 'ungemessener Roboto' gefordert wurde. Vielleicht sind deshalb so viele bayerische Bauern heimlich ins 'Bistum ausgelaufen' und haben damit den Anlaß zu einem geharnischten Protest des Münchner Hofs beim Passauer Hof gegeben?"
Soweit Dr. Schäffer, immerhin ist das alles erst 200 Jahre her! Wir möchten hier unsere Leser noch mit einem weiteren Hinweis unterhalten, der zwar nicht unmittelbar mit der Straße des Bischofs zu tun hat, wohl aber mit dem Verhältnis "Kurfürstentum Bayern und Hochstift Passau" bzw. dessen Bewohnern. Noch vor einer Generation pflegten vor allem die Bewohner derjenigen Regionen, wo Kurfürstentum und Bistum aneinandergrenzten, sich bei Wirtshausdisputen gegenseitig "Bistümer Büffel" und "boarischer Stier" zu titulie-

ren! Heutzutage ist das alles vergessen, wie anders wäre es auch möglich bei der "Hi!"-und "Tschüs"-Generation? Immerhin war diese historische Reminiszenz noch dazu gut, Besucher aus dem fernen Indien zu unterhalten, denen sie so erzählt wurde: Man habe seinerzeit die Leute "the bishop's buffalos" genannt... Lassen wir es damit bewenden, jedenfalls freuen wir uns, daß der "Firmianweg" oder "Böhmsteig" unsere Leser so gut unterhalten hat. Sie sollten dabei helfen, ihn zu bewahren!

(Pfingsten 1984)

Die Säule des Königs findet jetzt eine Bestimmung

Letzter Monolith gehoben — 126 Jahre im Schutt —
Er wird Steinhauerdenkmal

Hauzenberg. König Ludwig I. ließ ihn 1844 mit 17 anderen im Steinbruch Freudensee behauen. Jetzt wurde der letzte der berühmten Hauzenberger Monolithe aus dem Schutt von 126 Jahren ans Tageslicht gebracht. Moderne Hebemaschinen brachten zuwege, was man seit der Herstellungszeit der Riesensäulen nur einmal vermocht hatte — die tonnenschwere Ungetüme zu heben. Jetzt liegt die letzte große Säule fertig zum Verladen bereit, wenn man sich über den Platz einig ist, wird sie als Steinhauerdenkmal aufgestellt.

Es ist ein geschichtliches Ereignis, das sich jetzt im Steinbruch Freudensee abspielt. Man muß schon ein bißchen Gefühl für die Vergänglichkeit der Dinge haben und zugleich Respekt vor der Leistung von Männern, wenn man recht würdigen will, was sich da tut. Etwa 30 Tonnen wird der Monolith noch wiegen, den geschickte Steinhauer unter den Abraumbergen des Steinbruches aufgespürt und gehoben haben. Ursprünglich war sein Gewicht rund 40 Tonnen, aber es ist etwas von der Substanz "abgeknabbert" worden, man fing an, aus der achteckigen Säule Pflastersteine zu machen. Ganz hat dieses Schicksal den letzten Monolithen nicht ereilt, 15 seiner Brüder sind aber inzwischen längst wieder den Weg allen Granits gegangen. Wer weiß, fährt man nicht heute achtlos darüber, wenn man eine Pflasterstraße benützt?

Die Säulen aus dem Steinbruch in Freudensee haben eine eigenartige Geschichte, die eng mit dem bayerischen Königshaus verknüpft ist. Als König Ludwig I. die Befreiungshalle in Kelheim bauen ließ, gab er 18 achteckige Säulen in Auftrag, jede 6,70 Meter lang, mit einem Durchmesser von 1,55 Meter und 40 Tonnen schwer. Die Steine wurden aus dem Steinbruch Freudensee gebrochen und sorgfältig hergestellt. Wie man es 1844 fertigbrachte, die Ungetüme so gleichmäßig zu behauen — man mußte sie ja schließlich bewegen — ist auch heute noch sehr bewunderungswürdig. Die Baumeister des Königs hatten sich aber verschätzt, vielleicht waren sie auch von seinem Höhenflug angesteckt und hatten den Blick für die Wirklichkeit verloren, jedenfalls konnte man mit den Mitteln der damaligen Zeit die Monolithe nicht abtransportieren. Man versuchte es mit einer der Säulen, sie blieb aber bei der Lieblmühle liegen und wurde erst im 20. Jahrhundert zum Kriegerdenkmal Thyrnau umgeformt. Nur zwei Säulen erreichten eine würdige Bestimmung. 1890 schaffte man sie in wochenlanger Arbeit zum Bahnhof Hauzenberg und verlud sie mit der damals gerade gebauten Bahn. Auf geschmierten Rollen wurden die Kolosse zentimeterweise vorwärtsgeschafft — das muß ein Anblick gewesen sein wie beim Bau der Pyramiden! Es gibt im Marktarchiv noch Bilder, die die beiden Säulen mit Tannengrün bekränzt auf dem Eisenbahnwagen zeigen, glücklich grinsende Arbeiter um sie herum, die sich dann gewiß ein paar Maß haben schmecken lassen.

Der aus dem Schutt des Steinbruchs geborgene Rest der "Säule des Königs" erhielt einen Platz als Denkmal im Hauzenberger Schulzentrum.

Die anderen Säulen aber wurden im Laufe der Zeit zu Pflastersteinen verarbeitet. Eine blieb liegen, etwas verkürzt zwar, aber noch immer schön achteckig und sauber behauen. Im Laufe der Jahrzehnte wurde der Monilith immer mehr vom Abraum des Steinbruchs zugedeckt, es gibt noch eine jahrzehntealte Fotografie, die ihn halb sichtbar zeigt, lange war er überhaupt verschwunden. Der Unterstützungsverein Hauzenberg hat sich nun dazu entschlossen, zusammen mit der Gemeinde die große Säule zu heben und als Denkmal für die Steinhauer aufzustellen, denen Hauzenberg seinen Ruf verdankt, Zentrum der Granitindustrie des Unteren Waldes zu sein. Wunderbarerweise trieb man noch einen alten Steinhauer auf, der sich erinnerte, wo die Säule liegt.
Was das heißt, kann man erst ermessen, wenn man sich die Sache in Freudensee selbst anschaut. Schnee, Geröll, Steine, Sträucher — das war alles, was die Männer und ihr schwerer Bagger vorfanden. Trotzdem gelang es schnell, die Säule zu finden, sie wurde freigelegt, gehoben und ist inzwischen schon ein Stück des Wegs zur Staatsstraße hin gerollt worden. Dort liegt sie nun, bis man sich über den Standort des Denkmals klar ist. Dann wird sie auf ein schweres Transportfahrzeug geladen und nach Hauzenberg gebracht. Die Aufstellung wir sicher ein Ereignis für Groß und Klein sein. Es wäre nun aber nicht eine der berühmten und verflixten Säulen des bauwütigen Königs (vielleicht hat auch Lola Montez einmal darüber geflucht?) jedenfalls wäre es nicht mit

rechten Dingen zugegangen, wenn es nicht auch in unseren Tagen damit eine Havarie gehabt hätte.
Mitten während der Bergungsarbeiten legte nämlich die Besitzerin des Steinbruchs, Emma Kinateder, ihr Veto ein, machte Besitzrechte geltend und verbot den Weitertransport der Säule.
Bürgermeister Hans Günther und die Vorstandschaft des Unterstützungsvereins haben seitdem ein paar aufgeregte Tage gehabt, aber heute stellt sich die Sachlage doch so dar, daß die Säule unangefochten ihre Bestimmung als Denkmal erreichen kann.
Wie uns Bürgermeister Günther auseinandersetzte, sieht die Lage so aus. 1844 wurde die Säule hergestellt, 1867 hat Josef Kinateder aber erst die Gewerbekonzession im Steinbruch Freudensee erhalten. Von dieser Firma kann also der Monolith nicht erzeugt worden sein, er gehört ihr auch nicht. Vielmehr bezahlte König Ludwig vor 126 Jahren brav die Säulen, die man nicht wegschaffen konnte — seitdem sind sie praktisch Staatsbesitz. Und heute handelt es sich um "gefundene historische Gegenstände", nochdazu steht die Säule seit Professor Miller und seiner weitschauenden Heimatpflege unter Denkmalschutz. Sie liegt auch nicht auf dem Grund Emma Kinateders, sondern auf dem Grund Alois Stemplingers. Und dieser hat sich längst einverstanden erklärt, daß "das Trumm" weggeholt wird.
Mit den Rechtsansprüchen der Granitwerksbesitzerin ist es nach Überzeugung der Gemeinde aber auch aus anderen Gründen nicht recht gut bestellt. Sie hat nämlich das Ausbeutungsrecht an ihrem Bruch der Hauzenberger Steinhauerfirma Götzer verkauft und diese veräußerte es an eine auswärtige Firma weiter. Beide Käufer der Steinbruchrechte sind mit dem Abtransport der Säule einverstanden. Die bevorstehende Wiederinbetriebnahme des Steinbruchs Freudensee ist auch der Grund, warum man in Hauzenberg nach so langem Zögern (denn von der Denkmalidee spricht man schon seit Jahren) jetzt die Sache beim Schopf und den Monolithen mit dem Bagger gepackt hat. Man wollte verhindern, daß der Abraum aus dem Steinbruch die Säule womöglich noch tiefer zudeckt und man sie später dann garnicht mehr bergen kann.
So hat man sich denn in Hauzenberg trotz des Protestes von Emma Kinateder darangemacht, die Säule König Ludwigs wegzuschaffen. Gerüchte sprechen davon, daß noch eine zweite unter den Granitabfällen verborgen liegt. Ob man sie aber finden und bergen kann, ist doch recht fraglich. Einstweilen ist man schon froh, so weit zu sein. Hauzenberg kann sich aber auf eines der originellsten Denkmäler freuen, die es in ganz Bayern geben wird.

Das Denkmal des Mathiasen Thomerl von Thierham

Mitten in den großen Wäldern zwischen Kleinrathberg und Oberneureuth liegt, wie der Denkmälerband des Landkreises Wegscheid sich ausdrückt, ein spontanes Denkmal naiver Volkskunst. Es ist die Thierhamkapelle, das hölzerne Denkmal, das sich der einstige Silberschmid Mathiasen Thomerl aus Thierham 1828 gesetzt hat. Sicher hatte er dabei alles andere im Sinn als einen Denkmalbau, aber wie es nun einmal geht, aus der religiösen Inbrunst eines, wie ihn die Chronik nennt, menschenscheuen Waldlers ist ein erhaltenswürdiges Denkmal eines höchst originellen Menschen geworden. Mit der Erhaltung ist es leider nicht gut bestellt, die Kapelle wurde 1912 letztmals restauriert und verfällt heute zusehends. Es regnet beim verwitterten Schindeldach herein, der in leuchtenden Farben ausgemalte Innenraum droht, verwaschen zu werden, die Außenseite ist sehr schäbig geworden, die hübschen Inschriften sind kaum mehr lesbar. Es erscheint höchste Zeit, daß hier eingegriffen wird, um durch sachgemäße Restaurierung die schönste Waldkapelle des Unteren Waldes zu erhalten.

Von ihrer Geschichte ist nicht allzuviel bekannt. Der Mathiasen Thomerl war ein geschickter Silberarbeiter, soviel steht fest, er lebte auch in Thierham, Gemeinde Oberneureuth, damals tief in den dunklen Wäldern. Wie er aber dort in dem seltenen Beruf sein Brot fand, ist schon eine Frage und wie er die Mittel für den Kapellenbau aufbrachte, die zweite. Vielleicht hat er mit frommen Sinn auf seinen Wanderungen durch die Silberschmiedewelt Taler auf Taler gelegt, um ein Gelübde zu erfüllen? Man weiß es nicht und kann es aus den in eigenwilliger Orthographie verfaßten Inschriften im Kapelleninneren nur vermuten.

Der Thomerl soll ein menschenscheuer Mann gewesen sein, der jahrelang an der Kapelle baute. Und zum Glück redete ihm keine Behörde hinein, denn sonst wäre wohl kaum eine so originelle Mischung aus waldlerischer Kapelle und orientalischen und russischen Stilelementen entstanden. So, wie die Thierhamkapelle heute aussieht, ist sie ein nach Nordwesten gerichteter rechteckiger Bretterbau. Das Langhaus ist etwa quadratisch, die Altarnische kam durch die Einsetzung rechtwinkliger Bretterverschalungen in die Ecken zustande. Drei kleine Fenster belichten den Innenraum nur spärlich. Das Äußere ist einfach, war einmal in einem satten Braunrot gestrichen, das aber heute weitgehend verwittert ist. Die Schaugiebelwand zeigt heute noch interessante Reste der einst aufwendigen Schmückung durch aufgenagelte Ornamentstäbe und geschnitzte Blumen. Sie war reich mit Blüten, Ranken und netzartigen Mustern bemalt. Die Tafeln mit zum Teil originellen Aufschriften sind erhalten.Ein vierseitiges Dachreitertürmchen krönt das Schindeldach.

Früher gab es einmal einen Opferstock neben der Tür, er ist irgendwann weggetragen worden, wie überhaupt die ganze Anlage heute dem Fühlenden

Die historische Thierhamkapelle besteht so wie in diesem schneereichen Winter nicht mehr. Sie wurde durch einen Nachbau ersetzt.

davon spricht, daß die religiöse Grundhaltung des Mathiasen Thomerl inzwischen verlorengegangen ist.
Sein ganzes, merkwürdiges Herz legte der Mann in die Ausgestaltung des Innenraums der Kapelle. Der Betrachter fühlt sich dort plötzlich verzaubert und kommt zu der Vermutung, daß der Thomerl maurische Paläste und russisch-orthodoxe Kirchen gekannt haben muß. Leuchtende Farben gibt es hier, vor allem ein starkes Blau und ein von der Zeit etwas verblaßtes Rot. Auch mit Weiß hat man nicht gespart, als 1912 nach der alten Fassung restauriert wurde. Eine Fülle von Motiven ist bei der Bemalung des Innenraums verwendet worden. Einheimische Blumen sind da in barocker Manier aufgefaßt zu sehen, viele lineare Ornamente, Farbenzusammensetzungen, naive Bilder, so einzeln aus Eisenblech geschnittene und bemalte Figuren von Christus und den zwölf Aposteln. Besonders interessant sind die Inschriften, sorgsam mit der Hand geschnitzt und voll eigenwilliger Rechtschreibung. Sie drücken fromme Anrufungen aus und Verlobungen an die Heilige Jungfrau. Auch andere Heilige sind dort vertreten.
Kein Fleckchen und Eckchen ist bei der Bemalung ausgelassen worden, auch die Unterseiten der Dachsparren sind mit Ornamenten geziert. Unwissenheit und Geschmacksverflachung haben im Laufe der Zeit die Kapelle mit gipsernen Kitschfiguren "bereichert", besucht wird sie noch immer, denn sie liegt an der Kreisstraße von Wegscheid bis Hauzenberg. Aber es besteht der Verdacht, daß das mehr als Sensationslust geschieht, um die "naive Volkskunst des menschenscheuen Waldlers" zu sehen, als aus echter Herzensfrömmigkeit.
Es wäre sicher im Sinne des Mathiasen Thomerl aus Thierham, der vor 140 Jahren die Thierhamkapelle durch den Hauzenberger Pfarrer weihen ließ, wenn sich bald jemand fände, der sie im rechten Sinne restaurieren ließe, um ihren Bestand für die Zukunft zu retten. Eine Zukunft, die Volkskunst vielleicht mehr schätzt als wir.

Die Burg "Griezpach" kann älter sein als vermutet

Brachte die Hunnengefahr im 9. Jahrhundert keltische Anlage in Erinnerung?

Untergriesbach. Südlich des heutigen Marktes, auf einem Bergvorsprung des Gressen- oder Griesenbachtals befinden sich, von Wald überwachsen und von einem rücksichtslosen Grundbesitzer mit der Planierraupe teilzerstört, die wenigen Reste einer einst bedeutenden und mächtigen Burg. Die davorliegende Fläche heißt noch wie im Mittelalter "Vorm Haus" und es ist auch bekannt, daß der Pfarrhof und einige Bürgerhäuser aus den Steinen der Burg der Edlen von Griesbach gebaut wurden, des Sitzes der Grafschaft im Ilzgau. Was die wichtigsten Personen dieser mittelalterlichen Sippe angeht, so wissen wir Heutigen aus Dokumenten davon etwas und auch über das Schicksal der Burg, die im 13./14. Jahrhundert verfiel. Könnte es jedoch sein, daß die Anlage viel älter ist? Daß man sich im 9. Jahrhundert einer einst keltischen Burg bediente, um auf dem besten nur denkbaren Platz sich zu verschanzen? Einiges spricht dafür.

Die Geschichtsforschung, hier früher nur mit wenig Engagement von der Wissenschaft gefördert und hauptsächlich von Amateuren ("Liebenden") betrieben, hat Beachtliches zu Tage gebracht. Von der Herkunft der Edlen, in der Sprache der Zeit auch "Hochfreien" von Griesbach ist nur wenig bekannt. Bemerkenswert ist eine sehr frühe Verknüpfung mit den Falkensteinern, die bis zum Erlöschen des Geschlechts anhält. Denn bereits in einer Urkunde Bischof Ulrichs von Passau (1092/1121) werden ein "Chalho de Kirchberg" und ein "Adabero des Rietmarche" als Zeugen erwähnt. Und die Kirchberger wurden wenig später die Falkensteiner und der Rietmarcher nannte sich ab 1108 "von Griesbach". Das Geschlecht der Blankenberger wiederum, im heutigen Mühlviertel reich begütert und den Falkensteinern verwandt, vererbte den Griesbachern die Liegenschaften "um Velden", dem heutigen Altenfelden und Neufelden. Die Falkensteiner erbten (oder nahmen sich, wie an anderer Stelle ausgeführt) etwa 200 Jahre später große Teile des Griesbacher Besitzes. Wie man bei Betrachtung und Berurteilung mittelalterlicher Verhältnisse allgemein und Eigentumsangelegenheiten besonders stets berücksichtigen muß, daß es keine wohlabgerundeten, durch Grenzen gesicherten Besitzstände gab. Hätten die Hochfreien Herren der damaligen Zeit eine Karte zeichnen können, so wäre sie einem bunten Fleckenteppich, als Puzzle ausgelegt, verzweifelt ähnlich gewesen...

Burgen im romantischen Sinne, hoch auf Bergen thronend, sind eine Errungenschaft des 11., oft sogar des 12. Jahrhunderts, ihre Namen enden meist auf -berg, -stein, -fels oder -eck und geben damit schon einen Anhaltspunkt für ihre Entstehungszeit. Höhenburgen waren der Endpunkt einer fast dreihundertjährigen Entwicklung, ihnen voran gingen die Befestigungen, die vielbenutzte Wege, ob Wasser- oder Landwege, kontrollierten. Da damals die Bachtäler praktisch die einzigen richtig gangbaren Geländeteile waren, ist es kein

Nach Überlieferungen und aus den Ruinenmaßen rekonstruierte ein Zeichner vor etwa hundert Jahren dieses Bild der bedeutenden Burg Falkenstein.

Wunder, daß fast alle burgenbauenden Adelsgeschlechter dieser Zeit auf -bach endende Namen erhielten, etwa die Formbacher, die Sulzbacher, die Griesbacher.

Zum Verständnis ist ein Blick auf die Topographie unserer Landschaft nötig, so wie sie sich den Menschen darbot, die nach den Wirren von Markomannenkriegen, Flucht der Römer, Landnahme durch die Bojer, Aufstieg und Fall der agilolfingischen Bayernherzöge und beim Erstarken der weltlich herrschenden Bistümer hier eine Heimat suchten und fanden. Der Bayerische Wald war schon als die jungsteinzeitlichen Siedlungen nahe dem heutigen Untergriesbach entstanden und vergingen, sehr alt, sah aber in der Bronzezeit und weit bis ins Mittelalter hinein anders aus als heute. Er "starrte nicht schwarz von Tannen und Fichten" sondern war in weiten Teilen, vor allem den klimatisch günstiger liegenden der Untergriesbacher Hochebene, von Eiche bestockt, durchmischt mit anderem Laubgehölz und nur getüpfelt von einzelnen Nadelwäldern. Wer sich vorstellen möchte, wie die den Kelten und Markomannen nachfolgenden bayerischen Siedler die neue Heimat vorfanden, kann sich beim Betrachten der "Lämmersdorfer Woad" und des "Taubinger Hölzl" davon ein Bild machen. Sie sind die letzten Reste der einst hier vorherrschenden Bestockung.

Die Wälder waren dicht, in allen Niederungen sumpfig und vollkommen weglos. Weite Flächen waren durch Gestrüpp, Beerenschläge, Felsen und gestürzte Bäume unpassierbar. Die praktisch das ganze Land bedeckenden Wälder konnten von Mensch und Tier nur auf selbstgetretenen Pfaden begangen werden. Die Steinzeitleute, die hier zuerst unterwegs waren und dann alle, die später kamen, Kelten, Markomannen und Bojer dachten nicht daran, sportsmäßig herumzuklettern, sie suchten sich stets die am leichtesten begehbaren und am wenigsten steilen Strecken aus und das waren immer die Bachläufe. In ihren eingeschnittenen Tälern konnten Berge überwunden werden, ihr Gefälle war stets von den Naturgesetzen geregelt und (ebenso wie die Steigung) natürlich und so sanft, wie es das Gelände nur zuließ. Die Bachtäler der damaligen Zeit wurden durch immer wieder auftretende Unwetter und Hochwässer "geräumt", der Bewuchs reichte nicht bis ans Ufer, es gab fast überall schmale Streifen, die gangbar waren oder durch Wegräumen der Bäume leicht gangbar wurden. Mit Wagen fuhr niemand, Mensch und Tier trugen ihre Lasten. Auf der Suche nach Flächen, die urbar gemacht und besiedelt werden konnten, gingen die Menschen die Bachtäler hinauf von der "Hauptverkehrsstraße Donau". Die großen Flüsse waren die Wegweiser und die kleinen, in sie mündenden Bäche leiteten die Landnehmer weiter.
Es ist durchaus kein Zufall, daß beim Bau der Eisenbahnlinie Obernzell — Wegscheid zu Beginn dieses Jahrhunderts die Ingenieure die Strecke durch das Gressenbachtal hinauf auswählten. Sie folgten nur den Leuten der Jungsteinzeit, den Kelten und Bayern, die es zuerst entdeckt hatten: im Gressenbachtal kam man bequem und mit der geringsten Steigung hinauf! Wer damals hier Verantwortung trug, die Stammesältesten zuerst, die Familienhäupter der Sippen dann und später, als die Organisationsform besser wurde, die "Gaugrafen", war zuerst und am meisten besorgt um die Sicherung der Wege in den Tälern. Durch die weglosen Wälder konnte höchstens eine kleine Jägergruppe kommen, der Feind jedoch war stets auf demselben Weg zu erwarten, den man auch selbst nahm, eben das Bachtal hinauf und hinab. Deshalb stehen alle Befestigungen der damaligen Zeit so, daß sie die Wege in den Bachtälern sicherten.
Hier soll nur die Rede vom Gressenbach und der Burg der Griesbacher sein. Stellt man sich heute dorthin, wo der "Burgstall" die einstige Feste markiert und denkt man sich die zwanzig Meter hoch auf den Bergfried, die Bäume weg (denn die Leute damals verstanden sich auf das Freihalten eines "Glacis" über Bogenschußweite hinaus), so sieht man bis ins Donautal hinein, erblickt den Anfang des Gressenbachtals (und damit des Weges nach oben), kann weite Teile davon einsehen und überschaut noch sein Herauskommen aus der Senke und die Untergriesbacher Hochebene. Natürlich ist es auch kein Zufall, daß gerade dort, wo die ebensten Flächen, fruchtbarsten Böden waren, die Hintersassen der Edlen von Griesbach angesiedelt wurden. Sie waren nahe genug, um zur Robot und Jagd gerufen zu werden und gut zu kontrollieren!
Die "Hauptverkehrslinien" der Zeit vor und nach der Jahrtausendwende waren ganz andere als heute und an ihnen richtete sich auch die Wirtschafts-

und Verteidigungspolitik aus. Ein paar Kurzbemerkungen als Hintergrundskizze müssen genügen. Das von den Agilolfingern ziemlich gefestigte Stammesherzogtum der Bayern war vom Frankenreich aufgeschluckt worden, die geistlichen Fürstentümer wurden von den Franken nachfolgenden Kaisern gestärkt (nicht zuletzt auch, um die vielen aus der Kriegerkaste hervorgehenden Edelleute, die "Kleinkönige" werden wollten, niederzuhalten). Irgendwie treten aus dem Dunkel der Geschichte (das es nur für uns ist, für die damals Handelnden war alles licht genug!) die Familien hervor, die dann die Edlen und Hochfreien wurden, zu denen auch die Griesbacher zählten. Wer sich schon 1108 "von Griesbach" nennen konnte und Urkundszeuge des Fürstbischofs war, mußte damals bereits einflußreich und aus angesehener, alter Familie sein.

Die Vorfahren der uns dann erstmals in Urkunden begegnenden Edelfreien kamen so richtig ins Schlamassel, als im 9. Jahrhundert die schwächer werdende Zentralmacht "Deutsches Kaisertum" das Faustrecht nicht zu bändigen vermochte. Mit diesem gängigen Namen umschreibt die Geschichtswissenschaft den Umstand, daß sich eine Menge Strauchdiebe und Räuber hinter dem Ritter- und Edlennamen verschanzten und trieben, was sie wollten. Die Lage der Menschen wurde nicht erleichtert durch die Ungarngefahr, die bis zur Vernichtung der plündernden und mordenden Heere in der Schlacht auf dem Lechfeld Generationen in Schrecken stürzte. Da auch die Ungarn nicht fliegen konnten und die gangbaren Wege suchten, fand sich der Bischof von Passau und sein Fürstentum unversehens an der Front! Kaiser Otto I. (926 bis 973) forderte den Bischof von Passau auf, für seine Sicherheit selbst zu sorgen und Burgen und Vesten überall dort zu errichten, wo er es für nötig hielt. Wer aber sollte das tun? Der Bischof griff auf schon vorhandene Organisationsformen zurück und das waren die Familien, vielleicht auch Clans der sich damals gerade bildenden sogenannten Edelleute. Herkunft siehe oben!

Da, wie an anderer Stelle dargelegt, schon ehe der Aufruf zum Burgenbau erging, auf der Untergriesbacher Hochfläche ein edelleutemäßiges Landgut bestand ("Rudolphing"), Menschen dort wohnten, der Boden gut war, die Lage sicher, bot es sich an, hier einen Stützpunkt der bischöflichen Macht zu errichten und zu befestigen. Hierzu müßte, als Hintergrund und zum besseren Verständnis, die Geschichte des "Landes der Abtei", die Besiedlung des Raums, des Machtzuwachses des Passauer Bischofs usw. erörtert werden, aber das steht schon anderswo, wir wollen hier nur die Burg Griesbach und ihre Geschichte erörtern, die älter sein kann als angenommen.

Die Burg Griesbach war, wie aus Urkunden und den Resten zu entnehmen ist, für Standort und Umland sehr stattlich. Sie maß 300 Meter in der Länge und 120 Meter in der Breite und ist sicher nicht auf einmal erbaut worden, sondern gewachsen. Die Burg stand auf einer steilen Geländeerhebung über dem Gressenbachtal und war zur Land (Nordost)seite durch ein System von Wällen und Gräben gesichert. Eine Ringmauer führte um die gesamte Burganlage herum, das Haupttor wies hinaus auf die Straße im Haselwurztal zur Siedlung "Griesbach am hohen Markt". Von Norden führte ein weiterer Weg zur Burg

heran, der Zugang war innerhalb der Ringmauer durch Wallgräben, über die leicht zerstörbare Brücken führten, gesichert. Die Ringmauer hatte einen Wehrgang mit Zinnen, der Bergfried stand im Südwesten, auf der höchsten Geländeerhebung, gesichert durch den Steilabfall zum Gressenbach und durch die Wälle im Norden und Osten. Die heute noch im Boden erkennbaren Umrisse machen es wahrscheinlich, daß der Bergfried groß und stark war und nicht nur als Ausguck des Wächters, sondern auch als letzte Zuflucht diente und entsprechend ausgestattet war. Die Wohnungen der Burgleute waren im "Palas", wohl im Zentrum der Anlage. Außerhalb der Mauern, nördlich der Burg, auf einer einigermaßen ebenen Fläche, waren Wirtschaftsgebäude vorhanden und da die Flur dort lange "Öden vorm Haus" hieß und heute noch "Vorm Haus", ist allein aus dem Namen schon zu entnehmen, daß dort einmal gewirtschaftet wurde und später eine "Ödung" eintrat. In Röhren aus Holz und Blei wurde Trinkwasser in die Burg geleitet, es kam aus dem "Röhrndobl" und im 19. Jahrhundert fand man dort hölzerne und an der Burgruine bleierne Wasserrohre. Im 18. Jahrhundert wurde gegraben in den kläglichen Resten (denn das meiste Material war nach Griesbach zum Häuserbau geschleppt worden) und fand Sporne und Steigbügel, Schöpflöffel, Schafscheren, einen Schlüssel und geschmolzenes Silber als Klumpen. Das ließ auf einen Brand und damit die gewaltsame Zerstörung der Burg schließen.
Es sind einige Griesbacher namentlich bekannt durch ihr Amt als Urkundszeugen, so ein Walchunus von Griesbach 1137 und 1138, dann 1182 und 1186 ein Wernher von Griezpach und 1194 wieder ein Walchunus. Anfang des 13. Jahrhunderts sind die Griesbacher wohl ausgestorben, ihr Besitz ging an die Edlen von Wessenberg und als Heinrich von Wessenbeg 1240 starb, brachte Chunrad von Falkenstein große Teile des Besitzes an sich und geriet deshalb in einen ausgedehnten Streit mit dem Hochstift Passau. Aber über die Falkensteiner an anderer Stelle ausführlich. Nur soviel, daß die Falkensteiner wohl kaum auf Griesbach gegriffen hätten, wäre es für sie außer Reichweite gewesen und hätten sie darauf nicht ein (wenn auch vielleicht nur vermeintliches) Recht gehabt.
Um gut zu verstehen, was bei der Erbauung (oder muß man sagen Wiedererrichtung?) der Burg Griesbach vorsichging, muß man viel Vorstellungskraft zur Hilfe nehmen und die Wissenschaftler-Fabel vom "undurchdringlichen Nordwald" vergessen. Wie die Funde beweisen, hatten Menschen schon in der Jungsteinzeit hier gesiedelt und von den Kelten ist mittlerweile auch erwiesen, daß sie Graphit aus dem Bereich Untergriesbach/Kropfmühl für ihre Schwarztonkeramik verwendeten. In Manching wurde viel davon gefunden, wie sollte der Graphit jedoch dort hingekommen sein, wenn nicht auf dem Wasserwege über die Donau? Es fehlen derzeit noch Beweise für eine keltische Besiedlung dieses Raums, aber selbst der größte Skeptiker wird nicht unterstellen wollen, daß sich der Graphit selbst gewonnen hat. Es muß hier Menschen gegeben haben, die Gruben anlegten, das Mineral suchten, förderten, verpackten, wegschafften, sie müssen in Siedlungen gelebt haben, versorgt worden sein, Verbindungen zur Außenwelt gehabt haben. Wer hier für die Manchinger

Kelten Graphitbergbau betrieb, weiß man nicht, wer es auch immer war, er muß Bauern als Nachbarn gehabt haben, die ihm das Essen anbauten. Wahrscheinlich ist, daß es sich um die "ersten Doherbauern" handelt.
Die wohlorganisierten Kelten werden Gewinnung und Vertrieb ihres kostbaren Materials nicht dem Zufall überlassen haben und ohne Schutz auch nicht. Es liegt nahe, anzunehmen, daß sie den Weg hinab durchs einzig gangbare Gressenbachtal zur Donau, wo die Transportboote anlegten, sicherten. Ihnen wird der Geländevorsprung, von dem aus eine so gute Sicht nach oben und unten möglich ist, nicht entgangen sein.
Einstweilen befinden wir uns noch im Bereich der Spekulation. Nun wurden aber bei früheren Grabungen in der Burganlage Münzen aus römischer Zeit gefunden und das läßt den Schluß zu, der Weg durchs Gressenbachtal hinauf von der Donau auf die weiten Höhen sei zumindest lange vor den Landnehmern und Kolonisatoren des 9. Jahrhunderts bekanntgewesen und benützt worden. Die Form der Wallanlagen ist jedoch nicht typisch für die frühen Burgen des Mittelalters, sie weist vielmehr auf eine keltische Wallburg hin, wie es sie in vielen Teilen des Landes als Studien- und Vergleichsobjekt noch gibt. Die Kelten nützten beim Bau ihrer Schutzburgen stets das Gelände aus. Sie fanden im Gressenbachtal, nicht weit weg von ihrem Donaustrom eine Bergzunge mit steil abfallenden Seitenwänden, verriegelten die schmalste Stelle der Landbrücke mit Wall und Graben und zwar gleich mehrfach. Es gibt Hinweise darauf, daß das steile Gelände noch künstlich schwer ersteigbar gemacht wurde und daß das landwärts gelegene Gelände (vorm Haus) bebaut wurde zur Versorgung der Mannschaft in der Burg. Drohte keine Gefahr, lebten die Kelten in unbefestigten Kleindörfern, die unter dem Namen "vici" bekannt sind und in größeren "oppida". Es liegt nahe, sich vorzustellen, daß die Burganlage im Gressenbachtal sozusagen die Schwertspitze einiger Keltensiedlungen war, die sich auf der Hochfläche Richtung Graphitvorkommen hinzogen. Der Graphitbergbau wird nicht viel anders vorsichgegangen sein als später der der bayerischen Doherbauern. Der Graphitton stand auf der Erdoberfläche an, ihm wurde nachgegraben und so ein Schacht abgeteuft. Mit Haspel und Holzbottich schafften die Bauern-Bergleute das Mineral heraus und verließen den Schacht und die Stollen erst, wenn Wasser einbrach oder nichts mehr gefunden wurde. Dann gruben sie anderswo. Der Wald ringsum im Graphitgebiet ist heute noch übersät von zahllosen eingesunkenen Gruben, sie stammen von den Doherbauern der Neuzeit, aber daß diese dort suchten und gruben, wo schon die Kelten den Graphit fanden, liegt auf der Hand. Ob die keltischen Doherbauern schon eine einfache Reinigung und Aufbereitung des Minerals kannten, weiß man nicht, es war wohl so, daß sie nur den Graphitton, den Doher, ausbeuteten und den "Flinz", den kristallinen Graphit entweder nicht fanden oder nicht verwendeten. Doher ist schon in seiner ursprünglichen Form ("Graphit-Ton") gut weiter verarbeitbar.
Aus dem frühen Mittelalter ist bekannt, daß überall im Lande die "Heidenwälle" wieder in Gebrauch genommen wurden, vor allem, wenn Not am Mann war und es sich herausstellte, daß die Schutzbauten wirksam halfen. Gerade

zur Zeit der Ungarneinfälle richteten die Menschen die Keltenschanzen wieder her und es dürfte auch bei kritischer Haltung erlaubt sein, sich vorzustellen, was die Menschen der Zeit Kaiser Otto's I. taten, als sie merkten, daß sie direkt in der Aufmarschzone der ungarischen Reiterhorden wohnten und von Kaiser und Bischof dringend ermahnt wurden, Verteidigungs- und Fluchtburgen anzulegen. Sie werden das nicht irgendwo getan haben, sondern so verfahren sein, wie es sich schon bei ihren Siedlungen bewährte: sie folgten den Vorgängern. Der große Herrensitz Rudolphing auf der fruchtbaren Ebene vor den Graphitvorkommen und hinter dem Haupthandelsweg Gressenbachtal ist wohl aus den keltischen Doherbauernhöfen entstanden und daß "Griesbach am Hohen Markt" genau dort erbaut wurde, wo eine Heilquelle floß, ist auch kein Zufall. Die vom Bischof von Passau ausgesandten Edelleute fanden Handelsweg und halbverfallene Keltenburg im Gressenbachtal vor und bauten dort auf und weiter. Was sie fanden, was sie taten, wer kann es wissen? Auf jeden Fall benützten sie das Wall- und Grabensystem und konnten am Standort des Burgfrieds auch nichts verbessern, alles war bestens. So kann, ja sogar muß es gewesen sein und anderswo, wo bessere Fundumstände mehr Beweise erlaubten, war es auch so. Es ist durchaus gestattet, davon auszugehen, daß die Burg Griesbach aus einer keltischen Anlage entwickelt wurde. Verglichen mit anderen Burgen bestand sie nicht lange und daß die Griesbacher soviel Baumaterial brauchten, hat ihren Resten der Garaus gemacht. Die Zeiten änderten sich, die Gefahren auch, neue Verkehrswege wurden erschlossen. Immerhin aber bestand die Straße von Obernzell nach Untergriesbach über "die Rolln" noch bis 1830/40 und diese steile Strecke (nicht zu vergleichen mit der sanften Steigung im Gressenbachtal) läuft nur ein paar hundert Meter vom uralten Handelsweg entfernt fast parallel. Erst die Eisenbahnbauer des 20. Jahrhunderts entdeckten wieder die Vorzüge des Gressenbachtals. Da aber war die Kunde von den Kelten und ihrer Schanz, den Edlen von Griesbach und ihrer Burg fast vergessen. Die Untergriesbacher, die zum Bahnhof strömten, um das aus dem Hasselwurztal heraufschnaufende Bockerl anzustaunen, wußten nicht mehr, daß ihre Vor-Vorväter fast genau dort, nur ein wenig weiter südwestlich, auf die Tragtierzüge gewartet hatten, die ebenfalls aus dem Haselwurztal herauskamen...

Was haben die Edlen von Falkenstein mit Kollersberg zu tun?

Verwandt mit den Griesbachern und kurze Zeit deren Nachfolger

Untergriesbach. Die Ruine Falkenstein bei Altenhof gleich jenseits der Grenze, gegenüber der Burg Rannariedl, die unzerstört blieb, wird gern besucht und nicht nur von Liebhabern mittelalterlicher Geschichte. Die Ruine mit dem aufragenden "Hungerturm" ist ebenso imposant wie rätselhaft, auch weil wir Heutigen es nicht mehr so recht verstehen können, weshalb "da unten" eine Burg gebaut wurde. "Da unten" allerdings nur aus gegenwärtiger Sicht, weil oben auf dem Bergrücken die neue Straße entlangführt. Im Mittelalter waren die Verkehrswege anders und jede der frühen Burgen, Griesbach wie Altjochenstein und auch Falkenstein standen auf Bergvorsprüngen am Donauhang und von ihnen aus überschauten die wachsamen Bewohner ihren Hauptverkehrsweg, den großen Strom und das Hinterland dazu. Wie aber kamen die Falkensteiner und ihre Burg dorthin und stimmt es, daß sie mit unserer engeren Heimat, mit Griesbach/Untergriesbach und Kollersberg bei Germannsdorf etwas zu tun haben? Es gibt darauf Hinweise.

In seiner vor 90 Jahren erschienenen "Geschichte und Topographie der Umgebung von Passau" schreibt Alexander Erhard: "Es ist interessant und rätselhaft, wie in dem vorher rauhen, öden, wenig bewohnten Mühllande auf einmal zu gleicher Zeit im 12. Jahrhundert zwischen Mühel und Ranna drei Adelsgeschlechter, die Edlen von Falkenstein, Haichenbach und Tannberg auftauchen, und Niemad wußte bisher, woher sie kamen und in welchen Verhältnissen sie zueinander standen". Erhard verweist dann auf Richard Strein und seine "manuscriptis genealogicis", aus denen zu entnehmen ist, daß die "Pruenschenken einerlei Geschlechtes mit den Falkensteinern und Tannberger sind".

Die "Pruenschenken" wiederum, deren Herkunft Historiker von dem heute "Brennschinken" genannten Ort bei Hutthurm ableiten, sind in einer Urkunde aus dem 13. Jahrhundert namentlich erwähnt und zwar, daß Chalhoch von Pruenschenk Falkenstein gründete, sein Bruder Orneit von Pruenschenk Tannberg und Conrad von Pruenschenk Haichenbach, und zwar "ohngefähr in der ersten Hälfte des 12. Jahrhunderts". Chalchoch, der sich nun "von Falkenstein" nannte, hatte mehrere Nachkommen des gleichen ungewöhnlichen Namens und Alexander Erhard stellt die Frage, ob es sich bei ihnen etwa um die "Kalchen" handelt, die als hochstiftlich-passauische Ministerialen urkundlich mehrmals erwähnt sind? Betrachtet man die Umstände der Zeit und daß es schließlich nicht sehr viele Leute hier gab und auch nur wenige einheimische Adelige und schon gar kaum welche mit diesem auch im Mittelalter seltenen Namen Chalchoch, so fürfte Erhard mit seiner Vermutung richtig liegen.

Er spricht aber noch eine andere aus, die bisher nicht beachtet wurde und die doch von großer heimatgeschichtlicher Bedeutung ist. Alexander Erhard meint nämlich vorsichtig: "Sollten vielleicht diese Kalchen oder Chalchohe

So sieht heute das Haupttor der einst mächtigen und für die mittelalterliche Geschichte dieses Gebiets wichtigen Burg Falkenstein aus.

von Chalhochsberg (Kollersberg bei Germannsdorf) herstammen, wo sich noch Spuren eines Burgstalles finden?" Erhards Vermutung wird untermauert durch das 1907 erschienene Buch von Julius Strnadt "Das Land im Norden ob der Donau" in dem gesagt wird, die beiden Ortschaften Chalhoslage (heute Kollerschlag) und das schon 1258 urkundlich so genannte Chalhosperge (Kollersberg bei Germannsdorf) seien "nach den Grundherren genannt". Setzt man das Puzzle zusammen, die Brüder Pruenschenk aus Brennschinken, die "plötzlich auftauchenden Edlen" und ihre Burg- und Herrschaftsgründungen gerade zu der Zeit, als der deutsche Kaiser den Bischof von Passau so dringend bat, doch Leute zu finden, die Burgen gegen die Ungarngefahr errichten würden und könnten, diese Gefahr, die sich auf das Donautal konzentrierte, die Lage der Burg, die das Tal beherrschte — es braucht dann keine Legenden mehr.

Trotzdem gibt es eine, die Alexander Erhard überliefert. Er weiß, daß die "die drei Pruenschenk'schen Brüder mit Erlaubnis des Bischofs Reginbert von Passau an der Ranna zuerst die Burg Peilstein erbauten". Es braucht nicht viel Phantasie, um sich vorzustellen, daß es den drei Brüdern samt ihrem Gefolge in Peilstein zu eng wurde und sie sich nach mehr Land und mehr Platz für Burgggründungen umschauten. Recht prosaisch mag es dabei zugegangen sein, die Sage verbrämt das jedoch und berichtet, daß eines Tages Chalchoch

von seiner Burg Peilstein aus einen Falken steigen ließ mit dem Gelöbnis, da eine Burg bauen zu wollen, wo sich der Falke hinsetzte. Er tat das dort, wo dann auch die Burg erbaut wurde und die Falkensteiner nahmen diesen Omenvogel in ihr Wappen auf. Der Falke steht dort auf drei quadratischen Steinen mit ausgebreiteten Flügeln. Früher wurde der Name der Burg und der Herrschaft auch "Valchenstain" geschrieben.
Alexander Erhard nennt diesen Falkner "Chalchon I. von Falkenstein" und weist nach, daß er urkundlich erwähnt wird in den Jahren zwischen 1173 und 1190. Und daß er der Gründer des nicht weit entfernt liegenden, heute noch bestehenden Schlosses Rannariedl ist, was früher richtiger Rannarigl hieß, weil es auf einem "Rigel" erbaut wurde, einem Felsvorsprung und dazu auch wie ein Riegel das Rannatal absperrte. Valchenstain und Rannarigl gehörten zuerst zusammen und wurden dann "Uneinigkeitswegen geteilt", wie es in den Urkunden heißt. Erhard schreibt noch, daß Ritter Chalchoch II. von Falkenstein anno 1209 das "Klösterlein" Schlegel gründete und es "in loco, qui dictitur: Slage" dem Cisterzienserkloster Langheim gab.
Die Geschichte der Edlen von Falkenstein liest sich in den Darstellungen Erhards und Strnadts ebenso interessant wie verzwickt, es ist auch bis heute der Streit der Historiker nicht beendet, ob nun die Falkensteiner "Edle", "Hochfreie" oder gar nur Ministeriale der Bischöfe von Passau gewesen sind. Es gibt Stammbäume und scharfsinnige Beweise, wer nicht von wem abstammen konnte oder durfte und wer was tat oder ließ. Uns erscheint das für den heutigen Leser ein wenig zu akademisch, wir möchten lieber dazu beitragen, sich vorzustellen, wie es im 12. Jahrhundert dort aussah und zuging und wie die Verbindungen zwischen den Falkensteiner Herren und den Edlen von Griesbach beschaffen waren, was dabei herauskam und wie es endete. Wobei wir gern bekennen, daß uns der Gedanke fasziniert, der zum Edlen von Falkenstein gewordene eine "Brennschinkenbruder" hätte so geheißen, weil seinem Vater Kollersberg gehörte...
Alexander Erhards eingangs zitierter Text ist ein Beweis, daß selbst Historiker mit geschult-kritischem Blick nur zugern das ganz Einfache, Einleuchtende vor lauter Urkunden nicht mehr sehen. So geht es heute Vielen, die über den Beginn der bewußt wahrgenommenen lokalen Geschichte schreiben oder reden. Es stimmt einfach nicht, daß "vorher nichts dawar und man sich wundert, woher sie dann plötzlich kamen..." Natürlich war vorher was da und nur der Umstand, daß es keine Urkunden darüber aufzufinden und zu entziffern gibt, sagt doch nichts anderes aus, als daß es eben keine Urkunden gibt! Das uns benachbarte heutige österreichische Mühlviertel war das ja nicht immer, es war mit unserer Heimat landschaftlich eins, gleich gestaltet, gleich bewohnt von Pflanze, Tier und Mensch, und es hatte eine fast identische Geschichte, wobei die Donau dabei nicht die geringste Rolle spielte. Sie war (wie auch bei der Skizzierung der Geschichte der Burg Griesbach ausgeführt) Hauptverkehrsader eines ganzen Landes, von ihr gingen die Wege aus, die hinauf und hinausführten, fast immer den Bächen folgend. Spätestens seit der Jungsteinzeit wenigstens sporadisch besiedelt, von Jägern immer durchstreift,

Um den "Hungerturm" der Ruine Falkenstein ranken sich gruselige Legenden.

durch das viel mildere bronzezeitliche Klima (das sich im Mittelalter nochmals einstellte und Weinbau bis Regensburg hinauf erlaubte) als wild- und früchtereicher Mischwald aufgebaut, war diese ganze Donau-Waldgegend seit vorrömischer Zeit bekannt. Und sie blieb auch nicht menschenleer bei Beginn, während und nach den wirren Jahrhunderten, die man sich angewöhnt hat, die Völkerwanderungszeit zu nennen. Es gab nur halt viel weniger Menschen auf viel mehr Platz. Und so, wie z. B. "irgend ein Hruodolv", dessen Ursprung im Dunkel der Geschichte verborgen liegt, das große Gut Rudolphing bei Untergriesbach schuf und vererbte, aus dem dann die Herrschaft Griesbach samt dem Markt hervorging, so schufen andere tüchtige Leute, die "von irgendwann und irgendwo herkamen", Güter und Familien, machten "Brennschinken" urbar (sie müssen brandgerodet haben), suchten sich andere gute Plätze, nannten sie z. B. Chalchosberge und heute ist es eben Kollersberg! Sie hatten viele Söhne, zuviel für ihr Land und die taten das, was man immer getan hatte, solange das Land groß genug war, zogen los und verschafften sich selbst "ihr' Sach"! Daß das nicht mehr so leicht war, wie 600 Jahre zuvor, daß man es mit inzwischen durch List und Gewalt und Urkunden groß gewordenen Herren wie den Bischöfen von Passau zu tun bekam und sich mit ihnen arrangierte, kann doch nur einen Naiven wundern. So sind die Rätsel entstanden, ob etwa die Falkensteiner "Hochfreie" waren oder Ministerialen des Bischofs. Wie die Leute eben sind, der Bischof und seine Büchsenspanner haben die siedelnden Herren und ihre Hörigen als Lehnsleute angeschaut und die sich selbst als Hochfreie und Edle! Recht viel anders ist es nicht zu deuten, daß sich 1185 ein "Chadelhous de Valchenstein" "judex" nennt, also Richter und daß ein Chunrad von Falkenstein 1221 gegen den Willen des Hochstifts Passau auf einigen Gütern desselben, z. B. in Hamet und Niederndorf (bei Untergriesbach) die Gerichtsbarkeit ausübte. Auch daß sich die Falkensteiner große Teile der Griesbacher Herrschaft nach dem Tode des letzten Edlen nahmen, zeugt nicht gerade davon, daß die Falkensteiner brave bischöfliche Beamte waren.

Es gibt noch ein Indiz mehr, daß sich bei der in den so heilig gehaltenen Urkunden oft Wünsche statt Tatsachen einschleichen. Die angeblichen Ministerialen des Passauer Bischofs schalteten nämlich recht frei mit ihren großen Liegenschaften und so kamen diese schon 1227 in den Besitz des Budiwoy von Skalitz, eines Rosenberger aus dem Geschlecht der Witigonen. Er heiratete nämlich die Tochter des letzten "echten" Falkensteiners, Chadelhoh II. und der Sohn dieses Paares nannte sich dann "Zawisch von Falkenstein", war 1272 Gefolgsmann König Ottokars von Böhmen, wurde nach dessen Tod Verweser in Böhmen und heiratete die Witwe Ottokars, Kunigunde. Er war Vormund des späteren Königs Wenzel und machte sich bei ihm so verhaßt, daß der, kaum König geworden, Zawisch von Falkenstein 1290 in Prag köpfen ließ!

Die Burg Falkenstein hat neueren Forschungen zufolge eine romanische, gotische und neugotische Bauperiode, wurde in den Jahrhunderten zwischen 1140 und 1670 immer wieder umgebaut, erweitert, verbessert. Die Ruine ist heute noch eindrucksvoll und kann dem mit etwas Vorstellungsvermögen

Begabten viele Geschichten erzählen. In ihrer größten Ausdehnung hatte sie rd. 3 000 Quadratmeter umbaute Fläche, sie brannte ein paarmal, wurde immer wieder instandgesetzt und erst ab 1713 dem Verfall überlassen, 1860 stürzte der hintere Teil des Palas ein. Bis 1900 wohnten noch Menschen in Teilen der Burg, 1911 riß ein Sturm die letzten Dächer weg und seitdem wurde aus einem der interessantesten Edelsitze der ganzen Gegend die heute sichtbare Ruine.

Einige Skizzen zur bunten Geschichte der Burg. Herzog Albrecht I. von Österreich belagerte sie 1289 vergebens, bekam sie aber doch von Herzog Heinrich von Bayern, der sich ihrer bemächtigt hatte und setzte 1301 Burgvögte ein. 1355 wurde Falkenstein bei einer Fehde erobert, seit 1490 in "Pfandschaft" der Sippe Oberhaimer, tauchen 1490 plötzlich wieder die Prüschenk auf und wohl in Erinnerung an ihren Urahn, lösten sie die Burg aus der Hand der Oberhaimer, hatten sie aber nur 15 Jahre, denn dann bekam Kaiser Maximilian I. Falkenstein, 1591 wurde Heinrich von Salburg Pfandherr, 1605 ging der Besitz an die Salburger über, die Verwaltung der Herrschaft Falkenstein nach Schloß Altenhof verlegten. Seit 1607 führen die Salburger in ihrem Wappen den Schild der Falkensteiner.

Unmittelbar in die Geschichte des Wegscheider Landes wirkten die Falkensteiner ein, indem ihnen lange das Gebiet um Wildenranna gehörte, viel von dortigen Besonderheiten, von Sprache und Haltung bis zur noch bestehenden "Maut" geht auf die lange Zugehörigkeit zur Herrschaft Falkenstein zurück. Erst seit 1765 sind die Ranninger "bischöflich-passauisch" und dann seit 1806 bayerisch.

Einmal ganz abgesehen davon, daß natürlicherweise die freien Geschlechter dieser Gegend immer miteinander zu tun hatten, wohl auch vor der Jahrtausendwende miteinander oder etwa gleichzeitig hier ankamen, kurz, es zuging wie es normal und üblich ist, wenn eine Gruppe Menschen sich eine Heimat schafft, waren die Edlen von Griesbach und die Edlen von Falkenstein auch miteinander verwandt. Aus dem Erbe der Blankenberger, die aus demselben Geschlecht wie die Falkensteiner stammten, erhielten die Griesbacher die Liegenschaften um Velden (Altenfelden und Neufelden) und Strnadt und Stülz wollen sogar wissen, daß der Griesbacher Cholo mit einer Falkensteinerin verheiratet war und das Paar eine Tochter Hedwig hatte. Ohne sich in genealogische Erörterungen einzulassen (die heiligen Urkunden helfen da nicht weiter) kann eine Verbandelung der Falkensteiner mit den Griesbachern vorausgesetzt werden. Wäre auch verwunderlich, wenn dem nicht so gewesen wäre, denn wie oben erwähnt, übten die Falkensteiner in Sichtweite der Burg Griesbach in Hamet und Niederndorf die Gerichtsbarkeit aus und als die Griesbacher Herrschaft "vakant" wurde, grapschte sie sich sofort Chunrad von Falkenstein. Denn es handelte sich um ein saftiges Stück Besitz. Dazu gehörten die Pfarreien Untergriesbach, Gottsdorf, Zell, Hauzenberg, Kellberg, Röhrnbach, Sulzbach, Otterskirchen, Hofkirchen bis Pleinting! 1240 hatte der Bischof von Passau den Griesbacher Besitz an Heinrich von Wessenberg zu Lehen gegeben und als der starb, griff Chunrad von Falkenstein zu. Er mußte

"deshalb einen mehrjährigen Streit bestehen" drückt es der Geschichtsschreiber Josepf Klämpfl aus, der 1855 die Geschichte des "ehemaligen Schweinach- und Quinziggaus" erzählte, eine wichtige Quelle, wenn auch manches inzwischen anders gesehen wird, einfach, weil man um einiges mehr weiß.
Immerhin sind die Ansprüche der Falkensteiner so begründet gewesen, daß sie dann folgende Liegenschaften der Griesbacher behielten: Niedernhof, Kronawitthof, Paulusberg, Pfaffenreut, Unterötzdorf, Kinzesberg, Schaibing, Hundsruck, Jahrdorf, Petzenberg und Puchehe, das man heute nicht mehr kennt, das aber dort vermutet wird, wo jetzt das Gymnasium Untergriesbach steht, auf den Buchetäckern.
"Kunde" aus dem Mittelalter wirkt heute nicht mehr zeitgemäß. Das aber nur scheinbar, denn immerhin liegen dort die Wurzeln für alles, was die Nachbarn Wegscheider Land und Mühlviertel heute sind und besonders interessant, beachtens- und bedenkenswert ist es, sich vorzustellen, wie einst die Edlen von Griesbach und die von Falkenstein miteinander als Nachbarn und Verwandte lebten und wirkten, wie sie unsere Heimat wesentlich mitgestaltet haben und eigentlich noch recht lebendig sind! Wenigstens für den, der die Ruinen ihrer Burgen nicht nur daraufhin anschaut, ob man ein Souvenier aus der Mauer brechen könnte...

"Rudolphing" ist nicht nur eine Legende

Der Herrensitz war wohl im heutigen "Zipf" — Flurnamen geben gute Hinweise

Untergriesbach. Nichts ist geblieben vom einstigen Herrensitz "Rudolphing", nur der Name eines Feldes nördlich des Marktes erinnert noch daran. Und genau dieser Flurname erlaubt mit großer Sicherheit den Nachweis, daß der frühmittelalterliche Herrschaftshof keine bloße Legende ist. Sehr wahrscheinlich ist sogar das einstige Rudolphing identisch mit der "Griesbacher Hochfläche". Denn schon früh fand eine Realteilung statt und es sind sehr wohl die Teile des einstmals Ganzen noch da. Der Untergriesbacher Flurnamenforscher Georg Schurm hat Neues entdeckt.

Die Flur- und Ortsnamenforschung beobachtet schon lange, daß aus einstigen Flurnamen Ortsnamen geworden sind im Zuge einer Entwicklung und auch, daß Ortsnamen verschwinden und als Flurnamen, teils verändert, weiterbestehen. Der eindrucksvollste Beweis dafür ist Rudolphing, das in einer Urkunde aus dem beginnenden 9. Jahrhundert erwähnt ist. Und erneuert dann im 13. Jahrhundert im bischöflich-passauischen Urbar, wo es noch immer Ort und nicht nur Flur ist.

Die Urkunde aus dem beginnenden 9. Jahrhundert nennt als Besitzer der Herrschaft Rudolphing den "Priester Oldalscalh", wobei berücksichtigt werden muß, daß damals Priester Adelige waren oder doch aus der landbesitzenden Oberschicht stammten. Gründer und Erbauer des Gutes soll im 8. Jahrhundert ein "Rudolph" gewesen sein, denn die damals übliche latinisierte Schreibweise ist als "ad hodrolvingum" oder "ruodolvingon" überliefert. Das erwähnte Rudolphing umfaßte, als es wegen des Besitzwechsels beurkundet wurde, ein Gut größeren Umfangs, erwähnt sind bebautes und unbebautes Land, Wiesen, Gewässer, Diener und Mägde. Immerhin ist es auch noch 400 Jahre später da und wann es verschwunden ist, rätselt man noch heute. Die Flurnamen geben Anhaltspunkte.

Ein etwa einen halben Quadratkilometer großes Gebiet eine Viertelstunde nördlich Untergriesbach heißt Rudolphing oder Rudolphingäcker und es gibt eine frühe Erwähnung, daß auf der sog. Glaserwiese mit Kalk übertünchtes Mauerwerk gefunden wurde. Die archäologische Wissenschaft verneint das Vorkommen von verputztem Mauerwerk im 9. Jahrhundert und datiert es irgendwann später. Aber das beweist nichts, höchstens, daß dort sehr lange Gebäude vorhanden waren. Landbesitz aus dieser Zeit war stets räumlich sehr ausgedehnt, etwa viermal so groß wie die Rudolphingäcker heute selbst bei großzügiger Auslegung sind. Das hing mit der Bodenfruchtbarkeit, mit der Dreifelderwirtschaft, der oft extensiven Bewirtschaft und deren technischen Mitteln und vielem mehr zusammen. Was da heute noch als Rudolphing in der Landschaft zu sehen ist, kann der Rest sein, der nach der Aufteilung oder Zerschlagung des großen Herrensitzes übrigblieb — und zwar der landwirtschaftlich ertragreichste Rest. Im 12. Jahrhundert machte sich eine Tendenz

bemerkbar, großgrundherrschaftliche Wirtschaftsbetriebe neu zu strukturieren, einen intensiv bewirtschafteten Meierhof daraus zu machen und nicht so fruchtbares oder schwer zu bewirtschaftendes Land zu "Huben" zu machen. Schriftliche Zeugnisse belegen diese Vermutung: "Rudolphing, das nun ein ganzer Hof war (= curia) kam um 1253 zur Kirche St. Egidi und zur Innbrücke". Zwar wird es nur vermutet, hat aber viel Wahrscheinlichkeit für sich, daß das heutige Eck, Taubing und Würm die anderen drei Teile von Rudolphing sind. Eck wurde "Hubenland" (davon leitet sich der häufige Name Huber ab) und auf drei Lehen aufgeteilt. Taubing ist schon im 13. Jahrhundert im bischöflichen Urbar als Ortschaft erwähnt, der Name wird abgeleitet vom "dough", dem tonig-lehmigen Boden. Verwandt damit ist der "Doher" oder Graphitton. Bis heute spricht man von den Doherbauern. Daß es in Taubing wirklich Ton gab, belegt der Betrieb eines Ziegelstadels, der noch im 19. Jahrhundert bestand. Auch wurden dort schon 1811 Flächen wegen mangelhafter Bodenqualität als Gemeindegründe aufgeteilt.
Würm schließlich leitet seinen Namen von mittelhochdeutsch wideme ab, das widmen und stiften bedeutet und beweist, daß es sich um ein der Pfarrkirche gestiftetes Gut handelt. Behauptet wird, daß der Name Würm zeitgleich mit der Kirchengründung entstand und gerade heuer feiert die Pfarrei Untergriesbach das 750jährige Gründungsjubiläum. Es liegt nicht abseits der Logik, sich vorzustellen, daß diese Widmung einstiges rudolphinger Land beeinhaltete. Und daß es früher anders hieß, sonst hätte man es nicht eigens als gestiftet bezeichnen müssen.
Das Studium der Flurkarten mit ihren Namen und alten Gewannenformen hat noch einen Beweis geliefert, daß es den Herrensitz Rudolphing wirklich gab und daß er etwa dort bestand, wo heute "Zipf" ist. Denn die Ortsfluren des alten "Griesbach am hohen Markt" sind ausschließlich entlang der Handelsstraße angeordnet (was übrigens auch sprechend ist für die Siedlungsgeschichte), mit einer Ausnahme jedoch: Es gibt eine Ausbuchtung oder Ausbeulung Richtung Norden. Das sind die drei Teile des ehemaligen Herrensitzes Rudolphing, die Griesbach zugeschlagen wurden, der fruchtbare Meierhof in seiner verkleinerten Form (curia) blieb selbständig. Diese "curia" muß das heutige Zipf sein, denn die kleinflächige Fluraufteilung, wie sie noch 1840 in einem Plan aufscheint, beweist das Vorhandensein mehrerer Häuser und ehemalige Bebauung. Denn es ist vielfach bekannt und bewiesen, daß einmal festgelegte Flurgrenzen beibehalten wurden, auch wenn der Zweck der Grenzziehung längst nicht mehr gegeben war. Außerdem spricht auch für Rudolphing dort, wo heute Zipf ist, daß es zwischen den beiden nördlichen Ausfallstraßen von Griesbach lag. Bei Betrachtung mittelalterlicher Verhältnisse muß man sich davor hüten, die heutige Verkehrsführung in Gedanken zu haben. Die Linie, wie sie heute die B 388 markiert, war damals undenkbar, der Verkehr kam vom Süden herauf über das Gressenbachtal (deshalb wurde dort die Burg erbaut) und ging weiter nach Norden und Nordosten. Denkt man sich zurück in das 9. Jahrhundert, als der Priester Odalscarh auf Rudolphing saß, erblickt man ausgedehnte Wälder und eine urbar gemachte Hochfläche zwischen

Taubing, Eck und Zipf und dem Markt (den es damals noch nicht gab). Vom Bergfried der Burg aus (die damals wohl wegen der Ungarngefahr errichtet wurde) schaute der Wächter nach Süden ins Gressenbachtal und auf die Donau, nach Norden über die von den Hörigen der Rudolphinger bebauten Flächen und im übrigen auf unendliche Wälder.

Wieso nun und wann der Herrensitz verschwunden ist, sozusagen wegschmolz, kann nur die Phantasie sich vorstellen. Kaum zweifelhaft aber dürfte sein, daß Untergriesbach und seine Bewohner die Erben der Rudolphinger wurden und noch sind. Flurnamen haben mitgeholfen, diese Erkenntnis zu gewinnen.

Ungelöste Rätsel einer alten Karte

Niemand kann ihre Herkunft und Entstehungszeit erraten

Wegscheid. Die politische Geschichte des Wegscheider Landes ist weitgehend erforscht und durch historische Zeugnisse gesichert. Auch die heute gebräuchlichen Namen für Orte, Gewässer und Landschaften lassen sich von Bekanntem ableiten und sind oft sehr sprechend, wie die Flur- und Ortsnamenforschung etwa am Beispiel Untergriesbach jüngst bewiesen hat. Trotzdem gibt es noch ungelöste Rätsel und eines davon sind Herkunft und Entstehungszeit einer alten Karte. Sie wurde verschmutzt und zerknittert auf dem Dachboden des alten Verwaltungsgebäudes der Graphitwerk Kropfmühl AG gefunden und mit modernen technischen Mitteln aufbereitet und lesbar gemacht.

Die weiter nicht näher bezeichnete Karte umfaßt das Gebiet zwischen "Wögschaid" im Osten, der "Hofmark Türna" im Westen, "Neistifft und Gisibl" in Norden und der Donau im Süden, wobei in Österreich nur Engelhartszell, Viechtenstein, Kasten und "Birwangen" eingezeichnet sind, letzterer Ort "Pyrawang" geschrieben. Mehreres deutet auf ein hohes Alter der Karte, von der niemand weiß, wie sie auf den Dachboden geraten ist und woher sie stammt. Da sind einmal die altertümlichen Schreibweisen von Orts- und Landschaftsnamen, die Entsprechungen in alten Urkunden haben, ferner die aus dem Bistum bekannten Einteilungen in "Ämbter", namentlich aufgeführt sind das Ambt Hautzenberg, das Ambt Kelberg, das Ambt Obernzell und das Ambt Jochenstain (alle in der originalen Schreibweise der Karte hier zitiert). Verblüffend ist, daß ein "Landtgericht Wögschaid" aufgeführt wird, das keine historischen Belege hat.

Das Alter der Karte kann ungefähr eingegrenzt werden durch den Umstand, daß mitten im sorgfältig sogar mit Höhenlinien der Berge gezeichneten Blatt sich ein großer weißer Fleck befindet, lang, schmal, mit scharf gezeichneter Grenze und "Ranaridlisch" genannt. Daß es diese Enklave österreichischen Gebiets hier gab, ist ja bekannt, auch wie groß sie war und wo sie ans Bistum grenzte. Nur scheint der Umstand, daß die Karte die Enklave genau kennt und in der Zeichnung ausläßt, den Schluß auf die Entstehungszeit vor 1765 zuzulassen. Denn im genannten Jahr war's vorbei mit der "Maut" in Wildenranna und wurden die rannariedlich-falkensteinischen Untertanen zwischen Stüblhäuser und Wildenranna bistümerisch und im weiteren Verlauf der Geschichte kurz toskanisch und dann bayrisch!

Der unbekannte Kartenzeichner hat seine Enklave nicht ganz freigelassen, dem verdanken wir ein paar interessante historische Namen von heutigen Orten. "Traschmühle" ist die nun im Rannasee versunkene Raschmühle, aus "Dirnreith" wurde Thurnreuth und statt unserem Stüblhäuser steht dort noch "Stiblheisl". Was uns als Schlattlmühle geläufig ist, wird auf dieser alten Karte "Schlächtlmühle" genannt, es gibt ein "Pöttzedt" und "Schweinehöll", heute Rannahof.

Der unbekannte Kartenzeichner hat großen Wert darauf gelegt, Gewässer und Straßen genau aufzunehmen und das erlaubt ebenfalls einen Hinweis auf das Alter. Unsere heutigen Straßen sucht man vergebens. Von Obernzell führt die bekannte Steigungsstraße über die "Rolln" hinauf nach Untergriesbach, weiter in den "Fichtholtz" genannten Wald, am Vorholzberg entlang, neben dem Holzhäusl vorbei (das nicht in der Karte aufscheint) direkt auf Wildenranna zu, durchs Dorf hindurch, über "Stierbachmühle" am "Hochgericht" (dem heutigen Ponzaun) vorbei in den Ort Wegscheid hinein. Spuren dieser alten Straße, die bis Mitte des 19. Jahrhunderts benützt wurde, gibt es heute noch, zwischen Fichtwald und Vorholzberg ist auf einige hundert Meter sogar noch der tief im Waldboden versunkene Unterbau da und Einschnitte in der Landschaft, z. B. kurz vor der Schlattlmühle, kennzeichnen die alte Straße. Ihre Meilensteine, die berühmten "Runden Steine" sind erst in den Fünfzigerjahren dieses Jahrhunderts verschwunden. Die Karte kennt auch eine Straße von "Grüesbach" über "Lemersdorff" und "Oberneth" und "Unterneth" (heute Ober- und Unteröd) bis nach "Gottersdorff". Das benachbarte "Kronawitten" (von dem auch der Münchner Oberbürgermeister Georg Kronawitter seine Herkunft ableitet) heißt auf der Karte "Gränäbötten".

Die offenbar phonetische Schreibweise der alten Namen läßt die Vermutung zu, daß sie gezeichnet wurde, als in den Kanzleien noch keine Einheitlichkeit der Schreibweisen hergestellt war.

Es kommt einem so vor, als ob der Kartograph den Leuten aufs Maul geschaut hätte. Was heute Oberötzdorf ist, steht auf der Karte als "Ober-Edschdorf" und genauso spricht man's heute noch aus, desgleichen "Bausberg" statt Paulusberg. Noch ein paar Beispiele: Scherlesedt, Wirmholz, Nöbling, Rohsreit, Gramersdorf und Limpichl. Das ließe sich noch fortführen. Hauzenberg ist noch mit tz geschrieben, der Staffelbach heißt "große Staffelwasser", der Staffelberg "Staffenederberg", die gleichnamige Ortschaft ist aufgeführt. Es gibt ein "Obernöreith" und "Niedernöreith", alles sehr nach der Sprechweise der Bewohner geschrieben.

Auch von Hauzenberg nach Westen führend ist eine Straße eingezeichnet und zwar an Berbing vorbei nach "Oberkimering" und "Rosberg" bis Manzenberg. Die Erlau heißt auf der Karte "Orlabach". Von der heute so unbeliebten, weil kurvigen und steilen Staatsstraße von Hauzenberg über Thyrnau Richtung Donautal ist auf der alten Karte nichts zu finden. Die Wegeverhältnisse müssen miserabel gewesen sein, denn der unbekannte Kartograph hat sich größte Mühe gegeben und alles eingezeichnet, er hätte eine wichtige Verkehrsverbindung nicht vergessen.

Von besonderem Interesse für die Heimatgeschichte Untergriesbachs ist, daß die alte Karte südwestlich der Ortschaft ein Kreuz mitten in freiem Gelände aufweist. Es markiert genau die Stelle, wo heute der Burgstall mit den Resten der einstigen Burg Griesbach sich befindet. Merkwürdig mutet jedoch an, daß die altüberlieferte Bezeichnung "Öden vorm Haus" oder "Vorm Haus" nicht verwendet wurde.

Die Karte ist ein wenig mysteriös, etwas wie ein Vexierbild, sonst aber in Einzelheiten verblüffend exakt. So wird z. B. abgesetzt vom genau gezeichneten Markt Obernzell die "Alte Pfarr" mit einer winzigen Kirche markiert und tatsächlich war ja die oben auf dem Hang im heutigen Friedhof stehende Kirche einst die Pfarrkirche des "Griesbach in der Zell". Auch die historische Röhrndlkapelle bei Untergriesbach ist eingezeichnet, nur unter dem Namen "Capellen". Seltsam wirkt, daß unser heutiges "Zaunbrechl" vom Kartographen "Zantbrechhoff" genannt wird, Gossingerreuth "Grosingreith" ist und Hartmannsreuth "Hartmansedt".
Die alte Karte kann nicht datiert werden, dem genauen Betrachter will es so vorkommen, als ob sie nach älteren Vorlagen gezeichnet und stellenweise "modernisiert" wurde. Niemand wird wohl herauszubringen vermögen, was es mit dem Rätsel auf sich hat. Aber heimatgeschichtlich interessant ist sie allemal.

Die "vergessene Kapelle" im Fichtwald

Zum Dank für Errettung 1945 erbaut — Einst an der Bundesstraße gelegen

Untergriesbach. Die Heimat ist reich an Kulturdenkmälern und die Zeit ist vorbei, daß sie vernachlässigt, sogar zerstört wurden. Es gibt immer wieder Bemerkenswertes zu entdecken, wie z. B. im Fichtwald die Kammermeierkapelle, die zurecht "vergessen" genannt werden darf.

Um ihre Geschichte zu erzählen, muß man daran erinnern, daß um 1860 die Straße gebaut wurde, die man heute B 388 nennt. Damals war es eine Bezirksstraße und sie löste die alte Straße ab, die von Untergriesbach über das Holzhäusl nach Pölzöd, Wildenranna und dann weiter über die Stiermühl nach Wegscheid führte. Die neue "Bezirksstraße", etwa vier Meter breit, wurde ganz neu angelegt und schnitt eine erste Schneise in den ausgedehnten, damals tiefdunklen Fichtwald zwischen Untergriesbach und Wildenranna. Die erste Straße war als Sandstraße mit Schotterbett gebaut worden und bis zur Teerung in den fünfziger Jahren brauchte sie "Wegmacher" die mit "Radltruhe", Schaufel, Rechen und Besen unterwegs waren und die Schlaglöcher ausfüllten. Die Bezirksstraße, später Staatsstraße, wurde von Pferde- und Ochsenwagen gemächlich befahren, erst in den zwanziger Jahren sahen die Menschen auf ihr die ersten Autos.

Die Straße stieg von Untergriesbach her an und erreichte einen höchsten Punkt, von da ab lief sie wieder bergab. Auf diesem höchsten Punkt, wo gern von den Fuhrleuten gerastet und vielleicht auch einmal ein Stoßseufzer oder Gebet gesprochen wurde, erbaute man in den achtziger Jahren des vorigen Jahrhunderts die erste Kapelle.

Es gibt weder im Gemeinde- noch Pfarreiarchiv darüber Aufzeichnungen, so bleiben nur Vermutungen. Aber da diese Kapelle immer "Kammermeierkapelle" hieß, wird es wohl richtig sein, daß der ehemalige Schulprovisor Michael Kammermeier, der 1878 die Kaufmannstochter Anna Huber heiratete, die Kapelle baute. Dieser Michael Kammermeier (der erste seines in Untergriesbach bekannten Namens) übernahm 1880 das Kaufmannsgeschäft und die Saxingersche Tabakfabrik und erwarb 1881 das Untergriesbacher Bürgerrecht. Von 1900 bis 1911 war er auch Bürgermeister.

Mögen seine Motive gewesen sein wie auch immer, privater oder religiöser Art, er schuf jedenfalls an der immer mehr befahrenen Straße durch den Fichtwald eine Rast- und Andachtsstätte. Die alte Kapelle war aus Backsteinen gemauert und verputzt, hatte ein Schindeldach und innen eine Nische mit einem Muttergottesbild, das später durch ein Kruzifix ersetzt wurde. Zwei Seitenbänke waren in der Kapelle, die allen, die darin einmal gerastet haben, als kühl in Erinnerung ist.

"Bei der Kapelln" war damals eine hierzulande oft gebrauchte Redensart. Die Straße war breit und gut, sie wurde auch lichter. Früher hatten sich die Oberötzdorfer Bauern auf dem Weg zur Kirche mit einem Schießprügel bewaffnet, so unheimlich-düster und gefährlich erschien der Fichtwald. Die neue

Neu erbaut als Dank für die Errettung aus Kriegsnot wurde 1945 die alte Kapelle im Fichtwald, die abseits liegt und vergessen wurde.

Straße ermöglichte es aber den Bauern, ihr Holz zu schlagen und abzufahren und so kam mehr Licht in den Wald und auch auf die Kapelle. Stand die Sonne morgens und abends an einer bestimmten Stelle, fiel sie für wenige Minuten ins Innere der kleinen Andachtsstätte. So sah die Kapelle (von der es leider kein Bild gibt) auch im April 1945 aus, als der Krieg auch nach Untergriesbach kam. Waldkirchen brannte und Wegscheid wurde zerstört, die verängstigten Untergriesbacher gelobten eine besondere Verehrung der Muttergottes von Fatima für ihre Errettung und der Sohn des Erbauers der Kapelle, Michael Kammermeier II. versprach, die Fichtkapelle neu zu bauen, wenn die Kriegsfurie an seinem Heimatort vorbeigehe.
Das geschah und so wurde noch im Jahre 1945 die alte Kammermeierkapelle abgerissen und durch eine neue, massiv aus Granitsteinen aufgemauerte und mit Granitdach versehene ersetzt. Man stellte sie auf die gleiche Stelle, wo auch die alte Kapelle war, neben die Straße, pflanzte Buchen um sie herum und eine zeitlang ging es so, wie immer — wer an der Kapelle vorbeikam, wandte einen Moment lang seine Gedanken Gott zu.

1970 aber wurde die Bundesstraße neu gebaut und umgelegt, sie verläuft nun viel weiter südlich, die bisherige Bundesstraße wurde zur Hälfte herausgerissen und die andere Hälfte als Rückeweg für die Waldbesitzer hergerichtet. Die pflanzten die östliche Zufahrt zu und mit den Jahren nahm der Wald Besitz von Straße und Kapelle. Niemand geht mehr zu Fuß oder fährt mit dem Rad, kein Pferde- oder Ochsenwagen fährt vorbei, die Autos rasen weit entfernt ihren Zielen zu und die Kapelle wurde vergessen.
Die Kammermeierkapelle jedenfalls steht heute vollkommen einsam und verlassen im mittlerweile groß gewordenen Buchenwald, in den Ritzen ihrer großen Steine wuchert Moos. Wer sie sehen will, muß sie suchen und erst im Wald finden.
Könnte man nicht annehmen, daß 1989 hundert Jahre vorbei sind, daß die erste Kapelle gebaut wurde und wenn die Pfarrei Untergriesbach ihr Jubiläum feiert, der alten Kapelle mit gedenken?

Als die Ritter noch in der Burg hausten...

Von "Altjochenstein" steht nur noch eine Mauer mitten im Wald an der Donauleite — Sie verfiel von 600 Jahren — Mittelpunkt einer großen Herrschaft

Riedl/Jochenstein. Als "Finger, der in den Himmel zeigt", wird gern der in Riedl stehende Rest der Burg Neujochenstein beschrieben. Aber wer kennt schon die Ruine von Altjochenstein, einer mit der Geschichte dieser Gegend eng verbundenen Anlage, die aber schon vor mehr als 600 Jahren verfiel? Machen wir einmal einen Ausflug in eine Gegend, die viele Reize hat, nicht nur historische.

Rechtwinklig biegt die bayerisch-österreichische Grenze von der Donaumitte ab, der sie seit Achleiten gefolgt ist und schwingt den Dantlbach hinauf auf die Berghöhe bei Riedl. Nach der Mündung des Dantlbachs in die Donau ist der Strom allein österreichisch. Der kleine Dantlbach, der über Steine und durch kleine Schluchten heruntertost, ist seit undenklichen Zeiten die Landesgrenze, abgemarkt zuletzt 1765. Der entsprechende Stein steht noch dort, nahe der Ruine der Leithenmühle, die einst hier die Wasserkraft ausnützte. Heute künden nur ein paar grünüberwachsene Steine davon.

Der Wald ist dicht, Laubbäume überwiegen und kaum scheint die Sonne hindurch, kaum kann der Wanderer einen Blick ins Donautal tun. Das muß aber einst anders gewesen sein, denn gerade auf halbem Wege die Leithen hinab zwischen Riedl und Jochenstein befindet sich eine Bergzunge, die mitten im Steilhang eine ebene Fläche bildet und von der aus (die Bäume weggedacht) man einen weiten Blick den Fluß hinauf und hinab gehabt haben muß. Und gerade auf dieser Bergzunge findet der Wanderer die Ruine einer fast vergessenen Burg — Altjochenstein.

Der Graben, der sie einst auf der Bergseite schützte, ist zwar eingefallen und überwachsen noch da und auch ein Teil einer massiv aus unbehauenen Steinen mit Kalkmörtel gebauten Mauer ragt noch in den Himmel. Es ist mühsam, um die Ruine herumzustolpern, denn überall liegen Steine herum, haben die Bäume Wurzelfallen gestellt und glitscht Moos. Aber es lohnt sich. Wie kann man hier träumen von Rittern und Knappen, edlen Frauen und Fehden...

Das ist jedoch eine Marotte der Neuzeit, die Edelleute, die einst Altjochenstein erbauten, haben wohl kaum Zeit für "Minne" gehabt, sie mußten sich weidlich plagen. Wie mühsam muß es gewesen sein, immer entweder von der Höhe des heutigen Riedl hinunter und wieder hinaufzukeuchen oder vom Donautal hinauf und dann wieder hinab zu den Schiffen, die Kalk heranführten für das Mauern. Jeder, der sich in die Zeit, da die Burgen entlang der Donau blühten, versetzen will, muß alles vergessen, was er heute weiß von Straßen, Orten und Verkehrsmitteln. Dicht stand der Wald, wo heute Äcker und Wiesen sind, sumpfig waren die Flußufer und mühsam mußte jede Last auf Tieren oder auf dem eigenen Buckel heraufgeschleppt werden. Um so erstaunlicher die Bau-

Tief im Wald versteckt sind heute die immer noch imponierenden Reste einer der wichtigsten mittelalterlichen Burgen — Altjochenstein.

leistung dieser mittelalterlichen Leute, deren Kunstfertigkeit und Mühe die Jahrhunderte überdauert hat.
Oberstudienrat Heinrich Köberl hat sich die Mühe gemacht, in Archiven zu wühlen, alte Urkunden zu entziffern und alles zusammenzutragen, was über Altjochenstein bekannt ist. Er hat uns dieses umfangreiche Material zur Verfügung gestellt und so können wir, auf den Ruinen der waldüberwucherten Burg sitzend, einen geistigen Blick tun.
Nicht genau bekannt ist der Baubeginn der Burg Altjochenstein. Im 11. oder 12. Jahrhundert vermutet man die Gründung, am 13. März 1222 ist sie erstmals erwähnt, und zwar als "eines von sieben das Hochstift Passau beeinträchtigenden Schlössern". Daraus läßt sich schon viel ableiten. Einmal, daß damals Burg und Burgherr mächtig gewesen sein müssen, daß es die Anlage schon einige Zeit gab und daß "demnächst etwas geschehen wird". Sollte sich das Hochstift "beeinträchtigen" lassen?
Es gibt Spekulationen über die Geschichte des Burgenbaus an der Donau, sicher hängen auch diese befestigten Plätze mit der Ungarngefahr zusammen, die ja allgemein aus den Fluchtburgen und Schanzen der Kelten die Burgen entstehen ließ, die wir heute als so typisch für das Mittelalter empfinden. Ein "freies Rittergeschlecht" muß es gewesen sein, das da mit seinen Hintersassen in mühsamer Arbeit sich eine Burg über der Donau erbaute und sie so gut schützte, als es damals ging. Es sind Namen überliefert. Der eines "Alkherus de Johenstein", der eines "Eberwein von Johanstein" und der eines "Herr Espein von Jochenstein", wobei an sich schon interessant ist, wie die Schreibweise des Burgnamens variiert.
Wie sah nun die Burg einst aus? Viel weiß man nicht, aber die Wissenschaft nimmt an, daß es sich um einen rechteckigen Bau von dreizehn auf neun Meter gehandelt hat mit Mauern, die zwischen zwei und drei Metern dick waren. Eine schwächere Innenmauer teilte zwei quadratische Räume, die im ersten Geschoß durch eine rundbogige Tür verbunden waren. Heute noch kann man Reste eines Kellergewölbes sehen.
Nuten und schmale Mauerrücksprünge deuten an, wo einst die Balkendecken der Geschosse waren. Es bedarf keiner Phantasie, sich auszumalen, wie das tägliche Leben in so einer Steinburg war, wie mühsam das Wasser vom Dantlbach herangeschleppt wurde, wie verqualmt die Küche mit dem offenen Feuer war, wie kalt die Räume im Winter, wo man die Fensterluken mit hölzernen Läden verschloß und innen Felle drüberhängte.
Die Burgen der damaligen Zeit hingen eng zusammen, die Jochensteiner gelten als Ministerialen der Edlen von Griesbach. Die Jochensteiner kämpften offenbar auf seiten des Grafen Chunrat von Wasserburg in seiner Fehde mit dem Fürstbischof von Passau um das Erbe der "nobiles de griezpach", wie es in alten Urkunden heißt. König Heinrich VII. ächtete auf Bitten des Bischofs von Passau auch die Jochensteiner, aber es scheint ihnen nicht viel ausgemacht zu haben, sie bleiben ruhig auf ihrer Burg sitzen. Aber zwei Generationen später sind sie doch zu Ministerialen des Fürstbischofs von Passau geworden! Und dann baut man oben auf der Höhe eine neue Burg Jochenstein, die viel

größer, moderner und bequemer ist und läßt die alte Anlage einfach verfallen. 1222 gibt es nur eine Burg Jochenstein in den Urkunden, 1299 jedoch schon zwei, deshalb weiß man auch, wann Neujochenstein erbaut wurde. Es wird auch "Schloß auf dem Rigl" genannt und daraus wurde dann wohl Riedl. Es gibt sogar Spekulationen, daß die alte und die neue Burg mit Wehranlagen verbunden waren (immerhin fand man Reste einer 20 Meter langen Mauer), aber nur eine systematische Erforschung und Ausgrabung könnte da Klarheit schaffen. Etwas für den kommenden Landkreisarchäologen!

Viel hat Heinrich Köberl noch zusammengetragen, was hier keinen Platz mehr findet. Nur noch soviel, wie groß die Herrschaft Jochenstein eigentlich war. Es gibt darüber ein Dokument "Redditus chastri in Johanstein" aus 1324, darin werden Gotscheinsdorf (Gottsdorf), Hohenperig (Höhenberg), Gater (verschollen), Wetzeinslinden (Wesseslinden), Lynden (Linden), Wüstenperig (Wüstenberg), Gumpenperig (Tumpenberg), Rapoldenreut (verschollen) und Chraniwitten (Kronawitten) genannt, nebst anderen kleinen Gütern. Auch die heute in Trümmern liegende Leithenmühle ist so seit 1324 belegt. Zehn namentlich genannte Ortschaften und Weiler, 61 Güter und Lehen sind als zur Herrschaft Jochenstein gehörend benannt. Damals alles dem Bischof von Passau gehörend.

Dieser kleine, knapp gefaßte Ausflug in die Geschichte der unmittelbaren Heimat zeigt schon, welche Schätze hier noch vorhanden sind. Man muß nicht gleich im Morgenland nach Quellen suchen — auch hier sind sie da. Nur finden muß man sie halt, selbst um den Preis einer mühsamen und schweißtreibenden Wanderung am Dantlbach entlang zu den Ruinen einer längst vergangenen Zeit.

(Sept. 1987)

Feld am Edlhof trank das Blut der Passauer

Vor mehr als 600 Jahren "Schlacht bei Erlau —
Zwei alte Linden kennzeichnen das Massengrab

Obernzell/Erlau. Pfarrei und Gemeinde Obernzell feiern bald ein großes Fest, entsinnen sich ihrer Ursprünge und denken dabei auch an die vielen Generationen, die hier wirkend und arbeitend das geschaffen haben, was man heute sehen kann. Es ist nur natürlich, daß sich dabei Bürger und Politiker, Pfarrer und Gläubige vor allem der guten und erfreulichen Taten und Errungenschaften entsinnen. Zur Gechichte gehören aber auch schlimme Dinge wie die Schlacht von Erlau — vor rund 600 Jahren.

Zwei uralte Linden, die ein Kreuz und einen Betstuhl beschatten, erinnern heute noch an den Tode von mehr als 200 Passauern, die hier am Michaelitag 1367 eines auch für Obernzell unheilvollen Jahres erschlagen wurden. Bis der Bau des Donaukraftwerks Jochenstein die Felder neben dem Edlhof ganz einebnete, waren noch die Reste der Feldbefestigungen zu sehen, die der Passauer Hauptmann und Richter Tischler hatte errichten lassen. Die Linden und das Kreuz bezeichnen nicht nur die Stelle der Schlacht, sondern auch das Massengrab der Passauer Toten, die ja in Acht und Bann waren und nicht in geweihter Erde bestattet werden durften.

Es gibt noch Originaldokumente aus dem 14. Jahrhundert und die Geschichte der freiheitsverlangenden Bürger von Passau, ihre Kämpfe mit den Bischöfen und vor allem der jammervolle Tod des Freiheitsführers Andreas Haller sind bekannt. Kaum jemand aber nimmt Notiz von dem, was die bischofstreuen Bürger von Obernzell und Untergriesbach damals leiden mußten. Sie haben wohl selbst kaum richtig verstanden, was da vor sich ging. Es fing 999 an, als Kaiser Otto III. den Bischöfen die Landeshoheit in ihren Gebieten gab und die bis dahin dem König oder Kaiser zugehörende Stadt Passau "unter den Krummstab" geriet. So "gut leben"wie man das heute gern weismachen will, ließ sich gar nicht unter diesem Krummstab, vor allem nicht in den Wirren des 14. Jahrhunderts, den Kämpfen und wechselnden Bündnissen der Passauer Bischöfe mit Österreich und dem Reich. Wiederholt schon hatten sich die Passauer gegen die Bischöfe aufgelehnt, mit unterschiedlichem Glück gekämpft und wieder Waffenstillstand geschlossen. Unter Fürstbischof Albert III. Freiherr von Winkel eskalierte die Sache dann aber. Die Bürger läuteten Pfingsten 1367 die Glocken, rotteten sich zusammen und gaben Waffen aus. Als Passau von den bischöflichen Hilfstruppen belagert wurde und Lebensmittel knapp wurden, fingen die Bürger immer häufiger an, in Streifscharen weit ins Land auszuschwärmen und zu rauben und zu stehlen. Am Freitag vor Pfingsten 1367 waren die Passauer in Acht und Bann getan worden, wurden vogelfrei, exkkommuniziert und so zu rechtlosen Marodeuren. Sie wurden durch Beschießung der Stadt, Zerstörung ihrer Häuser und Ermordung ihrer Frauen und Kinder zur Verzweiflung getrieben und zogen die Donau entlang bis Untergriesbach. Rache und Plünderung war ihr Feldgeschrei.

An die Schlacht auf den Edlhoffeldern erinnern zwei über den Gräbern der dort verscharrten Erschlagenen gepflanzte Linden und ein Marterl.

"Griesbach am Hohen Markt", wie es damals hieß, war bischöflicher Besitz und die Passauer brachen die Häuser der in die Wälder geflohenen Untergriesbacher auf, stahlen, was sie kriegen konnten, und zerstörten, was sie nicht zu schleppen vermochten. Auf dem Pfad, der über das "Guguhäusl" ins Eckerbachtal führte, marschierten sie weiter nach "Griesbach in der Zell", wie man Obernzell damals nannte. Hinter sich ließen sie einen qualmenden Schutthaufen — die Griesbacher kamen aus den Wäldern hervor und fingen an, wieder ihre hölzernen, strohgedeckten Häuser zu bauen. Sogar die Kirche hatten die Passauer in Untergriesbach niedergebrannt und der Chronist von Kloster Mattsee, der über die Schlacht von Erlau berichtet, nennt diesen Kirchenfrevel auch als Grund für die Vernichtung der Passauer.

Während diese noch Untergriesbach plünderten und brandschatzten waren Boten nach Passau geeilt und hatten das bischöfliche Heer, bei dem viele Adelige waren, von dem Überfall benachrichtigt. Der Passauer Richter Tischler zog mit etwa 700 gut bewaffneten und in Eisen gerüsteten Reisigen eilig von Passau herauf und verschanzte sich auf den Feldern des Gutes Edlhof, das von einem gewissen Poschinger verwaltet wurde. Das Feld dort war damals und ist heute auf der einen Seite von der Donau, auf der anderen von der steilen Leite begrenzt und bot für eine Feldbefestigung ideale Voraussetzungen. Der Passauer Geschichtsscheiber Erhard der Jüngere hat eine ausführliche Schilderung der Befestigungen hinterlassen und tat dies auf eigenen Augenschein, denn noch Ende des vorigen Jahrhunderts war viel davon zu sehen. Die Schanzen waren so angelegt, daß die Kriegsknechte des Bischofs sich darin verbergen konnten.

Das Passauer Volk, schwer mit Plünderergut beladen, hatte aber doch Späher vorausgeschickt, die auf die Befestigungen stießen, sich kämpfend zurückzogen und die anderen warnten. Die warfen ihre Packen in das Gebüsch an der Erlau, durchwateten sie an der Stelle, wo heute die Brücke ist (die Erlau war nicht so tief wie heute, aufgestaut von der Donau) und dann begann ein mehrere Stunden währender Kampf. Es gibt keine Schilderung eines Zeitgenossen, sehr wohl aber eine poetische Nachempfindung des Erlauer Lehrers und Heimatforschers Georg Dorn. Die Passauer waren sicher schlechter bewaffnet als die Kriegsknechte des Bischofs und auch nicht kampferfahren, die Bischöflichen waren wohlbewaffnet, geübt, ausgeruht und satt. Der Kampf war ungleich, die Passauer, verzweifelt und dem Tode geweiht, kämpften zwar mutig, wurden aber nacheinander erschlagen und verstümmelt und als nach Stunden die Schlacht vorbei war, lagen auf der Ebene vor dem Edlhof mehr als 200 Leichen. Den Hauptmann Adelar, den Führer der Marodeure, fand man die Hand noch um den Schwertknauf gekrallt und "das Blut füllte die Furchen."

Als die Nachricht von der Schlacht bei Erlau nach Passau gelangte, "strömte das Volk in hellen Haufen herbei" und weinend suchten und fanden Frauen, Eltern und Gschwister ihre Männer, Söhne und Brüder. Nur wenige durften nach Passau getragen werden, sie wurden neben der Paulskirche (heute die

Grünanlage am Paulusbogen) beerdigt. Die vielen anderen, man spricht von mehr als 200, fanden ihr Massengrab auf dem Schlachtfeld.
Wann die Linden dort gepflanzt wurden und von wem weiß niemand mehr, die uralten Bäume und das Kreuz halten jedoch in würdiger Weise die Erinnerung an dieses Ereignis wach.
Die Obernzeller übrigens hatten zuvor fast dasselbe Schicksal wie die Untergriesbacher erlitten. Die marodierenden Passauer raubten auch sie aus, zündeten an und zerstörten und so kam es, daß auch die treuen Untertanen des Fürstbischofs von Passau teuer bezahlten. Die Bischöfe allerdings sahen das wohl und vergalten es den Griesbachern und Zellern mit Rechten und Freiheiten.

(Pfingsten 1988)

Heimatgeschichte aus Flur- und Ortsnamen

Untergriesbach schützt sie als sprachliche Denkmäler

Untergriesbach. So wie alte Dokumente oder Bauwerke sind auch Flur- und Ortsnamen als Denkmäler schützenswert. Die historischen Namen gehen teils auf den Anfang der Besiedlung zurück und sind wertvolle Dokumente der Kulturgeschichte, Volkskunde und Heimatforschung. Auch für die Mundart und ihren Wandel geben sie Zeugnis. Die Gemeinde Untergriesbach, die die Flurnamen erforschen und dokumentieren läßt, verfolgt damit aber auch das Ziel, bei der Neuverteilung der Flächen durch die Flurbereinigung sinnvolle neue Namen zu finden.

Zahlreiche alte Aufzeichnungen, Dokumente und Karten mußten durchgearbeitet und registriert werden und es gehörte Gespür und Gehör für die heimische Mundart dazu, aus den oft merkwürdig verdrehten Namen die richtigen herauszufinden. Denn als im vorigen Jahrhundert im Zuge der Montgelas'schen Reformen des Königsreichs Bayern auch eine Neueinteilung der Verwaltungseinheiten vorgenommen wurde und das Land eine kartographische Aufnahme erfuhr, wirkten hier vor allem fränkische Beamte. Sie verstanden die Mundart nicht richtig und schrieben Namen auf, die sie von den Einheimischen hörten, die dann aber in der Schreibweise von der Aussprache und damit Bedeutung oft kraß abwichen. Aus "d'Höllwies" wurde "Tellwiese", wobei gleich auch eine Abschweifung zur sprachlichen Bedeutung erlaubt sein soll. "D'Höll" oder manchmal auch "Hölln" bedeutete früher und tut es auch heute noch eine Flur, die tief eingeschnitten ist, oft von mehreren oder gar allen Seiten von Hängen umgeben. Eine "Hölln" kann in offenem Gelände ebenso vorhanden sein wie im Wald. In der Gemarkung Wildenranna gibt es heute noch die in ausgedehnten Forsten gelegenen "Ranninger Hölln", einst Auerhahnrevier!

"Puren" hieß hier früher das Ableiten von Wasser und da das Schwemmen oder Schwellen von Wiesen die einzige Möglichkeit darstellte, die Wiesen zu düngen, kam auch der Name "Purwies" häufig vor. Die fränkischen Beamten konstruierten daraus eine "Bubwiese". Nicht zu Untergriesbach gehörend, aber als gutes Beispiel für die groteske Verdrehung der Namen im vorigen Jahrhundert mag der hochaufragende "Brotjacklriegel" im Nordwesten unserer Landschaft dienen. Nicht mit Brot und Jacken hat er zu tun, er wurde den fränkischen Kartographen von den Ansässigen als "broda Jagerriegel" bezeichnet...

Die Neuordnung des Königsreichs Bayern erfolgte ab 1840 und die noch vorhandenen Unterlagen geben ein gutes Bild über Form und Besitzverhältnisse der damals existierenden Dörfer. Es wurden gleichnamige Fluren zu "Gewannen" zusammengefaßt dargestellt, ihre Zahl entsprach den Hofstellen. Denn eine wesentliche Bedeutung der Flurnamen war einmal, den Besitz zu bezeichnen und abzugrenzen. Außerdem diente sie der Orientierung der Einheimischen und Fremden und als Unterlagen der Rechtsprechung durch

die Grundherren bei Streitigkeiten. Eine genaue Festlegung oder gar schriftliche Fixierung gab es jedoch nicht und deshalb änderten sich die Flurnamen wie die Sprachen, bildeten sich neu oder um oder wurden vergessen. Was jedoch lange im Volk überliefert wurde und heute noch besteht, sind hervorragende Zeugen der Denk- und Lebensweise der Vorfahren. Hinweise auf Religion, Aberglauben, Brauchtum und Sagen sind darin enthalten. Die "Frauenwiesen" und "Frauenäcker" in Pfaffenreut weisen z. B. darauf hin, daß das Passauer Kloster Niedernburg einmal Eigentümer war.
Auch das einstmalige Aussehen der Landschaft läßt sich noch aus den Flurnamen erahnen. Rodungen und "Wüstungen", also verlassene Siedlungen, erhielten ein Denkmal in Namen. Allmende, Gemeindl oder Zehentacker beweisen die frühere Form vom Gemeinbesitz, Viehhaltung oder Feldbau und sogar die Besteuerung. Mühlreut, Zieglwiese oder Kohlstatt sind "sprechende Namen", die keine Erklärung brauchen. Bei Grögöd gibt es jedoch eine "Heilingwies" und eine Flur "Rehberg", die nebeneinander liegen und auf denen noch heute eine Kapelle steht. Rehberg führt der Namensforscher auf "Rechbrett" (auch Rechtbrett) zurück, das Totenbrett, denn Särge sind erst im vorigen Jahrhundert aufgekommen. Die Leute sagten deshalb (und sagen es heute noch, wenn sie den Tod nicht direkt nennen wollen) "der is' vom Brettl g'rutscht". Der Rechberg oder Rehberg könnte deshalb eine alte Begräbnisstätte gewesen sein, vor allem deshalb, weil "Heilingwies" gleich daneben ist und dieser Name sehr deutlich auf eine womöglich sogar vorchristliche Weihestätte einen Schluß erlaubt.
Aus 1840 gibt es Liquidationsprotokolle, die zur Steuerfestsetzung angelegt wurden und neben den Hof- und Hausnamen auch die vom Fürstbistum Passau übernommenen Dienstbarkeiten und Abgaben, sowie alle Rechte, etwa Wässerungs-, Fahrt-, Jagd- und Fischereirechte enthielten.
Sogar die Art des Feldbaus und die Nutzung sind aus den Namen abzuleiten. Der "Hoaroas" gesprochene und "Haarätzacker" geschriebene Acker, die Haarätzwiese und die Bleichwiese erinnern an Flachsanbau und Verarbeitung. Von "Hoar", dem Flachs herkommende Flurnamen sind häufig, kein Wunder, denn um 1850 waren in Untergriesbach von 101 Gewerbetreibenden 48 Leinenweber. Haarrösten oder Haarätzen waren die Tümpel, in denen der Flachs mürbe gemacht wurde. Mühlreut kommt in jeder Ortsflur vor, bereits 1400 ist in Kroding eine Mühle urkundlich erwähnt, heute steht an dieser Stelle ein Wald! Baumgartenackerl oder Baumgartnerin (= Wiese) sind ebenso sprechende Flurnamen wie Küh-, Kälber- Ochsenweide. Point bedeutet ein eingezäuntes und nicht dem Flurzwang unterliegendes Landstück, ausgesprochen wird es auch "Beud" in mehreren Variationen und es erinnert daran, daß hier nicht die Dreifelderwirtschaft mit ihrer genau festgelegten Fruchtfolge angewendet wurde. "Gemeindeacker" ist der vom Dorf gemeinsam bewirtschaftete, "Wechselacker" der, bei dessen Nutzung sich Rechtler abwechselten. Auch die Lage wurde durch die Namen beschrieben, etwa Mitteracker, Mitterturm, Inneracker oder Fürhaupt. Damit wird das Kopfstück eines Ackers bezeichnet, das quer zu den Längsstreifen am schmalen Ende liegt. Hier wurde der Pflug

gewendet und dabei das "Haupt gehoben". Von Größe und Form der Flurstükke künden die Namen "Breit-, Schmal-, Lang-, Scheiben-, Sunk- und Gehenakker", auch der Dobl. Auf Rodungen verweisen Reutl oder Raumreut, Brandreut gibt die Rodungstechnik an und Röhrnreut den Rodungszweck. Das Brunnreut verfügt über eine Quelle. Einstmalige Besitzer leben in Namen weiter wie Ahndlacker, Frauenacker, Schmiderin und Fallmeisterin, wobei die Endsilbe eine Wiese meint.

Der "Dickdornacker" liegt neben einer Schlehenhecke, die "Bruckwies" braucht keine Erklärung, auch nicht der Wegacker oder der Kirchacker, der allerdings nicht immer der Kirche gehören mußte, sondern auch so bezeichnet wurde, lag er am Kirchenweg. Die "Auwiese" ist sumpfig, der "Speracker" trocken, desgleichen Sandreut oder Öd. Auf den Bewuchs einer Fläche deuten die Namen Birketwies, Buchettrum, Bärnäcker (Beeren auf den Rainen), auf den Eigentümer oder Nachbarn die "Saxingerwies" oder das Grasfleckerl am Brunnacker hin. Die Beispiele wären vermehrbar. Manche Namen sind heute nur mehr schwer zu erklären und ihr Ursprung liegt im Dunkeln. Immerhin sind die ersten Siedlungsspuren aus der Jüngeren Steinzeit bekannt, in Saxing und Stollberg muß es etwas Ähnliches wie Dörfer gegeben haben. Die Kelten waren hier und nach ihnen Römer und Bayern. Das Dorf Kinzesberg hat z. B. einen kaum erklärbaren Namen, das ändert sich jedoch, weiß man, daß es vor 200 Jahren Kinzersberg hieß und im 13. Jahrhundert Gunthersberg. Womit dann auch Alter und Gründung des Dorfes kaum mehr eines Beweises bedürften.

Die Zeit, da im Rausch des "Fortschritts" alles zerstört wurde, was die Vorfahren überliefert hatten, ist vorbei. Heute wird wieder Wert gelegt auf die Bewahrung des Altüberkommenden und die Gemeinde Untergriesbach tut mit ihrer Erforschung, Erklärung und Registrierung der Flur- und Ortsnamen sehr viel für die Heimat.

Der halbmannshohe Hauzenberger "Schrazlgang" kann eine uralte Wasserleitung sein. Die Bevölkerung erzählt davon noch Geschichten.

Ist der "Schrazlgang" eine uralte Wasserleitung?

Merkwürdige Entdeckung beim Straßenbau — Bevölkerung munkelte immer von einem Gang

Hauzenberg. Beim Bau der Pufferholzstraße haben die Baumaschinen beim Eingraben in die Hangböschung die Öffnung eines unterirdischen Ganges freigelegt, der interessante Aufschlüsse hinsichtlich der Geschichte des Schlosses Freudensee nahegelegt. Es besteht nämlich die Vermutung, daß dieser Gang einmal eine unterirdische Wasserleitung von der Schloßquelle im Pufferholz bis zum Schloß Freudensee enthielt. In der Bevölkerung bestehen seit Generationen Gerüchte über einen solchen Gang, auch das Heimatbuch berichtet davon.

Professor Miller schreibt in seiner "Geschichte des Marktes und der Pfarrei Hauzenberg" auch über das Schloß Freudensee und seine wechselvolle Geschichte. Es war seit 1527 schon so verfallen, daß es nicht mehr bewohnt wurde und Miller stellte sich die Frage, wo die Bischöfe gewohnt haben könnten, wenn sie auch später zur Jagd hierher kamen? Die Antwort besteht in alten Gerüchten, denen zufolge das jetzige Gasthaus Spor einmal fürstbischöfliches Jagdhaus gewesen sein soll, auch ist die Rede, daß an diesem Platz einmal ein Burgstall stand. "Man spricht auch von einem unterirdischen Gang der von hier aus, ja sogar vom Duschlberg aus zum Schloß geführt habe", steht in der Chronik Millers. Seit Generationen redet man in Hauzenberg schon von einem solchen Gang, man will auch früher einmal Reste davon gefunden haben. Unterirdische Gänge, meist aus den Wirren früherer Kriege stammend und als Fluchtwege oder Verstecke benutzt, sind als sogenannte Schrazlgänge dem Volksmund wohlbekannt.

In Hauzenberg hat man zu diesem Thema jetzt alleraktuellsten Gesprächsstoff. Am Mittwoch wurde bei den Bauarbeiten an der Pufferholzstraße mitten in bewaldetem Hanggelände ein solcher Gang freigelegt. Er ist, soweit man dies ohne Gefahr feststellen kann, etwa 20 Meter lang und zieht sich in den Berg hinein. Seine Höhe beträgt jetzt etwa 1,20 Meter, aber offenbar ist einiges Material von der Decke herabgefallen und hat den Gang kleiner gemacht, als er ursprünglich war. Die Gemeinde hat angeordnet, daß vorsichtig mit dem Relikt aus der Geschichte umgegangen wird, denn man möchte einmal den Höhleneingang fassen, mit einem Gitter gegen unbefugtes Eindringen sichern und als historisches Denkmal den Beschauern zugänglich machen.

Man kann natürlich ohne gründliche Untersuchungen nicht mit letzter Sicherheit sagen, welchem Zweck dieser Schrazlgang einmal gedient hat und wann er angelegt wurde. Es sind aber einige Vermutungen möglich. Der Gang befindet sich auch jetzt noch weit außerhalb der Ortsbebauung Hauzenbergs und scheidet deshalb wohl als Fluchtweg in Kriegszeiten aus. Es ist auch nicht recht einzusehen, wohin er geführt haben sollte, wenn er diesem Zweck einmal diente. Sehr viel wahrscheinlicher ist dagegen die Vermutung, daß in diesem Gang die Wasserleitung für das fürstbischöfliche Schloß Freudensee verlief.

Genau in der Richtung, die der Gang hangwärts weist, befindet sich nämlich die Quelle, von der man weiß, daß sie dem Schloß gedient hat. Sie ist inzwischen von der Gemeinde gefaßt worden und hat wegen ihrer historischen Bedeutung den Namen "Schloßquelle" erhalten. Talwärts richtet sich der Zug des Ganges in etwa auf das Schloß Freudensee aus. Es ist also schon möglich, daß man in früheren Jahrhunderten die Riesenmühe nicht scheute, das Wasser unterirdisch zu verlegen. Aus welchen Gründen das geschah, ist leicht zu erklären, wie sicher solche Gänge gewesen sein müssen, kann man schon daran erkennen, daß sie solange gehalten haben.

Jetzt, da die Böschung abgetragen ist, kann man nur schwer abschätzen, wie tief der Gang einmal unter der Erdoberfläche war. Vier Meter sind aber bestimmt zutreffend, an einigen Stellen wahrscheinlich sogar viel mehr. Der zutagegekommene Gang ist nicht massiv ausgemauert, einige Steine lassen aber erkennen, daß er zumindest einmal befestigt war. Es wird vermutet, daß innerhalb des Ganges, der für Kontrollzwecke begehbar war, das Wasser in Holzrinnen- oder Rohren befördert wurde. Davon hat man allerdings bei dem jetzigen Fund keine Reste ans Licht gebracht. Vielleicht findet man noch etwas, wenn ein Kundiger nachgräbt.

Über die Entstehungsgeschichte des Schrazlgangs oder Wasserleitungstunnels vom Pufferholz zum Schloß Freudensee kann man nichts sagen. Schon 1358 ist Schloß Freudensee nachgewiesen, bereits 1496 wird von der Ausbesserung des baufälligen Hauses geschrieben. Die Anlage ist also sehr alt und in ihre Hochblüte muß man auch den Bau der unterirdischen Wasserleitung legen. Nur ein sehr intaktes fürstbischöfliches Regiment in Hauzenberg und Freudensee hat es sich wohl leisten können, eine solche teure und aufwendige Anlage zu erstellen. Es tritt der historischen Genauigkeit wohl nicht nahe, wenn man den jetzt aufgedeckten Gang in das 15. Jahrhundert verlegt, wenigstens möchte man dazu sagen; vielleicht ist er auch sehr viel älter. Es ist ein interessantes Studienobjekt und man kann sich daran genußreich den Kopf zerbrechen. Hauzenberg tut aber jedenfalls gut daran, das durch Zufall ans Tageslicht gekommene historische Denkmal zu retten und zu bewahren. Einen leibhaftigen "Schrazlgang" — und sei er auch nur eine simple Wasserleitung gewesen — ohne Gefahr bei Tageslicht betrachen zu können, ist schon etwas wert.

Die "gefällige und wohlgepflegte Neue Welt..."

Vor 135 Jahren wurden für König Maximilian von Bayern Land und Leute beschrieben

Breitenberg. Das Bewußtsein für Wert und Würde der Vergangenheit ist heute wieder groß, der allgemeine Wohlstand läßt Muße zum Sammeln, Sichten und Bewerten historischen Materials. Museen entstehen und alte Bauwerke werden getreu wiederhergestellt. Diese Tätigkeit ist stark mitbestimmt von dem Gefühl rasanten Wandels der Lebensumstände, der kulturellen, religiösen und sozialen Bedingtheiten eines Volkes. Die eigene Kultur rinnt sozusagen durch die Finger unwiederbringlich davon und wer die Wurzeln zu fassen meint, scheint diesen Prozeß aufzuhalten. Ob es gelingt, bleibt fraglich, sich mit der Vergangenheit zu befassen, ist aber immer wertvoll und wichtig.

Für die engere Heimat gibt es eine gute und berühmte Quelle, den "Bericht über die Topographie und Ethnographie des königlichen Landgerichtsbezirks Wegscheid" aus der Feder des um 1860 hier wirkenden Wegscheider Landgerichtsarztes Dr. Christian Teichlein. Seine Arbeit ist vielfach publiziert und auch kommentiert worden, ganz unbekannt dagegen ist noch heute eine nie gedruckte Arbeit des Münchner Malers und Schriftstellers Josef Friedrich Lentner, die die Bayerische Staatsbibliothek als Handschrift aufbewahrt. Lentner ist einzureihen in die Gruppe der Ärzte, Gelehrten und Schriftsteller, die in der Mitte des 19. Jahrhunderts "Volkskunde aus geistesgeschichtlichen Gründen" trieben. Sie durchwanderten das Land und schrieben nieder, was sie sahen und erfuhren. König Maximilian wollte eine "Ethnographie Bayerns" herausgeben und er bat Josef Friedrich Lentner, Altbayern zu durchwandern und seine Beobachtungen aufzuzeichnen. Lentner tat das sechs Jahre lang und war 1851 auch im Unteren Bayerischen Wald. Seine Handschrift ist der erste ausführliche Bericht über Land und Leute und die Bedeutung für uns Heutige liegt mit darin, daß sich Lentner nicht akademisch an die Aufgabe heranmachte, sondern direkten Kontakt mit den Menschen suchte und aufschrieb, was ihm Pfarrer, Lehrer, Ärzte, Beamte, Förster und vor allem Gastwirte erzählten.

Es ist höchst amüsant, beim Lesen dieser Landbeschreibungen Vergleiche mit der Gegenwart anzustellen. Im folgenden sind nun die Teile aus Lentners Volkskunde auszugsweise wiedergegeben, die das ehemalige Landgericht Passau und dabei vor allem das Gebiet des ehemaligen Landkreises Wegscheid betreffen.

Lentner beginnt seine Landbeschreibung mit einer topographischen Übersicht: "...Die Niederlassungen im Passauerwald bestehen in offenen Märkten, kleineren Dörfern und im innern Theile des Waldes fast in lauter Weilern und zerstreuten Häusern. Die größeren Orte, die Hauptdörfer, die Mittelpunkte der zerstreuten Gemeinde liegen durchweg auf den höhern Stellen des Platteaus häufig auf dem Rücken flacher Hügel, einige an den sanften Sonnenhängen derselben. In die Tiefungen sind größere Ansiedlungen nie versetzt worden... Ein großer Theil des Passauerwaldes wurde erst seit Ende des 17ten

Jahrhunderts urbar gemacht und bevölkert, und selbst in unserer Zeit bieten gewisse Strecken noch immer Raum und ertragsfähigen Boden zur Unterkunft für neue Ansiedler. Die namhafteste Colonie, welche mit dem Beginne des vorigen Jahrhunderts allmählich ins Leben trat und jetzt einer gewissen Blüthe sich erfreut, ist jene, die von Jandelsbrunn bis an die österreichische Grenze am letzten Abhange des Gebirges an den Ufern der Mühel sich ausbreitet, und in zwei Pfarrgebiete zerfällt, die den Kern der zerstreuten Weiler und Einzelhäuser bei ihren Kirchen zu Breitenberg und Neureichenau bilden. Diese Gegend, drei Stunden im Gevierte haltend und von 8 000 Seelen bewohnt, heißt "neue Welt" und ist eine der gefälligsten und wohlgepflegtesten im ganzen Walde. Die meisten Orte im Passauerwalde stellen sich ganz anständig und gut erhalten dar, bei den kleineren zeigt sich häufig etwas Ärmlichkeit... Die Häuser der "Neuwelt" an den Kirchenorten zeigen sich ebenfalls von guter Pflege und einigem Wohlstand, ärmliche sind die weit verstreuten, kleinen "Lackerhäuser" am Fuße des Dreisesselberges hart an den Grenzen, der Wohnsitz vielberüchtigter Schmuggler. In den älteren Niederlassungen trifft man viel veraltetes Bauwerk, zumal in den Märkten."

Ein ausführliches Bild zeichnet Lentner von den Bewohnern dieses Landstriches: "...Körperlich stellt sich das Volk des Passauerwaldes zum weit überwiegenden Theile als ein wohlbegabtes und guterhaltenes dar mit allen Vorzügen der ostbayerischen Race. In seinem Wuchse gewinnt es durchschnittlich mehr als die Mittelgröße, in einzelnen Strichen z. B. in der neuen Welt, bei Pfaffenreuth etc. trifft man unter den Männern stattliche Gestalten. Bei einem starken Knochen- und Muskelbau zeigt sich immerhin eine ebenmäßige Fülle und es gibt somit meist Gestalten von gutem Wuchse, großer Gelenkigkeit, Kraft und wohlgefügen Bewegungen. Besonders das weibliche Geschlecht erfreut sich einer Bevorzugung im Wuchse, die uns die hübschesten Gestalten, schlank, von angenehmster Rundung der Formen und frischen, bildsamen Bewegungen zu Gesicht bringt. Unter den Mädchen der Neuwelt sieht man häufig die gefälligsten Erscheinungen mit einer im gemeinen Landvolke seltener Anmuth der Haltung und Bewegung, die eine angeborene, von großer Lebhaftigkeit des Geistes unterstützte Kunst zu gefallen bei aller Natürlichkeit verräth. In den Märkten und unter dem ärmeren Weibervolke ist die Körperbildung nicht so wohlbestellt, doch sieht man wenig abgeschwächte, gänzlich verkommene Gestalten. Entsprechend den guten Leibesformen zeigen sich durchschnittlich die Gesichtszüge regelmäßig und gut geformt. Sie sind gewöhnlich länglich, der Kopf proportioniert, die Stirnen nicht gedrückt, die Nasen gerade, das Kinn kräftig, bei dem weiblichen Geschlechte gerundet. Das letztere ist im Ganzen mit den gefälligsten Zügen ausgestattet, dazu kömmt auch eine sehr vorteilhafte Färbung, ein warmes, südlich nicht zu helles Hautcolorit mit frischem Wangenroth, dunklen Brauen und Augen, meist braun oder tief stahlgrau und auch das Haar zeigt öfter zum dunkel und kastanienbraun... Die geistige Begabung des Volkes ist nicht gering zu nennen und bei besserer Pflege würde sie sich vorteilhaft äußern; dennoch zeigen sich nur zu deutlich die Spuren einer langversäumten geistigen Kultur. Vielfach verräth die Anstel-

ligkeit in materiellen Dingen Erwerbsgeschick, der Eifer sich zu unterrichten, das Vorhandensein guter Kräfte und auch in den Schulen wird dies bemerkbar. Die neuen Weltler zeigen sich auch hier durch große Fähigkeiten aus, äußern eine besondere Gewerbigkeit und besonders sind mechanische Talente unter ihnen nicht selten. Im ganzen ist die Bildung des Volkes eine sehr geringe, die Begriffsarmuth und Unwissenheit ist groß und der natürliche Verstand unbehülflich, ungeübt im Denken und Urtheilen. Gutmüthigkeit ist der Grundzug des Charakters neben einer gewissen phlegmatischen Fügsamkeit, die sie nicht hindert heiter und selbst leblustig in vollem Maaße zu sein... Unter sich sind sie friedfertig, nachbarlich, wohltätig, — man hört höchst selten von Streit, Prozeß, Raufereien und anderen Excessen... Auch herrscht noch viele Ehrlichkeit, trotz des Erwerbseifers sind Betrug und dergleichen selten, ebenso Diebstähle. An der Gränze blüht indessen die Moral des Schwärzervolkes vollkommen, das im Schleichhandel kein Verbrechen erkennt und hierin alles erlaubt hält.
Die Moral im Geschlechtsverkehr ist am schlimmsten bestellt. Der kirchliche Einfluß darauf scheint wenig wirksam, obwohl die Leute sehr fromm genannt werden können; und großen Eifer für Gottesdienst beurkunden... In seiner Art sich zu geben, hat das Volk etwas Heiteres, Unbefangenes und Natürliches und verräth oft seine guten Anlagen und sein treffliches Gemüth. Es ist mit Fremden freundlich und gefällig und zeigt wenig Rohheit in seinem Thun und Verkehr, so daß diese Passauer Wäldler zu den liebenswürdigsten Erscheinungen unter den verschiedenen Gruppen des bayerischen Landvolkes gezählt werden dürften, wie sie schon ihrer Äußerlichkeit nach zu den schönsten gehören..."
Interessant für uns sind die Aufzeichnungen über die Häuser und Wohnungen:..." Der bei weitem größere Theil der Ansiedlungen in Dorf, Weiler oder Einzelhaus besteht nur in einfachen Häusern, die zugleich zur Wohnung und zum Wirtschaftsbetriebe dienen, höchstens ist irgendein Holzanbau als Schupfen oder dergleichen damit verbunden, unter den in den Weilern und als Einzelgüter angelegten Höfen sind indessen viele zweifirstige zu finden, bei welchem unter dem Dache des Wohngebäudes sich noch der Schupfen befindet, und das zweite Gebäude Stall und Stadel enthält, mitunter ist der Stall der Wohnung angehängt. Die größten Besitzungen erheben sich mit drei Giebeln, Wohnhaus, Stall und Stadel, Schupfen. Bei diesen sowohl als den größern zweifirstigen Höfen befinden sich am Ende einer zugehörigen Feldmarkung, vom Haupthofe nicht zu entlegen, sogenannte "Inhäusln" — Hütten zur Unterkunft für die "Inleute", d. h. Hintersassen und lehnbare Taglöhner des Bauers. Da und dort aber nur sehr selten sind die "Austraghäusl" für die abgetretenen Gutsbesitzer.
Die eigenthümliche Bauart des Passauerwaldes ist der Holzbau, in Construktion und Zeichnung dem gebirgsländischen sehr ähnlich. Auf einer Unterlage von Stein sind die Wände aus behauenen Stämmen aufgeführt, sogenannes Strickwerk. Diese Wände bleiben vielfach unbekleidet, ebenso oft sie mit Lehmwurf verkleidet und mit Kalk verputzt, an ältern diente schlechter

Kothwurf selbst im Innern zum Verputze. Die Giebel sind nie verkleidet, Schupfen, Zuhäusln ebenso wenig. Steinbauten aus Hau-, höchst selten Ziegelsteinen, sieht man nur wenig außer in Märkten.
Die Häuser sind, mit ganz geringen Ausnahmen, alle nur als Erdgeschoß angelegt, nicht hoch, mit sehr wenigen, ganz kleinen Fenstern. Das Dach ist flach und springt über die Wände vor, ist mit Legschindeln gedeckt, die mit Steinen festgehalten werden; die Dächer der Scheunen sind alle hoch und mit Stroh eingedeckt; höchst selten sieht man ein Ziegeldach. Die vielen Einzelhäuser im innern Walde zeigen ganz die Bauart, die in Oberösterreich üblich ist. Es ist alles Holzwerk, gewöhnlich nicht, oder nur am Vordertheil des Erdgeschosses verputzt und darauf ein hohes Schindeldach, am Giebel zurückgelegt, unter welchem an der Vorderseite hart ober dem Unterstock eine zierliche Gallerie (Söller) durchzieht.
Die Ornamente an den Holzbauten sind viel spärlicher angebracht als an den Gebirgshäusern, doch von derselben Zeichnung, einfach, und die Bemalung höchstens roth und weiß. In Breitenberg, dann in den Dörfern des "Telgelbodens", z. B. Pfaffenreuth sieht man sehr wohlgepflegte, saubere, niedliche Häuser mit hübschen Gärtchen, Zaun, bemahlten Thüren und Fensterladen.
Im Innern sind noch sehr viele Waldhäuser in Stube und Kammern mit Brettern getäfelt, — die in alten Häusern durch das Brennen der Buchen- und Kienspäne statt Lichtern und Lampen oft mit dichtem Schwarz überzogen sind. Die mit Lehm verputzten sind von freundlicherem Ansehen, da ohnehin die kleinen Fenster nur äußerst wenig Licht gewähren. Besonders gesund können diese Gemächer nicht genannt werden...
Eine ächte Wäldlerstube ist mit Allem versehen, was sie zum Winteraufenthalt für eine ganze Familie geeignet macht. Alle Ecken sind von bestimmten Gegenständen eingenommen. In der einen steht der Ofen mit einer Eisenplatte versehen, wohl auch mit Wasserkessel und Backröhre, denn es wird den größten Theil des Jahres hindurch auf diesem Ofen gekocht, die Küche wird nur im Sommer oder zum Backen von Kücheln und dgl. benützt, die auf offenem Feuer mit Schmalz bereitet werden. Zwischen den Fenstern vor der Wandbank befindet sich der Tisch und darüber der Haus-Altar mit seinem Cruzifix und bunten Tafeln, Bildern und Blumensträußen. Eine der beiden übrigen Ecken gehört dem zweispännigen Bette des Hausvaters und seines Weibes, die andere dem Webstuhl, der fast in keinem Waldlerhaus fehlt.
Bei ärmeren Leuten wird oft ein Stück Kleinvieh, ein Schweinchen oder dgl. im strengen Winter auch noch in solch einer Stube untergebracht, wo es von Kindern nur zu oft wimmelt, die aus den feuchten kalten Kammern ihr Lager dann auf die Ofenbänke oder die Bank daneben verlegen. In solchen Gemächern ist dann wenig Ordnung und Reinlichkeit zu erwarten, und man kann unter den Inhäuseln und Hütten der ärmeren Innerwäldler menschliche Wohnungen finden, die kaum für solche angesehen werden können.
Die höchst schlichte bäuerische Einrichtung von bemaltem Holz, das schwere Bettzeug, auch die nächste Umgebung der Häuser in Zaun und Garten wird für gewöhnlich sorgsam erhalten und gereinigt, so daß die besseren Heimwe-

sen alle sich ordentlich und sauber darstellen, ja bei den Wohlstehenden herrscht eine strenge Wirthschaft im Innern der Wohnungen, die alles blank und nett ordnet; auch finden sich da mitunter zierlichere Geräthe, modische Schränke, Bettladen, Tische selbst von polirtem Holze, Spiegel, Vorhänge und dgl..."

Plötzlich begann die versiegte Quelle "Maria Bründl" erneut zu fließen. Die Hauzenberger beleben nun die historische Wallfahrt wieder.

Quelle bei der Kapelle "Maria Brünnl" fließt wieder

Nach Jahrzehnten Versiegens wieder da — Sagen von Heilwasser — Bürger packen zu

Hauzenberg. "Die malerisch gelegene Holzkapelle Maria Brünnl bei Fürsetzing stand ursprünglich an einer Quelle, die leider versiegt ist." Mit diesem Satz leitet Professor Richard Miller in seiner "Geschichte des Marktes und der Pfarrei Hauzenberg" die Schilderung einer der im Volk beliebtesten Kapellen ein. Nun sieht es so aus, als ob Kapelle und "Brünnl" zu neuen Ehren kämen, denn plötzlich fließt die Quelle wieder und der Ruhm ihrer fast wunderbaren Heilkraft macht die Runde. Hauzenberger Bürger tun sich zusammen und wollen die Quelle fassen und ihr vor der Kapelle einen "Brunnkorb" schaffen, damit jedermann das Wasser benützen kann.

Kaum war in und um Hauzenberg bekanntgeworden, daß "die Presse" Maria Brünnl und das wunderbarerweise plötzlich wieder fließende Wasser entdeckt hat und darüber schreiben will, da wurden uns schon Geschichten erzählt von der Wirkung des Wassers. Ein Fürsetzinger berichtet: "Ich bin alt geworden und über meine Augen hat sich ein grauer Schleier gelegt, ich habe alles nur wie durch Milchglas gesehen. Nicht lange her, daß ich meine Augen mehrmals im Wasser des wieder fließenden Brünnl gewaschen habe und jetzt ist der Schleier weg, meine Frau sagt, meine Augen strahlen wieder so blau wie früher." Und eine Frau erzählt: "Mein Hund ist blind geworden, da hab' ich ihn mit dem Wasser von Maria Brünnl behandelt und glaub's oder nicht, er sieht wieder..." Von einem weiteren Hund wird in Hauzenberg erzählt, der uralt ist, aber bei jedem Spaziergang in die Nähe der Kapelle gar nicht erwarten kann, ins eiskalt in den Granitrand plätschernde Wasser zu springen. Er schüttelt sich und rennt putzmunter herum wie ein junger... Ein anderer Fürsetzinger hat eine Flasche Brünnlwasser heimgenommen und beobachtet seit Wochen — es wird nicht abständig, ist frisch und wohlschmeckend wie zuvor.

Ist also was dran an den Geschichten von Maria Brünnl? Wie ging es los? Die Pfarrchronik weiß viel davon. "Lange ist es her, daß das wundertätige Gnadenbild Unserer Lieben Frau von Genazzano erschienen ist und irgendwie ist ein Abbild davon nach Hauzenberg gelangt und wurde in einem alten, stillen Wald bei Fürsetzing an einen Baum genagelt. Daneben sprudelte eine frische Quelle." Ausführlich wird dann in der Chronik erzählt, daß eines fernen Tages eine vornehme Frau aus Böhmen mit ihrer blinden Tochter nach Hauzenberg kam und überall nach dem Bild der "Lieben Mutter Maria vom guten Rat" und der Quelle fragte. Sie sagte, im Traum sei ihr der Platz erschienen und eine Stimme habe ihr verheißen, daß ihr Kind dort Heilung fände. Ein 90jähriger, der sich in seiner Jugend beim Holzsammeln oft in der Quelle die Augen gewaschen hatte, hörte von der Frau, erinnerte sich des Bildes und des Wassers und führte Mutter und Kind hin.

"Unter innigen Gebeten und Anrufungen der gnadenreichen Mutter wusch die Frau öfter die Augen des Kindes", schreibt der Chronist und malt dann aus, wie nach neun Tagen das böhmische Mädchen ersten Lichtschimmer sieht, plötzlich laut ruft: "Mutter, ich sehe die Kirche von Hauzenberg!" und endlich geheilt ist. Die Mutter ließ an der Quelle eine hölzerne Kapelle bauen. Bis hierher unterscheidet sich diese Sage nicht von anderen, deren Wahrheitsgehalt niemand mehr nachprüfen kann. Die Kapelle, die bald "Maria Brünnl" hieß, hat jedoch Geschichte, die bis in die Neuzeit führt und die sich fast auch etwas wunderbar anhört.

Es gab, als Richard Miller sein Heimatbuch verfaßte, noch alte Hauzenberger, die einen Passauer Maurerpolier Meisinger gekannt haben, der 1870 eine neue Kapelle an Stelle der alten etwas weiter unten erbaute, als Dank für wunderbare Heilung. Er malte sie innen aus und 1900 regte Maria Kinateder vom "Franzl-Hiasl-Hof" in Fürsetzing einen völligen Umbau samt feierlicher Aufrichtung und Weihe des Gnadenbildes "Maria vom guten Rat" an. Es wurde ein Kreuzweg geschaffen und die Kapelle im alten Wald entwickelte sich zu einer beliebten Wallfahrt. Hauzenberger und Fremde kamen hierher, beteten, erflehten Hilfe und Rettung und erlebten sie wohl auch, denn die Kapelle hing voller naiver Votivtafeln. Und vom wundertätigen Wasser aus dem Brünnl wurden Geschichten erzählt!

Dann aber kam eine andere Zeit, die Straße wurde durch den Wald gebaut und wie die Leute sagen, "das Wasser verschossen". Plötzlich tröpfelte die Quelle nur mehr und da das 1937/38 war und eine aller Kapellen- und Wunderwasserseligkeit abholde geistige Herrschaft aufgerichtet wurde, tat niemand etwas, das ehrwürdige Heiligtum zu retten. Bei Kriegsende warf ein über Hauzenberg kreisender US-Bomber im Notwurf Bomben ab, die oberhalb der Quelle im Wald tiefe Krater schlugen und nun war die Quelle ganz verschwunden. Bis vor kurzem!

Und noch etwas geschah. Diebe plünderten die Kapelle, die Votivbilder wurden gestohlen, das Gnadenbild der Maria vom guten Rat verschwand und einmal zündete sogar eine "hirndamische Frau", wie man sagte, die hölzerne Kapelle an. Das Feuer erlosch jedoch von selbst. Das alles war in den vergangen Jahren, die Hauzenberger entsannen sich jedoch wieder ihrer Wallfahrtskapelle und des Brünnl, und da man sah, daß es aus dem alten Rohr wieder tröpfelte und die Quelle sich nach "Verschießen" und Bombenwürfen offenbar erholte, kam Theo Bauer mit der Wünschelrute, sagte Wasser in geringer Tiefe voraus und man begann, aufzugraben und fand tatsächlich in den Klüften des Sandsteins rinnendes Quellwasser, kalt und frisch, von gutem, reinen Geschmack. Es läuft wieder in den uralten, moosbezogenen Wassergrand und kaum hatte es sich herumgesprochen, da kamen wieder die Heilungssuchenden, Mensch und Tier.

Und damit sind wir beim Heute dieser zugegebenermaßen seltsamen, aber rührenden Geschichte. Stadtrat Herbert Knödlseder, dessen Urahndl durch einen Traum zum Erneuern der Kapelle vor fast 100 Jahren angeregt wurde, Adolf Bauer, der "Franzl Hiasl", dem Kapelle, Wald und Quelle gehören.

Stadträtin Sybille Hameier, Karl Schlager, der Vorsitzende des Verkehrsvereins, Horst Wallner und Verkehrsamtsleiter Georg Bogner gingen mit ein paar Fürsetzinger Bauern in den wunderbaren, alten Wald zur ehrwürdigen Kapelle und waren sich schnell einig: "Es muß etwas geschehen!" Noch an Ort und Stelle wurde vereinbart, sich zusammenzutun, erst einmal aus eigener Tasche eine Summe aufzubringen, Stadt und Verkehrsverein zu bitten, auch was beizusteuern und die Bevölkerung aufzurufen, die Kapelle und das Brünnl wieder mit Leben zu erfüllen.
Stadtrat Herbert Knödlseder: "Zwar hat es mir nicht geträumt, wie meinem Ahndl, aber auch so weiß ich im Herzen, daß hier ein heiliger Ort ist. Wir wollen Kapelle und Brünnl wieder so ehrwürdig und geliebt machen, wie sie vor Generationen waren. Ich hoffe, die Hauzenberger verstehen das." Es ist anzunehmen, denn schon die bloße Nachricht, daß Maria Brünnl wieder lebt, hat viele Menschen bewegt.
Zuerst einmal wird die Quelle sachverständig gefaßt und dafür gesorgt, daß sie nicht mehr gestört werden kann, dann wird das Wasser über den historischen Granitgrand hinunter zur Kapelle geleitet und vor ihr, am alten, nun zerstörten Platz, ein neuer "Brunnkorb" errichtet. In ihn fließt das Wasser und dann über den Rand hinaus in den Wald, wie zu der Zeit, als die böhmische Mutter mit ihrem blinden Kind kam... Auch die Wallfahrt soll wieder belebt werden. Viel haben sich die Hauzenberger vorgenommen und daß sie selbst an die Wirkung des Brünnlwassers glauben, das bewiesen sie, indem sie gleich ihre Augen damit benetzten. Und gestehen wir es nur, auch wir taten's...

(20. 8. 1988)

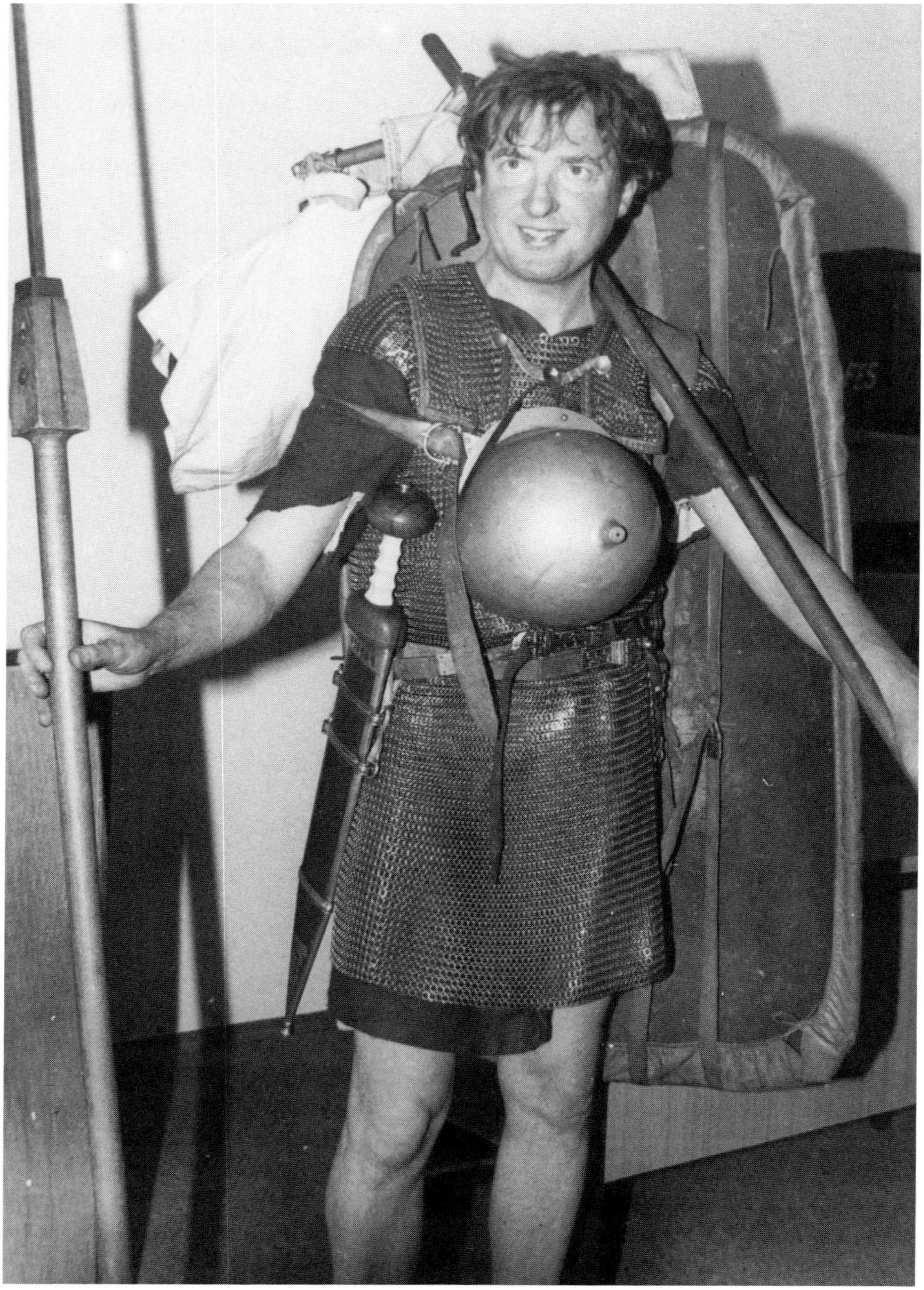

Vollkommen getreu im Detail hat Markus Junkelmann die Rüstung eines römischen Legionärs rekonstruiert und trägt sie selbst auf Märschen.

Römischer Legionär "besetzte" Gymnasium

Lebendiger Geschichtsunterricht durch Wissenschaftler — Zug über die Alpen

Untergriesbach. Unterricht kann spannend und lehrreich zugleich sein. Das bewies jetzt das Gymnasium durch die Einladung an den Wissenschaftler Dr. Markus Junkelmann, der durch seinen Marsch über die Alpen in der Ausrüstung eines römischen Legionärs berühmt wurde. Der Wissenschaftler erforscht das Altertum nicht nur aus Büchern, sondern er probiert selbst aus, wie es damals war.

Groß war das Interesse der Schüler, drei große Gruppen mußten gebildet werden, dreimal unterzog sich Dr. Junkelmann der Strapaze, sich vollkommen als Legionär einzukleiden und jedes Detail, vom Schwert über den Wurfspieß bis zum Schanzpfahl und Kochgeschirr zu erklären und vorzuführen. Studiendirektor Helmut Böhm begrüßte ihn und erinnerte daran, daß Dr. Markus Junkelmann zusammen mit sechs Freunden im April dieses Jahres von Verona aus 540 Kilometer über die Alpen bis Augsburg marschierte und das bis ins letzte Detail so gekleidet und ausgerüstet, wie ein römischer Legionär. Sogar das Essen vor 2000 Jahren wurde nachvollzogen, jeden Abend ein befestigtes Lager gebaut und als Ergebnis festgestellt, daß manches, was die Historiker überliefert haben, nicht stimmen kann. So hat z.B. Julius Cäsar im "Bellum Gallicum" die Legende begründet, ein römischer Legionär habe 90 bis 110 Kilo mitgeschleppt. Dr. Markus Junkelmann hat durch genaue Rekonstruktion der Ausrüstung eines Legionärs bewiesen, daß es 47 Kilogramm waren. Aber, wie man bei seiner Demonstration leicht erkennen konnte, ist auch das schon sehr reichlich! Jedenfalls haben die deutschen Wissenschaftler und Laienhistoriker, die diesen mittlerweile berühmten Marsch über die Alpen machten, ehrlichen Respekt vor der Leistung der römischen Fußsoldaten bekommen.

Dr. Junkelmann erzählte im Gymnasium sehr anschaulich und illustrierte das durch die mitgebrachte Ausrüstung und viele Farbdias. Er sagte, man kenne aus schriftlichen Überlieferungen, von Bild und Triumphbogen her und auch aus Bodenfunden das Aussehen und Material der Ausrüstung eines römischen Legionärs. Da im Laufe der vielen Jahrhunderte römischer Herrschaft Änderungen eintraten, mußten sich die Wissenschaftler auf eine bestimmte Zeit festlegen. Sie wählten das Jahr 15 vor Christi Geburt, als Kaiser Augustus regierte und seine Stiefsöhne Tiberius und Drusus sich anschickten, Germanien zu unterwerfen. Sie zogen mit einem Heerbann, der eine Marschkolonne von 25 Kilometer Länge bildete, von Verona aus über die Alpen. Genau diesen Weg nahmen die deutschen "Nachfahren" und in genau derselben Ausrüstung und Weise.

Vorangegangen waren lange Forschungen, genaues Aussehen der Kleidung der Waffen wurde erforscht, aus möglichst echten Materialien alles nachgebaut. Man ließ sogar eigens Stoffe nach antiken Vorlagen weben, um die Tunika und den Wollmantel echt herstellen zu können. Versteht sich von selbst, daß auch bei den Waffen nichts aus Plastik war!

Dr. Junkelmann stellte sich vor die Schüler in der römischen Tunika, die er nach Soldatenart hochgegürtet hatte und begann mit den genagelten Militärsandalen. Wer weiß heute noch, daß die bekannten deutschen "Knobelbecher" mit den berühmten Eisennägeln auf den Sohlen diesem römischen Militärschuh ihr Dasein verdanken?

Die Deutschen machten ihren Marsch über die Alpen in dem eisernen Kettenhemd, das die römischen Legionäre über ihrer Tunika trugen. Den Kurzdolch und das Schwert an eisernen Gürteln um den Leib geschnallt. Der schwere, fast den ganzen Körper der damals nicht größer als 1,60 Meter werdend Römer bedeckende Schild wurde in einer Lederhülle an speziellem Riemenzeug auf dem Rücken getragen. Die Römer schliefen sogar in ihren Schilden!

Die Einheiten der römischen Infanterie waren von der Legion über die Kohorte bis hinunter zur acht Mann umfassenden Kochgruppe gegliedert, jede dieser Gruppen mußte für sich selbst sorgen, es gab weder Feldküche noch Sanitätspersonal. In Lederbeuteln, Zwerchsack und Netz trugen die Soldaten an einem Tragestab ihre ganze Habe, vom Kochtopf bis zur "Eisernen Ration" mit sich. Insgesamt ergab das 47 Kilogramm, und die deutschen Wissenschaftler, die das nachvollzogen, gerieten erheblich ins Schwitzen.

Wie Dr. Junkelmann aber auch sagte, bekamen sie großen Respekt vor den Römern, ihrem praktischen Sinn, ihrer Fähigkeit, einfache und wirkungsvolle Waffen zu machen und zu gebrauchen, ihrer Kraft und Ausdauer und ihrer Leistung.

Jede Kochgruppe hatte einen Maulesel dabei, der das schwere Gerät trug, vor allem die Schanzpfähle und die Pionieräxte. Denn die Legionäre verschanzten sich auf dem Marsch an jedem Abend neu, gruben einen Graben, warfen einen Erdwall mit Rasenziegeln auf und verstärkten ihn mit ihren genial erdachten "pilum murale", dem Palisadenholz. Die Deutschen machten das nach und versuchten sogar, eine solche Befestigung zu erstürmen. Dabei lernten sie, wie geschickt die Römer gewesen sind.

Dr. Junkelmann zeigte und erklärte die Helme und Schwerter, ihre Funktion und Bauart, das berühmte "pilum", die Wurflanze, und sogar Versuche damit waren angestellt worden.

"Lebendige Wissenschaft" hieß das und die Begeisterung der Deutschen ging so weit, daß sie sogar auf Handmühlen Getreide mahlten und Fladenbrote daraus buken und es mit Wasser, Käse und Speck (der Legionärsverpflegung) hinunterwürgten. Dr. Junkelmann sagte, das sei die größte Strapaze des ganzen 25tägigen Marsches gewesen! Kein Wunder, daß der lebhafte, anschauliche und oft auch witzige Vortrag von den Schülern begeistert und mit Beifall aufgenommen wurde. Sie durften die Sachen anfassen, und die Lateiner erhielten neuen Auftrieb, den "Gallischen Krieg" von Julius Cäsar zu lesen, die Neusprachler trugen Gewinn für den Geschichtsunterricht davon.

(3.12.1987)

Als der Zöllner noch mit dem Stein wog

Zoll- und Heimatmuseum Wegscheid vor der Fertigstellung — Interessante Exponate

Wegscheid. Ende September plant die Gemeinde Wegscheid die festliche Eröffnung des Zoll- und Heimatmuseums im ehemaligen Amtsgericht. Die Arbeiten sind in vollem Gange, schon jetzt ist zu erkennen, daß Wegscheid mit diesem Museum eine wahrscheinlich im ganzen Lande einmalige Sammlung haben wird.

Hierzulande wächst man mit der Grenze auf, und nur wenn es besondere Umstände gibt, wie während der Dollfuß-Krise oder nach dem Kriege als Österreich sowjetisch besetzt war, kommt die Grenze zum Bewußtsein. "Geschwärzt" haben früher viele, Zollgrenzdienststreifen gehörten zum Alltagsbild, und es gibt sogar Leute, die noch wissen, was ein "Aufschlagnehmer" war. Und in Wildenranna steht heute noch fest und unverändert wie eh und je das "Gasthaus zur Mauth", so genannt wegen der Mauth- oder Zollstelle, die hier einst war. Sie wurde 1765 aufgehoben, und daß dort 220 Jahre lang drei Steingewichte aufbewahrt wurden, die die Zöllner einst dazu benützten, die Waren zu wiegen, kann als ein seltener Glücksfall bezeichnet werden. Diese drei Steingewichte, zwei sieben Pfund wiegend, eines vier Pfund, sind in einer der Vitrinen des Zollmuseums Wegscheid zu bestaunen. Und ein Bild der "Mauth" dazu, das eindringlich klar macht, wie ganz anders es vor rund sieben Generationen hier war.

Die Gemeinde Wegscheid kaufte das ehemalige Amtsgericht (in dem bestimmt auch so mancher Schmuggelfall verhandelt worden ist) und suchte nach einer sinnvollen Verwendung. Man fand sie für den 1. Stock in einem Zoll- und Heimatmuseum, in dem die Sammlungen des früheren Bürgermeisters Max Würfl ebenso Platz finden wie das, was Walter Wilhelm zusammengetragen hat. Der einstige Vorsteher des Hauptzollamts Passau ist längst bekannt als Zoll- und Finanzhistoriker von hohen Graden, er sammelt seit Jahrzehnten alles, was er über die Grenz- und Zollgeschichte dieses Raums finden kann. Und daß die Gmeinde diese schönen Räume hat und sie für das Zollmuseum ausgestaltet, kam den Absichten Wilhelms sehr entgegen. So arbeiten nun der pensionierte Zollbeamte und die Gemeinde eng zusammen, lange dauerten die Vorbereituten, mühsam ist auch das Ordnen, Registrieren, Aufbauen der vielen hundert Exponate. Nun sind die letzten Arbeiten im Gange, als wir dieser Tage das Museum besuchten, fanden wir die meisten Räume schon fertig vor, Kräfte der Gemeinde arbeiteten an der Drapierung der Uniformen, die Vitrinen sind fertig, und die Exponate an den Wänden gesichert. Ende September wird es soweit sein — der genaue Tag wird noch festgelegt.

Wandern wir also einmal durch das Museum. Die Treppe hinauf und in den ersten Raum — da sitzt der Museumsbetreuer, da ist die Ortsgeschichte von Wegscheid dokumentiert. Ihre Aufbereitung ist allgemein, ebenso wie die zwei Räume, die der Wegscheider Hausweberei gewidmet sind. Max Würfls Samm-

lungen sind dort zu sehen — leider unvollständig, denn vieles ist verloren. Aber die Wegscheider und ihre Gäste können doch einen guten Einblick erhalten in Werden, Wachsen und Schicksal des Marktes Wegscheid — der Ort "an der Wegscheide", wo sich zwei wichtige Handelsstraßen trennten.
Raum zwei ist den Zollstellen und Zollgebäuden gewidmet, und zwar vom Rosenberger Gut bei Lackenhäuser beginnend über Klafferstraß, das heutige Zollamt Breitenberg und das ehemalige Zollamt, das "Hermannhaus", bis hin nach Meßnerschlag, Wegscheid, Kappel und die neuen Dienstgebäude, dokumentiert ist auch die alte, historische Mauth in Wildenranna. Wer weiß heute noch, daß vor 1765 Wildenranna als Falkensteinsche Herrschaft ein Teil von Österreich mitten im Bistum Passau war und die Fuhrwerke auf der alten Straße von Lämmersdorf und Holzhäusl her durch den Ficht nach Wildenranna dort die Maut zahlen mußten? Ehe sie weiterfuhren nach Wegscheid und in der Stiermühle die Stiere für den Vorspann auf der steilen Höhe holten? Diese Skizze zeigt schon, welch interessante historische Einblicke das Museum erlaubt. Zahlreiche Exponate gibt es da, viele schriftliche Zeugnisse, Berichte, auch Bücher und die schon erwähnten alten Waagesteine. Sechs Vitrinen sind im Raum zwei.
Raum drei dagegen ist ganz dem Schmuggel gewidmet, hier spannt sich wieder der Bogen von Lackenhäuser bis Jochenstein und Obernzell. Die vier Vitrinen zeigen alte und neue Bilder vom Grenzverlauf, von markanten Punkten, eine Dokumentation ist dem "Wegscheider Schmalzschmuggel" gewidmet, auch den Saccharinschmuggel von 1913 dokumentieren alte Berichten. Grenzsteine werden gezeigt, ein Bericht ist da über den Mord an dem k.u.k. Finanzwachaufseher Kajetan Himsl von 1873 und viele weitere Dokumente und Zeitungsausschnitte erinnern an den einst hier regen Schmuggel. Raum vier ist dem Verkehr mit Vieh, dem Paßwesen sowie den Hoheits- und Zollgrenzen gewidmet und dort sind auch die Uniformen ausgestellt. Dazu gibt es Bilder historischer Zolluniformen, die Dienstgradabzeichen des Zolls von 1937 und vieles mehr. ORR.i.R. Walter Wilhelm hat seine Uniform hergegeben Auch die Österreicher waren verständnisvoll und hilfsbereit, so daß österreichische Zolluniformen verschiedener Zeiten zu sehen sind. Walter Wilhelm hat sogar "Dienstgeschirre" für Zollhunde aufgetrieben und ausgestellt!
Bücher vervollständigen die Sammlung, Urkunden sind im Original zu sehen und vieles in sorgfältigen Kopien. Über die bloße Anschauung hinaus bietet das Zollmuseumauch eine Fundgrube historischer Fakten, sollte einmal jemand auf den Gedanken kommen, z.B. eine Magisterarbeit über diesen Themenkreis zu schreiben, kann er in Wegscheid reiches Material finden.
Es ist verständlich, daß Bürgermeister Max Binder und die Marktgemeinderäte stolz sind auf das Museum. Wegscheid hat mit dem Museum nun etwas geschaffen, das mit in die Zukunft hineinwirkt, wenn möglicherweise Grenzen überhaupt keine Bedeutung mehr haben, aber als historische Reminiszenz lange weiterleben im alten Amtsgericht, wo schon so mancher Schmuggler vor Gericht stand.

(29.8.1987)

Wie kam der Donauwaller ins spanische Antiquariat?

Obernzell. "Das gibt's doch gar nicht!" war die erste Reaktion von Kreisheimatpfleger und Bürgermeister Rudolf Hammel, als ihm ein Obernzeller von seinem seltsamen "Fischzug" in einem spanischen Antiquariat berichtete. Er hatte dort 17 wertvolle Kupferstiche gefunden, die Donaufische zeigen.

Das muß man sich mal vorstellen: Ein Obernzeller (sein Name wird nicht genannt) macht Urlaub in Spanien und bummelt in den Straßen einer Großstadt, hier und dort in Schaufenster schauend. Weil er von Kindheit an am Fluß aufgewachsen und mit den Fischen wohlvertraut ist, fallen ihm großformatige Kupferstiche ins Auge, die in der Auslage eines Antiquars liegen. Was liest er da? "Rutte" und "Waller" und "Brachse"... In Spanien? Der Obernzeller geht in das Geschäft, läßt sich die Kupferstiche zeigen und staunt. Sie sind 1750 datiert und stammen einwandfrei aus Deutschland, wie die dreifache Beschriftung, darunter auch in deutscher Frakturschrift, beweist. Der spanische Antiquar kann keine Auskunft geben, wo die Bilder herkommen, aber er verkauft sie gern insgesamt und verlangt einen zwar hohen, dem Wert der Altertümer aber angemessenen Preis. Der Obernzeller macht sich am Ende seines Urlaubs auf die Heimreise und Rudolf Hammel bleibt fast das Herz stehen, als ihm die Kostbarkeiten gezeigt werden.

Sehr genau dargestellt wie diese Brachse sind alle Donaufische auf den in Spanien gefundenen Kupferstichen aus dem Jahr 1750.

So große, bestens erhaltene, künstlerisch hervorragend gemachte und detailgetreu die Fische darstellende Bilder sind extrem selten. Und sollte es sie geben, kosten sie hier in Deutschland sehr viel mehr, als der fischliebende Obernzeller in Spanien bezahlt hat.
Seit mehr als 20 Jahren nennen manche Obernzeller ihren Bürgermeister mit mildem Spott den "Scherbenrudi" wegen seiner Sammelleidenschaft und seinem "Museumsfimmel". Doch der Erfolg gibt ihm recht. Hammel hat fast im Alleingang das Schwarzhafnermuseum als Teil des Keramikmuseums Obernzell geschaffen, er trägt unermüdlich Beweise über die interessante Geschichte seiner Heimat zusammen. Und dazu gehört auch die Donau, ihre Geschichte und die Darstellung ihrer Lebewesen. Noch ist die Idee nicht endgültig begraben, der reichen Schiffer- und Fischertradition des ehrwürdigen Donauorts ein Denkmal zu setzen — in Form eines Museums. Und für das, weitschauend, wie ein Sammler halt sein muß, erwarb der Kreisheimatpfleger die 17 Kupferstiche. Und nun rennt er herum, um Gönner zu finden, die den Kauf mitfinanzieren.
"Ein paar Tausender brauche ich, um diese einmaligen Schätze endgültig für uns sichern zu können", sagt der Kreisheimatpfleger. 40 auf 30 Zentimeter messen die Bilder mit dem Passepartout sind sie noch erheblich größer. Jedes Bild ist liebevoll im Detail und meisterhaft in der Technik ausgeführt. Es fehlt kein Schuppen, keine Zeichnung der Schuppenhaut.
Die 17 Blätter, von denen viele zwei Fische zeigen, stellen dar: die Rutte, die Koppe, die Brachse, das Stierl, den Hausen, den Silberkarpfen, den Spiegelkarpfen, die Laube, die Barbe, den Schiedt, den Waller, den Saibling, den Scherg oder Schraz, den Aitel, den Nerfling, den Schlein, die Grundel und die Äsche. Einige dieser Fischnamen sind heute noch geläufig, andere vergessen, andere wiederum wie der Schraz oder der Nerfling sind älteren Obernzellern noch aus ihrer Kindheit bekannt.
Leben alle diese Fische noch in der Donau? Das darf bezweifelt werden. Jedenfalls sind Rudolf Hammel Informationen von Fachleuten ebenso willkommen wie Geldspenden zur Finanzierung seines "Schatzes". Und Hammel versucht auch herauszubekommen, wer jener Künstler war, der da vor genau 238 Jahren diese Bilder schuf, und wie sie von Deutschland nach Spanien kamen.

(12.3.1988)

Als der Schwarze Tod durch Wegscheid zog

Seuchenzug nach dem Dreißigjährigen Krieg — Pestsäulen als Denkmäler

Wegscheid. Bis der Bau moderner Straßen und die Flurbereinigung stark in die Landschaft eingriffen, standen im Wegscheider Land an vielen Stellen die sogenannten Pestsäulen. Sie befanden sich an Hauptwegen vor den Ortschaften, aber auch im freien Felde und deshalb wurde oft gesagt, es handele sich um Gedenksteine an Pestfriedhöfe. Das ist zwar tatsächlich hier und dort, etwa bei Lämmersdorf, wie die "Godasäuln" an die verscharrten Pestopfer gemahnt, der Fall, aber meist doch nicht. Denn soviele Pestopfer hat es nie gegeben, so zahlreich war auch die Bevölkerung nicht, als daß hunderte von Seuchenfriedhöfen nötig gewesen wären. Die Pestsäulen sind vielmehr Abwehr- oder Weihemale, oft auch nur einfache Wegzeichen. Viele, ja praktisch alle jedoch aus religiösem Empfinden errichtet.

Bei der Bewertung der Relikte aus vergangener Zeit wird nur zu gern ein heutiger Maßstab angelegt und ganz aus dem Auge verloren, daß erst vor 100 Jahren die grundlegenden Erkenntnisse über Bakterien und Ansteckung, Seuchenzüge und wirksame Maßnahmen gewonnen wurden und es dann noch lange dauerte, bis Epidemien tatsächlich wirksam bekämpft werden konnten. Die Menschen des Mittelalters bis in die Neuzeit hinein hielten es nicht, wie wir heute, für abergläubischen Unsinn, durch Gebetsverlobungen, Wallfahrten, Passionspielgelübde, Schäfflertänze oder durch bildgeschmückte Wegsäulen Seuchenzüge abwehren zu wollen. Ihr Weltbild war magischer als das unsere und sie konnten die gemachten Erfahrungen nicht mit ihrem überlieferten Wissen in Übereinstimmung bringen. Deshalb mutet es uns merkwürdig an, daß die Pestärzte des Mittelalters Schnabelmasken trugen mit Kräutern vor Mund und Nase, so als ob sie etwas von Ansteckung geahnt hätten, zugleich aber nicht auf die Idee kamen, die Pest könnte durch die schlimmen hygienischen Zustände verbreitet werden und durch die Pestkranken und den Ausfluß aus ihren Beulen. Die Züge des Schwarzen Todes in der Neuzeit wurden etwa mit "Zernierung" bekämpft, also Absperrung, mit Kordons aus Soldaten, die niemanden reisen ließen, der Denkansatz war richtig in einer Zeit, die nichts von Bakterien wußte.

Daß dann aber die Seuche die Kordons übersprang und in Landesteilen auftauchte, die bisher frei geblieben waren, ließ der Ansteckungsthese keinen Raum mehr und Fürst und Bevölkerung mußten wie die Jahrhunderte zuvor die Geißel Gottes hilflos ertragen. Wie hätten die sehr stark im überlieferten Gelehrtenwissen verhafteten Ärzte auch ahnen können, daß der Rattenfloh die Pest verbreitete und übertrug und kein Militärkordon und keine Zernierung die allgegenwärtigen Ratten aufhielt und ihre heimlichen Züge stoppte?

Deshalb erschien den Menschen früherer Jahrhunderte die Pest wirklich als Heimsuchung Gottes, die auf unfaßbare Weise verbreitet wurde und gegen die man Gebete und Säulenbilder richtete. Es ist falsch, heute diese damalige

Diese sorgfältig restaurierte Pestsäule aus dem Jahr 1639 läßt ahnen, mit wieviel verzweifelter Inbrunst die Menschen um Rettung beteten.

Gedankenlage zu leugnen und so zu tun, als ob die durch die Züge des Schwarzen Todes geängstigten Leute nicht alles versucht hätten, die Gefahr von ihren Fluren zu bannen und etwa sehr rational nur Wegmarkierungen aufstellten, wo sie doch eigentlich Dämonenbeschwörung trieben!
Soviel zum kulturgeschichtlichen Hintergrund der vielen Pestsäulen und Wegzeichen in unserer engen Heimat. Daß durchaus Grund dafür bestand, sie zu errrichten, ist nachprüfbar überliefert. Und zwar aus dem ersten Jahr nach dem Ende des Dreißigjährigen Krieges. Er hatte überall im Lande, auch hier, wo keine großen Gefechte stattfanden und die kämpfenden Haufen in der Ferne vorbeizogen, unglaubliche Verheerungen hinterlassen, die Strukturen zerstört und die Leute durcheinandergemischt. Und die Rattenvölker dazu, muß man aus heutiger Sicht sagen, damals waren Ratten etwas so Gewöhnliches und Normales, daß niemand einen Gedanken an die Tiere verschwendete. Sie huschten in Haus und Hof wie sie es heute in den Entwicklungsländern tun, wie sich jeder aufmerksame Reisende mit Gruseln überzeugen kann. Und von irgendwoher müssen infizierte Ratten samt ihren Flöhen eingewandert sein und schon war, wie es die Chronik meldet "anno 1649 die Pestilenz eingeschleppt in die Wegscheider Pfarr'..." Es ist mittlerweile erforscht, daß es seit im Mittelalter die Pest zuerst auftrat und sich von den Mittelmeerhäfen verbreitete, viele Pestzüge gab, die Seuche wie Wellen über den Strand über's Land schwappte und unterschiedlich stark und lange wütete. Es ist auch bekannt, daß Pest oder Schwarzer Tod in verschiedenen Formen auftrat, daß es einmal die Beulenpest war, dann wieder eine weniger spektakulär-sichtbar verlaufende Krankheit. Und manchmal mag auch der Chronist etwas Pest genannt haben, das nach unserem heutigen Sprachgebrauch vielleicht Flecktyphus war. Was aber eindeutig "Schwarzer Tod" genannt wurde, das war die echte Pest, deren Opfer ja nach drei Tagen wüsten Leidens starben und dann schwarz aussahen...
Der Seuchenzug der Jahre 1649 und 1650 war im Wegscheider Land derart, daß der Fürstbischof von Passau jeden achten oder vierzehnten Tag Berichte der Pfleger der bischöflichen Richter über den "Stand der Pestilenz" einforderte. In Wegscheid amtierte damals der Richter Balthasar Mühlpeck und seine sorgfältigen Berichte sind überliefert und geben ein anschauliches Bild. Angefangen hatte es offenbar im Dorf Kasberg, denn Richter Mühlpeck schrieb am 18. November 1649: "Leider hat die Sucht der Pestilenz bei Käsberg meiner anvertrauten Amtsverwaltung in zwei verschiedenen Häusern eingerissen, beim Paul Gottinger, wo er, sie und zwei Kinder starben und beim Georg Lorenzen, wo zwei Kinder starben und seine Hausfrau zu Tod erkrankte." In Niederwegscheid, in Hartmannsreuth und auf dem Maierhof brach die Seuche ebenfalls aus, aber der tüchtige Richter Mühlpeck "bracht' wirksame Mittuln in Anwendung" (welche, weiß man nicht) und konnte tatsächlich die Ausbreitung der Pest bei sich hintanhalten. Ganz anders in der Nachbarschaft. In der Pfarrei Hauzenberg gab es damals 195 Pesttote, in Kellberg 292, in Straßkirchen 162, in Otterskirchen 659, in Tiefenbach 276 und in Windorf 64. Diese Zahlen stammen aus den damals dem vom Bischof eingesetzten Verwalter vorgeleg-

ten Berichten. Das Dorf Kasberg hatte "die Pest in sich genommen" (und bestimmt viel zu viele Ratten) und Weihnachten 1649 starben nochmal fünf Personen. Zu Lichtmeß 1650 brach die Seuche in Kasberg wieder aus, in zwei Bauernhöfen starben alle Kinder. Im Markt Wegscheid "wütete die Pestilenz beim Bürger Andre Stebich, raffte bis auf einen kleinen Buben die ganze Familie und die Inwohnerfamilie Fuchs hinweg" berichtete Balthasar Mühlpeck und merkte an, daß Bewohner der Orte sich in einsame Wälder und auf hohe Berge flüchteten, aber vom Hunger getrieben wieder zurückkehren mußten.
Zu Beginn der Ernte 1650 erfaßte neuer Schrecken das Wegscheider Gebiet, in Niederwegscheid "starben dem Georg Schiffeneder urplötzlich und innerhalb von 48 Stunden zwei alte Inweiber namens Appolonia Dienbergerin und Appolonia Bernhardin." Da an ihren Körpern "schwarze Blattern, ein Kreuzerstück groß" gefunden wurden, ordnete Richter Mühlpeck an, daß niemand mehr das Haus betreten dürfe und Schiffeneder und seine Nachbarn "nit mehr unter die Leut sich betreten lassen". Im August trat die Pest noch in einem zweiten Bauernhof in Niederwegscheid auf, es starben mehrere Leute, dann auch in Maierhof, von dem Mühlpeck schreibt: "Binnen zweier Tage wurde die ganze Familie Zacharias Jungwirt hinweggerafft. In dessen Behausung lebt noch sein Bruder, aber, wie Josef Fenzl, der sich hineinbegeben, meldet schon pestkrank. Die anderen Maierhofer sind auf die Raschmühl geflüchtet".
Als auch in Aiglsöd Kinder und Erwachsene starben "herrscht' unter der Bauernschaft daselbst groß' Furcht und Schrecken, begeben sich teils schon aus ihren Häusern. Wie es der liebe Gott schicken wird, hat man zu erwarten". In der Nachbarpfarrei Griesbach starben in dieser Zeit ganze Dörfer aus und, wie es in der Sprache der Zeit poetisch-schrecklich lautet: "...und der dortige Pfarrer entwich, nachdem der Schwarze Tod über die Schwelle des Pfarrhofs geschritten."
Was die Obrigkeit damals tat, ist auch aus den Berichten des Mühlpeck zu entnehmen. Da bis zum 7. November in seinem Amtsbezirk niemand mehr gestorben war und "die Untertanen gern wieder zur Kirche gingen" (das war ihnen also verwehrt worden) bat der Richter um Anweisung, ob er "die Wachten wieder aufheben würde" und: "Auftragsgemäß führe ich die Säuberungsaktion überall durch".
Aus dieser Formulierung und aus den Maßnahmen selbst ist abzuleiten, daß sich im 17. Jahrhundert langsam die Vorstellung Platz brach, die dreckigen Lebensverhältnisse könnten etwas mit den Pestzügen zu tun haben. Tatsächlich ist dann auch mit zunehmender Hygiene der Schwarze Tod besiegt worden. Die Menschen haben aber noch lange daran gedacht und dazu trugen auch die Pestsäulen, Dankkapellen und Wegkreuze bei. Eigentlich sollten sie etwas ehrfürchtiger behandelt werden.

Die "beiden Griesbach" feierten Jubiläum

Vor 725 Jahren Bestätigung der Rechte durch Passauer Bischof — Prächtiges Fest mit vielen Gästen

Obernzell. Das einstige "Griesbach in der Zell" und sein Nachbarort "Griesbach am hohen Markt" waren 1263, also vor 725 Jahren, von Fürstbischof Otto von Lonsdorf in ihren "Rechten und Privilegien" bestätigt worden, die sie schon lange vorher von ihren Herren, den Edlen von Griesbach, erhalten hatten. Mit einem großen Fest, das zu einem gelungenen historischen Spektakel wurde, feierte Obernzell dieses Datum, und Untergriesbach machte dabei mit.

Groß waren die Mühen aller Verantwortlichen, viele Ideen und noch mehr Arbeit wurden in dieses Jubelfest investiert, und obwohl es ein paarmal regnete konnte doch nichts das Gelingen des farbenprächtigen Spektakels verhindern. Der schönste Lohn für alle, die dieses Fest vorbereitet hatten, war das Mitmachen der Bevölkerung, ihre Begeisterung und Freude.

Bürgermeister und Kreisheimatpfleger Rudolf Hammel hatte eine Festschrift aus historischen Quellen zusammengestellt und inszenierte auch die Darstellung der Marktrechtsbestätigung. Beim Festakt am Sonntag vertiefte er dann noch das historische Fundament, auf dem Obernzell gegründet ist. Hammel

Fasziniert vom froh gefeierten Jubiläum der "beiden Griesbach" strömten junge Leute zusammen und traten als Gaukler und Musikanten auf.

erinnerte an die sich bis heute in der wissenschaftlichen Geschichtsschreibung haltenden Vorurteile und Irrtümer über hier fehlende Nachweise einer frühen Besiedlung. Durch Bodenfunde und andere Beweise wisse man nun, daß seit der Jungsteinzeit, vor allem dann aber in der Keltenzeit, und auch als die Römer auf dem gegenüberliegenden Donau-Ufer waren, hier Menschen in organisierten Siedlungen wohnten.
Heute weiß man, daß Griesbach am Hohen Markt (heute Untergriesbach) und Griesbach in der Zell (heute Obernzell) die Hauptorte der mächtigen Edlen von Griesbach waren, deren Geschlecht von 1000 bis 1220 seine große Zeit hatte. Schon unter den Griesbachern war Obernzell Stapel- und Handelsplatz an der Donau. Als der griesbachische Besitz nach 1200 bischöflich-passauisch wurde, bestätigte Bischof Otto von Lonsdorf den Untertanen der beiden Griesbach nur ihre Rechte und Privilegien. Sie stellten die Bewohner der beiden Orte den Passauern gleich. Die Urkunden enthalten auch mehrere kuriose Bestimmungen (siehe Kasten). Hammel trat dafür ein, endlich auch die Lokalgeschichte als wichtig und wertvoll anzuerkennen.
Landrat Baptist Kitzlinger gab ihm recht und meinte, was er in dieser Obernzeller Festwoche gesehen und gehört habe, bestärke ihn in dem Wunsch, einen Landkreis-Archäologen zu gewinnen.
Das Jubiläum des Marktes war eingebettet in das Jubiläum der Pfarrei Obernzell (wir berichten gesondert) und hatte mehrere Höhepunkte. Da war einmal das große Markttreiben, für das der gesamte innere Markt gesperrt war und das Tausende anlockte. Altes Handwerk wurde vorgeführt, es gab deftige Kost für den Magen und viel, viel fürs Auge. Und auch das Ohr wurde unterhalten durch mehrere Kapellen, es musizierten Marktkapelle Obernzell, Knappenkapelle Kropfmühl und die Aschacher Blaskapelle. Österreich war überhaupt sehr gut vertreten, vor allem jedoch die Untergriesbacher Nachbarn. Sie feierten zusammen mit ihren "Zeller Brüdern" und wurden zeremoniell am Bräuhügel abgeholt. Zum Gaudium der vielen Zuschauer hatten sich alle drei Bürgermeister der jeweiligen Märkte gewandet wie im 13. Jahrhundert üblich. Als Marktrichter und Ratsherren und Geschworene traten sie da auf und sprachen auch in Anklängen ans alte Deutsch vor über 700 Jahren. Gemeinsam zog man dann zur Fähre, wo die "wohledelen Herren aus Österreich" mit Bruderküssen empfangen wurden.
Es wogte nur so von Menschen im Ort, die Handwerker zimmerten und hämmerten, schmiedeten und drechselten, der Durft von Würstchen stieg auf und dazwischen summten die Drehleier und zirpten die Zupfgeigen einer mittelalterlich gewandeten Gruppe junger Leute, die dem ganzen eine besondere Note gaben.
Und dann kam er hoch zu Roß herangeprescht, von Fanfarenbläsern angekündigt, der Bischöfliche Marschall und Pfleger zu Griesbach (Peter von Reichmann) und proklamierte die Rechte und Freiheiten der beiden Griesbach. Die Marktrichter antworteten in gesetzten Worten, strichen besonders ihre Rechte und Privilegien heraus und eine große Urkunde wurde ausgerollt und dem Volke gezeigt. Und das sparte nicht mit Winken und Hochrufen...

Gelungen war alles, und dank moderner Technik konnte auch jeder verstehen, was vor sich ging. Über die bloße akustische Wahrnehmung hinaus vielleicht auch, daß die beiden ehrwürdigen Märkte auf solidem historischen Grund stehen und das, was heute ist, als das Erbe der Männer aus der Geschichte verstehen.

(5.7.1988)

Theaterstück "Nibelungentruhe" enthielt einen doppelten Schatz

Aufführung war ein Genuß — Verdientes Erinnern an den vor 25 Jahren verstorbenen Heimatdichter O. Berneder

Obernzell. Man tröstet sich ja manchmal damit, daß die Lieben in der Ewigkeit "von droben herabschauen" und sehen, was in ihrem Sinne, in ihrer Nachfolge, hier geschieht. Bleibt man bei diesem Gedanken, müßte es dem vor 25 Jahren gestorbenen Priester Fritz Oberneder, unter dem Dichternamen O. Berneder unsterblich geworden, eine selige Freude gewesen sein, zu erschauen, was die Obernzeller (und Nottauer) getan haben, um seine "Nibelungentruhe" zu neuem Leben zu erwecken. Sie hatten damit einen wohlverdienten Erfolg.

Obernzell feiert 725 Jahre Markterhebung und 750 Jahre Pfarrei, da bot es sich förmlich an, genau das Theaterstück wieder aufzuführen, das O. Berneder zum 700-Jahr-Jubiläum eigens geschrieben hatte und dessen Uraufführung er nicht mehr erlebte. Welche Gedanken mögen wohl den diesmal im Publikum sitzenden Geistlichen Rat Pfarrer Gensheimer bewegt haben, der vor mehr als einem Vierteljahrhundert seinen Mitbruder Fritz Oberneder dazu veranlaßte, die "Nibelungentruhe" zu schreiben? Da sind sicher gedankliche Brücken geschlagen worden. Richtig haben es Gemeinde und Spielschar Nottau gemacht, sich auf den Heimatdichter und sein Obernzell-Stück zu besinnen, alles Lob verdienen die, die das "Spektakel" technisch organisierten, vor dieser wunderbaren Kulisse des einstmals fürstbischöflich-passauischen Pflegerschlosses. Ihr Wagnis (immerhin regnete es noch am Nachmittag) wurde belohnt, die 350 Plätze waren besetzt (und neue Aufführungen folgen), das Publikum, darunter viel Jugend, war begeistert, hingerissen, bewegt. Und das mit Grund!

Die neue Aufführung der "Nibelungentruhe" kann nicht besprochen werden ohne eine Erläuterung ihres Dichters. O. Berneder, der als armer Bub aus der Pölzöd bei Wildenranna Priester wurde, hat ein beachtliches Werk hinterlassen, teils veröffentlicht, teils als Manuskript. Er harrt noch seiner "offiziellen Entdeckung" und der Seminararbeit eines Germanistikstudenten! Welche Sprachmacht! Welche Gedankenfülle! Welch Bilderreichtum seines Deutsch! Allein die Aufführung in Obernzell bewies wieder einmal, welch großer Dichter er war, denn wie hölzern klingt doch gewöhnlich gesprochene Literatur! Aber hier nichts davon. Dichter und Interpreten klangen harmonisch zusammen und würdigt man das, muß man ausdrücklich die bedeutende Leistung jedes einzelnen Spielers, des Ensembles als "Klangkörper" und des Spielleiters Hans Bauer würdigen. Welche Mühe, welche Leistung, welches zu Herzen gehende Ergebnis wurde da erzielt.

Wer das Werk O. Berneders kennt, vor allem seinen tiefgründigen autobiographischen Roman "Der Junge von Altegermühl", fand in dem Schauspiel, immerhin einer örtlich bezogenen Auftragsarbeit, den "typischen O. Berne-

Das vom Heimatdichter O. Berneder eigens für Obernzell verfaßte historische Schauspiel "Die Nibelungengruhe" erlebte eine glanzvolle Aufführung.

der". Die einfache Frömmigkeit, die schelmische Haltung und das Durchschauen der "Volkstypen" bis hin zu Sprachnuancen, die Wortwitze und endlich die zutiefst humane, aus dem schlichten Christenherzen kommende Haltung, die Streit versöhnt, Hader endet und sogar das Böse noch ins Gute kehrt.

Die Geschichte ist simpel. Die Obernzeller wollen 1739 eine neue Marktkirche bauen, haben aber kein Geld dafür. Da fischen die Töpferbuben bei nächtlich-verbotenem Wildern in den Fanggründen der Obernzeller Fischer eine geheimnisvolle Truhe aus dem Fluß. Sie vermuten Schätze darin, streiten sich darum, wollen sogar Blut fließen lassen und der Dorfbader Schastiquas (eine köstlich barocke Type) sieht gleich den Nibelungenschatz entdeckt.

Wie nun Origkeit und Bürger, Geistliche und die Macht des Bösen (verkörpert vom Bettelweib) ratlos sind und sich alles durch den vom Zahnweh geplagten Buben ("mit'm Arsch, Gnaden Herr Landrichter") löst zum Wohlgefallen, das ist eben so richtig typisch O. Berneder. Vor allem dann auch, daß das böse Weib durch die einfache Güte des kleinen Michael, der ihr seinen Krapfen schenkt, auch in den Reigen derer eingebunden wird, die aus Streit und Neid, aus Habgier und Gemeinheit sich durchringen zum gemeinsamen Ziel, der neuen Obernzeller Kirche.

Was braucht eine solche Handlung Logik, was fragt man nach "historischer Stimmigkeit"? Das ist was für Tüftler und Erbsenzähler, uns erinnerte dieses

Schauspiel an die barocke Tradition der "geistlichen Spektakel", mit denen die Aufklärung dann so rüde Schluß gemacht hat.
Wir sind nun in einem Zwiespalt. Das Stück hat 26 Mitwirkende. Kann, soll, muß man sie mit Namen nennen, jedes Einzelnen Leistung würdigen? Geht wohl nicht und so müssen sich die allesamt hingebungsvoll, mitreißend spielenden Frauen und Männer oder Burschen damit begnügen, daß man ihre Leistung voll anerkennt, ganz würdigt, daß sie Lob und Dank verdient haben. Und viele neue Aufführungen, viel weiteren Beifall!
Nennen möchten wir aber doch drei Personen. Hans Bauer als Spielleiter mit der undankbaren Mühe im Hintergrund. Er hat damit seinen jahrzehntelangen Anstrengungen um ein hochklassiges Laienspiel die Krone aufgesetzt. Bravo, Hans! Ferner Regine Seitz als "böses Bettelweib Lena". Sie hat "vermittelt", wie man so sagt, was der Sinn des Spiels war, sie ist eine große Könnerin. Und zuletzt ist der kleine Tobias Dietz als der von Zahnweh geplagte Löser des Knotens zu nennen, ein hinreißender Spieler, dessen Frische richtig belebend wirkt.
Resümee: Sehr gut gemacht von Idee und Ausführung, wohlgetan, das Stück wieder auszugraben. Obernzell hat sich Ehre erwiesen, auch mit dem vorzüglichen Vortrag der Liedertafel als musikalische Umrahmung. Wie wär's denn bei passender Gelegenheit mit einem "O. Berneder-Gedächtnis-Festival"?

(29.6.1988)

Notgrabungen des Landesamtes an der Burgruine Griesbach

Eine Planierraupe hatte bei ungenehmigtem Wegebau Wunden gerissen – Gemeinde ist verärgert

Untergriesbach. Das Landesamt für Denkmalpflege hat mit Unterstützung der Marktgemeinde und des Arbeitsamtes, das ABM-Arbeiter schickte, an der Burgruine Griesbach Notgrabungen durchführen lassen. Sie dienen dazu, zu retten, was noch zu retten ist nach ungenehmigten Eingriffen in den Bestand des Bodendenkmals durch den Grundeigentümer, der eine Planierraupe losließ.

"Burgstall" nennt man hierzulande die mehr oder weniger kläglichen Reste einstiger Burgen und Schlösser, die im Mittelalter angelegt wurden, um die Besiedlung zu fördern und zu schützen, und die später entweder zerstört wurden oder verfielen. Untergriesbach hat einen Kilometer vom heutigen Markt entfernt solch einen Burgstall, im Volksmund "vorm Haus" genannt, von Wald überwachsene Reste des einstigen Schlosses der "Edlen von Griezpach". Die Steine der Gebäude sind schon lange nicht mehr da; es geht das Gerücht, daß die Untergriesbacher Bürger vor vielen Generationen sie zum Bau ihrer Häuser abbrachen und heranschleppten. Der Pfarrhof soll ganz aus dem Abbruchmaterial der Burg gebaut sein. Zu sehen war bis jetzt der Burghügel mit ein paar angedeutenden Mauerzügen tief unter der Erde und dem Wurzelwerk der Bäume und der ehemalige Burggraben, der sich sehr deutlich noch verfolgen ließ. Die bekannte Geschichte der Burg Griesbach steht im Heimatbuch des Landkreises und in dem der Marktgemeinde Untergriesbach, natürlich im Denkmälerband von Niederbayern, denn es handelt sich um ein streng geschütztes Bodendenkmal. Jedes Schulkind lernt in der Heimatkunde über die Burg Griesbach, und jeder der zahlreichen Eigentümer der Waldparzellen, die heute das Burggelände bilden, besaß ein amtliches Dokument über den Denkmalcharakter.

"Und ausgerechnet Max Moser, der alle diese Grundstücke nach und nach gekauft hat, wußte überhaupt nichts von der Existenz der Ruine Griesbach und ihrem Charakter als Bodendenkmal", spottet der Bürgermeister von Untergriesbach, Günther Kohl, und verdeckt damit nur mühsam seinen Ärger. Er berichtet, daß der neue Eigentümer der Grundstücke im vorigen Spätherbst einfach eine Planierraupe kommen ließ und diese mitten durch das Bodendenkmal eine Straße schieben ließ! Von der Gemeinde zur Verantwortung gezogen und vor das Landesamt für Denkmalpflege zitiert, erklärte laut Bürgermeister Kohl der neue Eigentümer "von nichts gewußt zu haben". Unbegreiflicherweise wurde das sofort akzeptiert, das eingeleitete Verfahren eingestellt, und die Gemeinde blieb allein mit ihren Bemühungen, den angerichteten Schaden am einmaligen Denkmal wenigstens zu begrenzen. "Wir haben Max Moser geschrieben, daß jede weitere Zerstörung der Burg Gries-

Notgrabungen mußte das Landesamt für Denkmalpflege an der Burgruine Griesbach vornehmen, nachdem eine Planierraupe dort gewütet hatte.

bach zu unterbleiben hat", sagte Bürgermeister Kohl und begleitete uns zu den Notgrabungen des Landesamtes für Denkmalpflege an der Ruine.
Wir fanden dort Grabungstechniker Pleyer und einige Männer vor, die sehr vorsichtig dabei waren, die von der Planierraupe aufgerissenen Wände des Burggrabens zu untersuchen. Mit einer Bürste wurde das Erdreich entfernt und die Steine genau angeschaut. "Hier haben die einstigen Erbauer der Burg durch den anstehenden Felsen gegraben und das Gestein dazu verwendet, Haus und Burgfried zu errichten", erläuterte Grabungstechniker Pleyer. "Es ist eine Schande, daß da einfach mit einer Planierraupe hindurchgeackert und alles zerstört wurde. Und noch schlimmer ist, daß mit dem Aushub der Burggraben stellenweise zugefüllt wurde — hier ist für immer alles verloren!"
Der erfahrene Grabungstechniker schüttelt nur den Kopf über die Art und Weise, mit der hier mit einem einmaligen und unersetzlichen geschichtlichen Bodendenkmal umgesprungen wurde. "Es lag so wunderbar geschützt unter dem Erdreich und dem Wald, nun hat es Wunden erhalten und wird unwiderruflich zerstört" klagte er. Die Maßnahmen des Landesamtes dienen nur dazu, das zu sichern, was bei der Zerstörung zutage kam, Notgrabung nennt man das. Pleyer hat, da er nun schon einmal da war, auch im Gebiet der eigentlichen Ruine Griesbach gegraben, was heißt, er hat einen bei den Arbeiten aufgerissenen Hang noch etwas ausgebuddelt und fand dabei gleich hochmittelalterliche Keramikscherben, einen davon sogar mit einem eingeprägten Zeichen.

Viel mehr Funde könnten gemacht werden, wenn der Staat der Anregung der Gemeinde folgte, die Burg Griesbach ganz auszugraben und zu konservieren. "Aber dazu besteht keine Aussicht", sagte Bürgermeister Kohl, "wir haben noch Glück gehabt, daß wenigstens diese Notgrabung genehmigt wurde zur Sicherung dessen, was bei den Raupenarbeiten zutage kam. Der Burgstall wird so bleiben, wie er jetzt ist". Das bestätigte auch Grabungstechniker Pleyer, der meinte, wenn es gelänge, weitere Zerstörungen des Bodendenkmals zu verhindern, solle und werde es für die künftigen Generationen unter dem Schutzmantel des Waldes aufbewahrt. "Aber ein bißl draufschauen müßt Ihr euch schon auf eure Geschichtsdenkmäler", sagte er , was der Bürgermeister auch versprach. "Wir werden ein wachsames Auge darauf haben, daß dort nicht wieder herumgeraupt wird", sagte Kohl.
Immerhin stammt die Burg Griesbach aus dem 10. Jahrhundert, im 13. Jahrhundert starben die "Edlen von Griezpach" aus, nach dem 14. Jahrhundert wird die Burg nicht mehr erwähnt. Einer Sage nach soll der böhmische Raubritter "von Blöckenstein" die schöne Tochter des letzten Besitzers gewaltsam entführt und die Burg zerstört haben...
Untergriesbach hat also allen Grund, seinen Burgstall zu schützen und zu bewahren.

(16./17.8.1986)

Foto der Burg Griesbach aufgetaucht

Sensationeller Fund im Bauschutt — Heute sind Experten im Rathaus

Untergriesbach. Das dürfte eine wirkliche Sensation sein und eine ganze Reihe professoraler Lehrmeinungen über den Haufen werfen: Es existiert eine Fotografie der Burg Griesbach! Endlich wissen die Historiker, wie dieses mittelalterliche Bauwerk ausgeschaut hat, von dem wichtige kolonisatorische Impulse bis weit ins Mühlviertel ausgingen. Und die Geschichte der Fotografie muß neu geschrieben werden! Untergriesbach wird heute ein Mekka von Wissenschaftlern verschiedener Fachrichtungen sein, die wißbegierigen Bürgern Rede und Antwort stehen.

"Das haut mich glatt um! Ja gibt's denn dös aa?" war die Reaktion von Bürgermeister Günther Kohl, als ihn die PNP mit der praktisch als Weltsensation einzustufenden Neuigkeit konfrontierte. Dann aber faßte sich der Bürgermeister sofort und erkannte die ungeheuren Impulse, die für den Fremdenverkehr seiner Gemeinde von der Entdeckung ausgehen. Insgeheim hofft er auch, dem Nachbarn Hauzenberg den Rang ablaufen zu können "betreffs zentralörtlicher Bedeutung". Denn ein Ort, in dem die Geschichte der Fotografie neu geschrieben werden muß, kann schließlich nicht mehr als "Bauernmarkt mit ländlichem Umland" angesehen werden! Kohl war deshalb auch sofort bereit, heute das Rathaus ab 13.30 Uhr für das Publikum zu öffnen, wenn dort das nur einmal in der Welt existierende Foto der Burg Griesbach ausgestellt wird und mehrere Experten anreisen, um es zu erklären.

Das Bild, das wir nur aufgrund eines dankenswerten Engegenkommens von Professor Dr. Friedrich Eugen Prutz, Ordinarius für bayerische Geschichte an der Universität München reproduzieren durften (es wird sonst nur unter Panzerglas aufbewahrt!) zeigt die Burg Griesbach oder "Griezpach" wie sie früher geschrieben wurde in einem Zustand, wie er für das 16. Jahrhundert in Dokumenten bezeugt ist. Der Burgfried steht noch fast unbeschädigt, der Palas ist schon ohne Dach. Offenbar haben die ehemaligen Hintersassen der Burg, die Untergriesbacher, noch nicht richtig damit begonnen, die Steine aus den Mauern zu brechen und in ihre armselige Siedlung zu karren! Das Foto ist, wie Messungen durch einen Geodäten ergaben, vom gegenüberliegenden Hang des Gressenbachtals aus gemacht worden und zwar, man höre und staune "mit einer mittleren Brennweite". Die PNP fragte den international bekannten Fotografen und Designer, Dr.Dr. Aegidius Pflanzelter, Professor an der Hochschule Aachen, wie man soetwas erklären kann: Ein Foto aus dem 16. Jahrhundert?

Professor Pflanzelter sagte: "Wissen Sie denn nicht, daß Giovanni Battista della Porta bereits 1553 eine "Camera obscura" beschrieben hat? Von ihm ist bekannt, daß er damit arbeitete und recht gute, aber auf dem Kopf stehende Bilder einer Bäuerin aus der Toskana machte, die gerade eine Ziege melkt. Das muß ein gebildeter Mensch doch wissen! Das Problem bei della Porta war, daß er seine Bilder nicht haltbar machen konnte, sie wurden nämlich auf dünnem

Ein Aprilscherz war die "Kunde" vom Auftauchen einer Fotografie der Burg Griesbach aus dem 17. Jahrhundert. Es wäre so schön gewesen!

Pergament belichtet, das durch — Verzeihung! — den Urin von Weintrinkern lichtempfindlich gemacht wurde. Ich gehe davon aus, daß das Foto der Burg Griesbach mit dem della Porta'schen Verfahren mit der Camera obscura hergestellt wurde, der frühe Fotograf aber eine Methode entdeckte, eine Fixierung herbeizuführen..."

Professor Pflanzelter wird heute ebenfalls im Rathaus anwesend sein und allen interessierten Amateurfotografen erklären, wie seiner Meinung nach das Foto zustandekam. Wie jedermann bekannt ist, gilt ja der Franzose Nicephore Niepce als Erfinder der Fotoplatte, er hatte in Lavendelöl aufgelösten Judäa-Asphalt auf eine Zinkplatte gegossen. Nun wird ihn der unbekannte Untergriesbacher, der schon 300 Jahre früher fotografiert hat, vom Ruhmessockel stoßen!

Wie kam nun dieses einmalig-sensationelle Foto ans Licht des endenden 20. Jahrhunderts? Verdankt wird das der Bauwut der Wegscheider, die unbedingt ihr historisches Rathaus umreißen müssen und dabei den hinteren Anbau total in Schutt verwandelten. Als eine der sehr alten Mauern einstürzte, wurde ein aufgerolltes Pergament gefunden, in dem sich das Foto befand. Offenbar hatte es einer der bischöflichen Pfleger sicher verwahren wollen. In Gegenwart von Bürgermeister Max Binder, Kreisheimatpfleger Rudolf Hammel und des Bauhofleiters wurde der Fund geborgen, zu sehen war ein sehr vergilbtes, an den Rändern zerfranstes und offenbar von Feuer versengtes Bild, das wir hier als

Reproduktion zeigen und das, wie Professor Dr. Friedrich Eugen Prutz inzwischen nachwies, die Burg Griesbach zeigt.
Der Gelehrte sagte: "So frühe Fotografien wurden bisher immer ins Reich der Fabel verwiesen. Aber nach sehr genauer, mit allen modernen physikalischen und chemischen Mitteln durchgeführter Untersuchung in meinem Institut und in mehreren anderen Instituten kann kein vernünftiger Zweifel mehr daran obwalten, daß es sich um eine echte Fotografie handelt! Ich beglückwünsche den Markt Untergriesbach zu diesem Fund, er sollte Anlaß sein, dem unbekannten Pionier der Lichtbildnerei, der uns außerdem das immer vermißte Bild der Burg Griesbach geschenkt hat, ein Denkmal zu setzen!"
Bürgermeister Günther Kohl wird neben den bereits genannten Gelehrten heute auch noch mehrere andere Koryphäen verschiedener Wissenschaftszweige im Rathaus willkommen heißen. "Das muß ausgenützt werden!" sagte er, "eine solche Chance ist einmalig, nur Pech für die Wegscheider, daß sie nichts außer Mörtelstaub von der ganzen Sache hatten. Aber den Ruhm werden wir mit keinem anderen Ort teilen!"

*

Leider, leider war's nur ein Aprilscherz! Auf ein Foto der Burg Griesbach warten wir halt immer noch.

(01.4.1989)

Ritter, Knappen, Spielleut und Pfaffen stürmten Obernzell

Die alten Rittersleut landeten — Sänger und Kämpfer tummelten sich im Schloßgarten — Fahrt mit "Agnes von Feldberg" soll an die Markterhebung von Schwertberg vor 700 Jahren erinnern

Obernzell. Seit die "Schiffsleut" in Obernzell von der Zeit vertilgt wurden, hat es sowas nicht wieder gegeben. Ein hölzernes Ruderschiff legte an, Ritter, Knappen, Spielleut und Pfaffen stiegen aus und sangen im Schloßgarten alte Lieder, warfen die Lanze nach der Wildsau, schossen den Bogen ab und droschen aufeinander mit Schwert und Streitaxt ein. Und Hunderte Obernzeller und Urlauber staunten Bauklötze!

Möglich wurde dieses Ereignis durch die Feier, die der Donaumarkt Schwertberg bei Regensburg zur Erinnerung an die 700ste Wiederkehr seiner Erwähnung in einer mittelalterlichen Urkunde veranstaltete. Und die Schiltberger aus dem Kreis Aichach, die sorgfältig ritterliche Tradition pflegen, halfen ihnen dabei und waren mit auf dem Schiff — jeder so stilecht gewandet und gerüstet, daß dieses Fest flugs zur Geschichtsstunde wurde — aber zur unterhaltsamen!

Der historische Hintergrund: Grenzgraf Wilhelm schenkte 853 sein Gebiet zwischen den Flüssen Aist und Narn dem Regensburger Kloster St. Emmeram. Dort, im "Regensburger Luß", entstand die Herrschaft Windegg mit den Märkten Schwertberg und Tragwein, und als im 13. Jahrhundert dieser Landstrich den Kuenringern zufiel, da mußten sie den Regensburger Domherren Lehnsobrigkeit schwören und taten das am 25. November 1287 vor dem Herzog von Österreich als "Eideshelfer". Die Urkunde über diesen Eid gibt es noch, und darin sind Schwertberg und Tragwein erstmals als "Märkte" benannt und deshalb feiern sie 1987.

Sie bauten eine "Plätte" zu einem mittelalterlichen Schiff um, tauften es auf den Namen der Gemahlin Leutholds von Kuenring, "Agnes von Feldberg", und machten sich auf die Reise von Regensburg nach Au in Oberösterreich, einem einst bedeutenden Donauhafen, wo vor 700 Jahren die Schwertberger den Kuenringer bei der Eidesleistung umringt hatten.

Schiltberg hat zwar nicht unmittelbar mit der Geschichte Schwertbergs zu tun, der Ort liegt an der Grenze, wo Schwaben und Altbayern zusammenstoßen, im Kreis Aichach. Die Schiltberger pflegen seit langem eine historisch sorgfältig fundierte mittelalterliche Rittertradition, haben mit ihrem "Hofberg-Freilichttheater" eine herrliche Kulisse, vor der sie Ritterspiele und andere Stücke aufführen. Die Schiltberger, wie man in Obernzell unschwer sehen konnte, vollkommen vom Mittelalter fasziniert, haben mit großer Mühe stilgetreue Trachten und Rüstungen des 13. Jahrhunderts nachgeschaffen und mit diesen waren sie auf dem Schiff, das nun in Obernzell anlandete. Und sie hatten die Schwertberger dabei beraten, sich selbst entsprechend zu gewanden — womit nun "geziemend zu der Herren Ritter und deren Knappen, nebst Burgfräulein

Ritterliche Kämpfe tosten im Hof des Obernzeller Schlosses.

und Prälaten Wohlgefallen" erklärt ist, was dahintersteckte, als am Abend des 1. September sich die "Agnes von Feldberg" dem alten Donaumarkt Obernzell näherte.
Hunderte standen am Ufer, die Knappenkapelle Kropfmühl spielte, Böllerschüsse ließen die Möven erschreckte Kurven fliegen, Motor- und Segelboote drängten sich auf dem Kurs der langsam und majestätisch mit der Strömung herangleitenden "Agnes". Die Abendsonne funkelte auf den Helmen, Spielleute fiedelten, würdig standen die Geistlichen, martialisch die Ritter und Knappen auf Deck — "die ehrenwerten Schwertberger und Schiltberger Herren entbieten den Freunden aus Obernzell ihren Gruß und erbitten die huldreich' Erlaubnis, an Land gehen zu dürfen" ertönte es vom Schiff her, und Bürgermeister Hammel, stilecht einen Humpen schwingend rief zurück: "Seid willkommen, ihr Schwertberger und Schiltberger Ritter und euer Gefolge, kommt in friedlicher Absicht, laßt die Schwerter stecken und nähert euch in Freundschaft..."
Es geht halt nichts über gute Sitten, und da war manch ein Urlauber in der Menge, der laut sagte: "Det jibts doch janich, ich gloobe, ich spinn, Julchen, guck ma wat dat für Typen sind..."
Nun ja, "Typen" waren sie schon, die Schwertberger und Schiltberger, Obernzell hat sowas Originelles noch nie gesehen. Die Knappenkapelle spielte die Gäste in den Schloßgarten, wo sie nun den zu Hunderten herbeigeströmten

Zuschauern etwas boten, das ihren Ruf bestimmt auf lange hier festschmieden wird.
Sie sangen schöne, alte Lieder, sie schmetterten Kriegsgesänge heraus, sie maßen sich im klirrenden Schwertkampf, nachdem sie vorher die ritterliche Erlaubnis des Herzogs geholt hatten, sie verbeugten sich minniglich vor den "wunderschönen Frouwen", die auch mit der Gesellschaft unterwegs waren, und hauten dann aufeinander ein, daß es zum Erstaunen war. Sie schossen mit Pfeilen auf den Adler, sie schleuderten ihre Spieße gegen die Wildsau und sie boten, als Höhepunkt, einen Zweikampf mit Bihändern...
Es war schon fast eine Geschichtsstunde, und wer nach diesen Darbietungen und nach dem Bestaunen der vielen verschiedenen Kostüme, Trachten und Rüstungen nicht Lust bekam, allsogleich "Ivanhoe" zu lesen, dem ist nicht zu helfen.
Bürgermeister Rudolf Hammel dankte aufrichtig den Schwertbergern und Schiltbergern, die Obernzell eine solche Ehre und ein so großes Vergnügen gemacht hatten, und reicher Beifall lohnte die Anstrengung der Gäste. Sie waren hochwillkommen, wurden von der Gemeinde "zum Humpen gebeten" und ließen sich das nicht zweimal sagen. Und am 2. September dann bestiegen sie wieder ihr Holzschiff und schwammen majestätisch davon, donauabwärts, Österreich zu, um sich in Au würdig der Kuenringer, der Herzöge von Österreich, des Lehnseides und ihrer eigenen Geschichte zu erinnern.
Und so ganz nebenbei hatten sie den Leuten hier, die ja auch auf eine lange Tradition und Geschichte zurückblicken können, ein Beispiel gegeben, wie man sowas macht.

(3.9.1987)

Zwischen den Balken lagen alte Pergamente

Interessanter Fund im Schloß — Rentamtsbeamten hatten Humor

Obernzell. Vor rund 142 Jahren versiegelten die damals im Obernzeller Schloß lebenden Rentamtsbeamten zwei Pergamente in einer Glasflasche und stellten sie auf die Balken einer eben eingezognen Zwischendecke. Als diese verputzt war, verfiel die Flasche in einen Dornröschenschlaf und mit ihr die aus dem 16. Jahrhundert stammenden Balkendecken, die man nicht mehr sehen wollte. Vor wenigen Tagen kam die Flasche wieder zum Vorschein, gefunden vom "Vater des Museums", Ludwig Haidn sen. Damit ist nicht nur ein kurioser Fund getan worden, sondern es wurde die Kenntnis der Baugeschichte des Schlosses bereichert. Niemand wußte nämlich bisher, wann die Balkendecken aus der Erbauungszeit des Schlosses zugemauert worden waren.

Das ehemals fürstbischöfliche Schloß Obernzell hat eine lange und bewegte Geschichte. Unter Bischof Georg von Hohenlohe als gotische Wasserburg gebaut, vollendet 1426 unter Bischof Leonhard von Layming, diente es als Sitz der bischöflichen Verwaltung und zeitweilig sogar als Fluchtburg der Bischöfe. Unter Bischof Urban von Trennbach erhielt es 1582 seine jetzige Gestalt. Damals wurde es nach Süden hin erweitert, es kam der Rittersaal und das jetzige Sitzungszimmer hinzu. Das Schloß wurde auch wohl im ganzen renoviert und hergerichtet. Jahrhundertelang stand es als Wahrzeichen fürstbischöflicher Macht als Abschluß der Marktstraße in Obernzell da, unerschüttert von wechselnden Zeitläufen und so fest gemauert, daß in unseren Tagen die Preßlufthämmer beinahe daran versagten, als man eine Zentralheizung legte.

Der verstorbene Kreisheimatpfleger Professor Richard Miller sagte am 1. Januar 1961 bei der Wiedereröffnung des Rittersaals: "Wir wünschen, daß dieser imponierende Bau, ein wahrhaft historisches wie ein Kulturdenkmal auch in ferne Zeiten hinein erhalten bleibt und daß er — abgesehen von Verwaltungszwecken — vor allem für Kulturaufgaben des Marktes benutzt werde."

Dies zu verwirklichen schickt sich gerade der Nachfolger Millers als Kreisheimatpfleger, der Obernzeller Bürgermeister Rudolf Hammel, an. Seine Bemühungen, im Obergeschoß des Schlosses einen würdigen Rahmen für das auf der ganzen Welt einmalige Graphitmuseum zu schaffen, waren unmittelbarer Anlaß für die Entdeckung der Pergamente. Die vielen Räume im Obergeschoß waren nach mannigfacher "Zweckentfremdung" durch Arbeitsdienst, Spruchkammer und vieles mehr zuletzt als Wohnungen genutzt worden. Man hatte Zwischenwände eingezogen und alles mögliche ein-, an- und ausgebaut.

Die Bemühungen der Schlösserverwaltung und der Gemeinde, die Mieter anderweitig unterzubringen, führten zum Erfolg. Heute ist das Obergeschoß frei. Es soll einmal ganz der Aufgabe dienen, die einmalige und in der Fachwelt stark beachtete Sammlung von Kreisheimatpfleger Hammel — Graphittengeschirr, Schmelztiegel und alles, was mit dem Graphit zusammenhängt — würdig unterzubringen. Gedacht ist dabei daran, dem Museum in den einzel-

nen Räumen einen Platz zu geben und den Rittersaal für Ausstellungen frei zu lassen. Dieser Plan hat die grundsätzliche Zustimmung sowohl der Schlösserverwaltung als auch des Gemeinderates gefunden.
Hammel interessierte es schon lange, was wohl unter der verputzten Decke sein würde, die die Zimmer im Obergeschoß aufweisen. Denn daß sie nicht aus der Erbauungszeit stammen konnte, war klar.
Sein Helfer im Museum, Ludwig Haidn sen., löste deshalb an einer Stelle die Decke und leuchtete in das entstehende Loch. Er sah eine zwar von Spinnweben überzogene, sonst aber hervorragend erhaltene, mit Schnitzerei verzierte alte Balkendecke. Einen halben Meter unter ihr hatte man irgendwann Löcher in die Wände gehauen, kräftige Balken eingezogen, sie von unten mit Brettern vernagelt und verputzt. Wann geschah dies?
Das Rätseln wurde bald beendet, denn als die Unterdecken stückweise abgenommen wurden, fiel aus dem Dunkel plötzlich eine seltsame bauchige Glasflasche. Leider zerbrach sie, aber ihr Inhalt erwies sich als gutes, altes Aktenpergament, fest wie Leder und vom Zahn der Zeit unberührt.
Haidn alarmierte den Kreisheimatpfleger und dieser fand zu seinem Entzücken, daß man 1825 im Schloß Obernzell offenbar historisches Bewußtsein und Sinn für Humor gehabt hatte. Denn die in der Glasflasche aufbewahrten und eingemauerten Pergamente erwiesen sich als von Beamten des Rentamts stammend, die aus Anlaß der Einziehung der Zwischendecke der Nachwelt Kunde hinterlassen wollten.
Das ist ihnen vollständig gelungen, denn nun läßt sich das Jahr, sogar der Monat der Vermauerung der alten Balkendecken genau festlegen. Beide Texte auf den Pergamenten sind gut lesbar, mit einer feinen Schreiberhand niedergelegt. Sie künden von Menschen, die vor 142 Jahren hier lebten, die längst gestorben sind, aber deren Wesen uns lebendig überliefert ist.
Auf dem einen Pergament steht:
Wenn Teufel beten, Engel fluchen
Wenn Katz und Mäuse sich besuchen
Wenn alle Mädchen sind keusch und rein
Dann soll auch dies Glas zerbrochen sein
Obernzell am 4. August 1825
H. Vincent Blatner
von München in Baiern
gegenwärtig hier als Rentamtsschreiber
Der gute Vincent Blatner scheint ein Spaßvogel gewesen zu sein und man kann sich leicht vorstellen, mit wieviel Scherzen und Beamtenspaß die Pergamente versiegelt und versenkt worden sind! Die Männer dachten damals vielleicht nicht daran, daß ihr wohl mehr lustig gemeinter Einfall nach mehr als einem halben Jahrhundert historische Bedeutung hätte.
Das zweite Pergament enthält mehr Text.
Er lautet:
"Im Monate August des Jahres 1825 wurde dieses Zimmer niederer gemacht und darum die obere Decke vermauert. Bewohner dieses Zimmers ist seit September 1824

der Rentamtsoberschreiber Joh. Jos. Heinr. Imhof gebürtig von Leonberg im Regenkreise am 20. September 1797. Das hiesige Rentamtspersonal besteht gegenwärtig aus dem Rentbeamten Leopold Porst, Oberschreiber Baptist Imhof, Amtsschreiber Vincenc Blatner und Paul Augustin, Rentboten Math. Weber. Möge der liebe Vater im Himmel verhüten, daß kein Unglück dieses Haus zerstöre, damit erst nach 100 Jahren dieses Blättchen wiederum zum Vorschein komme.
Es lebe unser guter Vater Max, König Maximilian Joseph I. von Baiern! Drei Mal hoch!!!
Möchten alle folgenden Könige Baierns ihm gleichen, dann bleibt unser liebes Baiern immer glücklich! — Geschrieben am 4ten Tage des Erntemonats 1825
B. Imhof
Nota bene! Sollte etwa zu der Zeit, da du dies liesest, noch einer von den Obenstehenden am Leben sein, so — ist derselbe gewiß noch nicht gestorben, das darfst du glauben."
Die beiden Pergamente werden einen Ehrenplatz im Museum erhalten, sie können dann in weiteren 100 Jahren vom Humor der Rentamtsbeamten in Obernzell künden.
Die Balkendecke, die inzwischen restlos freigelegt wurde, ist eine Sensation für sich. Sie hat sich ausgezeichnet erhalten und wird nach Säuberung und Konservierung den Museumsräumen eine ganz eigene Note geben. Es steht fest, daß sie mindestens aus der Zeit um 1580 stammt, als das Schloß erweitert wurde, wahrscheinlich ist sie, zumindest im Nordteil, aber noch älter. Holzdecken aus dieser Zeit sind kaum mehr in diesem Erhaltungszustand zu sehen. Die Schlösserverwaltung hat inzwischen die Freilegung der Decken gebilligt, man ist dort von dem Fund sehr angetan. In diesem Jahr stehen 100 000 DM zur Verfügung, mit denen viel im Schloß getan werden kann. Die Fenster und Türen werden erneuert und der Zeit der Erbauung angepaßt, die später eingemauerten Teile entfernt, die Zwischenwände sind schon weg. Im nächsten Jahr wird dann wohl das Museum wieder eröffnet werden können. Nicht nur wegen der Sammlungsstücke selbst, sondern auch wegen des interessanten historischen Rahmens in dem sie ausgestellt werden, wird Obernzell weitum bekannt werden. Das Schloß hat dann endlich wieder einen wirklich begrüßenswerten, seiner Bedeutung angepaßten Zweck.

(28.1.1968)

Waffen-Christi-Kreuz als Passionsgeschichte

Vor 106 Jahren starb der Schöpfer der Weidingerkreuze — Ein Beispiel seiner Kunst in der Ausstellung

Breitenberg. Es gibt kein Fest im kirchlichen Jahreslauf, das so gut geeignet wäre, sich des Schöpfers der mittlerweile berühmten "Waffen-Christi-Kreuze", Joseph Weidinger aus Möslberg, zu erinnern, wie gerade Ostern. Denn seine Kreuze sind eine lebendige Passionsgeschichte. Die von der Bevölkerung mit Begeisterung und Rührung aufgenommene große Ausstellung "Gotteszeichen in Breitenberg" zeigt eines der vielen Weidingerkreuze.

Wir sind Alfred Fuchs und Helmut Rührl zu Dank verpflichtet, weil sie es waren, die das Material über den Herrgottsschnitzer von Möslberg zusammengetragen, gesichtet und historisch-kritisch geprüft und veröffentlicht haben. Nach ihren Forschungen sind die sogenannten "Arma-Christi-Kreuze", deutsch auch "Waffen-Christi-Kreuze" und fälschlich "Mühlviertler Kreuze" genannten Darstellungen des Kruzifixus mit den Attributen der Passion eine Besonderheit dieser Gegend, ihr Vorkommen ist auf Teile des ehemaligen Landkreises Wolfstein und auf Teile des Wegscheider Landes mit Schwerpunkt Breitenberg beschränkt. Die Kreuze, von denen noch viele vorhanden sind und in mehr oder weniger gutem Erhaltungszustand hier und dort stehen oder aufbewahrt werden, galten früher als aus der Barockzeit stammend, weil ihr Schöpfer Joseph Weidinger nach barocken Vorbildern arbeitete. Mittlerweile weiß man jedoch, nicht zuletzt dank der Forschungen von Alfred Fuchs, daß Weidinger am 22. April 1797 als Sohn der Inwohnerseheleute Joseph und Juliane Weidinger in Hirschenberg, Pfarrei Breitenberg, geboren wurde, lange in Möslberg lebte und am 20. Mai 1880 in Krennerhäuser starb. 1980 ging also eine Gelegenheit vorbei, seines 100. Todestages zu gedenken, aber 1997 kommt, und dann sollte die Heimat den 200. Geburtstag ihres heute berühmten Künstlers feiern. Heute ist Joseph Weidinger (der seinen Vornamen in der altertümlichen Schreibweise mit ph schrieb) berühmt, zu Lebzeiten war er es nicht.

Er ging in Breitenberg in die Schule und wurde nie als Bildhauer oder Schnitzer ausgebildet. Er schöpfte stets aus seiner reichen Begabung und dem angeborenen Kunstsinn und Können, das er durch Erfahrung vervollkommnete. Und da er vom Herrgottsschnitzen nicht leben konnte, betrieb er eine kleine Landwirtschaft in Möslberg und war, wie die Überlieferung berichtet, auch ein berühmter "Osanger", also ein "Besprecher" und "Knocheneinrichter" bei Mensch und Vieh.

Weidinger wurde zu seiner Kunst durch die Folgen der Aufklärung angeregt, die den Leuten sogar ihre religiösen Empfindungen vorschreiben wollte und die Votivtafeln ebenso verbot wie das Aufführen frommer Schauspiele, das Wetterläuten usw. Da fand man den Ausweg, die bisher schon vorhandenen Feld- und Wegkreuze größer zu machen und mit den Leidensattributen der Passion Christi zu schmücken.

Ein schönes Beispiel für die Kunst des volkstümlichen Bildhauers Joseph Weidinger ist dieses von Breitenberg restaurierte "Waffen-Christi-Kreuz".

Der Ursprung ist bei Albrecht Dürer zu suchen, der schon 1511 auf seinem Holzschnitt "Messe des heiligen Gregor" den im Grabe stehenden Schmerzensmann zusammen mit dem Kreuz und zwölf Leidenswerkzeugen bzw. -symbolen abbildete. Die Passion Christi hat in ihrer Eindringlichkeit und Nacherlebbarkeit immer tiefen Eindruck bei den Menschen gemacht, und die hier noch lange in das 19. Jahrhundert nachwirkende barocke Gefühls- und Gedankenwelt hat die Waffen-Christi-Kreuze förmlich hervorgezwungen.
Helmut Rührl, der eines der Weidingerkreuze bewahrt hat, (das vom Stockingerhof in Gegenbach) hat es restauriert, in der Ausstellung der Gotteszeichen gezeigt und erläutert. Folgen wir seiner Erklärung der Symbole. Im Mittelpunkt steht natürlich der Gekreuzigte selbst, in barocker Manier aufgefaßt, leidend, blutend, wobei eine Engelsfigur das fließende Blut auffängt. Zu Füßen des Gottessohnes ringelt sich die Schlange, das Symbol der höllischen Macht, im Tod noch von Jesus besiegt. Alles Marterwerkzeug, das nach der Volksphantasie bei der Kreuzigung Jesu benutzt wurde, ist auf dem Arma-Kreuz dargestellt: Die Fackeln, Fahnen, Hellebarden und Waffen der Soldaten, die Christus zur Kreuzigung schleppten, die Lanze, mit der seine Seite geöffnet wurde, der Stab mit dem essiggetränkten Schwamm, dazu Geißelsäule, Geißel, Rutenbündel, Kette und Handschuh. Die Dornenkrone fehlt ebensowenig wie der Herrschaftsstab, den man ihm zum Spott in die Hand gab, das Kleid und die Würfel, mit denen die Soldaten um das Gewand würfelten. Alle diese Details entnimmt die Volksfrömmigkeit der Passionsgeschichte der Evangelien und mischt ihre eigene Lebenserfahrung aus der Arbeitswelt mit drein. So darf auch die Schaufel nicht fehlen, mit der das Loch für das Kreuz gegraben wurde, der Bohrer, mit dem man die Nägellöcher vorbohrte, die Nägel selbst und der schwere Hammer, mit dem die Schergen die Hände und Füße des leidenden Christus ans Holz nagelten. Vervollständigt werden die "Waffen Christi" (mit diesen hat er die Sünde der Welt besiegt, deutete man aus) durch den Geldbeutel mit den 30 Silberlingen und dem Strick, an dem sich Judas Iskariot erhängte. Und die Uhr zeigt die neunte Stunde an, die Todesstunde Jesu.
Kunsthistoriker wollen wissen, daß das krause Durcheinander der Symbole und Werkzeuge, der Schrecken, der von vielen ausging, bewußt und gewollt war, um die Fantasie der einfachen Menschen anzuregen und sie für die religiöse Botschaft der Passion und der Auferstehung Jesu Christi empfänglich zu machen.
Und merkwürdig: Stehen wir nur lange genug vor dem Kreuz aus der Hand dieses einfachen, ungebildeten Schnitzers aus dem weltabgeschiedenen Waldwinkel, so merken wir, daß die Botschaft noch immer wirkt. Ein Glück, daß rechtzeitig, ehe eine neue Aufklärung die eindringlichen Kreuze des Möslberger Herrgottschnitzers unwiederbringlich zerstört hat, ihr Wert erkannt wurde und sie nun erhalten und bewahrt werden.

(3./4.04.1988)

Beim Ackern kam "Schuhleistenkeil" ans Licht

**Seltener Fund aus der Jungsteinzeit —
Über die Verwendung wird noch spekuliert**

Untergriesbach. Ein Zufallsfund hat einen weiteren Blick zurück in eine ferne Vergangenheit möglich gemacht: Auf einem Acker zwischen Lämmersdorf und Unteröd ist ein "Schuhleistenkeil" gefunden worden, später an gleicher Stelle ein steinerner Schaber. Für die Vermutung, daß vor 5 000 Jahren einmal Häute bearbeitet wurden, gibt es Anhaltspunkte.

Der Altbauer Ludwig Fesl aus Lämmersdorf ackerte gerade, als ihm auffiel, wie die Pflugschar einen länglichen Stein auf die Scholle warf. Er hielt und hob den Stein auf, sah auch gleich, daß es sich um keine Zufalls- oder Naturform handeln konnte, sondern ein von Menschenhand bearbeitetes Steinwerkzeug vorlag. Als der nun besonders aufmerksam gewordene Altbauer später fast an der gleichen Stelle einen Stein in der Form einer Miniaturaxt (oder eines kräftigen Schabers) fand, informierte er Kreisheimatpfleger Rudolf Hammel. Sein an zahlreichen ähnlichen Funden geschulter Blick erlaubte ihm das Urteil: "Ein sogenannter Schuhleistenkeil und ein Schaber aus der Jungsteinzeit!"

Schuhleistenkeile nennt die Archäologie längliche, an beiden Enden spitz zulaufende Steinwerkzeuge, weil sie große Ähnlichkeit mit einem Schuhleisten haben. In der Literatur wird diesen Werkzeugen eine Verwendung als primitiver Pflug oder Hilfsmittel beim Holzspalten nachgesagt. Ganz einig ist sich die Altertumswissenschaft jedoch nicht, was unsere jungsteinzeitlichen Vorfahren mit den wuchtigen Keilen eigentlich getan haben — aber klassifiziert ist schon halb verstanden!

Der Lämmersdorfer Fund scheint jedoch aus dem Rahmen zu fallen und deshalb hat der Kreisheimatpfleger seine Untersuchung beim Bayer. Archäologischen Landesamt veranlaßt. Der Fund aus dem Acker stellt sich dem Betrachter so dar: ein 1 320 Gramm schwerer Stein, außen 27 Zentimeter, innen 25 Zentimeter lang, in der Mitte mit einem Durchmesser von 18,5 Zentimetern, Seitenhöhe 5,5 Zentimeter. Der Schuhleistenkeil ist an beiden Seiten glatt poliert, ebenso in der Mitte der Unterseite, er weist auf der waagrechten Oberseite starke Spuren intensiver Benutzung auf, desgleichen an den beiden den Spitzen zulaufenden Unterseiten. Der Stein ist dort rauh.

Erstaunlich und etwas rätselhaft erscheint das Steinmaterial als solches. Es ist massiv und sehr schwer, aber hat wenig Ähnlichkeit mit hier vorkommendem Granit oder Gneis, der Stein schimmert an einigen Stellen sogar leicht grün, hat schwarze Einschlüsse und sogar Poren! Es müßte für Mineralogen interessant sein, herauszubringen, was für eine Art Stein dieser frühe Ackerbauer da benützt hat und woher er kommt.

Zur Verwendung des Schuhleistenkeils erlaubt sich der Kreisheimatpfleger eine Hypothese. "Ein Pflugschar kann es nicht gewesen sein, denn dann müßte der Stein ganz andere Abnützungsspuren haben, daselbe gilt für eine Benutzung als Holzspaltenkeil. Die stark abgenützten und aufgerauhten Teile des

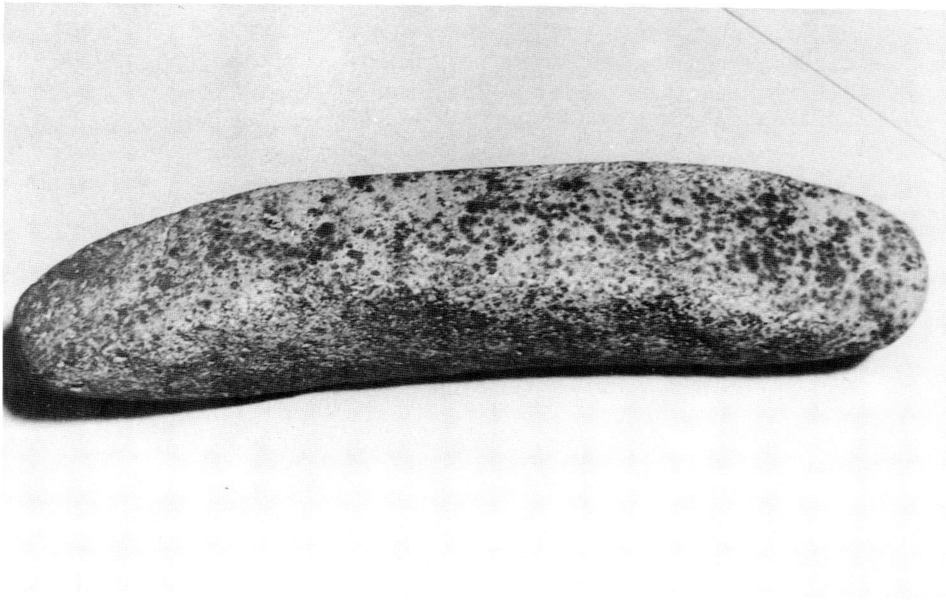

Wegen seiner Form "Schuhleistenkeil" genannt wird dieses jungsteinzeitliche Werkzeug. Es weist auf frühe Besiedlung unseres Raums hin.

Steins legen die Vermutung nahe, daß damit rohe Felle für das Gerben zugerichtet wurden!"
Es gibt tatsächlich in der völkerkundlichen Literatur Nachweise und Bilder, die beweisen, daß primitive Stämme die Häute erlegter Tiere oder ihres Herdenvieh mit Steinen (oder auch Knochen) von der Form dieser Schuhleistenkeile bearbeiteten. Die Tschuktschen in Sibirien verwenden noch heute derartiges Werkzeug, um die Häute abzuschaben, ehe sie gegerbt werden. Daß in der Jungsteinzeit ein Gerbeverfahren mit dem Absud von bestimmten Baumrinden und Urin üblich war, ist lange bekannt.
Nimmt man den Fund von Lämmersdorf in die Hand und ahmt die Tschuktschen nach, ist leicht nachzuvollziehen, wie der Stein, auf der rohen Haut hin- und hergerieben, Haare und Fettreste abschabte... Ist also der Schuhleistenkeil von Lämmersdorf ein Hinweis auf eine frühe Siedlung in diesem Raum? Denn wo Felle gegerbt wurden, müssen die Menschen dauernd gewohnt haben. Der zweite Fund, der Schaber, erhärtet solche Hypothese noch. Der Schuhleistenkeil könnte die grobe Arbeit getan haben, der Steinschaber die feine.
"Ich bin gespannt, was die Facharchäologen sagen," meinte der Kreisheimatpfleger," aber ganz egal, was herauskommt, in jedem Fall haben wird den erneuten Beweis, daß unser Gebiet hier schon früh besiedelt war." Und er lobte den verständigen Altbauern, der den "Stoa" nicht einfach beiseite warf, sondern sah, daß es etwas Besonderes ist und entsprechend handelte.

Der letzte an seinem historischen Standort befindliche Meilenstein, vom Volk "runda Stoa" genannt, steht in Ziering an der alten Poststraße.

"Treff' ma uns beim runden Stoa...?"

Kaum jemand erinnert sich noch an die einst hier so bekannten Meilensteine

"Lege nicht der Zeit zur Last, was du selbst verschuldet hast..." dieses Sprichwort ist man versucht zu zitieren, hört man die Antworten der Leute auf die Frage, ob sie noch etwas von den "runden Steinen" wissen. Ja mei, die Zeit ist halt darüber hinweggegangen, die Zeit ist eben nicht mehr so, die neue Zeit erfordert andere Straßen und dabei sind halt die "runden Steine" weggenommen worden, verloren, vergessen, womöglich zu Schotter zerkleinert.
Schade darum, sie gehörten früher einmal zu unserer Gegend und die Leute waren mit ihnen in einem Maße vertraut, das die runden Steine zu beliebten Treffpunkten machte. "Treff' ma uns beim runden Stoa", hieß es und je nachdem, wo einer wohnte, war ein anderer gemeint. Wer sich wenigstens einen Begriff davon machen will, wie die imposanten Meilensteine einst aussahen, sollte nach Ziering fahren. Dort steht, an der ehemaligen Bezirksstraße nach Hauzenberg (jetzt zur kleinen Ortsdurchfahrt degradiert) der letzte der "runden Steine" an seinem alten Platz. Daß es ihn noch gibt, ist dem erst kürzlich verstorbenen "Straßer", Ludwig Kronawitter aus Ziering zu verdanken. Er schützte den Stein und war stolz darauf, hoffentlich übernehmen seine Erben diese Pflicht. Ganz verwischt ist auf dem Zieringer Meilenstein noch zu entziffern die nach der Himmelsrichtung gewendete Bezeichnung der Orte, die der am Stein vorbeiziehende Reisende erreichen konnte.
Ein zweiter "runder Stein" steht vor dem Bauhof des Landkreises in Wegscheid. Aber er ist umgestaltet worden, die alte Schrift wurde ausgehauen und eine neue angebracht. Wo dieser "runde Stein" her ist, weiß man nicht mehr, irgendwo "blieb er beim Straßenbau übrig". Das Nichtwissen ist überhaupt verbreitet. Auch beim Straßenbauamt Passau gibt es keine Aufzeichnungen, Dokumente oder alte Fotos, die an die einst so wichtigen Meilensteine erinnerten. Spricht man einen langgedienten Beamten des Straßenbauamts an, dann gewittert ein Erinnern über's Gesicht: "Ach ja, die großen runden Steine im Ficht und bei Pölzöd... die müssen mal weggenommen worden sein... ja, ja, irgendwie dunkel entsinne ich mich. Aber wo sie geblieben sind? Keine Ahnung!"
Versuchen wir also aus eigener Erinnerung und aus spärlichen Berichten anderer eine Skizze zu zeichnen. Dazu ist nötig, sich zu erinnern, daß die jetzigen Straßen im Wegscheider Land kaum älter als 100 Jahre sind, viel jünger. Besser sagte man "die Linienführung der Straßen". Dabei gibt es die heutige B 388 erst seit den siebziger Jahren des vorigen Jahrhunderts. Früher fuhr oder ging man von Obernzell über die "Roll" nach Untergriesbach und die "Bezirksstraße" genannte Verbindung führte dann am damals undurchdringlichen Fichtwald vorbei zum Holzhäusl und nahe am Urberholz auf einen uralten Saumpfad über die Stelle, wo heute die "MEGAL"ist, nach Pölzöd, von dort nach Wildenranna durch den Ort, an der "Maut" vorbei zur

Stiermühle und den Berg hinauf nach Wegscheid. Die Stiermühle heißt ja so, weil dort früher Stiere gehalten wurden zum Vorspann der schweren Frachtwagen, die sonst nicht den Berg hinaufgekommen wären.
Es gibt noch heute einen Rest der alten Distriktstraße, tief eingeschnitten als Hohlweg in den Wald, sogar der Unterbau aus Feldsteinen ist noch drin, nur von Erde zugedeckt. Und gerade dort, wo einst diese sehr alte, sicher aus dem Mittelalter stammende Straße ins Freie kam, in Sichtweite von Wildenranna und wo sich die Wege zweigten, da stand der "runde Stein". Niemand weiß, wann er dort hinkam, niemand erinnert sich, wer ihn setzte. Nur das ist noch bekannt, daß er die Namen der drei Gemeinden Lämmersdorf, Untergriesbach und Wildenranna trug, die hier zusammenstießen. Beim Ausbau der Bundesstraße kam der runde Stein weg und ist verschwunden.
Den Stein in Ziering erwähnten wir schon, er steht als einziger noch am alten Platz, denn auch die Straße nach Hauzenberg ist erst in diesem Jahrhundert so angelegt worden. Ehe Neuziering entstand, war dieser "runde Stein" weithin sichtbar, ganz frei auf einer sanften Anhöhe, dem Reisenden ein Wahrzeichen.
Ein vielleicht noch bekannter runder Stein war früher im tiefen, schwarzen Fichtwald zu sehen. Er stand, riesengroß und ohne Beschriftung, hundert Meter westlich der Kammermeier-Kapelle. Seine Geschichte ist nicht bekannt, nur daß er nach dem ersten Ausbau der jetzigen B 388, der damaligen Bezirksstraße, im Jahre 1927 abseits vom Straßenkörper stand, läßt die Vermutung zu, daß er um 1870 aufgestellt wurde, als die neue Straße damals auf jungfräulichem Boden angelegt wurde. Vielleicht aber ist er auch von anderswoher versetzt worden?
Es hat im Lande noch ein paar mehr solche Meilensteine und Wegweisersteine gegeben, aber sie sind total vergessen.
Schade, daß in der Aufbruchstimmung nach dem letzten Krieg, als "alles, alles anders werden" mußte, niemand einen Gedanken an den historischen Wert der "runden Steine" verwendet hat. Heute denkt man anders, aber da sind nur mehr lückenhafte Erinnerungen vorhanden. Bleibt zu hoffen, daß wenigstens der runde Stein in Ziering stehenbleibt. Möglicherweise sagt dann auch die dortige Jugend wieder, wie einst die jungen Leute von Wildenranna oder Untergriesbach: "Treff' ma uns beim runden Stoa...?"

(Pfingsten 1987)

Lämmersdorfer "Godasäuln" erinnert an die Pest

Zusammen mit der Kapelle auf neuem Platz — Hier lagen die Toten

Lämmersdorf. Nahe dem Dorf, gegenüber der Einmündung der Hameter Straße in die Gottsdorfer Kreisstraße, stehen, ein wenig unter Bäumen versteckt, eine kleine Kapelle und eine granitene Pestsäule. Daß es sie noch gibt, verdanken sie der Heimatliebe des Trachtenvereins. Was es aber damit auf sich hat, weiß kaum mehr jemand.

Altbürgermeister Hans Kainz ist eine Ausnahme, er nennt sogar noch den alten Namen der Säule — "Godasäuln" und erklärt das Wort auch. "Goda ist Gatter, Umzäunung, Eingrenzung und man sagte einst ja auch 'ei'godad', also eingegattert, eingezäunt. Die Godasäuln heißt deshalb so, weil sie einst den eingezäunten Friedhof der Pesttoten bezeichnete..."

Die Granitsäulen, viele mit einem Häuschen drin, manche mit einem Kreuz, werden hier seit Alters her Pestsäulen genannt, eine aufgeklärte Zeit will das nicht mehr gelten lassen und hat sie in "Wegsäulen" umgetauft. Manche mögen wirklich Wegzeichen gewesen sein, die meisten aber waren tatsächlich Wahrzeichen oder Dankgaben aus der Pestzeit. Für die Lämmersdorfer Säule ist das sogar verbürgt. Sie stand früher genau gegenüber ihrem jetzigen Standort auf freiem Felde, es gibt ein altes Bild, das im Denkmälerband enthalten ist und den ursprünglichen Standort und Zustand dokumentiert. Die Säule hatte früher sogar ein steinernes Kreuz, das aber verloren ist. Ihr Name "Godasäuln" und die Überlieferung, daß hier die Pesttoten begraben wurden, geben Säule und Platz lokalhistorische Bedeutung.

Es kann, auch aus Stilmerkmalen, geschlossen werden, daß die Säule aus der Pestzeit 1649/50 stammt. Damals wütete hier die Pest, und es gibt eine alte Niederschrift, die "Der schwarze Tod im Gericht Wegscheid" heißt. Sie erzählt davon, daß 1649/50 der bischöfliche Pfleger und sogar der Bischof selbst alle zwei Wochen Berichte aus den Orten des Landes der Abtei anforderten, "Stand und Fortschritt des schwarzen Todes anbetreffend". Der Wegscheider Richter Balthasar Mühlpeck hat damals gewissenhaft berichtet, und seine Schilderungen sind erhalten. Aus Hauzenberg wurden 195 Pesttote gemeldet, aus Kellberg 292, aus dem nördlichen Abteiland zusammen 1648. In dem Bauerndorf Kasberg bei Wegscheid starben ganze Familien aus, die Chroniken nennen ihre Namen. Originaltext: "Dem Georg Schiffeneder zu Niederwegscheid starben innerhalb vierzehn Tagen den 14. und 28. Juli zwei alte Inweiber namens Appolonia Dienbergerin und Appolonia Bernhardin..."

Die Menschen flüchteten damals Hals über Kopf und ließen die Sterbenden zurück, der bischöfliche Richter verfügte drastische Maßnahmen, "Zernierungen", wie man es nannte, also Absperrungen und war doch hilflos gegen den Schwarzen Tod. In dem alten Bericht heißt es dann: "In der Pfarrei Griesbach starben in dieser Zeit ganze Dörfer aus und der dortige Pfarrer entwich, nachdem der Schwarze Tod über die Schwelle des Pfarrhofs geschritten..."

Im Mittelalter war hier ein umzäunter Pestfriedhof, deshalb heißt die alte Säule immer noch "Godasäuln". Mit der Kapelle steht sie nun anderswo.

Zwar ist Lämmersdorf nicht namentlich genannt, es gehörte aber zur Pfarrei Untergriesbach und war gewiß eines der Dörfer, in denen viele Menschen starben. Man schaffte sie gar nicht bis in den Friedhof Untergriesbach, sondern grub sie an der Wegkreuzung ein und hat dann den Platz "ei'godad" und die Säule errichtet.

Die Geschichte der Kapelle ist belegt, sie stammt, dem Denkmälerband zufolge, aus dem 18. Jahrhundert und wurde von einem Vorfahren Hans Kainz' erbaut. Er wußte schon als Bub, daß die Kapelle "seit unvordenklichen Zeiten" dort stand, gewiß erinnerte man sich, als sie gebaut wurde, noch an die Pesttoten. Kapelle und Pestsäule zusammen an einem Platz sind hier sehr selten.

Als die neuen Straßen gebaut wurden, waren Kreuz und Kapelle im Wege. Der Trachtenverein griff ordnend zu, versetzte das Kreuz und baute die Kapelle neu. Die alte war zu morsch geworden. Die neue Kapelle hat die Form der historischen, ist nur etwas höher. Innen ist eine von einem Gitter geschützte Madonnenfigur, die Pestsäule, nun ohne Kreuz, wurde mit einem Bild des heiligen Christopherus geschmückt, im Hintergrund eine Ansicht Untergriesbachs. Leider ist das von Kunstmaler Ziske geschaffene Bild schon verblaßt und abgeblättert, es müßte erneuert werden. Niemand mehr von denen, die eilig über die Straßenkreuzung fahren, denkt daran, daß hier Gebeine der Pesttoten liegen. Kaum einer wendet seine Gedanken für einen Augenblick Gott zu, wozu ja ursprünglich Säule und Kapelle aufriefen. Als Denkmäler unserer Heimat sollten wir sie jedoch in Ehren halten.

(27.8.1988)

Die Jahresringe haben den Beweis geliefert

Ratzinger Holzschindel stammt aus dem 13. Jahrhundert — Sogar ein Professor war überrascht

Untergriesbach. Das "Jahresringlabor" des Botanischen Instituts der Universität Hohenheim hat den Beweis geliefert: Die in Ratzing gefundene Holzschindel mit der Jahreszahl 1229 stammt tatsächlich aus dem 13. Jahrhundert. Selbst der Professor war überrascht und die Fachleute staunen. Was steckt dahinter?

In dem kleinen Dorf Ratzing, nördlich des Marktes Untergriesbach, war im vorigen Jahr eine altersverwitterte Holzschindel gefunden worden, die seitdem zu viel Rätselraten Anlaß gibt. Sie befand sich in einem alten Holzhaus an versteckter Stelle, niemand weiß, wie die Schindel mit den heute noch blaß lesbaren Ziffern "1229" dorthin gekommen ist. Aber jetzt wurde wissenschaftlich nachgewiesen, daß die Schindel aus einem Baum stammt, der zwischen 1177 und 1217 gewachsen sein muß: die "Dendro-Chronologie" machte es möglich.

In der vor einem Vierteljahrhundert entstandenen Festschrift zum 700jährigen Markterhebungsjubiläum Untergriesbachs schrieb Oberlehrerin Gertrud Wohnnot von einem "Grantigericht" in einem Ratzinger Holzhaus. Ein Grantigericht wäre eine historische Kostbarkeit gewesen, denn dieses von "Geraderichten" stammende Wort bezeichnet einen Türstock aus dem Mittelalter. Georg Schurm, der sich im Auftrag der Gemeinde mit Flurnamenforschung und der Sammlung oder Feststellung lokalgeschichtlicher Relikte befaßte, suchte 1987 dieses "Grantigericht" in Ratzing, fand es aber nicht mehr.

Statt dessen zeigte ihm aber der Besitzer des alten Holzhauses, Otto Ledermüller, eine stark angewitterte Holzschindel mit der Schrift "A 1229" darauf. Ledermüller, der das alte Holzhaus vor Jahren gekauft und restauriert hatte, fand diese Schindel an geschützter Stelle unter dem Dachvorsprung, mahm sie ab und bewahrte sie im Haus auf.

Kaum war der seltsame Fund bekanntgeworden, kam es zu Kontroversen über die Echtheit bzw. die Möglichkeit, ob es eine Holzschindel aus dem 13. Jahrhundert mit arabischen Ziffern darauf überhaupt geben kann. Denn bisher war man der Meinung, im 13. Jahrhundert seien in Deutschland solche Ziffern gar nicht benützt worden, sondern ausschließlich römische, und es wurde auch bezweifelt, ob Zimmerleute vor 700 Jahren so schöne Zahlen haben schreiben können.

Bürgermeister Günther Kohl wollte es genau wissen: Er ließ die Schindel ins "Jahresringlabor" des Botanischen Instituts der Universität Hohenheim bringen und untersuchen. Von der Öffentlichkeit weitgehend unbemerkt, haben Wissenschaftler schon seit langem eine Methode entwickelt, Jahresringe von Bäumen mit bestimmten Charakteristika miteinander zu vergleichen und so genaue zeitliche Datierungen zu ermöglichen. Denn Jahresringe gleicher Baumarten in vergleichbaren Standorten sind ähnlich wie die Fingerabdrücke

von Menschen — unverwechselbar und einmalig. Das Ergebnis dieser "dendrochronologischen Analyse" hat Professor Dr. B. Becker nun der Gemeinde mitgeteilt und trotz aller wissenschaftlichen Kühle konnte er eine Emotion nicht verbergen. Er schrieb nämlich: "Überraschenderweise lasse sich eine bemerkenswerte Übereinstimmung der Jahresringmuster der Schindel mit der Tannenchronologie des Zeitraums von 1177 bis 1217 erkennen." Ein vom eigenen Forschungsergebnis überraschter Professor! Da darf auch die Fachwelt staunen. Und es ist mit höchster Wahrscheinlichkeit nun bewiesen, daß die Schindel aus einer Tanne stammt, die zwischen 1177 und 1227 wuchs.
Bürgermeister Günther Kohl, der das Ergebnis der wissenschaftlichen Untersuchung dem Gemeinderat bekanntgab, erinnerte daran, daß Ratzing ein "echter Ing-Ort" ist, also eine sehr alte Siedlung sein muß. Und daß es keinesfalls außerhalb jeder Möglichkeit ist, daß bereits im 13. Jahrhundert hier ein Dorf aus Holzhäusern gebaut und dabei Schindeln aus Tannenholz geschlagen wurden.
Ein weiterer Hinweis ist dem Bürgermeister der Umstand, daß Ratzinger Fluren von der Flurbereinigung mit der erstaunlich hohen Zahl 30 bewertet wurden, was sonst nur bei viel besseren Lagen und Böden vorkommt: "Ratzing hat also eine Bodenbonität, die weit aus dem Durchschnitt herausragt und sicher auch den frühen Siedlern nicht entgangen ist. Sie haben sich bei der Landnahme dort niedergelassen, wo die besten Flächen waren." Kohl kündigte an, die mittlerweile berühmte Schindel sorgsam zu verwahren, als Grundstock für ein künftiges Museum der Heimatgeschichte.
Es steht also fest, daß die Schindel aus dem 13. Jahrhundert stammt. Ob aber auch die Schrift darauf? Darüber konnte die Dendrochronologie keine Auskunft geben. Hat man vielleicht später die 1229 draufgemalt?

(Febr. 1988)

Ein beschwerlicher Weg "von da Linsat zu da Leiwad"

Einst blühten hier Flachsanbau und Weberei — Bald Wiederbelebung in neuer Form

Wegscheid. Das "Heimatwerk der Handweber" will in der Schule Wildenranna ein traditionsreiches Handwerk wiederbeleben. Das geschieht gerade in einer Zeit, die die industrielle Massenfertigung zu höchster Vollendung bringt, gleichzeitig aber den Wert der Handarbeit und ihre Seltenheit erkennt. Es scheint, daß günstige Aussichten bestehen, und daß das Wegscheider Land seine frühere Position in der Handweberei wenigstens zum Teil zurückgewinnt. Ehe die Webstühle im Schulhaus Wildenranna anfangen zu surren, ist eine Erinnerung an gar nicht so lange zurückliegende Zeiten nützlich, als hier Flachs angebaut und bis zur fertigen Leinwand verwoben wurde.

Seit 1500 sind Belege für die Handweberei im Landkreis vorhanden, von 1593 gibt es eine Handwerksordnung mit strengen Vorschriften über das religiöse Verhalten der Zunftmitglieder. Die Berechtigung zum Weberhandwerk war "real" und ruhte auf dem Haus, in jedem Ort waren nur bestimmte Anzahl Meister zugelassen, und auch die Zahl der Gesellen und Lehrlinge war beschränkt. Beschauer prüften die Güte der Erzeugnisse und kennzeichneten sie, ebenso wie die Passauer Klingen, mit dem "Wölfl", dem Passauer Wolf. In den größeren Orten fanden Flach-, Garn- und Leinwandmärkte statt; die ausgezeichnete Wegscheider Ware hatte guten Absatz. Von 1672 gibt es eine "Haar-, Gespunst-, Leinwand- und Beschauordnung", die genaue Bestimmungen über die Auswahl des Saatgutes, über das Rösten und Haspeln des Flachses und über die richtigen Längen und Breiten des Leinen enthielten. Besonders beliebt waren der Gradl (Inlett), der Golschen (Leinwand mit Wolle) und das Ziechwerk (Bettüberzüge).

In den Urkunden spiegelt sich die wechselvolle Geschichte der Wegscheider Handweberei. Auf die Hochblüte folgte nach 1765 ein großer Rückschlag. Der Fürstbischof erwarb das bis dahin österreichische Rannariedelsche Gebiet, damit kamen 259 Meister mit vielen Gesellen und Lehrlingen zum Fürstentum. Da die Österreicher zugleich die Grenze sperrten, wurde der Konkurrenzdruck riesengroß, der Absatz ging zurück, und die Wohlhabenheit fand ein Ende.

In den folgenden Jahrzehnten, beschleunigt noch durch die Säkularisation der Napoleonzeit, gestaltete sich das Handweberhandwerk im Wegscheider Land zu dem um, das uns noch aus Erinnerungen bekannt ist. Es kamen die Nebenerwerbler auf, die im Sommer anderswo arbeiteten und zur Winterzeit die Webstühle traten. Auch das Vertriebssystem änderte sich, sogenannte Verleger übernahmen den Absatz der Leinwand, sie wurden dabei reich, die Weber arm. Von rund 6 000 Hektar Anbaufläche für Flachs zu Beginn des 19. Jahrhunderts ging die Fläche im Bayerischen Wald 100 Jahre später auf 500

Beim Webereimuseum Breitenberg wird jetzt wieder Flachs angebaut und sorgfältig "gerissen" um den Weg "vo da Linsat za da Leiwad" vorzuführen.

Hektar zurück. Vor der Mechanisierungswelle, die im Gefolge des Krieges 1879 auch hier auftrat, beschäftigte der Wegscheider Verleger Franz Fenzl 700 bis 800 Weber, etwa 200 Weber arbeiteten für die Breitenberger Firma Rapp.
Den Niedergang der Weberei hielten alle Versuche, die Erzeugung zu modernisieren, nicht auf. Die Ausbildung, einst in den Zünften sorgsam gepflegt, wurde vernachlässigt, Muster gerieten in Vergessenheit, und die hergestellte Ware war zu einfach, um noch mit dem Ausstoß der Maschinen konkurrieren zu können. Die hiesigen Weber hatten Landwirtschaft oder anderen Verdienst und deshalb kam es hier nie zu Weberunruhen wie man sie aus Schlesien kennt. Trotzdem lebten vor hundert Jahren die meisten hiesigen Weber in Armut und Unabhängigkeit. 1889 wurde deshalb auf Betreiben der Geistlichkeit und der Behörden in Breitenberg eine Webergenossenschaft gegründet, 1904 folgte die zweite in Wegscheid. Sie gibt es heute noch.
Der erste Weltkrieg mit seiner überstarken Nachfrage führte die Wegscheider Handweberei nochmal zu einer kurzen Blüte, um so tiefer war der Sturz danach. Aus großem Elend halfen wieder Staats- und Militäraufträge, aber es gab schon seit 1934 eine staatliche Garnverteilung, später wurde sogar mit geringem Erfolg der Anbau von Flachs versucht. Wieder schaukelten die berühmten blauen Blüten im herben Wind auf den Höhen des Bayerischen Waldes, noch einmal wurde geriffelt und gebrechelt, geröstet und gesponnen. Was uns heute zurückschauend als eine hohe Zeit der Wegscheider Handweberei erscheint, die Zeit, von der die Großväter erzählen, ist eigentlich nur eine

Stufe auf dem Weg zum Niedergang. Das Schicksal der Wegscheider Handweber ist zugleich das aller Handwerke im Zeitalter der industriellen Revolution.

Man fragt sich deshalb heute zu Recht, ob man die Handweberei in der bekannten Form wiederbeleben soll und kann. Es dürfte klarsein, daß im Nebenerwerb weder die nötige Mustervielfalt noch die erforderliche Qualität erreicht werden kann. Die Gründer des Heimatwerks der Handweber gehen deshalb viel weiter, in die Geschichte zurück, als ihnen vielleicht selbst klar ist, wenn sie heute eine gründliche Ausbildung und gut entlohnte, hauptberufliche Tätigkeit der Weber in Wildenranna anstreben. Sie sind dann wieder dort, von wo wir ausgingen, bei der zünftigen Ordnung des Handwerks. Es gibt keine Fahnen mehr, keine Kleiderordnung und vorgeschriebenen religiösen Übungen, keine fürstlichen Beschauer und keine Leinwandmärkte. Dafür gibt es aber künstlerische Beratung bei der Bemusterung, modernes Design, kaufmännische Organisation von Rohwareneinkauf und Fertigwarenverkauf, ein weltweites Vertriebsnetz und einen hohen Qualitätsstandard — im Grunde genommen alles Dinge, die die Leinenweber des 16. Jahrhunderts auch hatten, nur eben ein wenig kleiner, ihrer Zeit angepaßt.

Ein bemerkenswerter Unterschied besteht aber doch. Die alten Weber stellten Gebrauchsgegenstände des täglichen Lebens her, die so unentbehrlich waren wie das Brot und das Salz. Heute aber sollen die Handweber exklusiven Bedarf befriedigen, sollen wertvolle Handarbeit anbieten, die sich gerade von der Massenware unterscheidet. Das ist es, was die Handweberei im Landkreis nun in einen neuen Abschnitt ihrer Geschichte treten läßt.

Niemals wiederbelebt wird aber wohl ein anderer Zweig früherer Tätigkeit, eng mit der Weberei verknüpft: Anbau und Verarbeitung von Flachs. Eigentlich sollte man es sich wünschen, wieder ein paar Äcker "Haar" anzubauen und eine "Brechlhütten" wieder erstehen zu lassen, und sei es nur als Attraktion für den Fremdenverkehr. Aber wer tut das schon und kann es überhaupt?

So müssen wir uns mit der Erinnerung begnügen, wie sie heute noch in den Erzählungen der Alten fortlebt. Lassen wir sie einen Augenblick lang wieder lebendig werden, sozusagen als Begleitung zum Geräusch neuerstehender Webstühle im Wegscheider Land.

Das Wegscheider Land war und ist auch heute noch gut geeignet für den Flachsanbau; wo nun Weizen golden reift, säte man früher das "Hoarlinset". Viel Arbeit machte das Vorbereiten der Äcker, die sorgfältig zweimal geeggt und gut gedüngt werden mußten. Die Saat ging auf und damit begann ein schweißtreibender Zyklus für die Bauernfamilie. In jeder Stunde sind die "Weber im Hooracka beim Grosen". Das Grasen und Unkrautzupfen war sehr wichtig, kein chemisches Mittel kam den Bauern zu Hilfe. Im hohen Sommer war der Flachs dann mehr als einen Meter hoch, die Blätter wurden gelb, aus der blauen Blüte hatte sich die erbsengroße Samenkapsel gebildet. Jetzt ging es ans "Hoorraffn", das Ausraufen der Pflanzen samt den Wurzeln. Sie abzuschneiden hätte einen Verlust an wertvollem Rohstoff bedeutet.

Die Hausweberei war früher hier ein wichtiger Erwerbszweig, ist nun jedoch fast ausgestorben und nur wenige Weber arbeiten gelegentlich noch.

Welche Bedeutung einst der Flachs hatte, zeigt sich darin, daß er sogar zum Zehent gehörte. Sämtliche Bauern einer Pfarrei mußten jährlich zwei Reist Flachs an den Pfarrer und ein Reist an den Schulmeister abliefern. Ein Reist ist ein Büschel, so groß, wie man es auf einmal mit der Hand durch die Hechel zieht.

Eine Menge Fachworte hat der Waldler im Laufe der Zeit für die Bereitung des Haar entwickelt, heute sind sie fast schon vergessen oder werden in anderer Bedeutung verwandt. Der ausgeraufte Flachs wurde zu "Binkln" zusammengebunden und eingefahren, zugleich richtete man den "Rifföbaam" her, den Riffelbaum, auf dem die Riffelbretter befestigt wurden. Die Eisenkämme dienten dazu, den Flachs hindurchzuziehen und die Samenkapseln auszureißen. Auf der "Stubnbruck" unter dem Riffelbaum war eine "Bloha" ausgebreitet, auf die die "Boln" fallen sollten, damit ja nichts verlorenging.

Riffeln war eine schwere Arbeit und man mußte gut dazu essen, nämlich den "Riffóbrei", eine große Schüssel in Milch gekochter Hirsebrei mit einem Schmalzbrunnen in der Mitte. Nach dem Riffeln kam der Haar in die "Hoor-Reoss", den sonst zum Bewässern der Wiesen verwendeten Teich. Rund aufgeschichtet und mit Brettern und Steinen beschwert, "woacht" er ein paar Wochen, damit sich der Pflanzenleim lösen kann und der Rohflachs von den Stengelzellen freikommt. Die Samenkapseln werden unterdessen in der Sonne ausgebreitet, bis sie aufspringen und den Leinsamen, "d' Linsat" freigeben. Der Streu wird beim Sieben mit den "Linsatreitern" ausgeschieden. Aus dem Leinsamen gewann man früher das in der Küche vielfach gebrauchte Leinöl, es wurde "ausgeschlogn". Dieses Ausschlagen war ein Mahlen und Pressen, wobei die Männer kräftig hinlangen mußten. Die Rückstände, die "Özön", waren ein wertvolles Viehfutter. Mit dem frischen Leinöl machte die Mutter dann das seltene Gericht der "Leinönuon", Nudeln von großem Wohlgeschmack, die von Öl triefen mußten.
Der gewässerte Flachs, inzwischen wieder getrocknet und in die Scheune gebracht, beschäftigte die Familie den Winter über. Im vom Backen noch warmen Backofen im Hof wurde er gedörrt und dann gebrechelt. Man klemmt den spröden Haar durch die zuschlagende Brechel ein und befreit ihn so von seiner äußeren Hülle. Auf der "Hachl", auch als Hechel bekannt, wird der Flachs durch nadeldünne Spitzen gezogen und dabei ausgekämmt. Die dabei entstehenden Abfälle, das "Weri", wird zu Stricken und Säcken verarbeitet, der gute Flachs in kleine Bündel, "Widl", zusammengedreht und kann nun versponnen werden. Dabei tunkte man den Finger ins "Leckhafeo" ein, um damit die Finger zu befeuchten, es galt, "glei mit zwä Fam" zu spinnen.
Spinnen ist eine noch verhältnismäßig gut bekannte Beschäftigung, aber wer stellt sich heute schon einen Riffelbaum oder eine Brechel in die gute Stube? Die von der Flachsbereitung herkommenden Ausdrücke werden aber immer noch gern gebraucht. "Der ghört griffelt" meint man von jemand, der eine Abreibung verdient und wenns "oan durch d' Hachl zohn ham", dann wurde er kräftig ausgeschmiert. Und eine magere Kuh ist auch heute bei den Waldlern "a so a Brechl".
Die Handweber von Wildenranna werden wohl keinen "Hoor" mehr verarbeiten, wie er einst auf den Feldern rings um das Dorf wuchs. Sie verfertigten ihre modernen Erzeugnisse aus allen Rohstoffen, die das reichhaltige Angebot hergibt. Sollten sie aber einmal wieder ein herrliches Stück Leinen erzeugen, vielleicht das berühmte "Wegscheider Königslinnen" nachempfinden, so sollten sie sich daran erinnern, wie alt und ehrwürdig das Gewerbe ist. Sie tragen heute eine Tradition weiter, und wenn sie es in moderner Form tun, so hätten sie dazu sicher die Zustimmung der einst so fortschrittlichen Zunftmeister, die den Ruf des Wegscheider Leinen erst begründet haben.

(Weihnacht 1969)

Vom Federnschleißen...

...und dem einst intakten sozialen Dorfleben geplaudert

Den Sommer und Herbst über haben sich Gänse und Truthühner im Dorf getummelt. Sie haben sich ihrer Bestimmung entgegengemästet, sind gehütet und vor dem Tod unter Autorädern bewahrt worden. Jetzt aber hat sie ihr Schicksal ereilt, appetitlich zugerichtet brutzeln sie in den Bratröhren vieler Herde in Stadt und Land. Ihre Federn, die sie dem Laufe der Welt folgend, lassen mußten, sammelt die Bäuerin in Säcken. Sie gedenkt sie aufzubereiten und in "Kradl" zu füllen, um daraus "Plümo" und Kopfkissen zu machen. Die Bäuerin mag verzweifeln, wenn sie sich vor dem Berg Federn denkt, die alle einzeln in die Hand genommen werden wollen, mit scharfem Messer eingeschnitten und vom Kiel getrennt.

Hier bewährt sich dann der dörfliche Gemeinschaftsgeist, der den Einzelnen nicht mit einer übermächtigen Arbeit allein läßt. Deshalb ist auch das alte Brauchtum des gemeinschaftlichen Federnschleißens nur noch in den Walddörfern zuhause, wo man noch nicht so neumodisch ist, sich nicht mehr zu helfen. Erfreulich viele Dörfer gibt es noch in unserer Heimat, wo an langen Winterabenden die "Weiberleut" zusammenkommen, um Federn zu schleißen, sich etwas zu erzählen und sich die Zeit zu vertreiben. Die Heimat dieses Brauches ist noch überall dort, wo die Bäuerin stolz darauf ist, jedem ihrer Kinder eine vollständige Bettausstattung mitzugeben, deren Federnfüllung sie selbst bereitet hat.

Wenn es soweit ist, wird im Dorf "eingesagt". Die Bäuerin oder die älteste Tochter geht herum und lädt ein, wer wohlgesinnt ist und zur "Freundschaft" gehört. Schon am Tag vorher haben die Vorbereitungen begonnen, denn natürlich kann man die Frauen nicht ungespeist lassen. Es ist Brauch, daß es zum Federnschleißen Kaffee und mehrerlei Kuchen gibt, wohl auch einmal ein Schnäpschen, um die Stimmung zu heben.

In der "Stubn" ist an den großen Eßtisch noch ein Tisch herangerückt worden, und wenn der nicht ausreicht, holt man beim Nachbarn den dritten dazu. Nach der Mittagsarbeit kommen die ersten Frauen, bald sind alle beisammen und ehe noch die frühe Winterdämmerung einfällt, sitzt man einträchtig um den Tisch, auf dem große Haufen Federn liegen. Flink laufen die Hände die Kiele auf und ab, schnell picken die scharfen Messer zu, aber auch mächtig gehen die Zungen! Das ist ja auch eine herrliche Gelegenheit, sich wiedereinmal etwas zu erzählen!

Früher war es wohl üblich, daß sich auch Burschen dazufanden, die dann gruselige oder lustige Geschichten erzählten oder etwas sangen. Heute findet man das kaum noch, es gilt als "unmännlich" bei dieser "Weibersach" mitzutun. Das stört aber die Frauen nicht, von Kaffee und Kuchen gestärkt, werkeln sie lustig voran und immer wieder muß die Bäuerin mit einem Sack an den Tisch treten, um die fertigen Federn einzusammeln und ungeschleißte aufzu-

Der alte Brauch des gemeisnamen Federnschleißens lebt noch im Dorf Wildenranna. Wehe, es muß jemand in den Federnberg niesen!

schütten. Es ist verblüffend anzusehen, was mehr als ein Dutzend arbeitsgewöhnte Frauen in diesen wenigen Stunden hinter sich bringen.
Am Abend, wenn es Zeit wird, das Vieh zu versorgen und auf dem Hof nach dem Rechten zu sehen, unterbricht man die Sitzung für eine Weile und kehrt dann neugestärkt zu ihr zurück.
Natürlich ist es so, daß man sich rundum im Dorf beim Federnschleißen hilft. Jeder, der Gänse oder Truthühner hält und die Federn aufbereiten will, ist einmal der Gastgeber und dann wieder der Eingeladene. Der lange Winter ist so leichter herumgebracht und es ist etwas Nützliches dabei geschafft.
Je später es ist, desto lustiger wird die Tischrunde. Man frozzelt sich, singt und tanzt auch einmal, nichts Rockig-Fetziges beileibe! Einen Landler, Walzer, Dreher, auch mal eine Polka. Irgend ein Bursch ist dann schon aufzutreiben, der den "Fotzhobel", die Mundharmonika, spielt und ihr Weisen entlockt, zu denen es sich im weiten Rund der bäuerlichen Stube gut tanzen läßt. Meist erst tief in der Nacht finden die Weiber heim, angeregt und fröhlich und sie lachen heimlich über die etwas grantigen Männer, denen das Privileg für diesen Tag abhanden gekommen ist.
Ist die Federnausbeute dieses Jahres geschlissen, hat es damit noch nicht sein Bewenden. Der Hausbackofen ist geheizt worden oder man nützt die Wärme, die darin nach dem Backen zurückbleibt, aus. Die Federn werden im Backofen verstaut und über einen Tag und eine Nacht richtig ausgehitzt. Jetzt sind sie

fertig zum Einfüllen, eine Arbeit, die nocheinmal viel Schererei macht und bei der ein starker Nieserer Verheerungen anrichten kann.
Bis man im Dorf rundum gekommen ist, bis auch die letzten Federn in ihren "Kradln" sind, erscheint auch mählich das Frühjahr und andere Arbeiten warten auf die Bäuerinnen. Eine davon ist, junge Gänse und Truthühner aufzuziehen. Es muß ja im nächsten Winter wieder was zum Schleißen geben!

Der "Bockerlbahn" wurde ein literarisches Denkmal gesetzt

Buch über Zahnradbahnen in Bayern erschienen — Viele alte Bilder zu sehen

Wegscheid. Der jungen Generation schon ganz unbekannt, der älteren kaum mehr recht in Erinnerung ist die "Bockerlbahn", die unter Eisenbahnfachleuten berühmte Zahnradbahn zwischen Obernzell und Wegscheid. Mit dem Herausreißen der Gleise und dem Verkauf der Bahntrasse und der Bahnhöfe vor einiger Zeit wurde hier das letzte Kapitel eines einstmals technischen Großvorhabens geschrieben. Es als Buch der Nachwelt erhalten zu haben ist das Verdienst eines schlesischen "Eisenbahnnarren", der jetzt ein reichillustriertes Werk über "Die Zahnradbahnen in Bayern" veröffentlicht hat. Dem Wegscheider Bockerl ist darin viel Platz gewidmet.

Der Kampf um die Erhaltung der Bahnstrecke ist allen politisch und wirtschaftlich Interessierten noch in bester Erinnerung, seine letzten Gefechte sind ja immer noch nicht vorbei, denn noch steht der Gütertransport nach Obernzell auf dem Spiel, wenn die Transportkapazität von Galvano-Bauer sinkt. Zuletzt ging es aber immer nur noch um Güterzüge mit Dieselloks, um keine Zahnradstrecke und erst recht um keine Zahnradlokomotive mehr. Die "97101" oder "07103", einst jedem Kind vertraut, sind seit Jahren verschrottet, vor mehr als zwanzig Jahren schon hörten sie auf, Personenwaggons zu ziehen und ein wenig später auch Güterwagen. Dabei waren sie so schön, so romantisch, so gemütlich, diese speziell nur für die Strecke Obernzell-Wegscheid gebauten und ausgerüsteten Spezialloks, die da so gemütlich die Zahnradstrecke hinaufschnauften, daß so mancher vorwitzige Fahrschüler ausstieg und Blumen pflückte...

Ihr melodisches Pfeifen und Klingeln vor den unbeschrankten Bahnübergängen klingt einem noch im Ohr, wenn man ihre Bilder in dem gerade eben erschienenen neuen Bildwerk von Siegfried Bufe sieht. Der Oberschlesier ist wirklich ein "Bahnnarr", wie er sich selbst nennt, er hat schon etliche Bücher dem Bahnwesen gewidmet und stets viele Freunde gefunden, denn es gibt mehr an der Bahn und ihren Spielarten interessierte Menschen als man glauben möchte. Siegfried Bufe nun, seit Jahrzehnten in München ansässig, kennt die Moscheks in Wegscheid und Rainer Moschek wiederum verfaßte eine Zulassungsarbeit über Geschichte und Ende der Wegscheider Bahnstrecke. Er hatte dafür umfangreiches Material zusammengetragen, nicht zuletzt aus dem Archiv der Redaktion der "Passauer Neuen Presse", die ja von Anfang an in vorderster Front gegen die Bahneinstellung kämpfte und seltene Dokumente aus der Bahngeschichte besaß. So also kam's, daß Siegfried Bufe in Wegscheid aufkreuzte, daß er auch die Redaktion besuchte und nicht nur in den schriftlichen Archivarien stöbern konnte, sondern auch das reiche Bildmaterial zur Auswahl erhielt. Das Marktarchiv Obernzell tat ein übriges, Bürgermeister

Die "97103" war eine der beiden Zahnradlokomotiven, die von Obernzell nach Untergriesbach und von Mitterwasser nach Wegscheid hinaufkeuchten.

Hammel stellte seltenste Aufnahmen zur Verfügung und so kommt es nun, daß das Kapitel über das Wegscheider Bockerl in dem neuen Buch eines der umfangreichsten und am besten bebilderten und belegten ist. Es handelt sich um das einzige, erste und wohl auch letzte literarische Dokument der Wegscheider Eisenbahngeschichte.

Das Wegscheider Bockerl befindet sich in dem großformatigen Bildband, der im Fachbuchverlag Gerda Bufe, München, erschienen ist, in bester Gesellschaft. Da wird die Wendelsteinbahn ebenso vorgestellt wie die bayerische Zugspitzbahn und es ist sogar die Werksbahn Kinsau/Lech vertreten nebst einer Übersicht über die Projekte und Standseilbahnen.

Blättert man das Wegscheid interessierende Kapitel durch, so wird man von wehmütigen Erinnerungen erfaßt. Da gibt es Schnittzeichnungen der Speziallokomotiven ebenso wie eine alte Ansicht von Obernzell zur Zeit des Bahnbaus, eine absolut einmalige Aufnahme ist das riesige Schalungsgerüst des Obernzeller Viadukts — damals in reiner Handarbeit erstellt. Die wuchtigen Zahnräder sind kurz vor dem Einbau in die Loks zu sehen, Bilder vom Streckenbau hat man ausgegraben und natürlich viele, viele Bilder vom Betrieb selbst. Da dampft die "103" durch die Gegend, da rangiert die "104", da schauen die rußigen Eisenbahnergesichter aus dem Lokführerstand, den Älteren wohlvertraut von so mancher gemeinsamen Fahrt. Siegfried Bufe hat

sehr verdienstvoll alles zusammengetragen, was er nur an Interessantem finden konnte und so ist ein Dokument der Heimatgeschichte entstanden, das einmalig ist.
Die modernen Bilder, meist aus der Kamera von Volker Stutzer, zeigen den Felssturz ebenso wie die zahlreichen Politikerbesuche, die nichts fruchteten und enden beim schmählichen Tod der Strecke, bei der von Schienen entblößten Trasse, die dann doch kein Wanderweg wurde und bei den Schrotthaufen, die von alledem übrigblieben. Die Wegscheider Bahn ist die einzige, die Bufe mit einem solchen Ende darstellen muß, die anderen sind alle noch in Betrieb. Wer sich gerne an alten Dingen erfreut, dem kann ein Fahrplan von 1938 zur Erheiterung dienen, der beigefügt ist und der ausweist, daß der Mittagszug von Passau um 13.01 Uhr abfuhr, um 13.36 Uhr in Erlau war, die Fahrgäste in Richtung Wegscheid dann bis 13.50 Uhr warten mußten und um 14.55 Uhr endlich in Wegscheid ankamen. Nebst zehnminütigem Fußmarsch in den Markt war man dann glücklich zwei Stunden unterwegs gewesen. Wer aus der damaligen Fahrschülerclique vom Krieg verschont übriggeblieben ist, aus einer Zeit als ein Gymnasium Untergriesbach noch nicht einmal eine Möglichkeit war, der wird sich noch daran erinnern.
Ebenso wohlfundiert wie die Bilder ist auch der Text des Buches, der auf der Zulassungsarbeit von Rainer Moschek aus Wegscheid fußt. Aus profunder Kenntnis heraus wird da alles dargestellt, was man über die Strecke wissen muß. Die Vorgeschichte, die mit ersten Bestrebungen zum Bahnbau 1893 beginnt, die Planungen, die von einer Schmalspurbahn ausgehend bei der Zahnradbahn endeten und dann verwirklicht wurden und die Geschichte von Bau und Betrieb bis zum Kriegsende.
So viele Geschichten gibt es da zu erzählen. Vom Kaibl, das beim Umladen in Untergriesbach entsprang und von der gesamten Bahnermannschaft samt Lokführer und Heizer eingefangen werden mußte — von der Frau, die auf der langen Reise in Obernzell ihr Kind mit Wurst fütterte und ihm nicht alles geben wollte. Dem Geraunze machte dann ein Mitfahrer ein Ende, indem er sagte: Geh zua, gib's eam do, bis ma nach Wegscheid kemmand, is eh stinkat! Von den frechen, kartenspielenden Fahrschülern, die in ständiger Versuchung lebten, versuchsweise einmal die Notbremse zu ziehen... Kurzum, es ist ein informatives, lesenswertes Buch, das da entstanden ist. Ausgespart werden auch nicht die düsteren Kapitel, der Fliegerangriff auf den Bahnhof Erlau am Kriegsende mit mehreren Toten als Folge, die Sprengung des Obernzeller Viadukts mit ihren verheerenden Auswirkungen auf den Ort, die lange Zeit des Stillstands, endlich Wiederaufbau und erneute Inbetriebnahme, dann Neuerungen, Schienenbus und endlich Felssturz als willkommener Vorwand, die teure, ungeliebte Strecke endlich zuzumachen.
Siegfried Bufe endet sein Buch über die Wegscheider Bockerlbahn recht pessimistisch. Er schreibt: "Die Hoffnung, daß die Züge bald wieder nach Wegscheid fahren würden, erfüllte sich nicht. Die Trasse verwahrloste immer mehr und war dem Verfall preisgegeben. Bald wurden auch die Schienen und Schwellen zwischen Obernzell und Wegscheid entfernt. Heute wird die

Strecke manchmal noch von Wanderern benutzt. Die Bestrebung, auf der Trasse eine Skilanglaufloipe anzulegen, scheiterte. Eine Bahnlinie, die unter großen Anstrengungen gebaut wurde und ob ihrer technischen Besonderheiten eine Attraktion darstellte, war zerstört".

(Herbst 1977)

Das schreckliche Unwetter im April 1898 richtete in und um Obernzell verheerende Schäden an, aus ganz Bayern kam damals Hilfe.

Naturkatastrophe vor 90 Jahren ist unvergessen

Schweres Unwetter ließ Bäche zu reißenden Strömen werden — Hagelschlag und Geröllmassen — Ortsteil "Bach" fast weggerissen

Obernzell. Vor Naturkatastrophen ist der Mensch nie sicher und wüten einmal die Elemente, ist im Handumdrehen Haus und Acker verwüstet und Mensch und Vieh in Lebensgefahr. So ging es Obernzell genau vor 90 Jahren, unvergessen ist die schreckliche Katastrophe, die am 28. April 1898 den Ortsteil "Bach" fast wegriß. Der Staat sah sich damals genötigt, den wilden Gressenbach durch Kunstbauten zu zähmen.

Es lebt niemand mehr, der Zeuge des Unwetters war, aber im Archiv befinden sich lebhafte Schilderungen des Unglücks und seiner Folgen. Der Sommer 1888 hatte Obernzell ein verheerendes Hochwasser der Donau gebracht, die damals noch reißend dahinfloß in ihrem tiefen Bette, nahe den Häusern am Ufer vorbei. Die Chronik meldet, "nur mühsam hätte sich der Markt von dieser Flut erholt gehabt, als ein zweites Unglück hereinbrach." Und zwar am 28. April 1898.

Es muß ein schönes Frühjahr gewesen sein, denn die Chronisten sprechen von "prangenden Wiesen voller Blumen" und "herrlich erblühenden Gärten". Dann aber, gegen 17 Uhr, zog plötzlich ein schweres Unwetter auf und entlud anderthalb Stunden lang über Obernzell selbst, noch mehr aber über der Umgebung, vor allem über dem Hochland, aus dem die in die Donau mündenden Bäche kommen "unermeßliche Wassermassen und Hagel wie beim Jüngsten Gericht". So malt es die Chronik aus und in der Tat muß es schrecklich gewütet haben. Im Ortsteil "Bach" (der deshalb auch so hieß) mündeten drei Bäche in die Donau, der Eckerbach, der Hofleitenbach und der "Haselwurzbach" oder Gressenbach. Sie führten "kaum genug Wasser, um Mühlen zu treiben", schreibt der Chonist und erschienen den Obernzeller idyllisch und harmlos. Nun aber, in kurzer Zeit mit ungeheuren Wassermassen gefüllt, tosten die Bäche als reißende Ströme zu Tal, rissen Geröll mit, Bäume und sogar Felsen aus den Ufern. Dazu kam ein Hagelsturm, wie ihn niemand je erlebt hatte, noch acht Tage nach dem Unwetter wurden Hagelkörner so groß wie Hühnereier gefunden!

Der Chronist schreibt: "Markt und Gärten wurden in eine Winterlandschaft verwandelt, Hausdächer, Trottiers und Straßen sahen wie mit frischem Kies bestreut aus..." Der Hagel war aber nur der Vorbote des eigentlichen Unheils. Mit unheimlichen Getöse, grollend wie "Urtiere schreiend" kamen die Gewässer und Steinlawinen aus den drei Bächen, vor allem dem Gressenbach heran. Die Feuerglocke gellte im Markt, Hörner wurden geblasen und schreiend liefen die Menschen herum, um sich und ihre Habe aus den Fluten zu retten, die plötzlich aus den frühlingsgrünen Bachtälern erschienen.

Die "Augsburger Volkszeitung" gab einen farbigen, lebhaften Bericht vom nächsten Tag, lassen wir ihn im Wortlauf folgen: "Händeringend stehen die Leute vor den Verheerungen, in dem gegen Osten liegenden Teil des Marktes

Der Gressenbach wurde nach dem Unwetter kunstvoll verbaut und erhielt viele Treppen, um die tosenden Wasser zu zähmen, der Zweck wurde erreicht.

ist die Straße buchstäblich rasiert, die Trottiers sind verschwunden, der Eckerbach längs der Straße ist angefüllt mit Felsentrümmern, Geröll und entwurzelten Bäumen. Der Vorort Bach ist eine Wildnis geworden, die an die Häuser angebauten Remisen, Holzschuppen sind weggerissen, sämtliche Brücke und Stege demoliert, eine erst im Vorjahr aus Stein und Eisen gebaute Brücke an der Badeanstalt ist verschwunden...
Unübersehbar waren die Schäden, in den Ställen ertrank Vieh, eine Kuh, die sich losgerissen und weggelaufen war, fand man am andern Tage bis zum Hals im Geröll steckend! Sie wurde lebend geborgen. Die Frau des Müllers Groß war vom reißenden Bach weggeschwemmt worden und wurde nicht mehr gefunden, Kinder saßen schreiend auf den Dächern der niedrigen Häuser und mußten von mutigen Männern gerettet werden. "Das Elend bei den vielen armen Leuten ist entsetzlich!" schrieben die Zeitungen. Überall in Bayern wurde das Unwetter gemeldet und sie druckten auch die Bitten um Hilfe, die ein sich schnell bildenden "Hülfscomité" formulierte. Mehrere hunderttausend Goldmark betrug der Schaden, Prinzregent Luitpold "Des Königreichs Bayern Verweser", wie die Donauzeitung schrieb, schickte gleich 1 000 Mark. Im Obernzeller Gemeidearchiv existieren noch die Quittungen für die Hilfsgelder und die Listen der Beträge, die damals ausgezahlt wurden. Übrigens auch an andere Betroffene des Unwetters, allein die Gemeinde Lämmersdorf hatte 5 570 Goldmark Schaden an Straßen und Brücken.
Die "Bachler" gingen tatkräftig an den Wiederaufbau heran und das Unwetter vor 90 Jahren hat die jetzt sichtbare Gestalt des einst so genannten "Vororts" geprägt. Verändert wurde diese Gestalt nur mehr zweimal, einmal bei der Sprengung des Viadukts am 30. April 1945, wobei viele Häuser zerstört wurden und dann beim Bau des Donaukraftwerks Jochenstein, als die Bäche verschwanden, sie fließen nun unterirdisch. Und ein vergleichbares Unwetter hat es nicht wieder gegeben, wenn auch Gressenbach und Eckerbach öfter noch einmal wild anschwollen.
Das Königreich Bayern zog aus dem Unwetter Konsequenzen. Der so gefährlich gewordene Gressenbach wurde durch eine umfassende Verbauung gezähmt. Zahllose "Treppenstufen" wurden aus Granitsteinen aufgemauert und sie haben das wilde Wasser gezähmt. Früher zuckelte ja die Zahnradbahn im Gressenbachtal hinauf und die Fahrgäste konnten nicht nur "zum Blumenpflücken aussteigen", sondern gemütlich aus den Fenstern lehnend sahen sie den Forellen beim Springen zu...

(28.4.1988)

Bäuerliche Waldarbeit gestern und heute

Im Bayerischen Wald gibt es viel bäuerlichen Waldbesitz. Vom Klima nicht begünstigt, waren und sind die dortigen Landwirte auf den Ertrag des Holzeinschlags zur Bargeldbeschaffung angewiesen. In dieser Gegend gilt kein Bauer als reich, der nicht "viel Holzbäume", wie man sagt, besitzt. Die Wälder sind ausgedehnt, mannigfaltig gegliedert und weisen einen prachtvollen Baumbestand auf. Vielhundertjährige Tannen sind keine Seltenheit und auch die Fichtenbestände und mächtigen Buchen können sich sehen lassen.

Eine Arrondierung von Waldbesitz ist unmöglich, die zusammenhängenden Wälder von früher sind durch Erbteilung oder Verkauf zerteilt worden, sodaß ein Bauer oft viele, weitum verstreute Waldparzellen besitzt. Das schwierige Gelände — steile Hänge, tiefe Schluchten und Gründe, wilde Bäche — war früher die Ursache, daß manche Waldgebiete gar nicht genutzt wurden, weil Pferde dort nicht arbeiten konnten. Traktoren und Seilwinden haben das geändert. Bevor die Motorisierung und Mechanisierung auch im Bayerischen Wald Einzug hielt — und das ist noch nicht allzulange her — war die Waldarbeit auf den Winter beschränkt. Einmal, weil man dann am ehesten Zeit hatte, zum anderen, weil es nur dann möglich war, mit Pferdeschlitten das Rundholz heimzuschaffen.

Den ganzen Sommer über ging kein Bauer in den Wald. War aber Grummet, Rüben- und Kartoffelernte vorüber und die Felder fertig für den Winter bestellt, fingen die Bauern an, an die Holzarbeit zu denken. Am Wirtshaustisch gab es "eine Handelschaft" mit dem Sägewerksbesitzer, der damals der einzige Holzkäufer war. Wurde man sich einig, so konnte daran gegangen werden, geeignete Bäume auszusuchen.

Ein mittlerer Hof hatte damals noch viel Gesinde. Da gab es den "großen" und "kleinen" Knecht, den "Rosser" und den "Buam". Die Mägde waren mit Holzarbeit nicht befaßt. Wenn der Bauer nicht selbst mitging, führte der große Knecht das Kommando. Das waren damals noch voll ausgebildete Leute. Der große Knecht mußte von der Bauernarbeit mindestens soviel verstehen wie der Bauer selbst, dazu noch von allen "Hantierungen", die es auf einem Hof gibt, Schmieden und Schlossern, Zimmern und Schreinern. Dann die Waldarbeit — sie war und ist eine Kunst für sich. Heute gibt es Fachwaldarbeiter mit einem eigenen Berufsbild. Daran dachte damals niemand, aber man verstand die Arbeit.

Das Holz wurde geschlagen, ehe der Schnee fiel. Stand der zum Fällen bestimmte Baum nahe der Grundstücksgrenze, wurde erst das "Mori", der Grenzstein, gesucht, um nicht versehentlich den Nachbarn zu schädigen. Ein Blick den Baum hinauf nach Wuchsrichtung und Astbehang, dann wählte man die Fallrichtung. Möglichst wenig Schaden sollte der stürzende Riese stiften, sollte auch glatt auftreffen, um nicht zu brechen oder zu splittern. Als Werkzeug stand den Knechten nicht viel zur Verfügung. Die Schrot- oder Waldsäge, schwere und leichte Äxte, "Hackn" genannt und Keile, meist aus Buchenholz.

Der Vergangenheit gehört der bäuerliche "Blöcherschlitten" an.

Der Baum wurde "angehauen", dann setzten die Knechte die Säge an. Sorgfältig und ebenmäßig wird der Schnitt geführt, solange, bis die Säge klemmt. Dann setzt der "Bua" die Keile an und treibt sie mit wuchtigen Schlägen in den Sägespalt, bis der Baum zittert, sich neigt und stürzt. Die Äste mußten ordentlich abgehauen werden. Je nach Wert und Verwendungszweck des Stammes wurde auch gleich die Rinde abgeschält, "geschepst".
Nichts war dem Bauern damals zu gering. Der "Bua" fügte die Rinde in Häusern zum Trocknen zusammen, die Äste wurden zu Brennholz gemacht und an Ort und Stelle "aufgestellt". Ist der Bauer nicht selbst dabei, so kommt er doch öfter einmal "vorbeischauen" und gibt die weitere Arbeit an. Eilt es mit dem Herausschaffen des Holzes aus dem Wald oder lassen gute Wege dazu die Möglichkeit, wartet man nicht erst auf den Schnee, sondern verlädt die "Blöcher" an Ort und Stelle. Meist aber kommt nach einiger Zeit der "Rosser" mit seinen Gäulen und mit viel Geschrei und Gestampf "reckt" man die Blöcher an einen günstigen Platz, wo sie gestapelt werden.
Das "Blöcherrecken", das Ziehen der Stämme über den Waldboden, forderte den Pferden alle Kräfte ab. Der sonst so stille Wald war erfüllt mit Schreien und "Goaßlschnalzn", dem kunstvollen Knallen mit der langen Peitsche, einem Ausweis des "gelernten Rossers" und den Pferden wohlbekannt.
Später im Jahr dann oder gar schon "im Auswärts", wenn das neue Jahr bereits im Steigen ist, wenn "Bahn ist", d.h., wenn der Schnee tief und fest genug ist

für die Fuhre, dann schreit der große Knecht dem kleinen zu, den Blöcherschlitten zu richten und der Rosser richtet die "Heißn" her mit Glocken an den Kummeten und vergißt auch die Decken nicht.

Die Blöcherschlitten waren früher unentbehrliche Fahrzeuge für den Waldbauern. Niedrig und fest gebaut, zweiteilig, hängte man sie leer zusammen, während sie später dann je nach Länge der geladenen Blöcher auseinandergenommen werden konnten. War der Baum gar zu lang, so gab es auch beim Blöcherschlitten ebenso wie beim Blöcherfuhrwerk den sogenannen Starz, eine gegabelte Stange, mit der ein kräftiger Mann hinten lenken konnte. Den Knechten standen damals kaum mechanische Hilfsmittel zur Verfügung. Der "Drahogn" — Drehhaken — fehlte nicht, ein kräftiger Pflock mit Eisenspitze und beweglichem, gekrümmten Greifer. Das Gerät, oft selbst gefertigt oder vom dörflichen Wagner oder Schmied gemacht, diente der Bewegung der Stämme, wobei das Hebelprinzip gute Dienste leistete. Es mußte auch robust genug sein, zum Halten und Gegenstämmen beim rollenden Bloch zu dienen. Dann führte man auf den Schlitten meist noch eine einfache Kurbelwinde mit, die das Anheben gar zu schwerer "Trümmer" erleichtern sollte.

Das Klingen der Schlittenglocken gehörte früher zum Landschaftsbild im Bayerischen Wald. Es gab wenig Kraftfahrzeuge, die Straßen waren meist nicht geräumt und nie gestreut, es war "gute Bahn", die Pferde konnten ziehen. Auf den zusammengelegten Decken auf dem Schlitten sitzend, kutschierten die Männer pfeiferauchend in den Wald. Beim Blöcherplatz angekommen, wurde der Schlitten "hergerichtet", von den Auflagen legte man kräftige Stangen zu den Blöchern und rollte sie, vom Schnee einigermaßen befreit, mit dem "Drahogn" einzeln auf den Schlitten. Der beladene Schlitten wurde mit Ketten gesichert, dann zogen die Pferde an und schufteten sich durch den Schnee bis zur Sägemühle. Lag gar zuviel Schnee oder kam man mit der Arbeit nicht "zamm", blieben die Stämme wohl auch liegen und wurden dann in den Frühjahrs- oder Sommerwochen, wenn gerade etwas Zeit war, weggeschafft. Da traten dann die Blöcherfuhrwerke in Aktion, zweiteilig wie die Schlitten, kräftig wie diese, aber höher und schwerer zu lenken. Weil es gar zu viel Schinderei bedeutete, die Blöcher auf diese Fuhrwerke zu laden, schafften die Waldbauern die Stämme gern an eine Straßenböschung, stellten das Fuhrwerk unten hin, legten Balken aus und rollten die Blöcher dann mit weniger Mühe auf den Wagen. Die schweren Hölzer verursachten dabei manches Unglück und bis vor wenigen Jahren konnte man an solchen Holzplätzen noch Marterl stehen sehen, die das Fürbittbeten des Vorübergehenden für den hier "beim Holzziehen elend zu Tode gekommenen Franz Xaver Mittermoser" erflehten. Diese Marterl, vor denen die Schulkinder die Mützen abnehmen mußten, sind jetzt verfallen und verschwunden — ein Zeichen mehr für die Abnahme der alten bäuerlichen Sitte.

Heute hat ein anderer Ton vom Wald Besitz ergriffen. Man hört das Tuckern der Dieselmotoren und das Heulen der Motorsägen. Die Knechte sind längst in den Fabriken und der Bauer kutschiert ganz allein, vielleicht noch von einem

Sohn begleitet, mit dem Schlepper in den Wald, fällt mit der Motorsäge die Bäume, lädt sie mit der Seilwinde auf und fährt sie zur Säge.
Vieles hat sich allerdings auch nicht geändert. So ist das Angewiesensein des Bauern auf den Holzschlag geblieben und die Sägemühlen sind weiter fast die einzigen Abnehmer des Holzes, wenngleich sie, im Gegensatz zu früher, für ihre Produkte heute Abnehmer aus allen Teilen Deutschlands haben. Es ist auch eine gewisse Unordnung in der bäuerlichen Zeiteinteilung eingetreten. Im Winter ist wenig Arbeit und man möchte gern die Holzarbeit verrichten, aber gerade der Waldwinter ist dem Schlepper nicht sehr freundlich. Viele Bauern versuchen es und wenn nicht zuviel Schnee liegt, gelingt es ihnen, wie einst mit den Pferden nun auch mit dem Schlepper im Walde zu arbeiten. Meist aber müssen sie sich darauf bschränken, die "Blöcher zu recken", wie es der Vater mit den Rössern tat und zu warten, bis sie mit dem Schlepperwagen in den Wald können. Da ist es kein Wunder, wenn der eine oder andere Bauer, der besonders viel Wald bewirtschaften muß, seine Pferde behält. Bei ihm kann man dann noch die Waldarbeit in der überkommenen Form sehen, bei seinem Nachbarn regiert bereits der Motor.
Es ist klar, daß im gleichen Maße wie in der übrigen landwirtschaftlichen Tätigkeit die Mechanisierung auch in der Waldarbeit eine große Erleichterung und Rationalisierung gebracht hat. Der universal ausgestattete, möglichst starke Schlepper bewältigt heute Arbeiten, die man früher einfach nicht angreifen konnte.
In den schwer zugänglichen Schluchten, an steilen Hängen schlägt der Bauer heute mit der Motorsäge sein Holz, zerteilt die Stämme und zieht sie mit der Motorwinde des Schleppers zu einem Weg. Das Ausästen ist noch die arbeitsaufwendigste Tätigkeit, alles andere ist nicht mehr so schwer und gefährlich wie früher. Mancher Waldbauer spart sich sogar das Beladen eines Anhängers, er benützt die Hydraulik um das Ende des Blochs anzuheben, kettet den Stamm an und schleppt ihn so über den Schnee zur Säge.
Die Zeit steht nicht still, alles wandelt sich und vielleicht ist die Zeit gar nicht fern, da sich Waldbauern zu einer Hubschraubergenossenschaft zusammentun und ihre Stämme mit dem Helikopter über die Baumwipfel hinweg fortschaffen? Dann wird von alten bäuerlichen Waldarbeiten nur mehr eine Sage künden.

Wie das tägliche Brot auf dem Bauernhof entsteht

Viele, die mit den Worten des Vaterunsers von Gott ihr tägliches Brot erbitten, werden damit kaum mehr als eine allgemeine Vorstellung verbinden. "Brot" steht da für alles, was wir brauchen oder zu brauchen vermeinen.

Aber das echte Brot, das gute, duftende, die Sehnsucht der Hungernden, was weiß man davon? Der Bäcker macht es, man kauft es. Da hat der Bauer noch eine innigere Verbindung zu seinem täglichen Brot. Er sät es, sieht es auf dem Halm wachsen und reifen, erntet es im Schweiße des Angesichts, hat es als Mehl in der Kammer stehen und bäckt es endlich selbst aus und verzehrt's mit Dankbarkeit. Die Sitte, auf dem Hof das eigene Brot zu backen, verschwindet wie so vieles, was in unsere Zeit nicht mehr zu passen scheint, mehr und mehr. Es gibt aber noch Höfe, wo Backtrog und Backofen zum Inventar gehören, genauso wie der Schlepper und die Melkmaschine. Wohl verträgt's sich, modern zu wirtschaften und dennoch sein eigenes Brot zu essen!

Machen wir einen Besuch auf einem solchen Hof, das ist zugleich auch ein Blick auf die Arbeit der Bäuerinnen früherer Generationen. Die Bäuerin hat in die Brotkammer geschaut und gesehen, daß die Zahl der Laibe auf den Wandbrettern klein geworden ist. Zeit, ist's, ans Backen zu denken. In einem irdenen Gefäß, feucht und dunkel gehalten, ist der Sauerteig vom letzten Backen aufgehoben worden. Der wird jetzt hervorgeholt, der Bauer trägt den hölzernen Trog in die Stube und stellt ihn auf die Schragen. Es ist der Abend vor dem Backtag. Zuerst muß der Sauer vermehrt werden.

Ein Sack Roggenmehl wird hereingeschafft. Die Bäuerin macht den Sauerteig mit warmem Wasser an, schüttet ihn in den Trog, gibt Mehl dazu, wieder Wasser, rührt und mischt, noch Mehl, noch Wasser. So bleibt der Trog in der warmen Stube stehen. Nach ein paar Stunden zieht ein seltsamer Duft daher. Der Sauer beginnt zu arbeiten, der Teig bewegt sich, wirft Blasen. Prüfend beugt sich die Bäuerin darüber. Ihr ist das Backen anvertraut, wie alle Arbeit im Hause. Sie weiß, was sie zu tun hat. Aha, er ist angegangen! Wieder kommt Mehl dazu. Auf dem Hof arbeitet man anders als in der Bäckerei. Man macht den Teig am Abend an und läßt ihn über Nacht durchsäuern. Für heute ist es genug. Die Kinder bringen noch die geflochtenen Strohkörbe herein und schichten sie auf der Bank auf.

Am anderen Morgen ganz in der Frühe ist die Bäuerin wieder da. Ihr erster Blick gilt dem Teig, prüfend fährt der Finger hinein. Gut gegangen, feinporig, frisch duftend, eine leichte Lufthaut an der Oberfläche. So soll er sein. Jetzt heißt es flink arbeiten. Während die Kinder die Körbe einstauben entzündet der Bauer die Scheiter im Backofen. Keine Maschine nimmt der Bäuerin die schwere Arbeit am Troge ab. Kräftig fährt sie mit den Armen in den Teig, hebt ihn und schlägt ihn um, knetet und mischt ihn mit Mehl. Jetzt erhält der Teig seine endgültige Gestalt und Menge. Wasser kommt hinzu, noch Mehl und Salz, etwas Kümmel. Sonst ist nichts im Bauernbrot. Das Kneten ist eine schweißtreibende Arbeit und die Bäuerin ächzt dabei. Sie weiß nicht, daß

Sache der Bäuerin war es früher, das Brot zu backen. Das richtige Heizen des Backofens und die Handhabung des "Schießers" wollten gelernt sein.

Schmiede und Bäcker die am härtesten arbeitenden Handwerker waren, ehe es Maschinen gab — aber sie spürt es!
Endlich ist der Teig soweit. Die Bäuerin formt ihn auf dem Tisch zu Laiben. Nochmal wird geknetet und umgeschlagen, kein Mehlrest soll eingebacken sein, dann drehen die flinken Hände den Teig zum Laib, er fliegt in den Strohkorb, den die Kinder wegstellen. Wie die Arbeit fördert, so wachsen auch die Körbe rings im Raum, auf Bänken und Schränken. Der Rest im Trog, das "G'scharrets", wird fest zusammengeknetet, mit viel Roggenmehl vermischt und dann im Sauerkrug in die Speis gestellt. Das ist die Grundlage für das nächste Backen.
Der Teig geht in den Körben — jetzt hat die Bäuerin eine Schnaufpause. Sie schaut nach dem Backofen. Alles in Ordnung, das Feuer prasselt lustig, sie schiebt noch ein paar Scheiter nach. Wenn sie niedergebrannt sind, hat der Ofen die richtige Temperatur und der Teig wird gegangen sein. Der Schießer liegt bereit, leicht angekohlt, geschwärzt und voll Teigreste. Er hat schon manchen Laib eingeschossen. Ein Büschel Tannenzweige an einem Stil, ein Eimer Wasser, eine Bürste und ein Körbchen mit Mehl stehen bereit.
Die Bäuerin wendet sich anderen Arbeiten zu. Endlich knackt es nicht mehr im Ofen. Sie schaut hinein — nur mehr Holzkohle ist darin, heiß schlägt es ihr aus der kleinen Luke entgegen. Schnell schafft die Scharre die Kohle heraus,

das Tannenreisig wird ins Wasser getaucht und damit der Ofen ausgefegt. Es zischt, Dampf wirbelt auf.
Schon tragen die Kinder die Körbe heran. Der Schießer liegt vor dem Ofenloch, ein schnelles Schlenkern der Hand, er wird mit Mehl bestaubt, der Laib aus dem Korb daraufgekippt, kurz mit Wasser benetzt, dann hebt die Bäuerin den Schießer, schiebt ein, ein Ruck, der Laib sitzt an seinem Platz. Einschießen ist eine Kunst, vornehmlich in den bäuerlichen Holzofen, der nur spärlich von außen erhellt ist. Alle Laibe müssen hineinpassen, jeder soll schön vom Schießer herabgehen, es darf kein "Depp" entstehen.
Als alle Laibe im Ofen sind, schließt die Bäuerin schnell die Feuertür. Ihr Gesicht glänzt von Schweiß. Die Kinder stellen die leeren Körbe vor dem Ofen auf. Sie haben noch eine Aufgabe. Solange das Brot im Ofen ist, kann die Bäuerin an anderes denken. Doch nach ein paar Stunden — sie kennt ihren Backofen und weiß, wann es soweit ist — ist das Brot richtig. Sie öffnet die Tür und schnuppert hinein. Ah, wie es da köstlich herausduftet nach heiß-frischem Brot! Schön dunkelbraun schimmert die Kruste. Grad recht ist's! Wieder fährt der Schießer in die Öffnung und holt die Laibe heraus. Sie sind so heiß, daß man sie nicht anfassen kann. Die Bäuerin schwenkt sie in die Strohkörbe, die von den Kindern schnell weggetragen und in der Brotkammer auf die Bretter gestellt werden. Im Hause verbreitet sich der Duft nach frischem Brot und läßt alle schnuppern.
In den noch warmen Ofen schichtet der Bauer die Scheiter fürs nächste Backen. Sie werden zundertrocken sein, wenn er sie braucht. Die Bäuerin aber geht in die Brotkammer und schaut sich die Laibe an. Sie sind schön geworden und sie kann zufrieden sein. Am Abend wird sie dem Betteln der Kinder nachgeben und "ein Frisches" anschneiden. So oft sie auch gebacken hat, sie ist jedesmal wieder ängstlich, ob das Brot auch gleichmäßig und gut aufgegangen ist!
Sie lächelt. Das tägliche Brot ist ihr gegeben worden.

Wann erhält der Landkreis einen Archäologen?

Kreisheimatpfleger Rudolf Hammel ist dafür — Jetzt "grünes Licht" vom Landesamt — Schon seit vier Jahren im Gespräch

Obernzell. Seit vier Jahren ist ein "Kreisarchäologe" im Gespräch, mannigfache Hindernisse standen der Verwirklichung der guten Idee im Wege. Da man nun nicht mehr mit der Stadt Passau gemeinsam einen Mann anstellen will und auch das Landesamt für Denkmalpflege "grünes Licht" gibt, sollte der Kreistag die Frage wieder auf die Tagesordnung setzen.

Dieser Meinung ist jedenfalls Kreisheimatpfleger und Kreisrat, Bürgermeister Ruolf Hammel aus Obernzell. "Die Geschichte des Landkreises Passau ist noch längst nicht aufgearbeitet", sagte er, "da muß viel Vorarbeit geleistet werden, ehe man darangehen kann, eine ernstzunehmende Veröffentlichung zu planen". Er verwies weiter auf den in den letzten Jahren vollkommen geänderten Blickwinkel hinsichtlich der Vor- und Frühgeschichte dieses Raums. Er erinnerte an das, was alles zutage kam, durch Straßenbau, Baugebietserschließungen und Flurbereinigung. Er zählte aus dem Gedächtnis viele Funde auf, im nördlichen und südlichen Landkreis, das Erkennen von Bodendenkmälern durch moderne Methoden und die Gefahr, die diesen einmaligen Relikten einer reichen Vergangenheit droht. Hammel: "Nehmen Sie das Beispiel, als in Obernzell die Ortsdurchfahrt gebaut wurde und dabei beim Baggern die Reste von Schmelzöfen zutage kamen. Funde lassen darauf schließen, daß wenigstens einer davon keltisch war, die anderen waren mittelalterlich. Aber niemand war da, der eine Fundaufnahme machen konnte, der rettete, was zu retten war. Unwiederbringlich verloren die Zeugnisse örtlicher Geschichte, die aber auch Geschichte des Landkreises und damit bayerische Geschichte ist."

Hammel, der unbestritten größte Verdienste um die Bewußtmachung des vielfältigen Geschichtserbes dieser Gegend hat, kann viel aufzählen: "Alt- und Neujochenstein, was sicher einmal eine zusammenhängende Burganlage war — nichts wird getan, um das festzustellen. Und was ist aus den Bodenfunden dort geworden? Man weiß nicht einmal mehr, wo sie sind! In Saxing gab es zweifelsfrei eine Jungsteinzeitsiedlung, neuerdings weisen Funde darauf hin, daß auch in Erlau eine war. Wer sammelt, sichtet, ordnet ein? Wer erfaßt die vielen Burgställe, erkundet ihre Geschichte? Wer die Schrazlgänge, ein einmaliges historisches Dokument? Sie liegen unbeachtet da und werden zugeschüttet. So viele Funde gibt es, sie müssen systematisch geordnet werden, in Veröffentlichungen mit der Kultur anderer Landesteile in Beziehung gesetzt werden..."

Der Kreisheimatpfleger könnte noch lange so fortfahren. Er hält nichts von der (glücklicherweise inzwischen fallengelassenen Idee) eines gemeinsamen Kreis- und Stadtarchäologen Passau. Zu verschieden sind die Bedingungen, zu groß die Aufgaben.

Hammel fordert: "Ein Kreisarchäologe muß her! Ich werde beantragen, daß die Sache wieder auf die Tagesordnung kommt. Am Geld darf es nicht scheitern, der Landkreis ist untere Denkmalschutzbehörde, Pflege des Kulturerbes der Heimat ist eine seiner Pflichtaufgaben. Man sollte versuchen, über ABM einen Einstieg zu finden und dann langsam eine Institution Kreisarchäologe entwickeln."

Rudolf Hammel weist auch die oft zu hörende Vermutung zurück, solch ein Wissenschaftler müsse dann gleich mit dem Spaten losrennen und alle Burgställe ausgraben. Das wäre ganz falsch. Vielmehr soll mit einem solchen Fachmann dem Landkreis ein Mann zur Verfügung stehen, der das gesamte Kreisgebiet mit allen Fundstellen kartografisch erfassen kann, der alle Funde sichert, alle denkbaren Möglichkeiten, vor- und frühgeschichtliche Funde zu machen, erkennt, markiert und sichert. Der vorhandenes Fundgut sichtet und wissenschaftlich einordnet, der bei Notgrabungen angibt, was zu tun ist, und der auf diese (und noch viel mehr andere denkbare Weise) endlich ein wahres, stichfestes und belegtes Bild der Vor- und Frühgeschichte des Landkreises Passau erarbeitet.

Dieser Sicht stimmt auch der Leiter der archäologischen Abteilung des Landesamts für Denkmalpflege in München, Dr. Erwin Keller, zu. Wir sprachen mit ihm und er sagte uns, daß erst kürzlich bei einer Besprechung innerhalb des Amtes "grünes Licht" für die Anstellung eines Kreisarchäologen in Passau gegeben wurde. "Wir sind nicht dagegen, ganz im Gegenteil", sagte Dr. Keller, "wogegen wir uns wandten ist, wenn die Kommunen einen verkappten Kulturreferenten anstellen wollen, ein Mädchen für alles. Ein Kreisarchäologe hat ein großes Betätigungsfeld, aber ein Heimatpfleger und Archivar kann er nicht auch noch sein. Im übrigen unterstützen wir die Arbeit eines Kreisarchäologen gern, wir wissen ja, daß wir selbst nicht genug Personal haben, um ganz Bayern so gut zu betreuen, wie es wünschenswert wäre."

Dr. Keller machte uns allerdings auch darauf aufmerksam, daß ein Kreisarchäologe Geld kostet und sein Etat nicht für alles reicht. Einem "ersten Schritt" des Landkreises wird er jedoch stets hilfreich die Hand bieten.

"Sehr, sehr gute Nachrichten aus München", kommentierte Kreisheimatpfleger Rudolf Hammel dieses Gespräch mit Dr. Keller, "bisher hatten wir manchmal den Eindruck, als ob das Landesamt die Kreisarchäologen nicht so gern sähe. Um so besser, wenn wir uns geirrt haben." Und Hammel sagte auch, die Einschätzung Dr. Kellers wegen einer "Mädchen-für-Alles-Funktion" eines Kreisarchäologen teile er. "Wir Kreisheimatpfleger werden durch einen solchen Mann nicht arbeitslos und die Kreisarchivpfleger auch nicht. Wir verstehen uns als 'Zuarbeiter' für den Archäologen, als Leute, die ihm helfen. Ersetzen kann und soll er uns nicht."

Sollte der Kreistag diese Einschätzung teilen und sollte er neben seinen vielfältigen Aufgaben auch die Verpflichtung für die Heimatgeschichte erkennen, so kann fast nichts mehr im Wege stehen, einen Kreisarchäologen zu suchen und arbeiten zu lassen. Es ist zu hören, daß es Personen mit entsprechender wissenschaftlicher Qualifikation gibt. Und was die ABM-Unterstützung durch das Arbeitsamt angeht — da muß bei gutem Willen ein Weg hinführen.

Hammel: "Von früheren Beratungen weiß ich, daß die Kreistagsmehrheit der Sache aufgeschlossen gegenübersteht, ich könnte mir denken, daß jetzt, da viel mehr Klarheit geschaffen wurde, die Zustimmung zu erhalten ist."
Die Frage stellt sich also nun. Soll und kann sich der Landkreis Passau einen Archäologen leisten? Jeder an Heimatgeschichte und einer gerechten Beurteilung unserer Vergangenheit Interessierte wird mit Spannung verfolgen, wie der Kreistag entscheidet, wenn die Frage auf die Tagesordnung kommt.

Zum guten Schluß ... sei angemerkt, daß der Kreisarchäologe eingestellt wurde und bereits gute und nützliche Arbeit leistet. Quod erat demonstrandum!

(22.8.1987)

Nix Kultura?

Als der Großlandkreis Passau 1972 gebildet wurde, hatte er keine besonders gute Prognose. Zu verschieden waren die Teile, zu auseinanderstrebend die Interessen. Daß aus dieser brisanten Mischung von Rottal, Wald und Donautal doch eine Einheit geworden ist, die Großes und Bleibendes schaffen konnte, ist, ohne jeden Zweifel der überragenden Integrationsfigur Baptist Kitzilinger zu verdanken und einem gut gemischt zusammengesetzten und vernünftigen Kreistag. Sehr zum Glück sind die Zeiten der Fensterreden seiner Mitglieder und der Profilierungsversuche zu Lasten der Allgmeinheit vorerst vorbei. Ob für immer, ist die Frage, schon grollt unterirdisch der kommende Nachfolgekampf.

Da erscheint es an der Zeit, den Landkreis und seine bestimmenden Gremien daran zu erinnern, daß es neben Straßen, Schulen und Krankenhäusern auch noch kulturelle Aufgaben gibt, die nicht so schön herzeigbar sind. In dieser Ausgabe treten wir dafür ein, Kreisheimatpfleger und Kreisrat Rudolf Hammel beim neuerlichen Versuch zu unterstützen, den "Kreisarchäologen" durchzubringen. Wenn es auch auf den ersten Blick nicht so aussieht, ist gerade und besonders die lokale Geschichte, wohl eingebunden in die des Volksganzen, dazu geeignet, einen großen Landkreis zu einer Einheit zu machen. Denn die Wurzeln sind doch dieselben, im Rottal, im Donautal und im Wald, und was in der Erde gefunden wird oder aus anderen historischen Zeugnissen erschlossen werden kann, kommt einem einigenden Band gleich, einer Fessel, die zusammenschmiedet, was auseinanderstreben will.

Deshalb tun die Landkreisgremien gut daran, das Thema "Kreisarchäologie" nicht einfach beiseite zu legen und als Spinnerei von ein paar geschichtsbesessenen Narren abzutun, sondern es als ein Mittel zu sehen, den Landkreis einig ins nächste Jahrtausend zu bringen. Kultur (und Vor- und Frühgeschichtsforschung ist ein wesentlicher Teil davon) ist nicht bloß ein Hobby und Thema für Festreden, sondern sollte Bestandteil lokaler Politik sein. Gerade weil der Großlandkreis Passau so schwierig in seiner Struktur ist, gerade weil die "Ära nach Kitzlinger" so viele Sorgen bereitet, sollten jetzt und heute schon die Weichen richtig gestellt werden.

Ich trete hier mit Nachdruck dafür ein, daß der Kreisarchäologe wieder auf die Tagesordnung kommt und bald darüber entschieden wird. Sonst wird es wohl so kommen, daß man am Ende dieser Ära fragen muß, wie der Iwan einst fragte, als er sah, daß die Germanskis die Toiletten in den Wohnungen haben statt draußen vor dem Haus: "Nix Kultura?"

(22./23.8.1987)

Vor 20 Jahren sank Wegscheid in Schutt und Asche

Der schwärzeste Tag des Marktes — Was die Chronik berichtet

Wegscheid. Heute vor 20 Jahren wurde der Markt Wegscheid in einem elf Stunden dauernden heftigen Gefecht zwischen deutschen Truppen und amerikanischen Panzer- und Infanterieeinheiten teilweise zerschossen oder ging in Flammen auf. 32 deutsche Soldaten und vier Zivilisten kamen dabei ums Leben. Nach unbestätigten Berichten verloren die Amerikaner mehr als 100 Mann und fünf Panzer. Die bereits kurz nach den Ereignissen begonnene Erforschung der Umstände und Vorkommnisse durch den Heimatforscher Johannes Höglinger aus Harmannsreuth liegt in einer lückenlosen Zusammenstellung im Marktarchiv. Mit ihren Worten soll noch einmal das Grauen der Tage vor 20 Jahren in heilsame Erinnerung zurückgerufen werden.

Der April 1945 war fast so wie der dieses Jahres, kalt, regnerisch und unfreundlich. Ein Grund mehr, sich an die Ereignisse zu erinnern, die jetzt zwei Jahrzehnte zurückliegen und die für die Jungen von heute nur mehr Legende sind. Die Älteren aber haben sie in aller Bitterkeit ausgekostet. Kaum ein Mensch in unserem Winkel glaubte im April 1945 daran, daß wir noch Kriegsschauplatz werden würden. Zwar bangend, aber doch nicht zu sehr besorgt, sah man dem Ende des Krieges entgegen. Der Chronist erinnert sich mehr der Plagen und Belästigungen durch die einquartierten ungarischen Truppen, die Fremdarbeiter und die endlosen Flüchtlingstrecks, deren Pferde das junge Gras abweiden. Die Chronik schreibt: "In diese Zeit des Hangens und Bangens platzte wie eine Bombe das Gerücht, Wegscheid sollte gegen die anrückende amerikanische Armee verteidigt werden... Gauleiter Eigruber aus Linz, der in den Vortagen des Kampfes mehrmals hier war, selbst noch am Kampftag morgens im Pfarrhof Wegscheid ein slawisches Auto beschlagnahmte, hatte das bayerische Wegscheid zum Bollwerk seines Gaues und seiner Gauhauptstadt Linz ausersehen". Soweit es noch zu erfahren war, standen damals etwa 1 500 Soldaten mit schweren Waffen in und um Wegscheid. Es waren SS-Leute und Luftwaffensoldaten, die ihre Geschütze teilweise im Ort selbst aufstellten. "Eine Kanone stand im Hödlgarten, etwa 50 Meter nördlich der Pfarrkirche, zwei Geschütze waren am Friedhof postiert, 10 Meter neben der Kirche wurde schwere Munition gelagert", vermerkt die Chronik.

Noch wollten die Wegscheider es anscheinend nicht glauben, daß es Ernst mit den Kampfvorbereitungen sein könne. Sie blieben zu Hause, das Vieh war auf den Weiden und man versuchte, sein Hab und Gut in den Kellern unterzubringen. Vorsichtige brachten ihre Sachen in die abgelegenen Nachbardörfer oder Weiler. Einige Tage lang hatte man bereits Kanonendonner gehört und Gerüchte wollten etwas von einer herankommenden amerikanischen Panzerarmee wissen, die den Auftrag hatte, den Bayerischen Wald zu säubern. Am 28. April wurde das Viadukt in Obernzell gesprengt und der Zugverkehr kam zum Erliegen. Die Chronik schreibt: "Kalt und unfreundlich schlich der Sonntag, 29. April, vorüber, ebenso kalt und unfreundlich kam der 30. April herauf.

Schon regte sich bei Vielen wieder die Hoffnung, es müßte die ganze Sinnlosigkeit des Beginnens eingesehen und das Äußere vermieden werden. Aber um 10 Uhr stießen die amerikanischen Panzer über Kasberg her auf Wegscheid und auch von Ficht/Pölzöd her begann der Angriff.
Als die ersten Granaten in den Markt einschlugen, begann eine allgemeine Flucht der Bevölkerung. Alles rannte, rettete und flüchtete, nur wenige Bewohner blieben zurück und krochen in die Keller". Die Amerikaner verwendeten Granaten unterschiedlichen Kalibers, darunter auch Phosphorgranaten. Deshalb züngelten schon bald überall Brände auf, die nicht gelöscht werden konnten. Einige Männer wagten sich ins Freie, wurden aber von den Granatsplittern getroffen. Der Kampf dauerte elf Stunden und forderte in den letzten Stunden des Krieges noch eine Anzahl Opfer. Über die Art des Widerstandes der deutschen Truppen konnte der Chronist nachträglich nur wenig erfahren. Der Infanteriekampf, der zwischen den einzelnen Wellen der Artilleriebeschließung immer wieder aufbrandete, zog sich stundenlang hin. Hart umkämpft wurde der Ponzaun, wo später viele Gefallene gefunden wurden. Auch in den Hausgärten, ja sogar in den Häusern selbst lagen die gefallenen Soldaten. Die einzelnen Geschützstellungen wurden von amerikanischen Aufklärungsflugzeugen ausgemacht und das Artilleriefeuer darauf gelenkt. Dabei wurde auch der Friedhof verwüstet. Die Chronik berichtet von unvorstellbaren Greueln, offenen Gräbern, herausgeschleuderten Gebeinen, umgestürzten Kreuzen, zwischen denen gefallene Soldaten lagen. Überall brannte es, die Kirche erhielt eine ganze Reihe Treffer, aber der Turm fiel nicht.
Viele Wegscheider sahen von Aiglsöd aus der Zerstörung ihrer Heimat zu. Die Chronik findet ergreifende Worte für das Schauspiel des brennenden, in schwarzen Qualm gehüllten Marktes, der immer wieder von heftigen Detonationen erschüttert wurde. Die gestapelte Munition explodierte und riß immer mehr Häuser in das Inferno. Am Abend loderte der ganze Markt blutrot.
Eine Fülle von Einzelschicksalen spielten sich inmitten dieses Kriegstobens ab. Die Chronik berichtet von einigen. "Der Bauer Bertold Reisinger aus Schönau wurde von einem einquartierten amerikanischen Soldaten erschossen, als er seine Tochter vor dessen Angriffen schützen wollte. Der Hausbesitzer Josef Fenzl von Wegscheid Haus Nr. 97 geriet bei der Johanneskapelle in das Feuer der kämpfenden Infanterie und wurde erschossen."
Was sich an Tapferkeit oder Feigheit, Hilfeleistung oder Davonrennen ereignet hat, wird niemand mehr zusammentragen können. Das Ergebnis dieses Tages war neben den ausgelöschten Menschenleben eine düstere Bilanz für den Ort: 35 durch Brand vollständig zerstörte Häuser, weitere 76 Häuser sind schwer bis leicht beschädigt. Wegscheid ist ein Trümmerhaufen. Als Fanatiker der Geschichtsforschung begibt sich Johannes Höglinger am Tag nach dem Kampf, am 1. Mai bereits in das qualmende Wegscheid und merkt sich Einzelheiten für seine Chronik. Ihm verdanken wir die packende Schilderung dessen, was sich damals in Wegscheid dem Auge bot. "Kalt und unfreundlich steigt der Morgen des ersten Tages des "Wonnemonats" herauf. Ungeheures Gedröhn der vielen den Markt durchfahrenden amerikanischen Panzer, Geschütze und

sonstigen Fahrzeuge aller Art. Im Markt und um ihn herum eine gräuliche Verwüstung. Ruinen, flammende Häuser, brennende deutsche Wagen, Tanks, Autos und Autobusse rundum, unzählige Panzerschützenlöcher und Granattrichter, erste in ununterbrochener Folge bis Hartmannsreuth hinaus. Mengen von Munition in allen Feldern und Wiesen ringsum, gänzlich zerschossene Telefon- und Stromleitungen, tote Soldaten und zerschossenes Vieh, aufgeweichter und zerfahrener Boden überall, zerfahrene Wiesen und Äcker, zerstörte Geschütze, gelegentlich entfernter Geschützdonner. In der Waldlichtung rechts des Kasbüchels liegen zwei abgeschossene amerikanische Panzer".
Viele Einzelheiten berichtet die Chronik. Erst am 4. Mai werden die Gefallenen zusammengesucht, einige liegen noch tagelang herum. "Die deutschen Gefallenen werden zusammengetragen und in Särge gelegt, bei der Friedhofskapelle aufgestellt. Die gefallenen Zivilisten Fenzl und Kristl liegen schon in offenen Gräbern. Die Meßnerschläger schaufeln ein Massengrab. Andere Gefallene liegen noch überall herum."
Als die Einwohner langsam zurückkehren, erwarten sie weitere Schreckenstage. Die Fremdarbeiter plündern, es beteiligen sich auch US-Soldaten und Einheimische daran, es kommt zu Ausschreitungen. Amerikaner zünden noch nach Tagen stehengebliebene Häuser an, übergießen gerettete Autos mit Benzin und lassen sie in Flammen aufgehen. Der spätere Bürgermeister Kreuzer versucht, die Zerstörungen zu fotografieren. Er wird ertappt und darf froh sein, mit dem Verlust des Apparates davonzukommen. Die von ihm gemachten Bilder sind die einzigen Dokumente über die Zerstörung Wegscheids.
Bewegt klagt die Chronik über die Lebensmittelnot und den Mangel an Baumaterial. Die Menschen versuchen, in ihre teilweise zerstörten Häuser wieder einzuziehen. Dabei erschlägt eine einstürzende Mauer eine Frau, ein Mann wird von einer Handgranate schwer verletzt. Langsam aber kommt wieder etwas Ordnung in das Chaos und Höglinger beginnt eine gewissenhafte Aufnahme des Schadens. In einem Heft von 74 engbeschriebenen Seiten hat er alles festgehalten, was er zu erfahren vermochte. Es ist eine Dokumentation der Zerstörung, des Leids und der Verzweiflung. Heute, 20 Jahre später mutet es eigenartig an, die Zusätze zu lesen, die später bei den einzelnen Eintragungen angebracht wurden. Sie lauten durchweg: Wiederaufgebaut am..., niedergerissen und neu errichtet am..., an anderer Stelle wieder aufgebaut.
Die Zeit ist über die Kriegsschrecken hinweggegangen, aus den Ruinen sind neue und schönere Häuser entstanden, nichts als das Grab der Gefallenen im Friedhof erinnert mehr an den blutigen 30. April vor nunmehr 20 Jahren. Es ist aber gut, wenn wir uns daran erinnern, auf daß es soetwas nie mehr gebe.

Kampf, Tod und Brand im Wegscheider Land vor 40 Jahren

Heute ist der Jahrestag der Zerstörung Wegscheids — Erinnerungen an schwere Zeiten

Das Oberkommando der Deutschen Wehrmacht gab am 30. April 1945 bekannt: "In Niederbayern konnte der Feind zwischen Isar und Donau weiter nach Süden Raum gewinnen, Panzerspitzen stehen nördlich Landshut zwischen Freising und Dachau..." Der Kampf um Wegscheid war der Wehrmachtsführung keine Erwähnung wert, obwohl an diesem 30. April vor 40 Jahren in und um Wegscheid zwei Ereignisse stattgefunden haben, die selbst in dem an Grausamkeiten reichen 2. Weltkrieg selten vorgekommen sind. Sie scheinen heute vergessen, nur mehr wenige Zeugen leben, aber sie haben ihr Wissen rechtzeitig weitergegeben. Das eine denkwürdige Ereignis schlug sogar Wellen bis in die USA und viele Familien, die Auswanderer in den USA hatten, erhielten später Briefe mit der Frage "Ja, um Himmelswillen, was ist denn bei euch passiert, in allen Zeitungen wird über Wegscheid berichtet..." Passiert war aber dies. Gleich zu Beginn des Kampfes um Wegscheid schickten die über Kasberg heranrückenden US-Truppen vom Kasbüchl her einen Parlamentär. Es war ein Offizier in einem Jeep mit zwei Soldaten. Die Amerikaner führten eine große weiße Fahne mit sich und wollten die Verteidiger von Wegscheid zur Kapitulation auffordern. Die im Markt verschanzten Waffen-SS-Einheiten ließen den Jeep nahe heranfahren, er bewegte sich entlang der Kasberger Straße auf die damals sehr vereinzelt stehenden ersten Häuser zu — dann wurde der Parlamentär mit einem Feuerstoß aus einem MG erschossen! Die US-Truppen zogen sich nach diesem Verbrechen sofort zurück und begannen eine schwere und elf Stunden dauernde Beschießung von Wegscheid durch Artillerie und Panzer.

Das zweite Ereignis spielte sich nahe Thalberg ab, es wird stets von "Hirchenberg" gesprochen und von den "erschossenen deutschen Soldaten". Tatsache ist, daß das Ereignis auf dem sogenannten Thalberger Feld stattfand und die Familie Klinginger es mit ansehen mußte. Deutsche Soldaten hatten sich dort gefangen gegeben und standen auf dem Feld nahe dem Haus. Aus diesem heraus mußte die Familie, auf den Knien betend und weinend mitansehen, wie die deutschen Soldaten von US-Feldtruppen umgebracht wurden. Erschlagen, mit Bajonetten erstochen. Sie wurden am 2. Mai auf dem Friedhof in Thalberg beerdigt, ihr Grab wird gepflegt, ihre Angehörigen aus Österreich kommen oft, um es zu besuchen. Die Familie Klinginger erbaute nahe der Mordstelle eine Sühne- und Dankkapelle, die heute noch dort steht. Uns wurde das Ereignis von den Augenzeugen berichtet, bekannt ist auch, daß der Gefangenenmord von später einrückenden US-Einheiten untersucht und gesühnt werden sollte, angeblich konnte aber "die schuldige Einheit nicht mehr ermittelt werden."

Es ist kein Sinn darin zu erblicken, heute, 40 Jahre nach den Ereignissen, etwas zu verschweigen oder zu beschönigen. Die Erschießung des Parlamentärs unter der weißen Fahne und die Tötung der Gefangenen sind vorgekommen, niemand "rechnet es gegeneinander auf", aber so wie die ganzen Ereignisse sollten sie auch nach so langer Zeit eine Mahnung sein, zu erkennen, wie schrecklich ein Krieg ist.

Die Wegscheider erfuhren dies aus erster Hand, ihr Ort wurde am meisten in Mitleidenschaft gezogen, hier starben die meisten Menschen. Aber auch anderswo im Wegscheider Land wütete die Kriegsfurie. Am 29. April sprengten die zurückgehende Waffen-SS-Einheiten mit einer riesigen Sprengladung das Bahnviadukt in Obernzell und legten dabei auch einen Teil des Ortsteils "Bach" in Trümmer. In Hauzenberg passierte etwas Kurioses, der Markt wurde eher als das übrige Wegscheider Land von den US-Truppen erreicht und kampflos besetzt, einige Soldaten drangen in die Buchdruckerei Haller ein und zwangen den Besitzer mit vorgehaltener Waffe, Flugblätter zu drukken! Sie wurden dann über der noch umkämpften Stadt Passau abgeworfen. Und der letzte noch Meldungen und Aufrufe verbreitende deutsche Soldatensender hielt sich für kurze Zeit in einem Steinbruch in Bauzing auf... Zu einer unsinnigen Bluttat kam es am 24. April, als eine Gruppe junger sogenannter "Werwölfe", die hinter der Front Jagd auf "Verräter" machten (statt selbst zu kämpfen) am Staffelberg einen deutschen Soldaten umbrachte, der das Ende des Krieges dort abwarten wollte. Mitten im Wald zeugt ein Kreuz heute davon, daß damals ein junges Leben sinnlos ausgelöscht wurde. Es erfüllte sich ganz unbemerkt damals so manches Schicksal. Tage nach dem Einrücken der Amerikaner wurde z.B. in dem heute verschwundenen Eichenwald beim Stefflhäusl nahe Untergriesbach an einem Baum ein erhängter deutscher Soldat gefunden und an Ort und Stelle begraben. In Kailing wurde ein einzelner SS-Mann von Amerikanern umgebracht und außerhalb der Friedhofsmauer von Wildenranna begraben — im Friedhof wollte man ihn nicht haben, er wurde erst 1949 umgebettet.

In Wildenranna hatte man in diesen Apriltagen große Angst, daß die vielen hundert Ungarn, die mit Mann und Roß und Wagen einquartiert worden waren, den Ort verteidigen würden. Aber sie dachten gar nicht daran, sondern strömten in hellen Scharen, die Arme hoch erhoben und von den Ranningern "ausgeborgte" Bettücher schwenkend, die Dorfwiesen hinunter auf Pölzöd zu, kaum daß die erste Panzerspitze der Amerikaner aus dem Ficht kommend, sichtbar geworden war. Während dies alles passierte und zahlreiche Batterien US-Artillerie wahllos die ganze Gegend mit Granatfeuer belegten, zog sich das Verhängnis über Wegscheid zusammen. Ein Artilleriebeobachter kreiste über der Fläche, wo heute der Rannasee ist und lenkte das Feuer auf Wegscheid.

Es ist alles bekannt und oft geschrieben worden — der Herr Gauleiter Eigruber aus Linz wollte seinen Gau in Wegscheid verteidigen und ein "Bollwerk" daraus machen, er erschien sogar am 30. April frühmorgens im Pfarrhof und beschlagnahmte ein slowakisches Auto. Etwa 300 deutsche Soldaten fanden sich zur Verteidigung Wegscheids zusammen, darunter Waffen-SS und Luft-

waffeneinheiten. Die Belegschaft des Lazaretts in der damaligen Schule (heute Enna) war schon ein paar Tage vorher vom "Heldenklau", wie man damals sagte, aufgescheucht und zur Verteidigung von Passau in Marsch gesetzt worden. Verwundete, die gerade noch gehen konnten, humpelten mit alten Waffen Richtung Passau dahin. So entkamen sie wenigstens der Verteidigung und Zerstörung Wegscheids.
Die deutschen Truppen im Ort hatten Geschütze und andere Waffen, auch Munition, und nachdem die Kapitulationsaufforderung einmal auf diese verbrecherische Weise abgelehnt worden war (es ist niemals bekanntgeworden, wer den Befehl gab, den Parlamentär zu erschießen), kam es zu dem harten und verlustreichen Kampf. Die Bevölkerung war teils geflohen, viele Wegscheider sahen der Zerstörung ihrer Heimat von Aiglsöd aus zu, andere aus Kollerschlag, andere waren in die Wälder geflohen oder hockten betend in den Kellern. Als um 21 Uhr endlich das Schießen aufhörte, waren 35 Wohnhäusern vollkommen zerstört, weitere 20 schwer beschädigt, 76 leichter beschädigt, die Kirche erhielt zwei Volltreffer, der Friedhof wurde verwüstet, die Kapelle beschädigt. 29 deutsche Soldaten und fünf Zivilisten fanden den Tod und wurden im Friedhof beerdigt, wieviele Verluste die US-Truppen hatten, ist nicht bekannt, es wurde lange davon gesprochen, daß mehrere hundert US-Soldaten den Kampf im Wegscheid mit dem Leben bezahlten.
Es gibt ein einmaliges Dokument über den Kampf um Wegscheid und die Folgen. In Hartmannsreuth lebte vor 40 Jahren Johannes Höglinger, der eine besondere Vorliebe für lokale Geschichte hatte und der alles zusammentrug, was er bekommen konnte. Nun, nachdem er mitten in den Sturm der Geschichte hineingeraten war, machte sich dieser tapfere und umsichtige Mann bereits am Tag nach dem Ende der Kämpfe auf und ging überall herum und notierte, was er sah. Fotografieren war verboten, die wenigen Bilder, die es überhaupt vom zerstörten Wegscheid gibt, entstanden später unter Lebensgefahr, der dann zum Bürgermeister gewählte Wilhelm Kreuzer hat sie gemacht und bewahrt. Johannes Höglinger aber schuf eine viele Seiten starke, in seiner steilen, altmodischen Schrift gefertigte Chronik und vermerkte genau, wo jeder Gefallene und Tote gefunden wurde, wie stark sich die Zerstörungen auswirkten und vieles mehr. Dieses einmalige ortsgeschichtliche Dokument wird derzeit "übersetzt", denn kaum jemand kann die alte Schrift Höglingers noch entziffern und da er mit Bleistift schrieb, verblassen seine Eintragungen. Noch lebt in einigen mit ihrem Ort verbundenen Bürgern die Hoffnung, daß es gelingt, ein Buch zu finanzieren, das Zerstörung und Wiederentstehen des Marktes Wegscheid dokumentieren soll. Bisher war es stets "zu teuer". Darin könnten dann auch alle die Zeitzeugenberichte aufgenommen werden, die uns in Fülle zugeschickt wurden und für die leider hier kein Platz ist.
Einheimische und Flüchtlinge erinnerten sich, Menschen, die mitten drin waren und solche, die am Rande ins Geschehen einbezogen wurden. Es gibt sogar Soldaten, die damals in oder bei Wegscheid waren und sich an Teile des Gefechts erinnern. Was geschah nun anderswo, während Wegscheid brannte? In Breitenberg hatte der Beschuß bereits am 27. April begonnen, am 28. April

nahmen die Amerikaner von Wolfstein her Anlauf, um den Ort zu erobern, das scheiterte aber am Widerstand, drei gefallene US-Soldaten, sieben deutsche Gefallene waren das Ergebnis, zwei Einheimische starben, zwei Brücken wurden gesprengt, sechs Anwesen brannten. Die Beschießung wurde stärker und noch mehr sank in Schutt und Asche, am 29. April hißte jemand, der unbekannt geblieben ist, auf dem Kirchturm die weiße Fahne. Die Bevölkerung hatte sich in den Wäldern versteckt, die Verteidiger gaben an der Friedhofsmauer auf.

Sonnen sollte verteidigt werden, aber die Handvoll Soldaten zog sich nach den ersten Schüssen zurück, als die US-Panzer, 25 waren es im ganzen, aus Jandelsbrunn vorrückten. Im Pfarrhof Sonnen wohnte ein ungarischer Generalmajor, ungarische Truppen waren hier und da verstreut, aber sie kämpften nicht und gaben sich schnell gefangen. Dem Pfarrer von Thalberg wurden von US-Soldaten trotz seines Protestes sechs Flasche Meßwein gestohlen...

Untergriesbach wurde kampflos und ohne Zerstörung genommen, der Markt wimmelte von Soldaten und einige NS-Funktionäre wurden unter Schlägen durch den Ort getrieben. Später legten die US-Truppen in Untergriesbach entlang der Wegböschung zum Bad im Gruber Wäldchen ein Kriegsgefangenenlager an, in dem Tausende deutscher Soldaten unter erbärmlichen Umständen kampierten. Sie gruben sich mit bloßen Händen Schlaflöcher in die Erde. Später wurden sie dann an die Russen ausgeliefert und einige Untergriesbacher, die als Soldaten aus Zufall in dieses Lager gerieten, kamen so bis hinter den Ural. Der letzte von ihnen kehrte erst Jahre später schwerkrank zurück...

In Wegscheid machten sich, wie der Chronist berichtet. US-Soldaten den "Spaß", intakt gebliebene Häuser anzuzünden und niederzubrennen, die hier vorhandenen Fremdarbeiter plünderten, was noch vorhanden war, dem späteren Bürgermeister Kreuzer wurde der Fotoapparat gestohlen, zum Glück, nachdem er seine wichtigen Aufnahmen in Sicherheit hatte. In Obernzell irrten die "Bachler"verzweifelt durch die Trümmer ihrer Häuser, die Vorräte im Schloß wurden geplündert.

Heute ist es Mode geworden, dummerhaftig und selbstgerecht über die damalige Zeit zu urteilen nach dem Motto: "Warum habt ihr nicht — und ihr hättet doch dies und das..." Niemand, der es nicht selbst erlebt hat, kann sich auch nur vorstellen, was damals von 40 Jahren geschah. Der Bevölkerung des Wegscheider Landes kam es wie ein Alptraum vor und als der Kampf vorüber war, fingen erst die Schwierigkeiten an. Die Versorgung war zusammengebrochen, es herrschte Hunger und Armut, die US-Truppen erlaubten keine Bewegungen auf den Straßen, die Schulen waren geschlossen, erst langsam kehrte eine gewisse Normalität zurück.

Und mit der sich anbahnenden "neuen Ordnung" erschien auch die Sowjetarmee direkt vor Wegscheid. Die US-Truppen räumten Oberösterreich und die Russen rückten ein. Was sich dort abspielte, müssen die Österreicher erzählen, die Wegscheider bekamen an den Grenzübergang Hanging (und nach Kappel selbstverständlich) sowjetische Posten und einer davon ist sogar im Bilde festgehalten. Die Tschechen wollten Bayern bis Regensburg "einstecken" und

verursachten hier Angst und Panik, Gerüchte schwirrten herum — aber dann blieb diese neue Drohung doch aus. Die Sowjettruppen im Mühlviertel waren so schlecht verpflegt, daß Streiftrupps ins Bayerische ausschwärmten und den Bauern Lebensmittel entweder abbettelten oder sie ihnen raubten. Russen mit Kalaschnikows kamen kurz nach dem Einrücken ins Mühlviertel sogar bis nach Oberötzdorf, Gemeinde Untergriesbach!
Heute muß einer schon mindestens 50 Jahre alt sein, um sich überhaupt noch erinnern zu können an das, was damals geschah. Die Erinnerung verblaßte zu bloßen Fakten, was an Menschlichem, Allzumenschlichem da vor sich ging, kann man nur erahnen...

In der "Wilden Aue" reift die Rauschbeere

Das letzte Hochmoor im südlichen Bayerischen Wald ist die Zuflucht seltener Pflanzen

Oberneureuth. Bald werden es 20 Jahre, daß der Bund Naturschutz die "Wilde Aue" ankaufte und das letzte Hochmoor des südlichen Bayerischen Waldes auf diese Weise rettete. Damals war der Naturschutzgedanke noch nicht so anerkannt wie heute, um so höher muß das Engagement gewürdigt werden, das uns eine Zufluchtstätte seltener Pflanzen und eine Landschaft in naturnaher Ursprünglichkeit bewahrt hat.

An diesem Julitag ist es gottesstill über Schönwies, dem weltfernen Weiler, und nur ein paar träge wiederkäuende Kühe schauen mir zu, wie ich ins Hochmoor "Wilde Aue" hineingehe. Feste Schuhe braucht man, denn bei jedem Tritt gluckst das Wasser aus dem Moos und passe ich nicht auf, kann ich leicht in ein Sumpfloch fallen. Unwillkürlich denke ich an die ersten Siedler, die hierher geschickt wurden, um das Land urbar zu machen. Sie mögen durch solche Moore gestapft sein und fluchend ihre versunkenen Bundschuhe gesucht haben...

Denn früher hat es viele solcher Hochmoore gegeben, in mühseliger Arbeit wurden sie kultiviert, trockengelegt, der Torf abgestochen und als Brennmaterial getrocknet. Die Landschaft, die wir heute sehen, hat kaum mehr etwas gemein mit dem, was unsere Vorfahren vorfanden. Zum Glück liegt schon Oberneureuth ein wenig "hinten" und Schönwies erst recht und die Straßen dorthin sind auch kaum 20 oder 15 Jahre alt. So mag es gekommen sein, daß die "Wilde Aue" erhalten geblieben ist, daß sie nicht das Schicksal der Moore teilte, die den Urbarmachern handlicher gelegen waren.

Und wie ich so durch die Legföhren breche und seltene Falter und die unberührten Pflanzen neben dem Moorloch gaukeln sehe, da entsinne ich mich dessen, was Feund Karl Hesse, der so unvergeßliche Verdienste um die Rettung der "Wilden Aue" hat, mir erzählte.

850 Meter hoch liegt das Moor, es ist etwa neun Tagwerk groß und es handelt sich um das letzte, unberührte, ursprüngliche Hochmoor südlich des Arbers. Ein Hochmoor, das die klassische "Uhrglasform" hat, weil es innen hochgewölbt ist, bildet sich in Jahrtausenden aus dem Torfmoos Sphagnum. Dieses Moos wächst an den Spitzen immer weiter und stirbt an seinem unteren Teil ab und vertorft. Es entsteht dabei die Uhrglasform und auch in der "Wilden Aue" ist das leicht zu sehen. Und je mehr man sich der Mitte nähert, desto nasser wird es, denn dort, wo das Moor am höchsten aufgewölbt ist, hält es auch das meiste Wasser.

Einmal, vor 15 Jahren, hätte Unverstand fast dem Hochmoor den Garaus gemacht. Damals wurde an seinem Rand ein tiefer Graben ausgebaggert, um es zu "entwässern" und das ohne Rücksicht darauf, daß es sich um ein Naturschutzgebiet höchster Klassifizierung handelte. Bis der Frevel entdeckt wurde, war das "Uhrglas" bereits eingesunken und viel Wasser aus dem Moor

Rechtzeitig unter Naturschutz gestellt wurde die "Wilde Aue", eines der wenigen noch erhaltenen Hochmoore mit seltenen Pflanzen.

abgeflossen. Karl Hesse griff ein, der Baggergraben wurde wieder verfüllt und heute, da ich hier mich entsinne an meinen Besuch damals und den Streit um die Rettung des Moors, da freue ich mich, alles wieder erholt und wohl erhalten vorzufinden.

Die "Wilde Aue" ist die Zuflucht seltener Pflanzen. Zuerst ins Auge fallen die Legföhren oder Latschen (Pinus montana), die es nirgendwo sonst mehr südlich des Arbers gibt. Ich sehe natürlich die Birke, die das Moor liebt und zu ihm gehört, mir kommt der Wachtelweizen unter (Melampyrum), ich sehe Calluna vulgaris, das Heidekraut, vergesellschaftet mit dem Moosglöckchen, die Heidelbeere und die Rauschbeere (vaccinium ulginosum).

Sie alle zusammen, mit Moosen verschiedener Art vergesellschaftet, bilden hier eine geschützte Pflanzenfamilie, wie man sie nirgends woanders mehr sehen kann.

Stille und Wärme umgibt mich und fände ich nur ein trockenes Plätzchen zum Sitzen, ich würde Stunden dort verträumen. Eine Libelle umsirrt mich, ein Falter, der keine Angst vor dem Menschen hat, setzt sich direkt vor meinen Fuß — in den Legföhren spielen Licht und Schatten. Und gerade hatte ich noch im Autoradio die Nachrichten von den furchtbaren Erdrutschen und Überschwemmungen gehört, mit denen sich eine geschundene Natur am unvernünftigen Menschen rächt... Da fühle ich mich geborgen und sicher hier in diesem fernab vom Weltgetriebe gelegenen Fleckchen Natur. Und ich bin

denen dankbar, die rechtzeitig Vernunft, Gewissen und — Geld hatten, um diesen Schatz zu retten.
Als ich an diesem Julitag wieder zurückkehre aus der Stille, dem Duft des Moors und dem leisen Rascheln der Birkenblätter, da bin ich für eine Weile wieder ganz froh. Hätten wir doch mehr solche Refugien rechtzeitig bewahrt und erhalten!

(Sommer 1987)

Solange Hecken nur "auf den Stock gesetzte" werden, um das Holz zu ernten, mag es noch angehen. Eine Rodung wäre jedoch unverantwortlich.

Die Hecken und Feldraine bereichern die Landschaft

Wegscheid. Es gibt ein auch von keinem noch so großen Gleichmacher abgestrittenes Gefälle zwischen den guten landwirtschaftlichen Böden rund um Straubing, dem "Gäuboden" und den Böden des Bayerischen Waldes. Und Hand in Hand mit den landschaftlichen, landwirtschaftlichen und ökonomischen Verschiedenheiten geht auch eine Verschiedenheit in der "Landschaftsgesinnung" einher, möchte man formulieren. Der gute Boden, die reiche Frucht, die er trägt, hat die Bauern schon früh dazu gebracht, eine sogenannte Kultursteppe zu erzeugen, weite, öde Flächen ohne Baum und Strauch, ohne Feldrain und Hecke. Wer kennt sie nicht, die Gäubodenlandschaft, wer findet sie nicht unerfreulich?

Ganz anders dagegen Vorwald und Wald, unabhängig von der landwirtschaftlichen Ertragslage, schon die hügelige Landschaftsgestalt, die vielen Steine, Schluchten, Buckel und Täler verhinderten bisher, daß auch bei uns eine so öde Kultursteppe entstand. Nun aber sind sogar wir hier im südlichen Bayerischen Wald in Gefahr, der reinen Wirtschaftsgesinnung alles zu opfern, was bisher die Landschaft und ihren Reiz ausmachte. Immer öfter fallen Raine und Hecken, Gebüsche und Feldgehölze und Bäume der Rodung zum Opfer. Stets unter dem Zeichen der "verbesserten Wirtschaftlichkeit", fast immer ohne die vielfältigen Zusammenhänge zu erkennen und zu würdigen, die da in der Natur bestehen. Es ist keineswegs praxisferne Naturschwärmerei und Spinnerei, wenn heute immer mehr verantwortungsbewußt denkende Menschen sich gegen die fortschreitende Naturzerstörung aus rein egoistischen Gründen wenden. Die Wissenschaft hat längst festgesstellt, daß alles in der Natur zusammenhängt, miteinander "vernetzt" ist, sich bedingt und auseinander und miteinander entwickelt. Es ist noch heute, wo die Folgen offen vor Augen liegen, so üblich, alles zu verniedlichen und zu verharmlosen und obwohl alle diese Naturzusammenhänge bestens bekannt sind, gelten sie noch immer als "Nicht-Thema" für wirkliche oder selbsternannte Politiker und Ökonomen.

Das Beispiel Raine und Hecken kann das illustrieren, weil vor aller Augen liegend. Feldraine und Hecken sind ein Teil unserer Heimat, die doch angeblich allen so stark am Herzen liegt (in Festreden meistens!) und doch verschwinden sie immer mehr. Was aber ist ein Feldrain, eine Hecke in der Natur? 10 bis 20 Jahre braucht sie, um ein Biotop zu werden. Ein Biotop ist ein durch bestimmte Pflanzen- und Tiergesellschaften gekennzeichneter Lebensraum. Hecken und Feldraine sind schön. Na und? Sie sind aber auch nützlich. Sie beeinflussen die Regulierung des Wasserhaushalts, speichern bei Nässe Wasser und geben es bei Trockenheit an die Umgebung wieder ab. Sie regulieren das Grundwasser mit und halten die Felder und Wiesen fruchtbar. An Hängen halten sie das Erdreich fest, verhindern Erosion. Ganz allgemein wirken Hekken und Raine, Feldgehölze und Feldbäume auf das Kleinklima und damit auch auf das Großklima. Sie bremsen den Wind ab, wo Hecken sind, wird die kostbare Ackerkrume nicht fortgetragen, sie sorgen für den Wärmeaustausch

und selbst im Winter sind sie noch unentbehrlich. Zahlreiche Tiere finden in Hecken und Gebüschen Schutz, Brutplatz und Nahrung. Reh, Hase, Rebhuhn, Igel, Eulen, Singvögel, Schmetterlinge, Insekten und die Bodenlebewesen findet man dort in enger Lebensgemeinschaft. Rund um die Hecken und Raine wird das biologische Gleichgewicht stabilisiert, auf den angrenzenden Gebieten wie Felder, Wiesen, Gärten wird die Anfälligkeit der Kulturpflanzen gegen Schädlinge verringert. Es ist schon mehrmals wissenschaftlich festgestellt worden, daß eine intakte Feldhecke den Bauern Hunderte DM an Schädlingsbekämpfungsmitteln spart! Das bedenkt kaum jemand, der das "störende" Gebüsch ausrodet.
Allerdings bestehen Feldraine und Gehölze und Gebüsche nicht nur aus den den Namen hergebenden Pflanzen, sondern auch aus Gräsern und Wildkräutern, die ganz zu Unrecht als "Unkräuter" bezeichnet werden. Nur für den unverständigen Menschen ist alles, was ihm nicht unmittelbar nützt, "Unkraut". Gerade dieses ist für die Insekten, für viele Schmetterlinge und andere Kleinlebewesen von Bedeutung für das Überleben. Allein von der Brennessel leben über 20 Schmetterlingsraupenarten!
Dem Unverstand, dem egoistischen Profitstreben fallen immer mehr Arten zum Opfer, wird die Natur immer mehr nur zum Spielplatz für wissenschaftliche oder nur pseudowirtschaftliche Argumente. Viele Menschen, so beobachteten Soziologen, entwickeln eine Art kollektive Verrücktheit, die sich in Aggression gegen alles was lebt äußert. Es scheint das Gefühl dafür verlorengegangen zu sein, daß der Mensch ein Teil der Schöpfung ist und nicht ihr Herr. Daß der Mensch mit und von der Natur lebt und gegen sie nur kurze Zeit überleben kann.
Gerade am Beispiel der Feldraine und Hecken, weil es so simpel ist, kann erklärt werden, wie sich der Mensch heute im Interesse seines eigenen Überlebens verhalten muß. Es muß ein Netz von ökologischen Zellen, kleinen, natürlichen Lebensräumen in die Agrarlandschaft eingebaut werden. Damit wird auch diese dann erhalten. Dazu gehören Feuchtgebiete, Steinbrüche, Kiesgruben, Tümpel und Quellbereiche und sogar das kleinste Rinnsal. Es ist eine Sünde an der Natur, die sich bitter rächen wird, wenn auch die letzte Quelle gefaßt und abgeleitet wird. Das Land muß unfruchtbar werden!
Unaufhaltsam schreitet die Landschaftzerstörung fort, unaufhaltsam arbeitet der Mensch in Dummheit und Verblendung an seinem eigenen Untergang. Und das, obwohl er weiß, wie alles zusammenhängt und den Verfall steuern könnte. Niemand braucht auf einen irgendwann einmal vielleicht stattfindenden Atomkrieg zu warten! Die Zeitbombe tickt schon, hier direkt vor unserer Nase und die langsam aber unaufhaltsam fortschreitende Zerstörung der Landschaft ist ihr Anzeichen. Die Hecken und Feldraine sind nur ein Teil, aber sie sollen hier einmal als Beispiel dafür dienen, was getan werden kann. Behörden, Landwirte und Naturschützer dürfen nicht gegeneinander arbeiten, sondern sie müssen sich zusammenfinden, um eine umwelt- und naturgerechte Landschaftsplanung und -bewirtschaftung zu finden!

(Ostern 1984)

Biotopkartierung dient dem "sichernden Naturschutz"

Jedes Jahr 300 000 DM vom Landkreis für Flächenankauf — Wie sind die Ergebnisse?

Wegscheid. Der Landkreis Passau und das Landesamt für Umweltschutz geben gemeinsam 250 000 DM aus, um eine "Biotopkartierung" vorzunehmen. Für das nördliche Kreisgebiet, insbesondere für das Wegscheider Land ist die Kartierung weitgehend abgeschlossen. Da der Landkreis in jedem Jahr 300 000 DM für den Ankauf und die Pflege von Biotopen aufwendet und mehrere davon im Wegscheider Land liegen, haben wir uns danach erkundigt, wie die Ergebnisse des praktischen und theoretischen Schutzes der Pflanzenwelt sind.

Der Naturschutzsachbearbeiter beim Landratsamt Passau, Andreas Sperling, erläutert: "Bei der Biotopkartierung geht es um eine in ganz Bayern 1985 angelaufene Maßnahme, die im Landkreis Passau 1988 beendet sein wird. Sie basiert auf dem Bundesnaturschutzgesetz und dem Bayerischen Naturschutzgesetz und ist ein "Fachgutachten des Naturschutzes", das allen öffentlichen und privaten Planungsträgern zur Verfügung steht und z.B. auch in die Flächennutzungspläne der Gemeinden mit einfließen soll."

Der Landkreis Passau ist, was die Biotopkartierung betrifft, vorbildlich in Niederbayern, steht an der Spitze der aufgewendeten Gelder (auch für den Ankauf schützenswerter Flächen) und hat zwei Diplombiologen angestellt, die den gesamten Landkreis aufnehmen und in Karten darstellen. Diese Karten sehen für den Laien aus wie ein Flickenteppich, denn nicht nur bereits unter Naturchutz stehende Flächen sollen kartiert werden (obwohl diese auch) sondern alle Biotope, die mitten in der intensiv genutzten Landschaft noch vorhanden sind.

Andreas Sperling: "Schauen Sie sich doch um! Die Landschaft wird immer eintöniger und ärmer, die Artenvielfalt schmilzt dahin. Die Biotope, die wir da und dort noch finden, bilden doch ein Refugium für Pflanzen und Tiere und von dort aus sollen die Impulse für die Erhaltung der Arten ausgehen. Sie sollen als das dienen, was man "Genpool" nennt, als ein Reservat für die Natur, aus der sie schöpfen kann, wenn der Mensch fast alles zerstört hat." Und die Bayerische Staatsregierung hat beim Beginn der Biotopkartierung den Landratsämtern ins Stammbuch geschrieben: "Gerade in einer intensiv genutzten Landschaft muß es ein Netz von Flächen mit einer Vielfalt von Vernetzungen geben, die vielen Tier- und Pflanzenarten Lebensmöglichkeiten erhalten und die auch auf die Stabilität der Umgebung wirken."

Natürlich geht eine solche Arbeit nicht ohne Systematik und ohne den Computer gleich garnicht. Aber er hilft dabei, die 1988 fertiggestellten Biotopkarten samt erläuternden Erklärungen zu den einzelnen Flächen zugänglich zu machen. Andreas Sperling malt ein Zukunftsbild: "Aus dem Zentalcomputer des

Landratsamtes können und sollen die Gemeinden, die Planer von Baugebieten und sogar die Bauherren von Einzelvorhaben abrufen können, was sie wissen müssen, um eine möglichst naturschonende Planung und Bauausführung machen zu können." Ein kartiertes Biotop wird mit einer Fülle von Angaben festgehalten, Lage, Größe, Zugänglichkeit, Besitzer, Nutzung, Bewertung nach Kriterien des Naturschutzes, Beeinträchtigungen wie etwa Lagerung von Müll und dann enthält es eine genaue Auflistung aller dort vorkommenden Pflanzen mit deutscher und lateinischer Bezeichnung. Dazu Andreas Sperling: "Für alles gibt es Pläne, für Straßen und Baugebiete, nur für die Naturflächen nicht. Die Kartierung soll nicht nur einen Überblick herstellen, sondern auch eine Beweissicherung sein. Bisher hieß es viel zu oft, das sei schon immer so gewesen, wenn man eine Zerstörung verhindern wollte."

Soweit die Theorie, wie sieht es aber in der Praxis aus? Mit Andreas Sperling unterwegs in der Gemeinde Wegscheid, wo der Landkreis zwei große Naturflächen rechtzeitig erworben hat, erfahren wir, wie es sein könnte, wenn jeder etwas mehr Verständnis hätte für die Natur und daß wir ein Teil von ihr sind. Zuerst besuchen wir ein im Landkreisbesitz befindliches Biotop von 18 780 Quadratmeter Größe. Es ist insofern besonders interessant, als es drei Vegetationstypen enthält. Eine Feuchtwiese mit Binsen, Seggen und Orchideen, eine große Fläche Trockenrasen mit Borstgras, Silberdistel und vielen anderen anderswo schon totgedüngten Pflanzen und dazu ausgedehnte, herrliche Hecken. Es wird natürlich weder gedüngt noch gespritzt, der Bauhof des Landkreises nimmt nur einmal im Jahr einen Pflegeschnitt vor, damit die Wiesenflächen nicht zu Wald werden. Das Biotop liegt mitten in landwirtschaftlich genutzten Flächen, dort, wo gedüngt wird, vor allem mit Gülle, ist der Vergleich frappant. Artenarmut, typische Löwenzahnwiese, die auf Überdüngung hinweist, daneben Artenvielfalt und reiches Leben. Kein Wunder, daß man diese Naturinseln als Genpool ansieht, hier glaubt man es.

An anderer Stelle der Gemeinde besitzt der Landkreis eine noch größere Fläche. Hier handelt es sich um nasse Streuwiesen, die teils ein richtiges Hochmoor mit Uhrglasform sind. "Brachgefallene Streuwiesen aus Moor" nennt Sperling das und hat eine Vision für die Zukunft: "Hier sollen schon in ein paar Jahren wieder Birkhähne balzen!" Zu diesem Zweck werden pfleglich die Fichtenmonokulturen entfernt und ein natürlicher Lebensraum gebildet, wie er dem Birkhuhn paßt und wie es ihn bis vor wenigen Jahren hier noch gab. Leider hat der Landkreis neben diesem herrlichen Fleckchen Erde einen Nachbarn, der ein Stück dieses Moors besitzt und nicht zur Abrundung des Biotops hergeben will. Und er rückte mit Baggern aus und zog große Gräbern zum Entwässern der Naturfläche!

"Das mußten wir ihm untersagen," sagte Andreas Sperling dazu, "das Naturschutzgesetz verbietet sowas von Grund auf. Wir hoffen immer noch, daß wir die Fläche trotzdem bekommen." Und wer dort geht, muß diese Hoffnung teilen. Es blüht und duftet von vielerlei Blumen, eine Wiese ist gesprenkelt von geflecktem Knabenkraut, der heimischen Orchidee, Falter gaukeln und es ist

so herrlich still... Warum nur erkennen so wenige Menschen Wert und Wichtigkeit der Natur?
Bisher schon hatte der Landkreis 270 Biotope kartiert, wenn die derzeit laufende Erfassung vollkommen ist, werden es 2 500 sein. Dazu Andreas Sperling: "Der Landkreis betont mit Nachdruck die Wichtigkeit des Naturschutzes. Der Kreistag ist sehr aufgeschlossen und bewilligt jedes Jahr 300 000 DM für den Ankauf von Biotopen. Dieses Beispiel angewandten Naturschutzes sollte Schule machen. Es ist höchste Zeit, das Landschaftsgleichmaß mit naturnahen Flächen zu durchziehen. Natur und Mensch sind eins."
Zurück von unserer Exkursion sind wir derselben Ansicht. Mit dieser Biotopkartierung und dazu mit dem Ankauf der Naturflächen geschieht wirklich etwas Großen und Bleibendes.

(4.6.1987)

Ausgleich zwischen Flurbereinigung und Umweltschonung

Gesinngungswandel in die Tat umgesetzt — Präsident Hermann Krimmer auf Besuch

Wegscheid. Die Flurbereinigung allgemein und die Flurbereinigungsdirektion Landau/Isar im besonderen sind in letzter Zeit in die Schußlinie der Kritik geraten. Es hat sich sogar eine "Interessengemeinschaft bayerischer Bauern gegen die Flurbereinigung" gebildet, über deren Forderungen wir kürzlich ausführlich berichteten. Die Flurbereinigung selbst macht für sich geltend, aus früheren Fehlern gelernt zu haben und den Gesinnungswandel auch in die Tat umzusetzen. Gesucht werden muß dabei jedoch ein Ausgleich zwischen den eigentlichen Aufgaben der Flurbereinigung und der Umweltschonung.

Der Präsident der Flurbereinigungsdirektion Landau/Isar, Hermann Krimmer, kam selbst ins Wegscheider Land, um auf einer Pressebereisung einige Schwerpunkte der Arbeit der Flurbereinigung darzustellen. Es nahm daran auch der Chefredaktuer der "Passauer Neuen Presse", Erwin Janik, teil. Ihm war gerade zu Beginn der Fahrt ein Leserbrief aus dem Gemeindebereich Wegscheid zugegangen, den er als Grundlage seiner Fragen an Präsident Krimmer benützte. Der Briefschreiber, Lehrer Matthias Schwarz aus Wildenranna, seit vielen Jahren aktiv im Naturschutz und im Dienst an der Bewahrung der Heimat, kritisierte in scharfer Form, daß die Ankündigung von Politikern "Mehr Schutz für bedrohte Fauna und Flora!" mit der Wirklichkeit nicht in Übereinstimmung stünde. Er klagte die im Wegscheider Land entweder schon abgeschlossenen oder kurz vor dem Ende stehenden Flurbereinigungsverfahren an, die "Flur von allen Hindernissen gereinigt zu haben, die einem tüchtigen Landwirt im Wege sein könnten". Hohlwege, Tümpel, moorige Wiesen, Graben, Feldraine, Buschwerk, freistehende Bäume und alle diese "Hindernisse" seien gefallen oder fielen noch. Schwarz kritisierte auch die "Forellenweiherenthusiasten", die jeden Naßraum sofort mit Baggern zu Teichen machen und dabei rücksichtslos alles vernichten, was dort lebt und wächst. Er fragte, wieso sich staatliche Stellen auch heute noch anmaßen, in Jahrtausenden gewachsene Landschaften umzukrempeln und zu verändern. Wieso dulde man Maisäcker entlag einstiger Perlmuschelbäche, warum zerstöre man gewaltsam die letzten Feuchtuferstreifen und erzeuge nur Hochwasser und Erosion? Die Gülle laufe in die Bäche und zerstöre das Leben darin. Schwarz forderte einen Schutzstreifen von 100 Metern entlang der Bäche. Er kritisierte das Drainieren, das den Grundwasserspiegel absenke, mit allen Folgen, die längst bekannt sind, und er bezweifelte auch Sinn und Nutzen der Flurbereinigung gerade in den ertragsmäßig kritischen Lagen hierzulande, weil oft die teuer bereinigte Flur samt den darauf stehenden kleinen Bauernhäusern an landfremde Städter verkauft würde. Er forderte eine Umwandlung der Flurbereinigungsämter in Naturschutzämter.

Präsident Hermann Krimmer nahm diesen Brief, der "wie bestellt", aber trotzdem zufällig gerade zu seinem Besuch im Wegscheider Land kam, sehr ernst und sagte, es drücke sich darin in gedrängter Form viel von dem aus, was die Flurbereinigung oft zu hören bekomme. Sie sei auch durchaus bereit anzuerkennen, daß heute andere Bedingungen bestehen als etwa vor 30 Jahren, als die Flurbereinigung begann, und daß aus heutiger Sicht vieles von dem, was früher vertreten wurde, falsch ist.

"Die Erkenntnisse schreiten fort und das Bewußtsein für alles, was möglich oder wünschenswert ist, ebenfalls", sagte der Präsident der Flurbereinigungsdirektion, "heute suchen wir einen Ausgleich zwischen den Aufgaben die uns das Gesetz zuweist, und den Forderungen des Naturschutzes und der Umweltbewahrung. Daß aber die Bedingungen für die Landwirtschaft verbessert werden müssen, sollten auch die Kritiker einsehen. Über die Wege kann man sich einigen." Jeder, der objektiv und ohne persönliche Beteiligung in Plus und Minus die Flurbereinigung beobachtet, muß zugeben, daß ein Gesinnungswandel eingetreten ist und daß die Taten der Flurbereinigung heute anders aussehen als der Ruf, den sie sich (berechtigt oder nicht) eingehandelt hat.

Die Pressefahrt zeigte dies auch, denn Präsident Krimmer legte besonderen Wert darauf, die "naturschützerischen Schwachpunkte" zu besuchen, wies zugleich aber auch berechtigt auf Erreichtes hin. Einige Beispie dafür. In Untergriesbach steht die Frage an, ob der im Gemeindebesitz befindliche ehemalige Bahnkörper nördlich und südlich des Marktes als "Massegrund" in das Verfahren eingebracht und rekultiviert werden soll. Hinter diesem schönen Namen versteckt sich aber z.T. die massive Zerstörung gewachsener Biotope. Krimmer dankte der PNP für die Aufmerksamkeit, mit der sie über die Natur wache, sie habe der Flurbereinigungsdirektion wertvolle Hinweise gegeben und bei der Entscheidung der Frage, ob aus einem herrlichen Biotop ein Maisacker werden solle und das noch direkt neben einem Gewerbegebiet im Entstehen, werde sorgfältig und mit Schwerpunkt auf Naturerhaltung geprüft. Diese Prüfung ist im Bereich Möslberg schon vorbei, hier hat die Flurbereinigung sogar ein Perlmuschelvorkommen erhalten, allerdings auch erst nach einem massiven Protest eines einzelnen Naturschützers. Beklagenswerterweise kam bei dieser Bereisung auch zutage, daß selbst abgeschlossene Flurbereinigungsverfahren die Natur nicht vor weiterer Zerstörung schützen. Denn nach Neuverteilung und Wegebau, Entsteinung, Anpflanzung von neuen Bäumen usw. gibt es einige unverständige Bauern, die sofort alles abhauen, was gerade erst gepflanzt wurde oder sonst geschaffen wurde zur Bereicherung der Natur. Gegen dises moderne Barbarentum sucht sich neuerdings die Flurbereinigung zu schützen, indem sie entsprechende Flächen in Allgemeinbesitz überführt. Aber auch hier ist ein "Pferdefuß" verborgen, weil so mancher Gemeinderat in die Versuchung kommen könnte, aus Gefälligkeit gegenüber starken Wählergruppen solche Flächen zu veräußern und alle naturschützerischen Bemühungen dann vergeblich sind. Wege, dies zu verhindern, werden gegenwärtig gesucht.

Meßnerschlag wurde als Beispiel einer durch Vernunft und Mäßigung gekennzeichneten Flurbereinigung vorgeführt, hier verzichten die Bauern selbst darauf, einen Bach in Beton oder Stein zu zwängen und ließen ihn natürlich. Heute freuen sich schon ihre Kinder daran. Große Probleme, die vor allem durch Straßenerschließung umrissen sind, weisen die Flurbereinigungsverfahren in den Streusiedlungsgebieten der Neuen Welt und drumherum auf. Die Teilnehmer der Pressefahrt sahen Gollnerberg/Schönberg als Beispiel einer bereinigten Flur, die durch Einzelhofsiedlungen geprägt ist. Hier dominierte nicht die Landzusammenlegung, sondern die Verkehrserschließung. Gegenbach, ein wegen der krassen Verhältnisse vor der Flurbereinigung "berühmtes Verfahren", bietet sich heute als gelungenes Beispiel an, die Wege sind in die Landschaft integriert, die Wasserläufe ließ man natürlich sein.

Im Bereinigungsgebiet Breitenberg läuft die Flurbereinigung noch, sie machte Schlagzeilen wegen Streit und Hader innerhalb der Gemeinschaft und vieler Widersprüche. Hermann Krimmer hatte die Unterlagen dabei und erläuterte, was ihm "da so aufgefallen ist."

Da die Spruchausschüsse erst zusammengetreten, wollen wir darauf verzichten, im Vorgriff etwas festzulegen, Präsident Krimmer erklärte jedoch, daß "da bestimmt einiges zu korrigieren ist und auch Mitglieder der Vorstandschaft etwas zurückstecken müssen." Dies dürfte Hoffnung wecken auf ausgleichende Gerechtigkeit in Breitenberg. Durch harsche Kritik und lautes Geschrei ist allerdings wenig ausgeschafft.

Breitenberg war aber für die Besucher noch aus anderem Grunde interessant. Fünf Hektar nasse Wiesen an der Michl und eine kleinere Fläche nahe der Kläranlage hat die Flurbereinigung ganz aus der Maßnahme herausgenommen, sie teilt sie auch niemandem mehr zu, sondern überführt sie in Gemeinbesitz. Sogar der Landkreis ist als künftiger Eigentümer im Gespräch. Diese doch sehr großen Flächen bleiben der natürlichen Entwicklung überlassen, jede Düngung fällt weg und sie sollen ein Rückzugsgebiet für Pflanzen und Tiere werden.

"Das Beispiel Breitenberg zeigt", sagte Präsident Krimmer, "wie es in der Praxis gemacht werden kann. Nicht Bereinigung um jeden Preis, sondern sorgfältige Abwägung all dessen, was wünschenswert ist und verantwortet werden kann."

Krimmer ließ allerdings keinen Zweifel daran, daß dazu das Verständnis der Beteiligten erforderlich ist. "Mit sturen und selbstsüchtigen Beteiligten können wir nichts ausrichten!"

War der Schwerpunkt des Gesehenen im Wegscheider Land auf dem Gebiet des Natur- und Landschaftsschutzes, so zeigte Präsident Krimmer im Nachbarlandkreis Freyung vor allem Dorferneuerungen nach Abschluß oder im Bau. Selbst das berühmt-berüchtigte Kreuzberg wurde vorgeführt und anhand dieses sehr krassen Beispiels gezeigt, welchen Problemen sich die Flurbereinigung gegenübersieht, die den Bauern helfen und dabei nichts kaputtmachen soll.

Der als Kulturdenkmal bekannte "Graineter Buckel" wurde ebenso angeschaut wie ein sehr gelungener Neubau des Graineter Bachs, der heute überhaupt nicht so aussieht, als ob es "künstlich" sei. Hier wurde demonstriert, was Krimmer ein "Lernen aus Fehlern und naturangepaßtes Bauen" nannte. Zusammenfassen sagte der Präsident der Flurbereinigungsdirektion Landau, auch die Kritiker sollten sich vor Augen führen, welch schwierige Aufgaben die Flurbereinigung zu lösen habe. Kompromisse seien nicht zu vermeiden und auch Eingriffe in die Natur. Heute wisse man aber, daß sie so gering wie nur irgend möglich sein müßten und der Schwerpunkt "Bewahrung" sei. Dies sollten auch die harten Kritiker erkennen und gemeinsam mit der Flurbereinigung einen gangbaren Weg suchen.

(Pfingsten 1985)

Ein lebender Zeuge aus der Steinkohlezeit

Vereinzelt gibt es noch Bärlapp in den Wäldern

In den großen Wäldern des Wegscheider Landes, die entwicklungsgeschichtlich einer jungen Periode angehören, hält sich an wenigen Stellen ein lebendiger Zeuge aus dem Paläozoikum, einer Zeit, als vor 600 Millionen Jahren die Steinkohlen entstanden. Während die Schuppen- und Siegelbäume, die Schachtelhalme und Farne längst zu Steinkohle verwandelt im dunklen Schoß der Erde ruhen, lebt ihr naher Verwandter, der Bärlapp, immer noch. Der aufmerksame Spaziergänger kann ihn an einigen versteckten und geschützten Stellen noch finden. Merkwürdig schlangenähnlich, wie Peitschenschnüre auf dem Moosboden verfilzt liegend, fällt der Bärlapp kaum auf. Wenn aber die Sonne einmal schräg in den Wald scheint, dann leuchten die vielen haarähnlichen Erhebungen auf und spielen in vielen Grünschattierungen.
Der Bärlapp, Lycopodium, auch Wolfsfuß und Wolfstritt genannt, ist über die Welt weit verbreitet, in den Wäldern Mitteleuropas gibt es aber nur wenige Arten. Letzte Reste einer einst mächtigen Gattung, der Urfarne, haben sich in die Tannen- und Fichtenwälder zurückgezogen. Heute steht der Bärlapp unter Naturschutz und man kann hoffen, daß er so erhalten bleibt. Früher hatten erfindungsreiche Menschen vielerlei Verwendung für ihn. Da seine Sporen,

Fast ausgerottet ist in unseren Wäldern der Bärlapp, ein lebender Zeuge der Steinkohlenzeit. Ein Bild zu bekommen ist ein Glücksfall.

der Bärlappsamen, unbenetzbar ist, wurde er frühzeitig als Droge verwendet. Man bestreute Pillen damit und machte sogar Puder daraus. Gerade im Puderjahrhundert, dem Barock, ging es dem Bärlapp auch im Bayerischen Wald an die Existenz. Bärlappsucher durchstreiften ihn damals und dezimierten seinen Bestand erheblich. Wem heute der einsame, kriechende Geselle auf dem Waldboden auffällt, der kann sich kaum vorstellen, daß seine unscheinbaren Sporen vielleicht einmal in die Allongeperücken des Prinzen Eugen gestreut wurden. Eine weitere kuriose Verwendung fand die Neuzeit für den Bärlappsamen, er wurde nämlich als — Blitzlichtpulver entdeckt! Die technische Entwicklung ist darüber hinweggegangen, zum Glück für eine unserer seltensten Bayerwaldgewächse. Da der Bärlapp schnurähnlich wächst und eine ziemliche Festigkeit hat, brauchte man ihn lange Zeit auch zum Kranzbinden und seine vielfältig gestaltete Oberfläche machte ihn als Milchseiher tauglich. Manche alten Leute entsinnen sich noch daran, in ihrer frühen Kindheit zum Bärlappsuchen losgeschickt worden zu sein, wenn der Mutter die Milchseiher ausgegangen waren.

Während die Nadelbäume, die den Bärlapp heute so viel überragen, recht jung sind, ist der Bärlapp von ehrwürdigem Alter. Er ist der Abkömmling der ältesten Landpflanzen, der Urfarne. Sie kamen im oberen und unteren Karbon vor, vor etwa 600 Millionen Jahren. Ihre Zeitgenossen waren neben den schon genannten steinkohlenbildenden Pflanzen die ältesten Insekten und die Panzerlurche. Während der Bayerische Wald die erste Auffaltung, die Abtragung, die zweite Auffaltung und eine erneute Abtragung erlebte, während er unter den Spiegel des Jurameers absank und mit einer Kalkdecke eingeschlagen wurde — während dieser unvorstellbar großen Zeiträume behauptete das Lycopodium, der Bärlapp, seine Lebenskraft. Die Pflanze entwickelte interessante Formen der Fortpflanzung, die Sporen keimen erst in sechs bis sieben Jahren und entwickeln sich in Symbiose mit Pilzen.

Wer Bärlapp in unseren Wäldern findet, kann ihn also als einen interessanten Zeugen des frühen Lebens auf unserem Planeten achten.

Der Zwerg im Heiligen-Tobel und der Vogel mit dem Riesenei

Hier sind noch Märchen und Sagen lebendig — Adolf Kainz sammelt sie für ein Buch

Obernzell. Wer kennt nicht Märchen und Sagen! Da fallen einem gleich die Brüder Grimm und der hörnerne Siegfried ein oder Exotisches aus Japan, von Fuchsgeistern und aus China von Drachen. Dabei braucht man nur vor die Haustür zu gehen, um auch hier auf Märchen und Sagenschätze zu stoßen. Adolf Kainz (40) aus Obernzell tut das, der geborene Passauer und heutige "Zeller" ist auf dem Weg über den Kanusport, Wildwasserfahrten und die Erforschung allerhand unbekannter Gewässer zur Heimatkunde gekommen. Der schöne Sport öffnete ihm Augen und Herz für die Heimat, nun will er sich der Bewahrung ihrer Schätze widmen. Dabei hat sich Adolf Kainz ein Feld ausgesucht, auf das sich wenige wagen, denn es ist recht mühselig und der Erfolg zweifelhaft. Der Obernzeller sammelt Märchen und Sagen der engeren Heimat, derzeit beschränkt er sich auf Obernzell, Untergriesbach und Umgebung. Es ist zwar allerhöchste Zeit, denn vieles, fast alles ist vergessen, verschüttet, vertan, aber trotzdem sind noch Schätze gehoben worden. Seit Adolf Kainz zu sammeln und zu sichten begonnen hat, sind schon 32 Märchen und Sagen zusammengekommen, vom "Einarmigen Mühlknecht" über den "Schwarzen Hund" bis zur "Wilden Jagd im Gottsdorfer Wald". Er hat vor, seine Sammlungsergebnisse nach eingehender Sichtung zu veröffentlichen, und das ist bestimmt sehr verdienstvoll, wenn man bedenkt, daß unsere Zeit dem Bewahren und Erhalten des Überlieferten nicht gerade freundlich gegenübersteht.

Adolf Kainz verdient deshalb Hilfe und Unterstützung, jeder, der ein altes, einheimisches Märchen oder eine Sage und Geschichte weiß, sollte sie ihm erzählen, ehe es zu spät ist. Was dabei an hübschen Erzählgut herauskommt, sollen drei Beispiele aus der Sammlung von Adolf Kainz zeigen.

Theresia Zechmann aus Obernzell erzählte ihm vom "Wichtelmann im Heiligen-Tobel" und die Sage geht im Originalwortlaut so: "Zwischen Obernzell und Erlau liegt am steilen Hang, hoch über dem Wasser der Donau, der sogenannte Heiligen-Tobel. Dieser ist wegen seines Maiglöckchenbestandes von alters her in Obernzell und Umgebung bekannt. Vor vielen, vielen Jahrzehnten wollten einmal Leute aus unserem Ort in den Tobel gehen, um dort einige der seltenen Blumen zu pflücken. Als sie in dessen Nähe kamen, sahen sie plötzlich, wie sich ein kleines Männlein, das einen langen, grauen Bart hatte, die Füße in einem Wässerchen wusch. Als sie daran vorbeigehen wollten, sprach das Männlein sie an und warnte sie davor, weiterzugehen, da eine große Gefahr über dem Tobel liege. Die Leute wunderten sich sehr über das Männlein, beherzigten aber seine Warnung und kehrten um. Sie waren noch nicht weit gegangen, als plötzlich ein schreckliches Krachen und Poltern

anhob, das gar nicht mehr aufhören wollte. Entsetzt drehten sie sich um und sahen, wie an der Stelle, wo sie eben noch mit dem Männlein gesprochen hatten, eine Steinlawine den Tobel hinabsauste.
Angstschlotternd eilten sie nach Hause und erzählten allen, was sie erlebt hatten und wie sie durch das Männlein vor einem schrecklichen Unglück bewahrt worden wären."
Johann Kaiser aus Hanzing hat eine der zahlreichen Schatzgräbersagen beigesteuert, sie bezieht sich aber auf die Burg Griesbach und ist deshalb besonders lokalhistorisch interessant. "Unter den Mauerresten der einstigen Burg "Vor'm Haus" bei Untergriesbach soll, so erzählten sich die Leute, in früheren Zeiten ein Schatz vergraben gewesen sein, den niemand zu heben vermochte. Ein Schuster aus Untergriesbach und ein Häuslmann aus Hanzing, dessen Frau im Kindbett lag, hörten davon, und da sie beide nur wenig zu beißen und zu brechen hatten, taten sie sich zusammen, um den Schatz zu heben. Da bekannt war, daß beim Graben nach Schätzen nicht gesprochen werden dürfe, versprachen sie einander, dabei kein Sterbenswörtchen zu reden.
In einer hellen Mondnacht machten sie sich an die Arbeit. Nachdem sie eine Weile gegraben hatten, stießen sie plötzlich auf eine verrostete eiserne Truhe, die sie mit großen Holztremmeln zu heben versuchten. Als die beiden damit beinahe fertig waren und die Kiste schon fast heraußen hatten, sahen sie, wie ein sonderbarer Mann, der ein keckes Jägerhütchen mit einer Hahnenfeder auf dem Kopfe trug, auf sie zutrat. Als er ganz nahe herangekommen war, deutete er auf den Mann aus Untergriesbach und sagte: "Schuasta du muaßt jatzt mit mir gehen!" Dieser erschrak und fragt ohne zu denken was er versprochen hatte, "warum den neta i?" Da tat es auf einmal einen Donnerschlag, als ob die Erde auseinandergerissen würde und der Fremde war verschwunden. Der Schatz aber versank wieder in die Erde und konnte nicht mehr gefunden werden."
Ein bißchen ironisch und witzig klingt das Märchen, das Ludwig Huber dem Sammler Adolf Kainz erzählt hat, es läßt unwillkürlich an arabische und fernöstliche Märchen ähnlicher Art denken. Kennt man nun aber den Schauplatz, so ist die nette Geschicht nur um so reizvoller. Sie heißt "Der Riesenvogel" und geht so: "Vor langer, langer Zeit kam nach Passau einmal ein riesiger Vogel geflogen, der war so groß, daß, wie er sich niederließ, er mit einem Bein auf dem Oberhausberg, mit dem anderen jedoch auf dem Mariahilfberg stand. Ein Schneider, der vor seinem Fenster saß und nähte, sah plötzlich, wie sich am hellichten Tage die Sonne verdunkelte, und er wunderte sich darob, da er vorher kein einziges Wölkchen hatte sehen können. Als er nach oben schaute, da sah er zu seiner Verwunderung über dem Tal einen riesigen Vogel sitzen. "Wart, dir werd' ich helfen", sagte er, "anständige Leute so zu erschrecken!" Schnell holte er eine Flinte und schoß piff-paff zu dem Vogel hinauf. Aber der Vogel schien dies gar nicht zu bemerken. Nur ein Federlein fiel langsam auf die Stadt herab und ging schließlich auf dem Residenzplatz nieder. Als die Passauer Frauen dies bemerkten, kamen sie alle mit ihren Körben herbeigelaufen, um die Feder zu schleißen. Es dauerte neun Tage und Nächte lang, bis

sie damit fertig waren. Doch dann hatten sie so viel Bettfedern, daß sie neunundneunzig Betten davon füllen konnten.
Der Vogel jedoch war schon lange wieder fortgeflogen und hatte sich nun in Obernzell niedergelassen. Mit einem Bein stand der Riesenvogel auf dem Kanzelberg, mit dem anderen in Vichtenstein. Nach einer Weile begann er plötzlich, ein Ei zu legen; dieses fiel auf eine Wiese in der Nähe der heutigen Kreuzsäulenkapelle. Aber da der Vogel so hoch über dem Tale stand, zerbarst es beim Aufprall in tausend Stücke. Als der Vogel nach einer Weile wieder fortflog, kamen die Obernzeller Frauen mit ihren Schüsseln und Töpfen und sammelten soviel Dotter und Eiweiß, wie sie nur tragen konnten. Hei, wie es da am Abend in den Pfannen brutzelte und wie es überall nach gebratenen Eiern duftete!
Nachdem die Marktleute die Eierschalentrümmer weggeräumt hatten, baute im Frühjahr ein Häuselmann, dem die Wiese gehörte, Runkelrüben darauf an. Diese gediehen prächtig. Eine aber wurde ganz groß, so groß, daß man sie nur mit einem Pferdegespann in den Ort schaffen konnte. Dort zerteilte man sie und es gab soviel Futter, daß sich die Schweine nach Herzenslust vollfressen konnten. Diese wurden davon so kugelrund, daß man noch lange davon zu berichten wußte. Eine aber wurde ganz besonders groß. Sie wurde so groß, daß niemand ein Messer fand, mit dem man sie hätte abstechen können. Man baute daher von hinten eine Brücke an sie heran und begann von dort ein Stück nach dem anderen aus ihr herauszuschneiden. Dabei wurde die Öffnung so groß, dam man bequem mit einer Schubkarre hätt' aus- und einfahren können. Als das große Schwein nun endlich zerlegt war und jeder seinen Teil abbekommen hatte, wollte man die Würste braten. Diese waren wiederum so groß, daß man im ganzen Ort dazu keine Pfanne finden konnte. Deshalb mußte extra eine angefertigt werden. Um unter ihr ein Feuer anmachen zu können, mußte sie mit einem Mauerwerk umgeben werden. Einer, der es nicht erwarten konnte, bis die Würste fertig waren, kletterte auf die Mauer, um in die Pfanne hineinzuschauen. Auf einmal stürzte die Mauer mit einem Donnerschlage ein und es ging alles in Feuer und Rauch auf. Das flammende Fett jedoch rann in die Donau, die dann ebenfalls bis Linz hinunter zu brennen anfing. Erst nach drei Tagen konnte sich das Feuer wieder beruhigen.
Die Obernzeller hatten aber nun genug von den "nur" großen Dingen, die neben dem großen Nutzen auch großen Schaden bringen können. Sie dachte alle wieder ein wenig an das Kleine, das man im Gedanken an das Große niemals vergessen sollte."

Als noch ein Stein die Grenze zu den "Ko-Essern" bildete

Merkwürdige Sagen um einen Felsbrocken — Er fiel dem Straßenbau zum Opfer

Untergriesbach/Gotting. Es gehört mit zur Tragik der Heimatforschung und Heimatpflege, daß sie oft zu spät kommt. Wird man auf Schönheit oder historische oder kulturelle Bedeutung eines Gegenstandes aufmerksam, ist er meistens entweder schon weg oder man zerstört ihn gerade. So auch wieder mit dem in der Bevölkerung sagenmäßig bekanten "Ko-Stein" bei Gotting. Er stand einst dort, wo die alte Straße nach Kroding führte, ganz nahe bei dem einschichtigen Hoffmann-Häusl, das heute durch die neue Straße nach links abgedrängt ist. Beim Bau der neuen Kreisstraße wurde der "Ko-Stoa" einfach beseitigt, wahrscheinlich wußte niemand, daß man ihn wenigstens vorher noch hätte fotografiern sollen.

Daß sein Name und seine Bedeutung heute noch bekannt sind, verdankt man dem Obernzeller Adolf Kainz, der sich seit vielen Jahren die Mühe macht, alle Märchen, Sagen und Geschichten dieses Landstrichs zu sammeln. Was es über den Ko-Stoa zusammengetragen hat, liest sich kurios, aber durchaus glaubwürdig.

Der Stein war aus Granit und verjüngte sich nach oben zu einem runden Buckel. Er maß etwa zwei Meter in der Länge und Breite und anderthalb Meter in die Höhe. Es wird wohl einer der typischen Granitbrocken gewesen sein, wie sie hierzulande öfter gefunden werden als Relikte der bewegten Geschichte eines der ältesten Gebirge der Welt. Denn das ist der Bayerische Wald!

Seinen Namen hat der kuriose Stein von Ko = Koch oder Mehlschmarrn, ins hochdeutsche übersetzt, käme das Kuriosum "Mehlschmarrnstein" dabei heraus. Bleiben wir aber beim mundartlichen Ko-Stoa, das hört sich entschieden besser an. Die Leute hier erzählten Adolf Kainz, daß man früher, wenn Seuchen, Unwetter und Gefahren drohten, eine Schüssel voll Mehlko auf den Stein stellte. Das ist bestimmt eine uralte, heidnische Sitte! Es wäre gar nicht zu verwundern, wenn der Ko-Stoa ein "heiliger Platz" gewesen wäre, wie ihn unsere Vorfahren vor der Christianisierung kannten.

Aber auch bis in unser Jahrhundert hinein markierte der Stein eine Brauchtumsgrenze. In dem südöstlich davon gelegenen Oberötzdorfer Gemeindegebiet wurde nämlich am Samstagabend, manchmal auch am Donnerstag, regelmäßig der "Ko" gegessen. Nordwestlich des Steins kannte man in den dortigen Dörfern dieses Brauch nicht. Man machte sich das natürlich auch zunutze, um die Nachbarn zu derblecken. Die einen wurden als "Ko-Fresser" beschimpft, die anderen als "arme Leut" bezeichnet, weil sie sich angeblich kein Ko leisten konnten. Wem das zu weit hergeholt erscheint, der möge sich an eine andere, bis in die jüngste Zeit hineinreichende Hänselei erinnern, die an die Grenze zwischen dem Bistum Passau und dem Kurfürstentum Bayern geknüpft war.

Hinüber und herüber nannte man sich dort und nennt sich sogar noch heut gelegentlich — "Bistümer Büffel!" und "Boarischer Stier!" Wie auf viele auffallende Steine bezieht sich auch auf den Ko-Stoa eine Teufelssage. Man sagt, der Gottseibeiuns sei hier einmal ausgerutscht. Ob in einem Schüsserl voll Ko? Es gibt aber noch eine andere Sage, die den Namen des Ko-Stoa zu erklären versucht. Sie besagt, daß hier einmal vor langer Zeit eine große Hungersnot herrschte und die Menschen nicht mehr wußten, wie sie sich ernähren sollten. Ein hungriger, schon ganz abgezehrter Bauer arbeitete damals auf seinem Feld, das an den Ko-Stoa angrenzte (der aber damals noch nicht so hieß). Sein Nachbar, auf der anderen Seite, ein reicher Mann, setzte sich zu dem Stein zum Mittagsmahl nieder und aß aus einer Schüssel schönes, gelbes "Ko". Der Arme bat den Esser, ihm doch um Gotteswillen etwas abzugeben. Der Nachbar aber sagte, gib mir dein Feld, dann darfst du die ganze Schüssel leeressen. Der Arme jammerte zwar sehr, aber weil ihn zu stark hungerte, gab er das Feld für das Ko. Und seitdem nennen die Leute den Stein den "Ko-Stoa".
Diese Sammelarbeit von Adolf Kainz ist sehr verdienstlich, denn wie soll denn die Vergangenheit bei uns weiterleben, wenn nicht in Geschichten und Sagen? Aus dem leider verschwundenen Ko-Stoa und seiner Legende sollte man eine Lehre ziehen: Erhalten und bewahren, was irgendwie geht!

(Silvester 1978)

"Einen Christbaum kannten wir nicht..."

Wie alte Leute in ihrer Kindheit das Christfest erlebten

Wegscheid. "Uns ist ein Kind geboren!" jubeln die Chöre zur Weihnachtszeit. Festlich gestimmt beschenken sich die Menschen, um ihrer Freude über die Ankunft des Erlösers Ausdruck zu geben. So jedenfalls will es die landläufige Meinung vom Sinn des Schenkens und Beschenktwerdens in den Tagen des Christfestes. Die religiöse Geste ist inzwischen längst monströs geworden. Allerorten klagt man über die Ausartung des Brauches, über Geschenkprotzerei, über jedes fehlende Maß im Ausgeben und in den Ansprüchen, die man stellt. Die Sattheit eines reichen Lebens läßt dazu noch Überdruß aufkommen, nichts ist mehr gut genug, alles wird an Geld und Geldeswert gemessen. Weihnachten als Kauffest, als Rummel, als Schau...

Dabei ist gerade die ursprüngliche Innigkeit des Weihnachtsfestes dazu angetan, den Gemütswerten Vorrang zu geben, sich zu prüfen, wie man den Ansprüchen der Religion gegenübersteht, wie man das ganze Jahr wie ein Aushängeschild ohne innere Beteiligung vor sich herträgt. Weihnachten als Zeit der Besinnung, der Verinnerlichung — was könnte dem Wunsch nach einem solchen Fest mehr dienen als ein Blick zurück?

Um ein wenig zu mahnen, daß Unzufriedenheit gerade in diesen Tagen ganz fehl am Platze ist, haben wir vier unter uns lebende Mitmenschen danach gefragt, welche Erinnerungen sie an die Weihnachten ihrer Kindheit haben. Wir suchten dazu zwei Männer und zwei Frauen aus, die der Stellung ihres Elternhauses in der damaligen Gesellschaft nach für viele stehen. Sie tun es in gewisser Beziehung auch heute noch, denn wir sind überzeugt, viele alte Menschen im Landkreis könnten uns das gleiche oder ähnliches erzählen.

Da wohnt in Untergriesbach in einer kleinen Wohnung Franz Allmesberger, 87 Jahre alt. Er wurde in einer Zeit geboren, die man heute verklärt die "gute alte" nennt. Für ihn war sie das nicht. Der kleine Franz wurde als eines der jüngeren von 12 Kindern in Hirschenberg bei Thalberg geboren. Elf Kinder blieben am Leben. Sein Vater war ein armer Weber, der von einem Inhäusl ins andere zog, von einer Einöde der Neuen Welt in die andere. Der alte Mann kann sie noch heute aufzählen, die vielen Namen der Weiler und Gehöfte, in denen die armen Leut mit den vielen Kindern mehr geduldet als erwünscht waren. "Den ganzen Tag hat der Vater am Webstuhl gesessen", erinnert sich sein Sohn heute, "und für die Mühe einer Woche bekam er sechs Mark für ein Stück Leinwand."

Die armen Handweber um Thalberg und Breitenberg fanden keinen Gerhart Hauptmann, der ihre bittere Not beschrieb. Der Vater des Franzl aber starb schon mit 42 Jahren, ausgezehrt, mürrisch, müde, ein Mensch, dem nur ein gelegentlicher Rausch einmal Abwechslung brachte. Und das kostete die Familie wieder das wenige Geld, das ins Haus kam. Die Mutter des Franz hielt zwei Geißen. Von deren Milch, von Mehl- und Brotsuppe und von Erdäpfeln lebten die Kinder.

“Omei, wir haben keinen Christbaum gekannt; die Mutter hat sich das nicht leisten können”, sinniert der alte Mann, den wir fragen, wie es damals war, als er ein Kind gewesen ist. Kein Niklo kam zu ihnen. In der Adventszeit gingen die Kinder eine Stunde zu Fuß durch den Schnee in die Kirche. In der Heiligen Nacht war die Christmette für die älteren Kinder das Erlebnis der Weihnacht. Wenn sie heimkamen, wartete vielleicht ein “Bumsen” auf sie, ein einfaches Hefegebäck. Keine Kerze brannte in der ärmlichen Stube der Webersleute, kein Licht, kein Span. Geschenke? “Ja, woher hätte man sie nehmen sollen?” fragt heute noch Franz Allmesberger achselzuckend.
Kindheit und Weihnacht eines Webersbuben aus der Neuwelt — wie sah es damals bei den Bauern aus?
Agnes Kramer, 76 Jahre alt, in Oberötzdorf wohnend und eine geborene Sterl aus Haar, Gemeinde Ederlsdorf, wuchs in einem Bauernhaus auf, in dem 17 Kinder geboren wurden und elf überlebten. 40 Tagwerk bearbeiteten die Eltern, solange die Kinder klein waren, mit Dienstboten, später kamen sie ohne sie aus, die Familie erbrachte jede Arbeitsleistung. Agnes ging nach Nottau in die damals einklassige Schule. Die Adventszeit ging damals in den Bauernhäusern spurlos vorüber, man merkte sie nur in der Kirche. Für Agnes stand sie in Obernzell und sie berichtet: “Ganz früh sind wir losgegangen, in der Finsternis und haben uns mit Spänen die Leiten hinuntergeleuchtet. Der Vater oder die älteren Brüder haben Schwefelhölzer dabeigehabt, mit denen sie über die Lederhosen strichen und die Späne wieder anzündeten. Das kann ich mir noch von unseren Gängen in der Christnacht denken.” “Als Kinder haben wir keinen Christbaum gekannt, das war bei den Bauern nicht der Brauch”, erzählt sie, “aber in der Weihnachtsnacht hat bei uns im Haus ein Dochtlichtl gebrannt in einem Ölhaferl, das einzige Licht, was da war. Wir haben darum gesessen und das Kletzenbrot gegessen, das uns die Mutter gebacken hat.”
Geschenke kannte man in den hart arbeitenden Bauernfamilien nicht, dafür war auch kein Geld da. Später, als die Brüder größer waren und draußen sahen, wie anderswo Weihnachten gefeiert wird, da brachten sie auch einen Christbaum ins Haus. Die Brüder machten Agnes einen Schlitten. Man brachte dann auch Braten auf den Tisch — Bauern pflegten zu allen Zeiten Feste durch Mahlzeiten zu feiern und dadurch den kargen Wochenspeisezettel zu verbessern. In den Rauhnächten wurden im Sterlschen Hause Krapfen und Rauhnudeln gebacken und gern verzehrt.
Agnes Kramer, vom Alter und der schweren Arbeit auf ihrem großen Hof gebeugt, sinnt grübelnd in die Vergangenheit, über unseren Fragen in eine Jugend zurückversetzt, die sie fast vergessen hat. “Schnee haben wir viel gehabt zu Weihnachten... und geschlifezt sind wir auf dem Eis — und in der Kirche war es so hell und man hat schön gesungen...”
Wie viele Bauernkinder mögen ähnliche Erinnerungen aus den Jahren um die Jahrhundertwende mit sich herumtragen? Einfache Weihnachten, innige Weihnachten, von selbstverständlicher Frömmigkeit geprägt.
In den Märkten der damaligen Zeit gab es Sitten, die näher an unseren lagen. Die Bürgerfamilien waren es, die die städtischen Bräuche übernahmen.

Michael Kammermeier, 78 Jahre alt, weitum bekannter Kaufmann, Kreisjagdberater, ehemaliger Bürgermeister des Marktes Untergriesbach, langjähriger Gemeinderat und Kreisrat wurde als Lehrersohn geboren. Sein Vater heiratete eine Kaufmannstochter und wurde selbst Kaufmann, baute ein großes Geschäft auf und leitete jahrelang die Geschicke Untergriesbachs als Bürgermeister. Daneben hatte er viele andere Ämter. "Wir haben den Vater selten gesehen, höchstens einmal, wenn wir eine Watschen gefangt haben", erinnert sich Michael Kammermeier. Damals gab es in Untergriesbach Familien, in denen die Kinder die Eltern mit "Sie" ansprachen. Zehn Kinder lebten im Kammermeierhaus und unser Gesprächspartner zeigt uns die Stellen, wo alle die Betten standen...

Einen Christbaum gab es in seiner Kindheit; er wurde geschmückt mit Kerzen, Kugeln und Leckerl. Eine Glocke rief die Kinder in den festlichen Raum, vor dem sie hoffend gewartet hatten. "Zu Weihnachten gab es eine Weinbeerlsuppe als Festschmaus, sonst das ganze Jahr nicht", weiß Michael Kammermeier zu erzählen. Jedes der Kinder erhielt zwei vergoldete Nüsse, Kletzenbrot und Leckerl. Mit dem Spielzeug sah es etwas anders aus. "Wir Buben hatten ein Schaukelpferd, das jedes Jahr neu angestrichen worden ist", schmunzelte Michael Kammermeier", einmal wars ein Schimmel, dann ein Rappe, dann wieder ein Brauner! Und die Mädchen kriegten immer wieder ihre Puppen, bloß jedes Jahr mit einem anderen Kleid, die Porzellanköpfe waren dieselben!" Schlittenfahren zu Weihnachten war das Hauptvergnügen. Als sie älter wurden, bekamen die Buben auch einmal Ski, die damals der "Zargenschneider" machte, unhandliche Trümmer, auf die Böhmschuhe genagelt wurden... Bindungen kannte man nicht. — Dienstboten wurden am Heiligen Abend vor ihrer Herrschaft mit Wolle und Kleidern beschenkt.

Michael Kammermeier erinnert sich noch gut an den Gansbraten zu Weihnachten. Das war etwas Besonderes, denn das Jahr über gab es selten Fleisch für die Kinder. Mehlsuppe, Milch, Pfannkuchen — dabei wurden sie groß. Da der Vater auch Jäger war, gehört es zu den Wintererinnerungen des damals kleinen Michel, mit hinauszuziehen als Treiber. Mit Schlitten fuhren sie in den Ficht, schossen ein halbes Dutzend Rehe und brachten sie heim. Auch die Jagdbräuche haben sich seitdem geändert.

Im Markt Untergriesbach aber lebten nicht nur Bürger, auch arme Arbeiter gab es dort. Rosa Rieger, fast 70 Jahre alt, lebt heute in Ficht. Vor der Jahrhundertwende wurde sie in Untergriesbach als Rosa Luger geboren. Ihr Vater war Roßknecht, der 4,50 Mark in der Woche verdiente. Später, als er in die Graphitgrube einfuhr, waren es 12, 15 oder auch einmal 20 Mark. Acht Kinder wurden geboren, fünf davon überlebten. Die Kindersterblichkeit war für unsere Begriffe erschreckend, damals allerdings alltäglich. Der Lohn des Vaters reichte hinten und vorn nicht. Die Mutter mußte durch unermüdliches Waschen und Putzen bei fremden Leuten das meiste zum Lebensunterhalt verdienen. Rosa Rieger kommen noch heute die Tränen, wenn sie an ihre kreuzbrave, unermüdliche Mutter denkt, die trotz bitterer Not ihren Kindern alle Liebe gab, die sie brauchten. Einen Christbaum kannte man nur ein einziges Mal bei Lugers

und als die begeisterten Kinder ihn umgeworfen hatten, ließ der rauhe Vater den Brauch nicht mehr zu. "Wir haben uns leid gesehen an den anderen Kindern, bei denen die Kerzen brannten", erinnert sich Rosa Rieger. Geschenke zu Weihnachten! Es gab etwas für die Schule, Griffel und Hefte und vielleicht ein paar Leckerl. "Wir waren froh, wenn wir Brot hatten!"
Die Mutter war sehr angesehen im Markt und gute Menschen beschenkten die Familie, auch daran erinnert sich Rosa Rieger gern. Im Pfarrhof ging sie schon zur Hand, als sie noch Schulkind war und kaum war eines der Kinder der Schulpflicht entronnen, als es schon hinauskam zu fremden Leuten — ein Esser am Tisch weniger.
Ein Fest ist der Nikolaustag in der Erinnerung der alten Frau. Da wurde eine Schüssel hinausgestellt, die der Heilige mit Nüssen, Äpfeln und Kletzenbrot füllte. In der Christnacht aber verließ die Familie ihre einzige Stube, die sie hatte, und ging in die Kirche, die heute noch der alten Erzählerin als heller Zufluchtsort des Christkindes in einer rauhen Welt erscheint.
Weihnachten der Kinder, die heute alte Leute sind ... Man sollte solche Erinnerungen wohl im Herzen bewahren als Mahnung an das, was wir aus dem Fest machen. Was werden unsere Enkel einst über unsere Weihnachtsbräuche und -erinnerungen sagen?

Sag mal, Opa, wie war's denn in der guten alten Zeit wirklich?

Haarsträubendes und Erheiterndes aus alten Blättern herausgelesen

Niemand kann behaupten, daß heutzutage nichts los sei. Es geht fast über die menschliche Fassungskraft, all das zu verdauen, das da an Grauslichem, Entsetzlichem, Banalem oder gelegentlich auch einmal Heiterem uns täglich serviert wird. An Medien mangelt es nicht, die Nachrichten frei Haus zu liefern und an Nachrichten auch nicht. Da muß man sich ja fragen, warum gerade diese Zeit so überreich ist an schlimmen Neuigkeiten? Ist sie ja gar nicht, früher war's genauso oder ähnlich, nur die Erinnerung trügt oder die liebe Vergeßlichkeit hat's verdrängt. Und anno dazumal liefen "die Posten" langsamer, der Mensch ist sich aber immer gleich in seinem Wahn, in seiner Verderbtheit und in seiner Güte oder Vernunft.

Machen wir uns also heute einmal auf, um am letzten Tag des Jahres 1985 einen Streifzug zu machen durch die längst vergessenen Neuigkeiten, wie sie der "Grenzbote vom Unteren Bayerischen Wald", seinerzeit gedruckt in Wegscheid und gelesen von unseren Großvätern und Urgroßvätern uns anbietet. Greifen wir einmal wahllos Nachrichten heraus, so nach dem Motto: "Sag mal, Opa, wie war's denn in der guten alten Zeit wirklich?"

Da steht im "Grenzboten" genau vor 95 Jahren: "Eine fast unglaubliche Roheit ließ sich dieser Tage ein Schreinermeister aus Heidingsfeld gegenüber seinem Lehrling zuschulden kommen. Der arme Bursche, eine Doppelwaise aus Rottenauer, hatte sich nämlich mangels genügender Beköstigung beigehen lassen, von den den Schweinen zum Füttern in den Trog geschütteten Kartoffeln einige zur Stillung seines Hungers sich anzueignen. Darüber wurde sein Lehrmeister so erbost, daß er ihm die Augen zuleimte, seine Hände in kochenden Leim steckte, ihm glühende Kohlen in die Hand gab und ihn schließlich mit bloßen Füßen auf den heißen Ofen stellte. Außerdem erhielt der arme Junge dermaßen Schläge, daß das Blut davonspritzte. Er wurde schließlich so elend, daß er in das Juliusspital verbracht werden mußte. Sein Vormund hat bereits Anzeige erstattet. Vor dem Hause des barbarischen Meisters versammelte sich, nachdem diese Tat ruchbar geworden, eine große Menschenmenge, allerhand Spottlieder singend. Als der Meister mit einer Latte heraustrat und die Anwesenden verscheuchten wollte, wurde er selbst geprügelt und mehrere Fensterscheiben eingeworfen..."

In derselben Ausgabe: "Nach einer amtlichen Zusammenstellung sind seit dem Ausbruch der Cholera in Rußland an derselben 550 000 Personen erkrankt und von diesen 260 000 gestorben. Die Epidemie ist noch nicht erloschen und in einigen Gouvernements steigt die Zahl der Erkrankungen auf 800 wöchentlich..."

Bankinsolvenzen und entlassene Direktoren eine Erfindung unserer Tage? Mitnichten!! Vor rd. 90 Jahren las man im "Grenzboten" folgende Notiz:

"Bankdirektor Bachmann der Münchner Bank entlassen. Eine höchst interessante Aufsichtsratssitzung hat gestern dahier stattgefunden. Sie endete mit der Entlassung des maßgebenden Direktors der betreffenden Gesellschaft. Es wird kaum einen einzigen Zeitungsleser geben, der nicht die Angriffe auf die Münchner Bank, hervorgegangen aus dem Geschäfte der Bankiers Julius Kester und Christian Bachmann gelesen hätte. Daß diesen Angriffen eine gewisse Unterlage mit triftigen Gründen nicht fehlte, darüber waren Eingeweihte nie im Zweifel. Nichtsdestoweniger hat Christian Bachmann in der letzten Generalversammlung allen Angriffen erfolgreich Widerstand geleistet und die ganze Opposition zum Schweigen gebracht. Aber nur etliche Wochen später ist das über seinem Haupte hängende Damoklesschwert herabgefallen und hat gegen den der Nemesis Verfallenen seine Schuldigkeit getan. Welche Folgen sich an dieses Weihnachtsgeschenk noch knüpfen werden, wer weiß es? Aber sicher ist, daß durch dieses neuerliche Vorkommnis die bereits auf dem Gefrierpunkte angelangten Aktien der Münchner Bank nicht wärmer werden..."

Kriegerische Auseinandersetzungen? Na bitte, aus unserer Heimatzeitung von 1902: "Die vereinigte deutsch-englische Flotte nahm vier venezolanische Kriegsschiffe im Hafen von Laquaira weg. In Caracas sind alle englischen Staatsangehörigen verhaftet worden..."

Und in derselben Ausgabe, am 13. Dezember 1902: "Während man in gewissen zivilisierten Ländern (besonders in den Vereinigten Staaten) die Junggesellen zu besteuern sucht, teils um dem Staate neue Einnahmequellen zu eröffnen, teils um eine Vermehrung der Bevölkerung herbeizuführen, hat Japan, das von den westlichen Ländern immer noch nicht für voll genommen wird, eine wahre soziale Revolution herbeigeführt, indem es feierlich das Recht auf Ledigbleiben proklamierte. Man muß nämlich wissen, daß ein Jahrhunderte altes Gesetz, das für das ganze Gebiet des Reiches der aufgehenden Sonne Geltung hatte, bis jetzt die Japanerinnen nötigte, sich vor Erreichung des 36. Lebensjahres mit einem Gatten zu versehen. Wenn diese Frist vorüber war und hatte Fräulein Chrisanthemum noch immer nicht ihre Wahl getroffen, gaben ihr die staatlichen Stellen ex officio einen Mann, entweder einen Junggesellen oder einen Witwer passenden Alters. Durch Kaiserliches Dekret ist nunmehr diesem wahrhaft grausamen Regime ein Ende bereitet worden, nachdem die fortschrittlich gesinnten Kreise, die in Japan bekanntlich großen Einfluß haben, schon längst auf die Übelstände und Unannehmlichkeiten desselben hingewiesen hatten. Von jetzt an ist also in Japan die erzwungene Eheschließung abgeschafft und jede noch so reife Jungfrau kann solange sitzenbleiben als sie Zeit und Lust hat..." Im selben Blatte: "Die russischen Blätter berichten, daß in Kowrom wegen der großen Viehsterblichkeit und der schlechten Ernte der Verkauf von Frauen und Kindern wieder enorm zugenommen hat. Es sind regelrechte Versteigerungen. Ein Kind wird mit 40 bis 50 Mark verkauft, ein junges Mädchen für 150 Mark. Die Händler machen gute Geschäfte, und werden reich, indem sie die Kinder der Armen kaufen, sie gut nähren und mit großem Gewinn wieder verkaufen."

In der Weihnachtsbücherschau 1902 wird hierzulande das "Gebet und Belehrungsbuch für katholische Jungfrauen" fogendermaßen angepriesen: "360 Seiten stark, 1 Mark, in besseren Einbänden 2 Mark und 2,50 Mark. Der Zweck des Buches ist der edelste und höchste für eine christliche Jungfrau: Nämlich deren Heiligung, um sie zeitlich und ewig glücklich zu machen. Demgemäß ist auch sein Inhalt beschaffen."

Wegscheid, am 20. Dezember: "Infolge des seit gestern anhaltenden Schneesturms konnte die heute früh 2.45 Uhr fällige Passauer Post nicht abfahren und ging erst vormittags 9.30 Uhr hier ab. Eine furchtbare Arbeitslast haben zur Zeit die hiesigen Postbeamten und Postbediensteten zu bewältigen. Täglich gehen 600 bis 800 Gänsepakete von hier fort und es läßt sich denken, was diese bei der gegenwärtigen ohnedies arbeitsreichen Zeit für eine Mehrbelastung ausmachen." Und: "Die Zentralstelle der deutschen Uhrmachervereinigung in Leipzig hat festgestellt, daß die von schweizerischen und österreichischen Uhrenversandgeschäften angepriesenen Goldinuhren einen Goldwert von sieben deutschen Reichspfennigen besitzen! Trotzdem behaupten die Versandhäuser, daß diese "Wunder der deutschen Uhrenindustrie" selbst durch Fachleute nicht von echten goldenen Uhren zu unterscheiden sind, was natürlich purer Schwindel ist".

Keine Regenbogenpresse für die Urgroßmutter, sie mußte sich mit folgender Meldung im "Grenzboten" begnügen: "Die sächsische Kronprinzessin soll nach ihrer Flucht in den Salzburger Palais einen Brief an ihren Gatten zurückgelassen haben, in welchem sie ein rückhaltloses Geständis ihrer Beziehungen zu Giron abgelegt und zugleich erklärt habe, niemals an den sächsischen Hof zurückkehren zu wollen. Die Beziehung zu dem französischen Sprachlehrer Giron scheint die Kronprinzessin vor einem halben Jahre angeknüpft zu haben. Giron soll 24 Jahre alt und ein Neffe des Professors Aime Giron sein, der an der freien Hochschule Brüssel als Rechtslehrer wirkt und Rat am Obergericht ist. Andre Giron soll auf Empfehlung seines Oheims vor etwa Jahresfrist von der Kronprinzlichen Familie als Lehrer des Französischen für den kleinen Prinzen angenommen worden sein."

Noch immer die gute alte Zeit! Am 13. Dezember 1912 machte der "Grenzbote" auf der ersten Seite so auf: "Die Hebung des Fremdenverkehrs in Wegscheid. Wie wir bereits gestern kurz mitteilten, befaßte sich eine vom hiesigen Verschönerungsverein einberufene Versammlung mit der Frage, welche Maßnahmen zur Hebung des Fremdenverkehrs und Wintersports in Wegscheid ergriffen werden sollen..."

Und wie wurde der Uropa auf den 1. Weltkrieg hin getrimmt? Auch am 12. Dezember 1912 im "Grenzboten": "In St. Petersburg versammelten sich 4 000 Personen, wobei es zu Demonstrationen gegen Österreich kam. Namentlich während der Rede des Duma-Abgeordneten Dobrinski, der mit den Worten schloß: Wir müssen unseren Brüdern helfen, sich vom Joche Österreichs zu befreien. Studenten riefen hierauf: Nieder mit Österreich! was lebhaften Anklang fand."

"In Spanien droht wieder einmal der Generalstreik der Eisenbahner. Die Angestellten erheben gegen Regierung und Eisenbahngesellschaft den Vorwurf, daß sie ihre gelegentlich der Beilegung des letzten Streiks gegebenen Versprechungen nicht eingehalten hätten..."
O Zeiten, o Sitten! Mit der "letzten Nachricht" des "Grenzboten" am 31. Dezember 1912 möge diese kleine Zeitreise ihren Abschluß haben. — "Ein Bild vollster Sittenverderbnis in den russischen Gymnasien. In Petersburg fanden in sieben Knaben- und Mädchengymnasien Hausdurchsuchungen statt, die ein ungeheures Aufsehen erregende Skandalaffären aufdeckten. Die Geheimpolizei beschlagnahmte unter den Schülern und Schülerinnen Proklamationen für die freie Liebe und pornographische Schriften, deren Inhalt haarsträubend ist. Auch hat die Skandalgeschichte durch Aufdeckung eines Attentatsplans gegen den Kultusminister einen stark politischen Einschlag, weshalb etwa sechzig Schüler und Schülerinnen verhaftet wurden. Von den Schülerinnen wurden bei den Haussuchungen viele ohnmächtig."
Na, wenigstens etwas, wenn man schon ein Attentat auf den Kultusminister plant. Heutzutage ganz unmöglich!
Alos, nix war's mit der guten alten Zeit, darauf laßt uns einen heben. Prost Neujahr 1986!

(Sivester 1985)

Es muß eh net oise wahr gwen saa...

Unsere Heimat ist reich an Geschichten, Ortssagen und "erschröcklichen Moritaten", und wer sie wohl zu lesen und zu verstehen weiß, dem schaut daraus das Ewig-Menschliche entgegen, dem auch wir verhaftet sind. Nur daß wir's halt verstecken hinter modernem Gebaren und uns lieber vor dem Fernseher ein X für ein U vormachen lassen. Die Altväter taten das im Wirtshaus oder in der Lichtstub', und zum Glück ist alles aufgeschrieben. Machen wir also einen Streifzug, und freuen wir uns, daß uns der Teufel wenigstens nicht mehr leibhaftig erscheint (er verkleidet sich heute).

In einem Bauernhaus in Kramersdorf schliefen die Knechte in einer Dachkammer, wo auch die Pferdegeschirre hingen. In einer Nacht kam da ein Lichtlein und setzte sich auf eins der Geschirre, in der nächsten Nacht waren's schon zwei. Sie sagten: "Morgen sind wir unser drei, fürchtet euch aber nicht!" und wirklich saßen sie dann zu dritt da und das noch ein paar Nächte. Da nahmen die Knechte ihren Mut zusammen und sagten: "Alle guten Geister loben Gott, den Herrn, was ist euer Begehren?" Da sagte eines der Lichtlein: "Uns fehlen drei heilige Messen!" Die Knechte ließen die Messen lesen, und von da an waren die Lichtlein verschwunden.

Eine alte Geschichte, oft erzählt und im Heimatbuch des Altlandkreises Wegscheid berichtet. Eine weitere Erlösungsgeschichte wurde im Ödhof erzählt, wo die Dirn vom Deiner eine fromme Seeele war, die immer sonntags zeitig in den Stall ging, damit sie die Frühmesse in Hauzenberg nicht versäumt. Einmal kam eine schwarze Katze zu ihr in den Stall, sie wunderte sich, denn weder der Ödhofbauer noch seine Nachbarn hatten solch ein Tier. Sie fürchtete sich, da redete die Katze sie an: "Kennst mi nimmer? I bin 'm Nachbarn sein Hansgirgl!" Die beherzte Dirn fragte: "Brauchst leicht ebbs, weilst vo de Toten kimmst?" Die Katze sagte ihr darauf, sie solle "d' Stiagn abbetn", was volkstümlich für das Beten auf der Mariahilfstiege in Passau gesagt wird, und sie verlangte eine Messe dazu. Die Magd versprach es, erzählte es dem Pfarrer von Hauzenberg, und der riet ihr, das Versprechen bald einzulösen. Sie tat also am nächsten Sonntag die Reise nach Passau-Mariahilf, und während der Pater die Messe las, betete sie 321 Stufen zum Mariahilfberg hinauf. Droben riet ihr ein Pater, zum Heruntersteigen die Handschuhe anzuziehen, es käme ihr einer entgegen, der wäre sehr heiß. Auf halber Treppe begegnete ihr ein Mann, der ihr zurief: "Grüaß die Gott, Marie, bist du aa do?" dabei faßte er ihre Hand und drückte sie heftig, sie fühlte einen Schmerz, als ob sie in Feuer gelangt hätte, und als sie den Handschuh abstreifte, da sah sie, daß ihre Hand wie verbrannt war.

Kaum eine der alten Geschichten, die früher von Mund zu Mund weitererzählt wurden, die nicht ohne eine handfeste Moral wäre. So auch die vom Frevler in Schaibing. Damals war es Sitte, daß die Leute um 9 Uhr nach Untergriesbach zur Christmette gingen, der Frevler aber ging nicht und sagte, die heilige Nacht sei auch nicht anders als alle Nächte des Jahres. Als die Mettenleute fort waren,

sperrte er die Haustür ab und legte sich ins Bett. Auf einmal ging die Haustür auf, durch die Schlafzimmertür kam ein feuriger Hund, der schnaufte recht und legte sich vor des Mannes Bett. Da blieb er liegen, bis die Leute aus der Mette zurückkamen. Dann begleitete er den Frevler noch bis in das Vorhaus und verschwand. Von dieser Zeit an ging der ungläubige Mann, jetzt ganz geändert, zur Christmette und frevelte nicht mehr.
Die Ranna, benannt nach der sagenhaften Nixe "Ran", ist ein schnellfließender Bach, in dem es bis vor kurzem die Perlmuschel gab. Der Herr Fürstbischof von Passau war ganz scharf darauf, aber wie kamen die Muscheln in den Bach und wie die Perlen in die Muscheln? Das weiß auch der Volksmund, der erzählt, daß man in mondhellen Nächten im Rannatal den Geist einer Frau umgehen sehen kann, einer armen Mutter, die ihren Sohn in den Wellen des Flüßchens verloren hat. Ihre Tränen fielen einst in den Bach und daraus wurden die Perlen in den Muscheln.
Der Teufel war den Menschen hier einst sehr gegenwärtig, aus Gammertshof bei Lämmersdorf wird erzählt, daß es dort einen Knecht gab, der sich dem Teufel verschworen hatte. Er konnte sogar mit ihm reden, und der Teufel war ihm dienstbar. Wenn es zum G'sottschneiden war, legte sich der Knecht ins Heu, während der Teufel für ihn arbeitete. Als der Knecht starb, setzte sich der Teufel auf das Sterbebett und wich erst, als der Pfarrer mit dem Allerheiligsten kam. In der Thurnreuther Säge ist einmal der Teufel gewesen, haben die Kinder schon in der Schule erzählt. Bei Nacht fing auf einmal die Säge zu gehen an, und es rumpelte, als wenn alles zusammenfällt. Da rannte der Säger um Weihwasser und spritzte es umher. Da sah er auf einmal etwas Feuriges im Wald verschwinden! Der Teufel, den er auf diese Weise vertrieb, hat in seinem Ärger mit den Füßen auf einem Stein gekrazt, die Spuren sah man lange, und die Leute nannten den Felsen den "Teufelsstein".
Um einen weiteren Stein geht es in der Germannsdorfer Sage vom "Roten Bühl", dort, so berichten die Alten, liegt ein Granitblock, Hexenstein genannt, dorthin kommen jede 13. Nacht die Hexen auf Besenstielen und Geißböcken geritten und treiben ihr Unwesen. Einmal sah ein Fuhrmann, der zufällig am roten Bühl vorbeikam, eine Menge schwarzer Katzen, die unter großem Geschrei miteinander rauften, daß die Haare flogen. Er schlug mit der Peitsche unter sie, und da stoben sie auseinander. Etliche Jahre später machte der Fuhrmann mit Bekannten eine Wallfahrt nach Altötting. In einem Dorfwirtshaus, wo sie einkehrten, wurden sie von einer alten, verrunzelten Wirtin bedient. Sie fragte die Männer, woher sie kämen und sie sagten, von Germannsdorf. Da sagte sie: "So, so, von Germannsdorf. Da habe ich mein Auge verloren." Sie war nämlich einäugig. Der Fuhrmann drängte zum Aufbruch, er dachte an das Geraufe der Katzen und an seinen Peitschenstiel, der dazwischenfuhr. Auf dem Heimweg erzählte er den Wallfahrern von seinem Erlebnis, und alle waren überzeugt, daß sie die Hexe vom roten Bühl gesehen hatten...
Vom Würmholz bei Untergriesbach gehen schon immer schlimme Geschichten um, es muß einst ein dunkles, dichtes Holz gewesen sein, sehr geisterhaft

und gänsehauterzeugend für alle, die mit spärlichem Licht oder ganz ohne solches da hindurch mußten. Deshalb ist es kein Wunder, daß es viele Geschichten gibt, vom Teufel im Würmholz, der den Wanderern mit Stöhnen und Ächzen Furcht einjagt, der ihnen glühende Reifen vor die Füße schiebt, daß sie wie gebannt stehen bleiben müssen, der ihnen die Pferde scheu macht oder dessen Glühen unheimlich zwischen den Bäumen leuchtet.
Groß ist der Schatz an Sagen, Geschichten und Moritaten. Sie scheinen fast vergessen, wer erzählt sie noch in den Wirtshäusern weiter? Der Landkreis Passau denkt daran, ein Heimatbuch herauszugeben. Recht wissenschaftlich soll es sein, nur Wahres und Gesichertes (und von Professoren Abgesegnetes) soll drinstehen. Wir aber plädieren dafür, daß den Geschichten aus dem Volk auch Raum gegeben wird. Solchen Geschichten, von denen wir gerade ein Kostpröbchen bieten konnten.
Und "Es muaß eh net oise wahr gwen saa" sagen wir dazu, ein bißl gruselige Unterhaltung darf schon sein, netwahr?

(Weihnachten 1986)

Der Osterhasen goldene Schwanzhaare

Als ich ein Bub war in den Jahren vor dem letzten großen Krieg, da war die Zeit vor dem Osterfest immer von besonderem Reiz für mich. Und selbst heute noch, da ich mich nicht mehr auf die Osternester freue, die mein Vater einst im eben trocken gewordenen Gras an der Waldböschung neben dem Elternhaus anzulegen pflegte, spüre ich noch den Zauber. Zwar sind die Wiesen, Felder und der Wald noch da und die Häuser stehen auch noch, aber sehe ich nicht mehr richtig oder hat die Zeit doch vieles zerstört und verwischt? Sei's drum, wie ich nach diesem elend langen und kalten Winter am ersten warmen Tag von Ficht nach Oberötzdorf wandere und das trockene Schilf im sumpfigen Wald an der "Kassanslin" das unverwechselbare schürfende Geräusch macht, da bin ich plötzlich wieder der Zehnjährige, der losgeht, um sich "Pfitzipfeile" zu machen. Nichts besser dafür geeignet als das nach dem Winter dürre und harte Schilf, das man einst hier Stukkaturröhrl nannte und das wir Buben schlampig "Stokkadoröhrl" aussprachen und "in sie" gingen. Der Schnapper, den mein Vater mir beim letzten Untergriesbacher Kirta gekauft hatte, bekam eine neue Schneide an der Nachbarn Wetzstein und dann strich ich durch das Röhricht, höher als ich selbst und spähte scharf nach geraden, gleichmäßig dicken Schilfhalmen aus. Sorgfältig von den Blättern befreit, armlang geschnitten — nun fehlte nur noch der Hollerstopsel vorn dran. Auch den gab es reichlich und mit einem Arm voll Pfeile ging ich dann heim, über die Wiesen tanzend, auf denen gerade das erste Grün sproß und die letzten Tauwasser in den Rinnen zum Fichtbachl herunterglucksten. Nach einem Haselnußstecken für den Bogen hatte ich meist schon im Herbst Ausschau gehalten, sorgfältig wurde er abgelängt, eingekerbt und dann — die immer neue Suche nach der richtigen Sehne. Spagatschnürl, von der Mutter empfohlen, waren nichts und fand ich dann endlich einen dünnen, aber festen Draht, spannte den Bogen und sirrte die Sehne — Bubenglück.

Damals gab's keine anderen Zerstreuungen als die alten Bücher meines Vaters über die Buren und Zulukrieger, über Wildtöter und Chingachgook und die Geschichten von tapferen Buben, die sich in Schwierigkeiten bewährten. Und zu dieser Phantasienahrung gab es die Pfeilbogen, die Schilfwälder in den sumpfigen Auen, die weiten Wiesen und dann flogen die Pfeile in die Luft hinauf zu den Lerchen, und herab kamen die Träume von Abenteuern und fernen Ländern.

Erinnere ich mich an den Frühling, so immer an das Konzert vieler Waldvögel rund um mein Elternhaus, das mich schon morgens aufweckte und wie froh schaute ich dann aus dem Fenster direkt auf die von der hellen Sonne beschienenen Bäume.

Es ist etwas Eigentümliches um den ersten Frühling, wenn es gerade trocken zu werden beginnt, noch letzte Schneereste Kühle verströmen, die Bäche brausen und ein Ahnen von etwas Schönem in der Luft liegt. Für meinen kleinen Bruder und mich war dieses Schöne Ostern und die Eiernester, die wir

zu erwarten hatten. Ich nahm meinen Bruder an der Hand und wanderte nach Oberötzdorf hinauf, über die Felder und Wiesen und was fanden wird da? Des Osterhasen goldene Schwanzhaare lagen in Büscheln herum. Ich rannte zu ihnen hin, hob sie auf, kitzelte meines Bruders Nase damit bis er lachend nieste und erzählte ihm die wunderbarsten Geschichten. Wie die Osterhasen sich sammeln, um die Eier zu bemalen, wie sie sie herschleppen in Kiepen, wie sie sorgsam aussuchen, welches Kind was bekommt. Wie konnte mein Bruder an diesen Geschichte zweifeln, hielt er doch die goldenen Haare der Hasen in der Hand und roch noch ihren Duft nach etwas Wildem, Fremdem? Als ich jetzt wieder diesen Weg ging, über dieselben Felder und traurig über die verfließende Zeit war, da hoppelte gerade ein Hase daher. Und wie viele waren es, als ich ein Kind war, als die Brüder Lampe sich jagend und raufend im Frühlingskoller daherrannten und sich die Haare beim Kämpfen büschelweise ausrupften! Die ich dann fand als des Osterhasen goldene Haare — und manchmal waren's auch silberne...
Die Lerchen stiegen über uns in den Himmel hinauf wie auf einer Leiter aus Gesang und ich liebte damals alles — meinen kleinen Bruder, mein Elternhaus, die Felder und Wälder, mein Leben — und ich liebte Gott, der mich so reich beschenkte. Denn daß ich diese Wonne und Glückseligkeit der Flitzbogen, der goldenen Hasenhaare, der trillierenden Lerchen, der Schneeglöckchen und Sumpfdotterblumen am Fichtbachl, der gurrenden und klatschend zur Balz fliegenden Wildtauben, der Wärme und der Frühlingssonne genießen und erleben konnte, das alles wußte ich schon als Bub sehr wohl als Gotte Gabe zu würdigen.
Ostern dann im April wie heuer, die Krähenscharen sammelten sich auf den Äckern, die hinter den Pferdepflügen in Schollen aufbrachen, ich rannte in den Wald und suchte und fand ein besonders schönes, trockenes, von dürrem Rasch bestandenes Fleckchen, drehte und drückte lange, bis ein Nest entstand und stellte es dann meinem Vater vor: Damit er es dem Osterhasen zeigen konnte... Und was soll ich sagen: Als ich ein Bub war lange vor dem letzten großen Krieg, da lagen dann doch tatsächlich in diesem Nest am Ostertag die berühmten "Schaumhasen und Schnapseier", die bunten Hühnereier und ein Beutelchen mit ganz kleinen, fast runden Eier aus Zucker. Die Nachbarskinder kamen herbeigerannt — "Peck ma!" und bestimmt war ein "Bülioa" dabei, das alle anderen zerschlug...
Heute ist Ostern 1987 und nicht 1937, aber was packt mich an diesem ersten schönen warmen Frühlingstag, da ich über die Felder und Wiesen meiner Kindheit gehe? Verschwimmt mir die Welt oder ist es die Träne der Erinnerung an ein Glück, das vorbei ist? Ich denke doch, nicht ganz, solange die Erinnerung im Herzen bleibt.

"N'Noaramsniaslin' sei Vorföko"

Spracheigentümlichkeiten des Wegscheider Landes — In der Gefahr des Vergessenwerdens

Wegscheid. Derzeit ist es modern, über den "Verfall der Lesekultur" zu klagen und eine "Verarmung der Sprache" festzustellen. Kein Zufall, daß gleichzeitig die Mundarten wieder entdeckt werden und sogar in die Literatur eindringen. Offenbar "definiert sich der Mensch über seine Sprache" wie es im Soziologenkauderwelsch heißt und nachdem genug gleichmacherische Vokabeln und aus fremden Kultur- und Sprachkreisen eingedrungene Worte und Begriffe die heimische Sprache verflacht haben, besinnt man sich wieder auf die Sprache, die "aus dem Bauch" kommt, die, man weiß nicht wie, die Welt der Dinge und Gedanken treffend und allen verständlich ausdrückt. Unsere engere Heimat, das Wegscheider Land, hat einen reichen Schatz an treffenden Wörtern und Begriffen, nur geraten sie schnell in Vergessenheit.

Sagt heute etwa noch jemand "Blewö", wenn er einen Farbstift meint? Das Wort scheint verschwunden und ist doch ein Relikt aus der "Franzosenzeit", es kommt von "blau". Nur eben französisch. Wie es ja auch einmal Mode war, "Perron", "Billet", Plumeau" (gesprochen wird es Blümo,) "Plafond" oder "Trottoir" zu sagen. Was einen biederen Bayern dazu verdammte, bei einem Regenguß klitschnaß in Paris herumzulaufen, weil er "partout" nicht wußte, wie "Paraplui" auf französisch heißt... Dieser Scherz macht bewußt, daß die aus kulturellem Übergewicht einer anderen Sprache in die eigene eindringende Worte nicht von Bestand sind.

Die Mundart, wie sie sich in Jahrhunderten ausbildete, war (und ist hoffentlich noch lange) ein ideales Verständigungsmittel, weil es Eindrücke, Gefühle, Wünsche und Gedanken kurz und unverwechselbar übermittelt. "Fugetzn" übersetzen wir langatmig mit "verhalten lachen" und treffen's doch kaum, für "himpfön" gar müssen wir sagen "unterdrücktes Weinen von Kindern". Und wer "trestert", der bröselt beim Essen, wer mit den Augen plinkert "blengetzt", mutmaßt einer, so "mungetzt" er und versucht gar ein Bub, so zu pfeifen wie Mäuse, hat der Wegscheider auch dafür ein Wort: "Pfifezn". Die auf "ezn" endenden Tätigkeitswörter, eine sprachliche Besonderheit dieses Raums, (anderswo gibt es sie nur vereinzelt) sind sehr alte Sprachformen, deren Herkunft noch nicht voll erkannt ist. Sicher ist, daß sich darin frühmittelalterliche Sprachgebilde erhalten haben.

Noch einige seltsame Beispiele: "Schlifezn" ist schlittern, "s'wammeretzt, wenn im Sommer zitternde, schwüle Luft am Horizont zittert, knirscht einer mit den Zähnen "scharezt", gähnt er, "goamezt" er und hockt er halb schlafend im Winkel, mit nickendem Kopf, so "gnaugezt" er... Daß der Unterschied in der Anrede, wie früher üblich, auch in der Mundart dargestellt ist, wundert nicht. Wer jemanden statt des vertraulichen "Du" mit "Ihr" anredet, "ihrezt" ihn. Das heute verwendete "Sie" war einst hier in der Einzahl unbekannt, in

der Mehrzahl wurde es als "unbestimmte Angabe in Zahl und Geschlecht" gebraucht: "See aa scho, de ganz de annern..." oder "Se hand net kemma..."
Der heute eingerissene Unfug, emanzipatorisch über's Ziel hinauszuschießen und zu sagen und zu schreiben statt "man hat gesagt" — "frau hat gesagt" oder, besonders blöd: "da ist frau platt", zeigt lediglich, daß das Zusammentreffen von Mode und Dummheit groteske Folgen hat! Daß "man" kein geschlechtsspezifisches Wort ist, sondern eine "unbekannte, undefinierte Größe" bezeichnet, haben die hirnlosen Nachrenner hinter dem "Trend" noch nicht geschnallt. Keinem Bayern ist eingefallen, beim "ma sagt hoid" oder "macha ka ma nixe" an einen Mann zu denken, Frauen gebrauchen das ebenso, beide ohne damit einen Bezug auf das Geschlecht auszudrücken.
Das tut der Bayer viel feiner, als eine sprachliche Besonderheit im ganzen deutschen Raum, die auf mittelhochdeutsche Formen zurückreicht. Gehen da zwei Männer, so "gegand zwä", sind es zwei Frauen, "zwo" und bei Tieren, Wagen, überhaupt allen Dingen, zählt man "zwoa", Ein Ochse und ein Bauer sind auch "zwoa" genauso wie ein Paar aus Mann und Frau! Uns scheint das wenig mit Emanzipation oder Diskriminierung zu tun zu haben, vielmehr mit praktischem Sinn und Witz...
Eine auch heute noch lebende Besonderheit der bayerischen Mundart ist eine altertümliche Zeitenbildung. Das Imperfekt ist weitgehend unbekannt und niemand gebraucht: "Ich sagte..." stattdessen: "I ho g'sogt..." Einem bayerischen Sprecher muß schier die Zunge abbrechen bei dieser gewissen Sorte von Krimis, deren Dialoge ganz neben der im Alltag benützten Sprache liegen: "Kamen Sie aus dem Garten?" "Kam ich wirklich? Nein, ich kam von der Straße..." Ein Bayer verkündet: "I hob g'raucht..." wenn er den Idikativ meint und den Konjunktiv bildet: "I rauchat..." Ähnlich strikt altertümlich ist (auch im heutigen Sprachgebrauch) die bayerische Grammatik beim Genitiv possessivum. "Des Bäckers Ofen" ist unmöglich auszusprechen. Es heißt "Dem Bäcka sei Ofa" und "Da Muatta sei(!) Schürzl..."
Und so haben wir auch die Überschrift dieser Plauderei gebildet. Was aber heißt es denn? Ein "Noaramsniaßlin" ist einer, der die "Nahrung genießt", also im Austrag auf einem Bauernhof lebt. Der alte Bauer "geht i' d' Noaram", also "in die Nahrung" und das alte Wort, das in seinem germanischen Stamm verwandt ist mit dem englischen "to nourisch — ernähren" erzählt auch etwas von den Sitten und Gebräuchen. Das "Vorföko" wiederum ist halt ein "Koch", also etwas Gekochtes aus dem "Vorfall", dem Roggenmehl, das beim Brotbakken, manchmal mit kleinen Teigstücken darin, übriggeblieben ist. Auf dem Hof bereitete die Bäuerin aus dem "Vorfö" neben dem "Ko" oft auch einen aufgeschmalzenen Schmarrn, der dann "Vorföschmoan" hieß. Da sich der aus dem Vorfö gemachte, krümelige, trockene Teig gut hielt und lange aufbewahren ließ, gingen die Bauern auch dazu über, nicht aufs Brotbacken zu warten, sondern sie legten sich aus Roggenmehl gleich einen Vorrat an "Vorfö" an und daraus ließ sich schnell das eine oder andere Gericht machen.

"Blumenpflücken während der Fahrt verboten!"

Auf der Stelle des Bahnhofs Untergriesbach entstand ein Supermarkt

Ich bin natürlich hin zu dem neuen Einkaufsmarkt samt Austoausstellungshalle auf dem alten Bahnhofsgelände und wollte sehen, was da los ist. Plötzlich aber blieb ich stehen und vergaß auf den Einkaufswagen, denn ich hörte, wie aus der Ferne, den Zug wieder pfeifen und aus dem Gressenbachtal heraufschnaufen, ich hörte die knarrende Stimme des alten Bahnhofschefs: "Vooorrsicht am Zuuuge..." und sein trillerndes Pfeiferl, das Blöken der Kaiberl in der Boxe, beim Warten auf's Verladen. Kurzum, ich machte eine Zeitreise und weil ich beim Umhören unter den Leuten gemerkt habe, daß sich die Jungen überhaupt's nicht mehr an den Bahnhof und den Zug entsinnen können, laß' mich ein bißl was erzählen.

Der Untergriesbacher Bahnhof war hölzern und er hat vorn eine Rampe gehabt mit einer Schiebetür, damit man ein- und ausladen konnte. Links war der besagte Kaiberlstall und noch weiter weg das eiserne Ungetüm von Wasserrohr. "Kurzer Aufenthalt zum Wassereinnehmen..." rief der Zugführer und dann rangierte die "Garnitur" langsam auf das Nebengleis und gemütlich wurde der lange Hals ausgeschwenkt und das Wasser rauschte zischend und sprudelnd in den Tank der Dampflok. Die Eisenbahner unterhielten sich derweil und wenn's garzulange dauerte, dann rief schon einmal ein ungeduldiger Reisender aus dem Waggonfenster: "Nehmt's halt an Eßlöffel statt an Teelöffel!" Und es ging auch immer ziemlich lange her, ehe das Vieh ein- oder ausgeladen war! Die Bahnerer zogen und schoben dann so ein widerspenstiges Kalb in den Waggon und derweil gingen die Fahrgäste auf dem "Perron" herum und hüpften geschwind wieder auf die schwarze Plattform mit dem scheppernden Scherengitter, wenn der Bahnhofsvorstand herrisch winkte.

Wie oft habe ich auf dem Bahnhof gestanden, der einmal weit draußen vor dem Markt gebaut worden war und der als Nachbarn nur das Lagerhaus Fischl und den Zacher hatte. Frühmorgens wartete man da auf den Zug, der schon von weitem aus dem Fichtwald heranpfiff, denn da standen an jedem Bauernweg über das Gleis die Tafeln "PL" — Pfeifen und Läuten. Das taten die Lokführer ausgiebig und noch mehr, wenn der Zug nahe der Kellerwirtschaft die Straße überqueren mußte. Deshalb wußte immer der halbe Markt, wieviel es ist, denn pünktlich war er schon, unser Dampfbockerlzug — wenn sich's machen ließ. Der Wartesaal im Untergriesbacher Bahnhof war kahl und hatte in grüner Ölfarbe gestrichene Wandsockel, wegen der "Bubenhände, die Tisch und Wände verschmieren". Die Holzbänke ringsum waren abgewetzt und zerschnitzt, an der Wand hingen Fahrpläne und Bekanntmachungen über Tarife. In der Wand war ein Guckerl mit Schiebefenster, durch das der Bahnbeamte herausschaute. Manchmal auch nicht, dann klopften die Fahrgäste an die Scheibe und riefen: "Heh, ich möcht aaf Passa fahrn!" Der Herr Vorsteher kam dann ohne unnötige Hast und sagte: "Nur die Ruhe, genügend Zeit, der Zug hat noch nicht in Wildenranna abgeläutet..." Als ich ein Bub war, staunte

ich immer durch das Fenster oder durch die Tür, auf der stand "Dienstraum, Betreten für Unbefugte verboten", wenn sie einmal offenstand, und sah die geheimnisvollen Apparate. Das Kurbeltelefon, das Brett mit den Weichenschlüsseln, die farbig markierten Hebel in einer Reihe wie Soldaten, das Dienstbuch und die meist halb aufgezogene Tischlade, aus der die Fahrkartenmappen herausguckten. Die Bahnbeamten kamen mir sehr groß und bedeutend vor — und sie sich selbst auch! Wenn im Winter der Bahnhof tief verschneit dalag, aber ringsum alles sorgsam ausgeschaufelt war, dann kamen wir Buben gern mit unseren vom Hirzwagner gemachten eschernen Ski heruntergesaust (kein Salz damals und auch kein Autoverkehr) und tummelten uns um den Bahnhof herum. Der Herr Stationsvorsteher trat dann aus seinem Dienstzimmer und sprach mit Stentorstimme: "Das ist doch kein Skigelände! Buam, wegda!" Wir redeten manchmal miteinander, was wir ihm antun könnten und phantasierten was von Steinen auf den Gleisen, aber mehr als einen kupfernen Pfennig hinzulegen und den dann breitgewalzt und noch warm wieder zu holen, haben wir nie gewagt!
Wie schnaufte und dampfte die eigens für diese Strecke gebaute Zahnradlok, wie rußig grinste der Heizer aus dem Führerstand herunter! Mir waren alle diese Eisenbahner gut vertraut, denn ich wohnte ja nahe am Gleis. Und ich kannte andere Kinder, die aus armen Familien waren, bei denen es nicht für Kohlen langte. Die stellten sich dann, wenn der Güterzug fuhr (beim Personenbockerl hatten sie Angst vor dem Schaffner) an den Bahndamm, dort, wo der Zug langsam fahren mußte und streckten Lokführer und Heizer die Zunge heraus, schrien was und hüpften herum. Der Heizer packte grimassenschneidend ein paar große Kohlenbrocken und warf sie nach den Kindern. Die sammelten sie auf und rannten damit heim... Erst als ich groß war, habe ich begriffen, daß Lokführer und Heizer ganz genau wußten, wie arm die Kinder gewesen sind, und daß sie das Theater mit dem Tratzen und Kohlenbrockenschmeißen nur veranstaltet haben, damit der Herd wieder heiß wurde! Brave Leute waren es, die Kinder aber meinten immer, sie ärgern die Eisenbahner wirklich. Die paar Kohlen haben die Deutsche Reichsbahn auch nicht arm gemacht...
Viel könnte ich erzählen, von den Waggons mit ihren hölzernen Sitzen und den scheppernden Fenstern, die durch einen Lederriemen aufgezogen werden konnten. Von den großen Hebeln "Warm — Kalt" für die Heizung, die selten richtig funktionierte, von den Schaffnern, die gravitätisch durch den Waggon gingen: "Die Fahrkarten vorzeigen!" Einmal war meine Monatskarte in den Dreckwasserkübel in der Küche gefallen gewesen und nach dem Trocknen war sie ausgebleicht. Mißtrauisch schaute sie der Schaffner an: "Bua, hast leicht dei Fahrkarten i' Milli eigwoacht?" Schon lange ehe der Bahnhof in Sicht kam, drängten wir uns auf der Plattform, wo es nach Kohlenruß und heißem Dampf stank. Wir rüttelten an den eisernen Scherengittern und hätten sie gar zu gerne "während der Fahrt geöffnet", aber das war ja so streng verboten.
Ich bin ganz in meinen Erinnerungen versunken, alle ausgelöst von diesem Neubau dort, wo einst der Bahnhof stand und die Gleise waren. Fort sind sie

alle, die würdigen Bahnerer und die Fahrgäste, verschrottet die Loks, Waggons und Gleise. Man muß sich richtig anstrengen, möchte man erinnern, wo nun eigentlich der Bahnsteig war und die Weiche, der Warteraum und die hölzerne Bank davor. Alles weg! Nehmt's mir nicht übel, aber ich bin ganz melancholisch geworden.

Wir alle tun in Acht und Bann
als Grobian den dreisten Mann,
der sich vermißt, von unsern Schwächen
das Nämliche schon heut zu sprechen,
was wir nach einer Flucht von Tagen
uns heimlich selbst darüber sagen.

Oskar Blumenthal

"Am liebsten möchte ich ein scharfer Hund sein..."

Das wünscht sich ein Sonderschüler aus Hauzenberg — Bestürzendes Ergebnis einer Umfrage bei Kindern

Der sittliche Zustand eines Einzelmenschen, aber auch einer ganzen Gesellschaft zeigt sich am deutlichsten, wenn man das Verhältnis zu Andersartigen, zu sozialen Randgruppen, zu den Nicht-ganz-Normalen betrachtet, das dieser Mensch oder diese Gesellschaft hat. Erst in der Berührung mit dem Schwierigen zeigt sich der Kern der Wesenheit. Das ist eine allgemein anerkannte Wahrheit, ebenso wie das Weihnachtsfest als Fest der Liebe und des Schenkens und Beschenktwerdens im Bewußtsein lebt. Jesus Christus, dessen Geburt gefeiert wird, hat auch gesagt: "Lasset die Kindlein zu mir kommen..." und er wird deshalb auch der göttliche Kinderfreund genannt.

Wie würden wir vor ihm bestehen, wenn er uns fragte, wie wir z.B. den Kindern aus der Sondervolksschule gegenüberstehen, den sogenannten Hilfsschülern oder Deppenschülern, wie lieblos und außerdem unzutreffend gesagt wird? Dankenswerterweise haben Leitung und Lehrkörper der Sondervolksschule *Hauzenberg* unseren Wunsch, zu Weihnachten einmal die Sonderschüler zu artikulieren zu lassen, großzügig unterstützt. Wir wollten keine "Christkindlbriefe" bekommen voll mit Wünschen nach Schaukelpferden und Indianerausrüstungen, sondern wir wollten wissen, was sich Gemüt und Seele der Zwölfjährigen vom Christfest erwarten und erhoffen. Die Antworten, die nachstehend zitiert werden, wurden anonym gegeben und ohne Anleitung von außen. Sie liegen uns im Original vor. Es ist bestürzend, was diese Kinder, durch mannigfache Behinderungen zum Anderssein verurteilt, zu sagen hatten.

Ein Bub, nach seinen Wünschen befragt, kritzelt hin: "Ich möchte mit Nachbarn einmal reden dürfen! Ich möchte einer Frau die Tasche tragen! Ich möchte ein scharfer Hund sein, weil sich Hunde besser wehren können!" Was muß in einem Kind vorgehen, das nach einer Klage, die er hat, gefragt, schreibt: "Andere Leute lassen sich die Tasche nie tragen..." Ein anderer hat als Weihnachtswunsch an seine Eltern notiert: "Daß sie mich nicht prügeln" und an die Nachbarn: "Daß ich mit dem Kind spielen darf", von seinen Kameraden wünscht er sich, "daß sie ihn mitspielen lassen", und geradezu fassungslos steht man vor der Antwort auf die Frage, an wen er sich in seiner Not wenden kann: "An niemand!" Und so geht es weiter und weiter auf den Blättern. "Papi sagt immer Depp zu mir", der Bub, der das schrieb, will sich in einen Jäger verwandeln, damit er schießen kann. Die Lehrer, die uns das Blatt übergaben, haben vorsorglich an den Rand geschrieben "Aggressionen", damit niemand das arme Kind mißverstehen soll. "Daß sie auch mal mir zuhalten" wünscht sich ein Sonderschulmädchen von seinen Eltern zu Weihnachten und ein anderes Kind, "daß sie nicht immer so schrein!" Und die Klagen lauten: "Die Eltern prügeln immer, die Kameraden spotten", das Kind möchte eine Königin

sein, wenn es zaubern könnte. Aber wenigstens antwortet es auf die Frage nach dem, an den es sich in der Not wenden kann "Oma und Opa".
Auch der pädagogische Laie kann sich vorstellen, was Sonderschullehrer leisten müssen, wenn er auf anderen Bogen liest: "Ich möchte, daß meine Eltern zu mir lieb sind und nicht immer so böse", oder "Die Mutter und der Vater streiten, der Vater kommt nicht heim, er ist im Wirtshaus, mein Vater trinkt immer Bier." Ein Weihnachtswunsch "Daß mich meine Eltern mögen", Daß meine Kameraden freundlich zu mir sind!" "Daß meine Mutter mit mir nicht mehr so streng ist" und dieses selbe Kind nennt als ein Problem, über das es mit jemandem reden möchte "Daß meine Mutter immer mit anderen Kindern mehr zusammen ist als mit mir".
"Ich wünsche mir keinen Streit" steht auf dem nächsten Blatt in krakeliger Schrift und die Frage nach dem Wesen, in das sich das Kind verzaubern möchte, wird so beantwortet: "In B..., weil sie ein gutes Aussehen hat!" Das Motiv vom um sich beißenden Hund kommt auch noch bei einem Jungen aus einem anderen Jahrgang vor, er möchte solch ein Tier sein "das ich dan jeden Beisen kan". Ebenfalls "An Niemand" antwortet noch ein Kind auf die Frage nach dem Tröster, an den es sich wendet und ein weiteres Kind beklagt an den Schulkameraden "daß sie immer Sonderschüler sagen". Auf dem nächsten Blatt steht mit vielen Fehlern: "Mein Vater und Mutter streiten, mein Vater und Mutter schimpft mich, mein Vater ist rauschig" und dieses Kind muß merkwürdige Erfahrungen gemacht haben, denn seine Klagen beschränken sich darauf, "daß die Leute immer Brot borgen". In ein Auto möchte sich ein anderer Bub verzaubern, weil er dann "fortkann", von den Eltern wünscht er sich "nicht immer hauen", und seine Lebensnot artikuliert sich, indem er statt der Wünsche, die er von bestimmten Leuten oder Personengruppen erfüllt sehen möchte, schreibt: "Eltern: Narren, Kameraden: Blöde, Nachbarn: Deppen, andere Leute: Hirschen!"
Diese Zitate genügen wohl. Sonderschulrektor Luitpold Krieger schrieb uns zu dieser Aktion einen Brief. Daraus zitieren wir: "Überrraschend ist das ziemlich einheitliche Echo der Schüler. Eine Anklage gegen Kameraden, die sie als Sonderschüler verspotten, eine Anklage gegen Nachbarn, die sie unfreundlich behandeln, eine Anklage gegen Eltern, die sie oft nicht verstehen oder ihnen wenig Zeit und Aufmerksamkeit widmen. Aus dieser Not kommen die weihnachtlichen Wünsche unserer Schüler: Um besseres Verständnis, um mehr Anerkennung, um mehr Liebe. Wir wollen uns nicht als Moralapostel aufspielen, fühlen uns aber gerade als heilpädagogische Einrichtung verpflichtet, alle Eltern, nicht nur die der Sonderschüler, auf ihre selbstverständliche Verpflichtung gegenüber den Kindern hinzuweisen. Es genügt einfach nicht, nur die natürlichen Bedürfnisse der Kinder nach Wohnung, Kleidung, und Nahrung zu befriedigen. Zum geistig-seelischen Wachstum des Kindes gehört vielmehr Verständnis, Zuneigung und Liebe. Das erfordert freilich mehr als ein paar Mark Taschengeld oder die tägliche Fernseherlaubnis bis 22 Uhr. Es erfordert Zeit, Geduld, Selbstbeherrschung und eben Liebe als das beste Erziehungsmittel. Gerade zur Weihnachtszeit muß es einen doch schrecklich

anmuten, wenn das Vertrauensverhältnis eines Zwölfjährigen zu seinen Eltern derart gestört ist, daß er nicht weiß, an wen er sich in seiner Not wenden kann oder daß er lieber ein Hund sein möchte, um sich besser wehren zu können."
Soweit Rektor Krieger, der eine seltene Begabung für diese schwierigen Kinder hat und an den um Rat und Hilfe zu wenden sich für alle Eltern bezahlt macht. Sie in der weihnachtlichen Freude und Besinnung zum Nachdenken und vielleicht zum Umkehren zu bewegen, dazu soll dieser Bericht beitragen.

(Weihnachten 1974)

Weihnachtsbotschaft

Derjenige muß schon ein hartes Herz haben, der die Äußerungen der Sonderschulkinder in nebenstehendem Bericht ohne Bewegung lesen kann. Er muß vergessen haben, was er selbst als Kind fühlte und wünschte, er muß verdrängen, an was ihm auch als Erwachsener gelegen ist. An der Freundlichkeit seiner Nachbarn, der Liebe und Zuwendung seiner Angehörigen, an der Bestätigung des eigenen Wertes. Kinder sind zwar keine kleinen Erwachsenen, wie frühere Pädagogkik einmal lehrte, sie leben jedoch auch nicht gänzlich in einer anderen Welt, als daß wir sie nicht noch verstehen und mit ihnen fühlen könnten. Kinder sind Menschen im Werden, sich entwickelnde Wesen, und es ist doppelt tadelnswert, sie dabei zu behindern, es ihnen schwerzumachen, das zu werden, was sie von Natur und Veranlagung aus werden könnten. Gilt das schon für sich normal entwickelnde Kinder, so erst recht für behinderte. Ihnen muß noch mehr als sonst schon die Liebe und Fürsorge der Erwachsenen gelten. Muß, sollte, könnte? Und die Wirklichkeit?

Sie sieht leider anders aus, obwohl wir uns hüten sollten, zu verallgemeinern. Aber zu groß scheint uns der Prozentsatz derjenigen Kinder zu sein, die guten Grund und Anlaß zum Klagen haben. Man darf nun keineswegs ihre Äußerungen abtun als Kindergeschwätz oder gar den Ausdruck von bösem Willen, Faulheit oder dergleichen. Damit macht man es sich zu leicht. Verhaltensforschung und angewandte Psychologie haben uns längst das überzeugend bewiesen, was die guten Pädagogen schon lange wußten. Daß nämlich solche scheinbar frechen und aggressiven Äußerungen von Kindern, solche Ausbrüche von Haß und Wut, nur Hilfeschreie sind. Es sind die letzten verzweifelten Versuche von unfertigen Menschen, die sich nicht mehr anders ausdrücken können.

Man kann nun nicht allen Eltern, Nachbarn und Schulkameraden einen Schnellkurs in Menschlichkeit verordnen, aber man kann doch wenigstens ein normales, von Verständnis und Liebe getragenes Verhalten verlangen. Ein Verhalten, das durch unsere religiösen und sittlichen Normen und Wertvorstellungen seit Generationen eingeübt wird. Weihnachten, das Fest der Liebe, scheint uns eine gute Gelegenheit zu sein, darauf einmal hinzuweisen. Wir wollen auch niemandem mit der Lektüre dieser Kinderäußerungen die Festesfreude verderben, aber es schien uns keine bessere und wertvollere Weihnachtsbotschaft 1974 dazusein, als dieser schrecklich hallende Schrei der Kinder nach Verständnis und Liebe. Wehe uns, wenn wir ihn nicht hören!

In Hauzenberg entsteht gegenwärtig eine neue, moderne und bestens ausgestattete Sonderschule. Sie kostet Millionen und der Staat hat seine begabtesten Lehrer dorthin geschickt. Weder dem Staat noch den Gemeinden ist ein Vorwurf zu machen, sie tun alles, was mit Geld möglich ist. Von der materiellen Seite her sind den behinderten Kindern, die eine Sonderschule brauchen, keine Hindernisse bereitet. Sie werden auch nicht mehr in den kommunalen Gremien verächtlich behandelt und mit Schimpfnamen belegt, wie das noch vor

wenigen Jahren der Fall war, da ist ein großer Wandel eingetreten. Aber wie sieht es denn auf der "anderen Seite der Medaille" aus? Ist eine Schule, ein gutes Unterrichtsmaterial, ein erfolgreicher Pädagoge alles? Sonderschulrektor Krieger sieht das anders. Er wird wissen, wovon er spricht, wenn er Liebe, Verständnis, Hinwendung für die Kinder verlangt. Wenn er die Eltern daran erinnert, daß ihre Pflicht nicht mit ein paar Mark Taschengeld, einem Anzug oder Kleid oder dem Fernsehen bis 22 Uhr getan ist.
Nur im Zusammenwirken zwischen Elternhaus und Schule kann wirklich etwas für die behinderten Kinder getan werden. Fehlt es hier oder dort, bleibt alles Bemühen Stückwerk. Niemand, der es mit seinem Glauben auch nur einigermaßen ernst meint, der ja schließlich aus der Religion der Liebe entspringt, kann tatenlos dabei zusehen, wie Kinderseelen geschunden werden. Nemen wir deshalb diese Weihnachtsbotschaft 1974 richtig auf, nicht als Störung unserer Gemütsruhe, nicht als unerwünschte Äußerung Unmündiger, die man zum Schweigen bringt, sondern als Aufforderung, selbst etwas zu tun, umzukehren, wenn man auf dem falschen Weg ist, sich zu besinnen, wenn man gedankenlos wurde.

(Weihnachten 1974)

"Unerhört: Kein Respekt vor der Obrigkeit!"

Wie "die Zenz" ihre Schwertgosch'n auf Kosten der Regierung spazierenführte

So an die tausendmal in 20 Jahren ist in der "Passauer Neuen Presse" die Samstagskolumne "Zenz, das Waldweiberl" erschienen und dieser journalistischen Kunstfigur erging es seltsam: Sie wurde zu einer Persönlichkeit mit eigenem Leben. Die Leser, obwohl nicht im Unklaren über ihren "Schöpfer und Verfasser", sahen sie dennoch als fast lebendes Wesen, dem man schreiben, das man schimpfen (gelegentlich auch einmal loben), an das man sich wenden konnte. "Die Zenz", gern in Faschingszügen dargestellt, hatte eine schwer lösbare Aufgabe: Sie sollte lustig und unterhaltend, wahr und nachprüfbar sein, niemanden verletzen oder beleidigen und trotzdem offenherzig, ja kritisch reden. Eine Auswahl aus tausend Beiträgen treffe ein Apostel der "Ausgewogenheit"! Hier sollen, zur Gaudi aller bürokratiegeplagten Zeitgenossen, ein paar stichelhaarige Ausfälle der Schwertgosch'n Zenzi folgen, die den Betroffenen seinerzeit nicht sehr schmeckten (den Lesern aber umso mehr) und die, wollen wirs hoffen, heute noch aktuell und treffend sind.

Unverständlicherweise gibt es Leute, die die Regierung von Niederbayern für so überflüssig wie einen Kropf halten und lauthals davon reden, sie trage lediglich zur ständigen Überbürokratisierung und zur Vermehrung der Beamtenplanstellen bei. Weit gefehlt! Schon das erste Wort, das ich gebraucht habe, zeigt euch, daß ich ganz anders denke und die Regierung von Niederbayern hoch schätze. Sie erscheint mir eine der wichtigsten und lehrreichsten Institutionen in unserem Staat zu sein und das will ich euch nun gleich ausführlich begründen. Ganz abgesehen von den allgemeinen Segnungen, die von der Arbeit dieser Behörde ständig auf die Bewohner von Niederbayern ausströmen in Gestalt von sehr weise verteilten Geldern aus dem Steuertopf, guten und praxisnahen Ratschlägen und Entscheidungen bei Bauvorhaben und vielem mehr hat die Regierung von Niederbayern z.B. eine sehr große Bedeutung für die Verbreitung praktischen Christentums.

Ihr wißt ja, daß ein echter Christ Demut zeigen oder doch wenigstens lernen soll und daß es das Jesuswort gibt: "Schlägt dir einer auf die rechte Wange, so halte ihm auch die linke hin..." Unsere Landräte und Bürgermeister nun, die in Landshut vorsprechen und Geld erbetteln müssen, werden zwangsläufig zu diesen christlichen Tugenden erzogen. Demütiger wie die kann niemand mehr sein und sie halten nicht nur die linke Wange hin, nachdem man ihnen kräftig in die Fresse gehauen hat, sondern auch noch die Kehrseite, damit man ihnen geschwind noch einen Tritt dorthin versetzt. Wenn das nicht der Verbreitung praktischen Christentums dient, was dann? Ich hörte allerdings ein Gerücht, daß der Anetseder Sepp einmal in der Regierung in Landshut geschrien hat und auf den Tisch gehaun haben soll??? Erscheint mir fast nicht glaubhaft, denn angeblich soll ja Hauzenberg zumindest eine vage Aussicht

auf Förderung aus irgendeinem Programm haben und wenn der Sepp wirklich so unbotmäßig gewesen sein sollte, kann ich mir das nicht vorstellen.
Für mich persönlich hat die Regierung von Niederbayern auch einen riesigen Vorteil, sie erweitert meinen Bildungshorizont ganz gewaltig. Mein Geschichtslehrer ist daran verzweifelt, mir beibringen zu wollen, was "Absolutismus" ist. Der konnte stundenlang davon reden, daß der Sonnenkönig Ludwig IV. gesagt hat, "Le etat ce moi", was heißt, der "Staat bin ich", ich hab das einfach nicht fressen können, daß ein einzelner sich einbilden kann, der Staat zu sein. Da es aber in Landshut einen (oder mehrere) leitende Beamte gibt, die einen leicht abgewandelten Wahlspruch in ihrem Zimmer hängen haben, der lautet "Niederbayern, ce moi", habe ich nun endlich verstanden, was Absolutismus ist! Schaue ich mir auch an, wie unsere vom Volk gewählten Landräte und Bürgermeister abgefertigt, abgekanzelt, von oben herab belehrt und wie begossene Pudel nach Hause geschickt werden, dann wird meine Einsicht immer tiefer.
Leider, leider kann ich euch aus meiner Mappe, in der ich die Fälle, die mir bekannt werden, sammele, keine näheren Einzelheiten mitteilen, weil mich die oben Geannten flehentlich gebeten haben, es nicht zu tun, weil sie sonst überhaupt keine Steuergelder mehr zugeteilt bekommen! Ohne daß ich noch näher und ausführlicher schreibe, werdet ihr schon verstehen, warum ich die Regierung von Niederbayern und dort besonders ein paar Leute für absolut unentbehrlich halte. Sie sind sozusagen die Hefe, die den Loabltoag erst zum Aufgehen bringt! Aber da mir zum Glück für eine Mitteilung kein Verbot auferlegt werden konnte, weil ich selber dabei war, wie es passiert ist, erzähle ich euch kurz vom Besuch des leitenden Regierungsdirektors Weber von der Regierung in Landshut bei der "Rannaseenachfeier" im Landratsamt Passau. Nachdem alle Gäste samt dem österreichischen Bezirkshauptmann von Rohrbach drei Stunden gewartet hatten (eine unschätzbare Übung in der so überaus notwendigen Geduld, die man mit den neuen Selbstherrschern haben muß!), kam er endlich und ich wurde sogar mit einem Händedruck begrüßt (!!!), obwohl ich es vor einigen Monaten gewagt hatte, schon einmal zu kritisieren, daß diese Leute da in Landshut so tun, als ob sie eigenes Geld verschenken, wenn sie aus Zuschußtöpfen verteilen. Einer der Büchsenspanner um den Herrscher flüsterte mir zu: "Dir ist verziehn worden..." Nach einiger Zeit versiegten meine Glückstränen wieder und ich konnte klarer sehen, es gelang mir dann, mich durch die Menge der sich ununterbrochen verbeugenden Bürgermeister usw. hindurchzudrücken und näher an den Herrscher heranzukommen.
Er geruhte recht leutselig zu scherzen und hatte für den Herrn Landrat (der seinen Ärger tapfer herunterschluckte) einen praktischen Rat bereit, wie die Verunkrautung des Rannasees bekämpft werden kann. Über dieses Übel seid ihr ja alle bestens informiert, nicht aber darüber, daß unsere Behörden jeden Zuschuß für eine "Entkrautungsmaßnahme" strikt ablehnen. Aber Landshut weiß Rat! Die Kreisräte des Landkreises Passau sollen mit Schnorcheln ausgerüstet werden und auf den Seegrund hinuntertauchen und das Kraut abfres-

sen, meinte der Herrscher, und das wurde natürlich von der enthusiasmierten Runde mit donnerenden Beifallsrufen und nicht endenwollendem Händeklatschen quittiert. Stellt euch vor, ich habe es so gemacht wie der Angestellte nachdem er im Lotto gewonnen hatte und nicht mehr über die Witze des Chefs zu lachen brauchte — ich habe nicht mitgejubelt, weil es mir gestunken hat, daß mein eigener Vorschlag dadurch wertlos wurde. Ich habe nämlich selbst auch einen Vorschlag, wie der Wasserpest im Rannasee zuleibe gerückt werden kann.

Die Österreicher setzten nun ja Graskarpfen ein, und zwar deshalb, weil die Bayern es nicht dürfen. Diese Fische sind nämlich nicht "heimisch" bei uns und (glaubt es oder glaubt es nicht!) die Regierung von Niederbayern ist nicht damit einverstanden, daß die Graskarpfen vom Landkreis eingesetzt werden. Da aber die Landesgrenze im See verläuft und die Züchtung von Grenzpolizeifischen und Zollhechten noch nicht soweit gediehen ist, daß sie die österreichischen Graskarpfen in Österreich festhalten und am Genzübertritt hindern können, besteht die Hoffnung, daß sich die Graskarpfen auch auf bayerischem Gebiet betätigen.

Hier setzte mein Vorschlag ein. Ich hätte eine "heimische Art" gehabt, die man einsetzen hätte können! Ich schlage vor, daß das "Ungeheuer von Loch Ness" aus Schottland geholt und in den Rannasee verbracht wird. Da sowohl in den Ministerien in München als auch in der Regierung in Landshut soviele "große Viecher" sind, die man getrost als "Ungeheuer" bezeichnen kann, dürfte die "Nessie" kaum als eine hierzulande nicht heimische Art angesehen werden können. Sie wird dann die Wasserpest restlos wegfressen und dazu noch eine Attraktion ersten Ranges sein!

Dieser herrliche Vorschlag wurde mir, wie gesagt, durch diese Idee mit den schnorchelnden und Gras abfressenden Kreisräten vermiest und deshalb stinkt er mir und habe ich diese Satire geschrieben! Nicht etwa deshalb, weil sich in letzter Zeit hier die Beschwerden verärgerter Bürgermeister und Privatleute häuften! Beileibe nicht! Es ist auch ein Gerücht, daß jemand es gewagt haben soll, die krassesten Fälle von Beamtenwillkür aus Landshut in einer Mappe zu sammeln, um sie im geeigneten Moment (vor Wahlen!) dem Herrn Ministerpräsidenten vorzulegen... Nein, stimmt alles nicht, die Einsicht in die große, bleibende Bedeutung der Regierung von Niederbayern ist so tiefschürfend, daß sie jede Kritik im Keime erstickt, weiterhin werden sich Landräte und Bürgermeister in praktischem Christentum üben dürfen und deshalb ist ihnen das Himmelsreich sicher! Dafür müssen wir diesen Kleinkönigen von Niederbayern sehr dankbar sein. Ich aber schließe diesen Brief mit der Versicherung, daß ich weder einen Zuschuß noch eine Förderung will und brauche und deshalb gänzlich frei und ungezwungen reden kann, was auf unsere Bürgermeister nicht zutrifft, obwohl sie vom Volke gewählt sind. Aber seit wann hat das schon eine Rolle gespielt, das fragt euch mit schönen Grüßen eure demokratische

Zenz, das Waldweiberl *(2.11.1983)*

Mein Freund Emmeram Holzschuher, der, wie ihr wißt, ja ein philosophischer Kopf ist, hat mir einen Vortrag gehalten und gesagt, er sei überzeugt, unser Jahrhundert werde später einmal "das Jahrhundert der Verrückten" genannt. So wie wir ja mit mehr oder weniger Recht von "der Völkerwanderung", "dem finsteren Mittelalter", der Barockzeit usw. sprechen, so wird das 20. Jahrhundert als das der Verrückten in die Geschichte eingehen. Meint jedenfalls der Emmeram und er hat auch Gründe dafür. Seien wir nicht total verrückt, derart blutige und sinnlose Kriege zu führen, einen nach dem anderen und jetzt soviel Vernichtungspotential anzuhäufen, daß jeder einzelne Erdenbewohner gleich zehnmal getötet werden könne? Und seien wir nicht verrückt genug, den Ast, auf dem wir sitzen, sehenden Auges und in vollem Wissen um die Konsequenzen abzusägen, nur um eines einzigen kleinen und augenblicklichen Vorteils willen? Und seien wir nicht verrückt, es Menschen mit "Ideologien" und entsprechendem Willen zu erlauben, uns alle zu versklaven, zu tyrannisieren, ihren Ideen zu unterwerfen und um unser bißchen Lebensglück zu bringen! Und das alles um bloßer Phatastereien willen, denn mittlerweile wisse man ja, daß die Welt und ihre sogenannten Gesetze nur der Ausfluß des Denkens unserer Gehirne ist. Wären sie anders, wäre auch unsere Welt und Wirklichkeit anders! Dies wissend den Rattenfängern nachzulaufen, hält der Emmeram für den Gipfel der Verrücktheit und deshalb meint er, wenn es überhaupt ein 21. oder 25. Jahrhundert geben werde, dann müßten die Schulkinder bestimmt über unsere Zeit lernen, sie sei das Jahrhundert der Verrückten gewesen. Nun, was sagt ihr zu diesen Thesen des Emmeram? Wem sie überspitzt vorkommen, der möge einmal in sich gehen und sich in seiner engsten Umgebung umschauen.

Ich habe das getan und bin auf einen Beweis für des Emmeram Holzschuhers These gestoßen. Datenschutz! Alles mögliche wird damit ja begründet, daß die Gemeinden nicht mehr die Geburtstage bekanntgeben dürfen und wenn es auch der Jubilar noch so gern hätte, daß er in der Zeitung steht — geht nicht wegen dem Datenschutz! Undsoweiter undsoweiter, ihr habt alle täglich Beweise dafür in Händen, wie das an sich berechtigte Anliegen des Schutzes persönlicher Daten dazu mißbraucht wird, die Bürokratie noch mehr gegen öffentliche Kontrolle abzuschotten. Den Gipfel haben wir aber jetzt erreicht und weil das ganz neu ist und euch noch nicht bekannt, berichte ich es ausführlich. Unser famoser Staat (der aus Ministerialbeamten besteht, die anschaffen) hat sich ausgedacht, daß wegen des Datenschutzes die Gemeinden die Bauanträge nicht mehr so behandeln dürfen wie bisher. Sie müssen sie zwar öffentlich beraten und beschließen, dürfen aber die Namen nicht mehr nennen und die Einzelheiten auch nicht. Führt euch das einmal zu Gemüte! Ich habe noch nie erlebt, daß man ein Haus im geheimen hätte bauen können... Der Kran kommt, die Bauhandwerker arbeiten, der Richtkranz wird aufgezogen, die Nachbarn haben die Pläne unterschreiben müssen, die Bebauungspläne liegen öffentlich auf, alle Welt schaut beim Bau zu, Handwerker bekommen Aufträge — aber der Datenschutz verbietet es dem Bürgermeister zu sagen: "Ich rufe hiermit auf den Bauantrag des Franz Seraphim Meier aus Schlehreuth

auf Genehmigung zum Anbau an seine doppeltürige Hundshütten." Das tangiert den Datenschutz, man stelle sich das vor!
Den Gipfel des Blödsinns haben diese Macher oder Anschaffer aber erklommen, als sie anordneten, daß zwar öffentlich beraten wird, aber ohne Namen und Angaben. Wie geht das? Ich habe es mir mal vorgestellt, weil in einer Gemeinde bereits so verfahren worden ist. Also, der Bauantrag kommt auf die Tagesordnung und der Bürgermeister setzt an, bricht dann mitten im Satz ab und flüstert leise seinem Nebenmann den Namen und das Vorhaben ins Ohr: "Max Meier bezwecks Wohnhaus". Der flüstert es dem Nebenmann zu und so läuft die brisante und schutzwürdige Neuigkeit durch das ganze Gremium, kommt beim letzten Gemeinderat in der Form an: "Franz Heyer betreffs Garage". Fabelhaft! Alles, was der Gemeinderat dann zum Bauvorhaben zu sagen hat, ob es den Festsetzungen des Bebauungsplans entspricht, wie es wegen der Erschließung ist usw. wird dann ebenso oder ähnlich behandelt. Flüstern in den Reihen, abgebrochene Sätze, bedeutungsschwere Hinweise "Wißts es eh, was gmoant ist..." Während sich die Presse und die Zuhörer in Lachkrämpfen am Boden winden, macht sich der Gemeinderat vollends lächerlich!
Oder es ist noch eine andere Methode denkbar, vorher einen Code auszuarbeiten und dann nach diesem zu beraten. Jeder Name, jedes Faktum, das dem "Datenschutz" unterliegt, wird mit einem Codezeichen versehen, die Gemeinderäte haben Codebücher und blättern darin dann nach, was der Bürgermeister meinte, wenn er sagte: "Nächster Punkt der Bauantrag von Alpha Epsilon bezüglich des Vorhabens Delta Psi in X".
Wenn das nicht der vollendetste Schwachsinn ist, der je aus einem Ministerium gekommen ist, dann heiße ich ab sofort Seraphine Gesäßgezwitscher! Ihr werdet nun meinen, die Zenzi spinnt, aber keineswegs, das ist Wirklichkeit, die Gemeinden sind tatsächlich angehalten, Bauanträge usw. öffentlich zu behandeln, ohne Nennung von Namen und Einzelheiten. Das famose Ministerium hat dazu allerdings keine Anleitung gegeben, wie man das machen soll und deshalb habe ich diese "Flüster- oder Codeberatung" dazuerfunden. Ich lasse mir das patentieren.
Allgemeines Kopfschütteln in den Gemeinden und ich hörte neulich einen welterfahrenen Gemeinderat sagen, daß das alles nur eine Vernebelungstaktik und ein Ablenkungsmanöver ist, mit dem der Staat vertuschen will, wie stark er selbst unsere Daten mißbraucht. Wißt ihr überhaupt, was alles mit euren intimsten Daten geschieht, wie sie von den Behörden gegenseitig ausgetauscht werden, wie jeder Beamte jederzeit abfragen kann, an was ihr erkrankt gewesen seid? Und daß sogar zentral gespeichert wird, ob und wann und mit wem ihr in einem Hotel in Düsseldorf wart? Oder über die Grenze gefahren seid!
Das alles ich nicht schutzwürdig, aber ein aller Welt bekanntes Bauvorhaben kann nicht im Gemeinderat beraten werden, weil der Name des Bauwerbers, der groß auf der Bautafel steht, dem Datenschutz unterliegt! Absoluter Schwachsinn, sage ich noch einmal und wenn ihr mir nicht recht gebt, dann kann euch niemand mehr helfen. *16.6.84*

Liebe Freunde, ihr wißt ja, daß jeder Mensch so seine Vorlieben hat, frei nach dem Motto: D'Katz mag Mäus, i net! Meine besonders zärtliche Liebe gilt unseren Ministerien, die uns das ganze Jahr über mit immer neuen Überraschungen in eine Art Dauer-Weihnachtsstimmung versetzen. Wir sitzen praktisch 365 Tage im Jahr zitternd vor der geschlossenen Tür und warten darauf, daß das silberne Glöckchen schellt und wir den ministeriellen Gabentisch sehen dürfen.

In meiner grenzenlosen Zuneigung zu unseren Ministerien bin ich nun erneut bestärkt worden durch einen Vorgang, der in der Gemeinde Wegscheid "aktenkundig" wurde. Diese Gemeinde erhielt am 4. Juli einen Erlaß des Bayerischen Staatsministeriums für Unterhalt und Kultus "betreffs Änderung bei der Schülerbeförderung". Dieser Erlaß war vom 17. April 1984 datiert und nachdem ich mir diesen Tatbestand so richtig zu Gemüte geführt hatte, lieh ich mir von meinem Neffen 2. Grades einen Taschenrechner aus und kalkulierte für euch folgendes, das ich hiermit gebührend zu würdigen mir ausbitte. Der Erlaß des Kultusministeriums war von München nach Wegscheid 80 Tage unterwegs, die Entfernung beträgt rund 200 Kilometer. Der Brief legte also (theoretisch natürlich, denn ich will der Bundespost nicht zu nahe treten) 2,5 Kilometer pro Tag oder pro Stunde 104 Meter zurück. Ein Fußgänger ist wesentlich flinker, wie ihr wißt.

Dieser Schneckenerlaß behandelte wie gesagt eine Änderung bei der Schülerbeförderung. Bisher wurden unsere Schulkinder vom famosen Kultusministerium sozusagen als Schlachtvieh gesehen und per Gewicht befördert. Fehlte bloß noch, daß man "Lebendgewicht" und "aufgebrochen" unterschieden hätte... Aber davor ist die feinsinnige Hochkultur unserer Ministerialen, sie schauten ganz simpel und einfach die Kinder als eine Gewichtseinheit an, die man so mir nix dir nix in die Busse hineinzwängen konnte. Nun aber, wie man im Kreise des Wegscheider Schulausschusses feinsinnig bemerkte, hat das Ministerium das Unhaltbare solchen Tuns entdeckt. Just in dem Zeitpunkt, als die Finanzlast der Schülerbeförderung vom Staat auf die Gemeinden übergegangen ist... Das sind mir vielleicht Feinspinner da oben in München!

Da der Erlaß seine 80 Tage brauchte, um von der Landeshauptstadt zur östlichsten Gemeinde zu kommen, hat Wegscheid in aller Ruhe Zeit, die Sache zu verdauen und für das nächste Schuljahr die Busse entsprechend zu organisieren. Sollte das mit dieser Zeitspanne sogar beabsichtigt gewesen sein, in weiser Voraussicht der uns doch so sehr überlegenen Ministerialbeamten, damit ja nix überstürzt wird? Nun, ihr seht schon, ohne daß ich die Sache noch weiter vertiefe, daß meine innige Zuneigung zu unseren Ministerien wieder Nahrung gewonnen hat. Da ich aus Erfahrung weiß (seinerzeit bei der Holzwerke-Hauzenberg-Affäre), daß ein Ministerium die Probleme, die es hat, gern dadurch aus der Welt schafft, daß es den Journalisten, der darüber schreibt, bei seinem Arbeitgeber anschwärzt, möchte ich dem Kultusministerium gleich von vornherein sagen, daß ich keinen Arbeitgeber nicht haben tue! Sie müssen ihr Fernschreiben also an die "Internationale Kongregation der Kräuterweib-

lein" schicken, und wenn das dann auch wieder 80 Tage dauert, bin ich inzwischen außer Landes...
Ihr könnt euch gewiß entsinnen, so eifrige und genaue Zeitungsleser wie ihr seid, daß der Marktgemeinderat Untergriesbach sich mit einer geplanten Hochleistungssirene herumschlägt, die bei Hanzing gebaut werden soll. Da soll in der freien Landschaft ein Mords-Betonmast aufgestellt werden, dessen brüllende Sirenen das ganze Land warnen sollen, wenn der böse Feind eine Rakete abgeschossen hat. Der Gemeinderat fragte sich und die Regierung in Landshut, was das für einen Sinn haben soll, da es ja bei uns an allen Vorkehrungen für den Ernstfall mangelt. Was soll die Warnung, wenn eh kein Schutzraum da ist, kein Notvorrat usw., fragte sich der Gemeinderat in einer Pause zwischen zwei Zigaretten... Recht hat er, ich muß ihm voll beipflichten, aber die Regierung von Niederbayern tat dies nicht, sondern erhellte den "beschränkten Untertanenverstand" der Untergriesbacher mit zwei Erläuterungen, die ich euch nicht gern vorenthalten, sondern sogar erklären und ausdeutschen will.
Die Regierung schrieb, der Gemeinderat könne doch zustimmen, weil die Kosten für die Beschaffung, Einrichtung und Wartung von Mast und Sirene gänzlich vom Bund getragen würden. Sollte euch die Feinheit dieses Arguments nicht ganz einleuchten, will ich es etwas abwandeln. Die Regierung beabsichtigt, im Markt Untergriesbach ein vollautomatisches Fallbeil einzurichten, unter das jeden Tag ein Bürger nach dem anderen seinen Nacken legen soll, auf daß er einen Untertanenkopf kürzer gemacht wird. Als wütende Proteste aufflammen, heißt es dazu: Wozu regt ihr euch auf, kostet euch doch nichts, wird alles von der Regierung bezahlt!
Oder ein weniger blutiges Beispiel. Der Staat holt alle Kinder ab fünf Jahren aus den Familien, um sie in großen Heimen für seine Zwecke zu erziehen, und wer protestiert, erhält die Antwort: Was wollt ihr denn, wird doch vom Staat bezahlt! Ich hoffe, euch mit diesen beiden idiotischen Beispielen, die aber bei weitem nicht so idiotisch sind wie die, die uns für dumm verkaufen wollen, gezeigt zu haben, daß der Umstand, daß etwas vom Bund voll bezahlt wird, noch kein Argument für seine Vernünftigkeit ist. Habt's mi? Die Regierung hatte aber ein weiteres schlagendes Argument bereit. Sie schrieb nämlich Untergriesbach, die teure Hochleistungssirene solle doch dazu dienen, die Bevölkerung durch ihr Getön dazu aufzufordern, das Radio einzuschalten, um die Durchsagen zu hören in Katastrophenfällen oder wenn es zu stark schneit...
Ihr werdet hoffentlich nicht glauben, daß ich das erfunden habe. Die Zenzi erfindet nie etwas, sondern alles, was sie schreibt, hat einen realen Hintergrund und läßt sich beweisen. So auch dies — es liegt mir schriftlich vor. Ich habe mir das einmal plastisch vorgestellt: Da draußen tobt ein Blitzard ums Haus, die Bäume splittern unter der Last des nassen Schnees, alles hockt ängstlich in den Häusern, die Elektrizitätsmasten sind abgeknickt, alles zittert im Dunkeln und horcht ängstlich, ob aus Landshut vielleicht ein weiser Ratschlag kommt, was zu tun ist. Da! Ein Hoffnungsstrahl im Chaos: Die mit dem Notstromaggregat versehene Hochleistungssirene in Hanzing heult auf,

lauter als der Sturm. Zenzi, schalt's Radio ein! rufen die Leute und falls das "Elektrisch" gehen sollte, dann schaltet er und hört die Meldung: Sturm und Schnee draußen — Dann weiß er's!
Ich kann mir nicht helfen, einen solchen Schwachsinn habe ich schon lange nicht mehr gehört. Zigtausend Mark auszugeben für eine Hochleistungssirene, die büült, damit man das Radio einschalten soll...
Ich weiß was Besseres. Da soll halt der Gemeindediener wieder herumgehen mit der Handglocke, wie früher einmal der Miedl gottselig. Könnt ihr euch noch entsinnen, wie er durch den Markt schritt und anhielt, hoch schellte und dann mit Stentorstimme rief: Bekanntmachung der Marktgemeinde... Das wär mal was und kostet nicht soviel. Aber nun wieder im Ernst, die Sirene hat keinen Nutzen, sagt der Gemeinderat, weil eh keine Schutzräume da sind und keine Vorkehrungen getroffen wurden und um uns das Radioeinschalten anzubefehlen, wenn wir eh alle am Apparat hängen, um Nachrichten zu hören (in jedem Haus gibt es heute ein oder zwei Radios, ganz im Gegensatz zu früher), braucht's die Sirene erst recht nicht. Und wenn sie sie uns nicht nur schenken, sondern sogar noch an der Spitze vergolden, mögen wir sie auch nicht... Das oder so ähnlich dachte und sagte der Marktgemeinderat Untergriesbach, und jetzt bin ich neugierig, was die Regierung nun antwortet. Werde es schon erfahren und euch mitteilen. Ich aber sage, ein wenig lebensnäher und ehrlicher sollte man mit uns umgehen und uns nicht gar so für dumm verkaufen wollen.

(14.7.1984)

Solltet ihr, liebe Freunde, euch gefragt haben, wie es heute noch möglich ist, daß ein Brief, den ein leibhaftiger Staatssekretär in München aus seinem Ministerium an einen Beamten in einem benachbarten Ministerium in derselben Stadt schreibt nach fünf Wochen noch nicht angekommen ist und solltet ihr, liebe Freunde, euch ebenfalls gefragt haben, wieso ein Sachbearbeiter im Weinbauministerium von Rheinland-Pfalz die Mitteilung, daß Gift im Wein ist, ebenfalls einfach unbearbeitet liegen läßt — dann kann ich euch sagen, warum. Weil die von uns Steuerzahlern eigens berufenen und dafür bezahlten Leute anderes und besseres zu tun haben! Ihr glaubt das nicht? Dann hört zu. In der Regierung von Niederbayern und im Bayerischen Staatsministerium des Innern sind Leute damit beschäftigt, sehr wichtige Fragen zu klären, z.B. ob Untergriesbach einen Weiler haben darf, der "Waldfriede" heißt. Ich weiß nun nicht, wer aller an dieser lebensentscheidenden Frage arbeitet, so wie ich unsere Verwaltung kenne, sind es auf jeder Ebene mindestens zwölf Leute, darunter elf Volljuristen (einer ist es nicht, der tut die eigentliche Arbeit!) und sie sondern viel Schweiß und Papier ab, verbrauchen viel Gehirnschmalz und Druckerschwärze, um dann die Ergebnisse ihrer langen Überlegungen und Studien dem andächtig lauschenden Volke zu unterbreiten. So geschehen nun in der Gemeinde Untergriesbach, die einen langen, zähen und aufreibenden Kampf führen mußte, um die der Bevölkerung seit langem verankerten Namen wie Weidwies oder Waldfriede gegenüber der Staatsautorität durchzubo-

xen. Aber in einem blieben unsere vom Volke beauftragten Verwalter des öffentlichen Wohls unerbittlich: "Riedler-Hof" darf so nicht geschrieben werden. Nein und abermals nein! Das geht nicht, wo kämen wir denn da hin! Die 22 Volljuristen schlugen in ihren Gesetzen nach und dann erhielt aber die Gemeinde Untergriesbach eine Belehrung hingefahren, die es in sich hatte... Das Staatswohl ist berührt, wenn Riedler Hof Riedler-Hof geschrieben wird, der Name muß Riedlerhof lauten!
Ihr glaubt mir wieder nicht? Wie muß doch der Gerechte leiden! Lest halt nach, was der Gemeinde Untergriesbach geschrieben wurde von einem hochmögenden Minischteri z'Minka und was der Marktgemeinderat dazu zu sagen hatte. "S'derf do net wahr sei... de hamm vielleicht Sorgen — ja gibt's denn dös aa..." so tönte es aus der Runde der "gemeindlich sich selbst verwaltenden Bürgerschaft" und dann, da ja der Klügere nachgibt, stimmte der Gemeinderat zu, daß Riedler Hof künftig Riedlerhof heißen soll... Ende gut, alles gut, vor allem deshalb, weil es eh alles so bleibt wie es war, weil sich hierzulande kaum jemand um das kümmert, was die müßiggängerischen Staatsdiener in München oder anderswo so absondern.
Deshalb also, weil unser Staat sich um so wichtige Dinge kümmern muß, wie der Name eines Weilers geschrieben wird, hat niemand Zeit für solche Nebensächlichkeiten wie die Arbeitsplätze in der Granitindustrie oder Gift in Lebensmitteln, auch die Vernichtung unserer Lebensgrundlagen durch Vergiftung von Boden, Wasser und Luft ist vergleichsweise von geringer Bedeutung, hält man daneben diese Fragen, die ich euch zu unterbreiten soeben mich nicht entbrechen konnte...
Aber da ja die Zenzi auch leben will, bin ich unserem Staat sehr dankbar, daß er mir immer wieder durch solche Schnurrpfeifereien Gelegenheit gibt, mit einer Satire meine Brötchen zu verdienen.
Wie ihr ja alle wißt, ist die Regierung in Landshut mein besonderer Liebling, sie könnte mühelos ganze Clans von Satirikern ins Brot setzen. Nochmal Untergriesbach. Da interessieren sich Gewerbebetriebe für Neubauten, da will die Gemeinde ein Gewerbegebiet ausweisen und erschließen, aber die Planer bei der Regierung finden ein Haar in der Suppe. Wirtschaftsförderung gibt's nicht, weil "nur" 60 Arbeitsplätze geschaffen werden, und auch daß in dem Plan ein paar Flächen einstweilen freibleiben als Vorhalteland für künftige Interessenten, findet nicht die Zustimmung der "Herren am goldenen Zügel". Bisher dachte ich immer, es sei umgekehrt richtig.
Wenn schon geplant und erschlossen wird, sollte man es richtig, groß genug und zukunftsweisend machen und nicht zu klein, zu wenig attraktiv. Und ich dachte in meiner Naivität, wenn eine Gemeinde ein gut an der Bundesstraße liegendes, vollerschlossenes Gewerbegebiet ausweist, daß dann die Interessenten Wind bekommen und erscheinen, was der Zweck der Übung ist. Aber naja, wer vermag die Weisheit unserer fest etablierten Planer und Verwalter der Steuergelder zu erkennen? Ich sicher nicht, der Gemeinderat auch nicht, der sich mit Kopfschütteln begnügte. Nur so nebenbei wurde gemurmelt, was wohl hinter dieser Ablehnung der Förderungswürdigkeit der Gewerbege-

bietsausweisung in Untergriesbach stecken mag. "Der hochmögende Herr kann es nicht leiden, wenn die Idee nicht von ihm ist..."
Das kennen wir, das erscheint mir sehr glaubhaft. Wie könnte man es nur anstellen, bei Projekten, die in den Gemeinden zukunftsträchtig sind, sie den Steuergeldverteilern so hinzureiben, daß ihre Eitelkeit ungekränkt bleibt und sie die Idee für sich reklamieren können? Ich setze einen ganzen Huckelkorb voll Nießwurz und Abführtee für denjenigen aus, der mir ein Rezept für dieses Kunststück verraten kann!
Der Gemeinderat Untergriesbach hingegen beharrt uneinsichtig und stur auf seiner Vorstellung, daß ein Gewerbegebiet mit einigen Vorbehaltsflächen oder "weißen Flecken" möglicherweise schon morgen einen bisher noch unbekannten Betrieb anlocken könnte... Wer hat nun recht? Preisfrage an die Wirtschaftsförderer!

(10.8.1985)

Beinahe hätte dieser Brief gar nicht erscheinen können, denn für lange Zeit war ich tränenblind, nachdem ich am Aschermittwoch den Text gelesen hatte, den der Herr Wirtschaftsminister Anton Jaumann in dieser Zeitung hatte veröffentlichen lassen! Wie hat man diesem Mann Unrecht getan! Und erst dem braven Schörghuber Seppn! Wie kann man nur! Statt still und bescheiden die Arbeitsplätze zu verlieren, wagen diese unverschämten Arbeiter auch noch, einen Politiker und einen Multimillionär an ihre Zusagen und an die Verfassung zu erinnern — "Eigentum verplichtet". Das tut man nun wirklich nicht. Die Hauzenberger sehen das auch inzwischen ein und in der Stadt ist der große Katzenjammer eingekehrt, weinende und sich geißelnde Massen strömen herum und alle schluchzen und wimmern: "Pater peccavi" — Vater, ich habe gesündigt. Denn da der Eigentümer der Holzwerke ja in Kreisen verkehrt, wo das Latein fast Umgangssprache ist, haben die zerknirschten Hauzenberger einen Schnellsiederkurs in dieser alten Sprache belegt, um sich verständlich machen zu können. Wie ich höre, ziehen vor allem die älteren Arbeiter, die ja jahrzehntelang Übung im Bücken haben, nach München. Sie tun dies wie die buddhistischen Mönche und werfen sich der Länge nach auf die Straße, stehen wieder auf und werfen sich wieder hin usw. Sie messen also den ganzen Weg mit ihren Körpern aus und hoffen, damit genügend Demut bewiesen zu haben, daß man sie wenigstens weiterleben läßt. Sind sie in München angekommen, beabsichtigen sie, bis zum Wirtschaftsministerium vorzudringen und ihre leeren Geldbeutel ausstreckend zu rufen "Omnia mea mecum porto!" (Alles was mein ist, trage ich mit mir!) Solcherart ihre humanistische Bildungsreife unter Beweis stellend, werden sie dann mit Ergebung die Sprüche und Versprechungen anhören, die ihnen wiedereinmal vorgesetzt werden. Erscheint dann der brave Sepp endlich auf dem Balkon, bricht die Menge in den Huldigungsruf aus. "Ecce homo!" (Seht, welch ein Mensch!) geht brav nach Hause und leitet die Versteigerung des Eigenheims ein...
Ich muß mich wirklich zusammennehmen, um meinen Satirefluß zu hemmen, sonst schickt das Wirtschaftsministerium womöglich auch ein anderthalb Seiten langes Fernschreiben an die PNP, wie sie es 1983 getan hat, als der Herr

Lokalredakteur es wagte, das Ministerium zu kritisieren. Nur leider, leider (fürs Ministerium) bin ich nicht fest angestellt und deshalb hilft keine Intervention beim Arbeitgeber! Nun, liebe Freunde, solltet ihr aufmerksam alles gelesen haben, was in der PNP über dieses leidige Thema veröffentlicht wurde, dann könnt ihr euch mühelos ein eigenes Urteil bilden und ich kann darauf verzichten, dieser Prozedur nachzuhelfen. Solltet ihr aber darauf gewartet haben, eine Information vom Fernsehen zu bekommen, so habt ihr vergeblich gehofft. Ich habe alle Nachrichtensendungen angeschaut, einmal hörte ich im Ersten einen halben Nebensatz und einmal sah ich im ZDF 15 Sekunden lang ein paar Transparente durch die Luft schwanken. Die meiste Sendezeit war dann den Norddeutschen gewidmet, die sehr wichtige und interessante Aussagen zu machen hatten, lange verweilte die Kamera auf Biergläsern und Leberkas oder Schweizerkas und die Münzenkette auf dem Bauch eines Lederhosenträgers hatte auch um hundertmal mehr Sendezeit als die Anliegen der Entlassenen. Nun, was wollt ihr eigentlich? Ihr konntet doch nicht im Ernst annehmen, daß öffentlich-rechtliche Sender eure Anliegen beachten würden? Ihr Hauzenberger habt es falsch gemacht! Ihr hättet für die Diktatorenjunta in Nicaragua demonstrieren sollen, dann wäre sogar Willy Brandt herbeigeeilt und hätte sich mit euch solidarisiert, aber sooo? Bloß Arbeitslose, wen lockt denn das schon hinter dem Ofen hervor? Oder wenn ihr Unberatenen gegen die Arbeitslosigkeit der Kaffern in der Transkei demonstriert hättet, ja dann! Dann wären sogar die Peiner "Herr, sage uns, wo wir langmarschieren sollen" -Schreier uninteressant gewesen. Was seid ihr Hauzenberger nur für Unwissende, daß ihr die politischen Zusammenhänge noch nicht erkannt habt!
Mir ist bei der Geschichte noch was aufgefallen. Das ganze Jahr über sind unsere braven Politiker, vor allem die an der Spitze, wirklich ganz super. Sie drängen sich zur Übernahme von Verantwortung, tragen sie dann sehr nachdrücklich, Macher sind sie, daß uns vor Bewunderung die Augen übergehen. Jedes Problem haben sie fest im Griff und an Lösungen (mit dem Mäu) fehlt es nie. Sind sie dann aber einmal echt gefordert, was zu tun — sofort heißt es, eigentlich seien sie ja ganz machtlos, könnten leider nix ausrichten und der Markt, die Umstände, die Weltwirtschaft oder auch ein Mann mit Geld und Einfluß sei stärker als sie... Ich, das kleine, dumme Kräuterweiberl, halte diese ganzen Verantwortungsträger und Macher deshalb schlicht und einfach für überflüssig wie einen Kropf. Sicher habe ich auch da unrecht und deshalb höre ich damit auf, mir Schiefern einzuziehen, ehe ich aber das Thema Holzwerke Hauzenberg verlasse, muß ich nur noch eine Lanze für den Sepp Anetseder, den "Vize" brechen! Dem habt ihr Unrecht getan, hat er doch sogar, als die schwarzen Demonstrationssärge aus dem Werk getragen wurden, den — Hut abgenommen! Das gehört sich so, wenn ein Sarg vorbeikommt, und Sitte ist Sitte und Brauch ist Brauch, des mirkts enk. Da ja in Hauzenberg dringend Arbeitsplätze gebraucht werden, schicke ich einen schönen Gruß an den Samhaber Harry — geh, sei so gut und bring nochmal einen guten Betrieb her, sonst hat der Jaumann nix, das er für sich in Anspruch nehmen könnte...

(5.2.1986)

Gemeinden fühlen sich betrogen

Es gibt eine Volksweisheit, die besagt, daß nie soviel gelogen wird wie vor einer Wahl und nach einer Jagd. Der verstorbene Bundestagsabgeordnete Franz Xaver Unertl pflegte dieses Zitat hervorzukramen, wenn auf früher gemachte Versprechungen verwiesen wurde. Der Abgeordnete war durch seine Offenheit bekannt und erntete mit diesem frischen Bekentnis immer großes Gelächter und Verständnis. Lebte er noch, müßte Unertl heute das Sprichwort ergänzen um den Halbsatz: Vor einer Reform!

Was ist den Gemeinden nicht alles versprochen worden, gerade jetzt vor einem Jahr, als die Wellen der Gebietsreform so hoch schlugen! Um ihnen die Reform schmackhaft zu machen, wurde nicht nur das Schlagwort von der "Bürgernähe der Verwaltung" erfunden, sondern auch zugesagt, die künftigen Großgemeinden sollten die "publikumsintensiven" Aufgaben des Landratsamtes weitgehend übernehmen. Die Bürger bräuchten deshalb nicht um weite Wege in die neuen Kreissitze zu fürchten, die neuen Großgemeinden erführen einen Zuwachs an Bedeutung und Gewicht und das helfe auch mit, an den Orten, wo die Landratsämter verschwinden, den Schmerz darüber zu mildern. Unsere Zeit, die nach den Beispiel der Wilden im Busch an die Magie des Namens glaubt, hat dafür sogleich eine Benennung bereitgehabt: Funktionalreform.

Es ist unnötig, in Erinnerung zu rufen, welches Kauderwelsch die Planer auftischten, um ihre Ideen unter die Leute zu bringen. Sie sahen "in der Kommunalreform die Basis der Funktionalreform" und wollten die "Einräumigkeit der Verwaltung" mit ihrer "Bürgernähe" koppeln. Daß das alles Stuß war und sich die Forderungen gegenseitig aufheben, merkt man jetzt erst.

Landrat Kitzlinger sagte das in schöner und nachahmenswerter Offenheit in Wegscheid, als er mit dem Gemeinderat über die Kümmernisse des ehemaligen Landkreissitzes dieskutierte. Die "Einräumigkeit" der Verwaltung steht der "Funktionalreform" diametral entgegen, die beiden Begriffe sind unvereinbar miteinander, was ihren sachlichen Gehalt angeht. Die Verlagerung von Aufgaben des Landkreises an die Gemeinden ist solange in den Wind gesprochen, wie die Bezirksregierungen ihrerseits nicht bereit sind, Befugnisse an die Großlandkreise zu delegieren. Und hat man je einen leitenden Beamten gesehen, der freiwillig Befugnisse an eine "untergeordnete Behörde" abgab? Da sei Parkinson davor! Landrat Baptist Kitzlinger zitierte ihn sogar in Wegscheid.

Schlicht und einfach, vor der Reform wurde gelogen und jetzt fühlen sich die Gemeinden ausgespielt und betrogen. Mit Recht, wie man sagen muß, wenn man den ganzen Zirkus miterlebt hat.

Aber auf noch etwas wies man in Wegscheid hin, das ebenfalls scharf an den Betrug streift. Landrat und Gemeinderat kritisierten in Einmütigkeit, welch ein komisches Lüfterl jetzt aus dem Münchner Maximilianeum weht. Im Vor-Landtagswahl-Fieber hat man dort die eigenen Schwüre vergessen und bringt das ganze mühsam durchgesetzte Reformkonzept durcheinander. Helle Aufregung herrscht gegenwärtig bei den Gemeinden, die fortschrittlich und

auch gehorsam ihre Selbständigkeit aufgegeben haben. Sie hören nämlich plötzlich aus München, daß man mit viel geringeren Gemeindegrößen jongliert, die problematischen Verwaltungsgemeinschaften hochspielt und so tut, als ob die Reform etwas sei, das man beliebig vor Wahlen ändern kann.
Landrat Kitzlinger drückte die Volksstimmung in seiner herzerfrischenden Geradheit so aus: "Die Gemeinden, die bei der Reform mitgetan haben, sind jetzt die Dummen und die stitzigen werden auch noch belohnt!"
Das ist wahr und das sollte sich die CSU in München hinter die Ohren schreiben. Die von ihrem Innenminister und ihr selbst angeschobene und durchgeführte Reform ist nämlich etwas Gutes und Nützliches. Wer sie jetzt verwässert und sich selbst unglaubwürdig macht in der Ernsthaftigkeit seiner Argumente von vor einem Jahr, sündigt an dieser und den nächsten Generationen. Vielleicht läßt das Politiker kalt, die Angst vor Wahlen haben. Deshalb sei ihnen gesagt, daß sie sich damit selbst schaden, niemand wird von der Bevölkerung so ungern gewählt wie ein politischer Kasperl, ein Tänzer auf allen Hochzeiten, ein Fähnchen-in-den-Wind-Hänger. Die Gemeinden haben mit ihrer Selbständigkeit zu viel aufgegeben, als daß sie sich jetzt noch gern bratzeln ließen. Wer erkennt, daß er betrogen worden ist, rächt sich.
Deshalb — und weil die Reform etwas ist, das es wert ist, zu Ende geführt zu werden — muß auf dem eingeschlagenen Weg fortgeschritten werden. Ja, es ist sogar mehr Reformeifer zu fordern und zwar ansetzend bei den "Gottsöberschten". Vielleicht kommt es dann doch zu einer "Funktionalreform" und wird die Bedeutung der Großgemeinden durch Verteilung neuer Aufgaben auf sie gehoben, so wie versprochen. Die Gemeinden hätten es wirklich verdient.

(Februar 1973)

Freche Kinder?

Die vom Kreisjugendring und dem Bund der Deutschen Katholischen Jugend veranstalteten "heißen Runden" sind schon seit den Zeiten des Landkreises Wegscheid hier eine bekannte Einrichtung. Es werden dabei stets interessante und oft auch brisante Themen dargestellt und diskutiert. Die Jugend, an die sich diese Veranstaltungen ja wenden, ist meist recht gut vertreten und macht wenigstens teilweise bei den Diskussionen mit. Es ist ja ein erklärtes Ziel solcher Runden, die jungen Leute nicht nur mit Themenkreisen in Berührung zu bringen, die ihnen sonst fremd bleiben, sondern sie auch dazu anzuregen, sich eigene Gedanken zu machen und diese auch auszusprechen.

Soweit, so gut. Es gibt kaum jemand, der nicht dafür wäre, die Jugend rechtzeigig in demokratische Formen einzuüben, sie zu lehren, miteinander zu sprechen, sich gegenseitig zu tolerieren und die Auseinandersetzung im Geistigen und durch das Wort zu suchen und nicht mit den Fäusten oder gar der Schußwaffe. Die Verrohung der Jugend wird beklagt, gleichzeitig wird jede Initiative gelobt, die die "Jugend von der Straße wegbringt" und sie anlernt, vernünftigen Gebrauch von ihrer Zeit zu machen. Es ist aber zu bezweifeln, ob das auch wirklich aus echter Anteilnahme geschieht und aus dem Wunsch heraus, der Jugend zu helfen und sie zu verstehen. Es taucht vielmehr der Verdacht auf, daß vieles, was für die Jugend geschieht, mehr wie der Mohnsaft angesehen wird, den unvernünftige Mütter im vorigen Jahrhundert den Babys in die Milch mischten, damit sie sie in Ruhe ließen. Das mag kraß klingen, ist aber nichts anderes als die Schlußfolgerung aus Beobachtungen, die man im Zusammenhang mit Veranstaltungen wie den "heißen Runden" machen kann. Einerseits werden nämlich die jungen Leute eingeladen, zu diskutieren und ihre Meinung zu sagen, tun sie es aber, schaut man sie scheel an.

Ein uns bekanntgewordener Vorfall wirft ein bezeichnendes Licht auf diese Haltung. Bei den letzten "heißen Runden", über die wir auch berichtet haben, ging es um partnerschaftliches Verhalten von Lehrern und Schülern, ein Thema, das wirklich unter die Haut geht. Es ist auch gar nichts Neues, denn Generationen haben unter tyrannischen Lehrern gelitten und man müßte annehmen, daß selbst Greise Verständnis dafür haben sollten, daß man gerade in der Schule heute neue Wege sucht. Bei der Diskussion in Germannsdorf beteiligten sich ein Mädchen und ein Junge, beides Gymnasiasten, und was sie zu sagen hatten, war richtig und ordentlich. Sie schrien auch keineswegs ihre Meinung in den Saal, sondern bedienten sich gesittet eines Rednermikrofons, warteten die Worterteilung ab und meldeten sich zu Wort. Sie verhielten sich (wie übrigens auch alle anderen Redner dieses Abends) dabei wesentlich "erwachsener" als viele Männer, die bei Versammlungen von Vereinen oder Parteien wüst durcheinanderschreien, Beleidigungen ausstoßen und aus denen, wie man so zu sagen pflegt "das Bier redet".

Trotzdem fanden es Angehörige gerade dieser Generation für nötig, die Eltern der jungen Diskussionsteilnehmer schwach anzureden. Sie wurden in der

Woche nach der "heißen Runde" in Germannsdorf aufgesucht und getadelt: "Ihr habt aber freche Kinder!" Frech! Weil sie in einer Diskussionsveranstaltung, dazu aufgefordert, ihre Meinung sagten, die noch dazu den Vorteil hatte, richtig und vernünftig zu sein. Das ist ein starkes Stück und man sollte darüber nicht zur Tagesordnung übergehen. Was soll das ganze Gerede von Generationskonflikt und aufsässiger Jugend, wenn man noch nicht einmal im Ansatz bereit ist, auch nur eine andere Meinung anzuhören, wenn sie von jemandem kommt, der jünger ist?

Diese Vertreter der "tadelnden Generation" würden es am liebsten sehen, wenn noch Zustände herrschten wie zu ihrer Jugend, wo die Kinder vom Elternhaus angefangen über die Schule, Lehre, Militär und hin bis zur Ehe geduckt und zum schweigenden Gehorchen getrimmt wurden. Sie haben immer noch nicht begriffen, daß das Unheil des Faschismus mit seinem entsetzlichen Menschenschlachten als unmittelbare Folge nur aus dieser Duckmäusergesinnung heraus entstehen konnte. Sie sehen auch nicht die Beispiele, die anderswo heute illustrieren, wie weit ein Volk kommt, wenn es die elementarsten Rechte, als da sind freie Gedanken und freie Rede, nicht mehr hochschätzen und verteidigen will.

Nein, frech sind diese jungen Leute wirklich nicht, sie sind vielmehr zu beglückwünschen, daß sie in einer Zeit leben, die ihnen freie Rede erlaubt und sie sogar dazu ermuntert. Nur wenn sie sich darin üben, können sie hoffen, in einer immer komplizierter werdenden Welt von morgen miteinader leben und auskommen zu können.

Wir beklagen bei den "heißen Runden" in Germannsdorf die weitgehende Sprachlosigkeit der jungen Leute. Ihr Verhalten erscheint diesen Tadlern wohl noch richtig, nicht "frech". Aber es ist schlicht falsch, es ist sogar gefährlich, Schweigen für eine Tugend zu halten. Man muß den jungen Leuten vielmehr beibringen, zu denken und zu reden. Was sie dann sagen, daraus kann man ermessen, was sie in Elternhaus und Schule gehört und gelernt haben. Scheut man etwa eine Bloßstellung, weil man die offene Rede gar so ungern sieht?

(Ostern 1974)

Dreimal Ungereimtes

Der Chonist, der die Ereignisse unserer Zeit mit auch nur ein wenig Abstand verfolgt, kommt aus dem Wundern nicht heraus. In welcher verkehrten Welt leben wir eigentlich! Wir nehmen das Anormale, das Unmögliche, das ganz Verkehrte gelassen als selbstverständlich hin, während das Gewöhnliche, das Alltägliche uns Anlaß zum Verwundern gibt. Wieso kommen wir zu dieser Ansicht? Aus der Betrachtung von drei Ereignissen im engeren Kreise, von denen jedes für sich kaum etwas oder nicht viel aussagt, die aber zusammen gesehen dazu beitragen können, uns die Augen über die Verrücktheit dieser Zeit zu öffnen.

Fall 1. Mit hohen Kosten für die Allgemeinheit stattet die Gemeinde Untergriesbach die Wohnung des Hausmeisters in der neuen Verbandsschule mit Hängeschränken und sogar mit einem großen Kühlschrank aus, weil man es dem Mann und seiner Familie sonst nicht zumuten kann, dort zu wohnen. Seine Wohnung hat nämlich weder einen Keller noch einen Speicher, ja nicht einmal in der Wohnung selbst das allerkleinste Winkelchen, wo man etwas wegräumen oder hinstellen kann. Jedermann ist es noch in Erinnerung, welcher Gutachterwirbel um die Entwürfe für diese famose Schule veranstaltet wurden, Doctores und Professores wurden zuhauf eingespannt, aber keiner hat auch nur gemerkt, daß man eine Wohnung geplant hat ohne einen Quadratmeter Abstellfläche. Offenbar geblendet von einer "modernen" Fassade und von der Möglichkeit, allerlei neuzeitliche und unerprobte Baustoffe und Methoden auf Kosten der Allgemeinheit anwenden zu können, hat man die einfachsten Selbstverständlichkeiten nicht gesehen. Im Gemeinderat Untergriesbach faßte man die resignierte Hinnahme dieser Art und Weise, seine Pflicht zu tun, mit dem Satz zusammen: "Und das beim mit dem ersten Preis ausgezeichneten Entwurf!" Auf die Idee, eine Schule und eine Hausmeisterwohnung nach guten, alten, bewährten Grundsätzen zu bauen und dabei einen Keller, einen Speicher und einen Kamin nicht zu vergessen, ist man offenbar nicht gekommen. Wen wundert's eigentlich noch, daß die einfachen, normalen Menschen langsam genug bekommen von dieser Art "Baukunst"?

Fall 2. Für den März 1974 war der Baubeginn für das Wegscheider "Haus des Gastes" angekündigt, im Sommer desselben Jahres schimpfte der Gemeinderat über die Verzögerung und geriet damit in eine Auseinandersetzung mit der Regierung von Niederbayern, jetzt ist März 1975 und noch steht kein Ziegel über dem anderen. Dafür aber haben wir eine Massenarbeitslosigkeit, immer wieder fragen Baufirmen und Bauarbeiter verzweifelt nach, wann es endlich wieder angeht. Die wirtschaftliche Lage unserer Bauunternehmen und die Erwerbslosigkeit von Hunderten interessieren den Staat jedoch nicht. Wenigstens tatsächlich nicht, mit Worten überschlägt er sich ja förmlich im Bemühen "etwas zu tun". Wir können das auch nachweisen, denn wir wissen, daß für die Wegscheider Großbaustelle, die vielen Menschen Arbeit und Verdienst geben würde, alle Genehmigungen vorliegen und alles geklärt ist, baurechtlich, auf die Zuschüsse bezogen und auch hinsichtlich der umstrittenen Konzeption. Das Finanzministerium in München wartet derzeit aber noch mit dem "grünen Licht", bis der Widerspruch eines einzelnen behandelt ist. Er wurde im Wortsinne in der letzten Minute vor Ablauf der Frist eingelegt und verzögert alles noch einmal um Monate. Was uns daran so verquer und verwunderlich erscheint, das ist diese pingelige Rücksichtnahme des Ministeriums auf einen einzigen Einspruch. Das ist diese höchst bemerkenswerte "Güterabwägung", daß die Arbeitslosigkeit von Hunderten kein Gewicht hat gegenüber den juristischen Floskeln von einem Mann. Man kennt so was doch gar nicht von einer staatlichen Behörde, sie wird doch sonst immer nur "gehert", wenn Massen auf sie drücken, ein einzelner hat sie doch noch nie interessiert. Etwa das Impfopfer Hans Pilsl, bis die Öffentlichkeit dahinterkam? Etwa eine Witwe mit drei Kindern, ein im Dienst zum Krüppel geschossener Polizist, der einfach entlassen wird? Verkehrte, verquerte Welt! Ein paar juristische Winkelzüge genügen, und die Lebensinteressen einer ganzen Bevölkerung sind ohne Belang.

Fall 3. Wohnung ohne Abstellflächen, Arbeitslose ohne Verständnis und Hilfe und Schulentlassene ohne Lehrstellen und Arbeit. Wer hätte das gedacht, daß die Unkenrufe von ein paar Einsichtigen so schnell wahr würden. Sie fragten immer wieder, wo hier nur die vielen jungen Menschen unterkommen sollen, die aus unseren neuen höheren Schulen herauskommen. Sie sahen in ihnen, so gut und nützlich sie an sich sind, Zentrifugen, die unsere Jugend zwangsläufig hinausjagen in die weite Welt. 200 Bewerbungen von Abiturienten und Realschülern für zwölf Stellen bei einem großen Arbeitgeber, 360 Bewerbungen, wo man 36 junge Leute braucht, Einstellungsstop, Stellenstillegung, Kurzarbeit — das meiste davon auf dem Rücken der jungen Leute, die einmal an das geglaubt haben, was man ihnen vorerzählte. Und ehrlich: Hat man das denn wirklich nicht voraussehen können, als man diesen "Bildungsboom" losließ? War man wirklich so geblendet von den eigenen hochfliegenden Ideen, daß man nicht mehr wahrnehmen konnte, wie das wirkliche Leben ist? Die jungen Leute heute, die von der Schulbank weg arbeitslos werden und bei der Suche nach irgendeinem Unterkommen die erstaunlichsten Erfahrungen machen, tragen einen Schaden davon, der in keinem Verhältnis zu dem angeblichen Nutzen steht, den man einmal stiften wollte.

Immer wieder wird der ausgelacht, der dazu rät, auf dem Boden zu bleiben, nüchtern und lebensklug zu handeln und nicht spinnös und ideologisch. Wer hat aber nun recht bekommen, jetzt, da die Krisenwinde wehen und sich auf einmal zeigt, was Dampfplauderei war und was nicht? Sollte man aus dem Debakel nur den einen Nutzen ziehen, künftig ein wenig vernünftiger zu sein, dann wäre schon viel gewonnen.

(Ostern 1975)

Mut zur Zukunft

Dieses "Christkind" ist dem Markt Wegscheid von Herzen zu gönnen. Gerade rechtzeitig zur Bescherung ist bekanntgeworden, daß sich das Schicksal des Zweigwerkes der Firma Triumpf und damit auch der Belegschaft zum Besseren gewendet hat. Die Passauer Bekleidungsfabrik Anton Schwarz, eine Firma, die das Wort Kurzarbeit oder Entlassungen nicht kennt und die ihre Auftraggeber zufriedenstellt, daß sie auf ein Jahr mit Aufträgen eingedeckt ist, übernimmt Grundstück, Werk, Anlagen und Belegschaft und baut sogar noch eine zweite Halle dazu. Den Betriebsangehörigen ist bestimmt ein Stein vom Herzen gefallen, denn wo hätte sie hier einen Arbeitsplatz hernehmen sollen? Und der Plumpser, den der Stein getan hat, der vom Herzen des Wegscheider Bürgermeisters gepurzelt ist, den konnte man meilenweit hören. Wegscheid hat einen Lichtblick erlebt, und es ist zu hoffen, daß er einen Fingerzeig darstellt für eine Lösung der Schwierigkeiten, die man mit einem anderen hiesigen Betrieb hat.

Wesentlichen Anteil an der jetzt gefundenen guten und offenbar auch zukunftsträchtigen Lösung hat die Wirtschaftsabteilung des Landratsamtes, die mit tüchtigen, unbürokratischen und einfallsreichen Leuten besetzt ist, die offenbar "Riecher" und "Beziehungen" haben, im inmitten einer krisenhaften Wirtschaftslandschaft richtige Wunder zu wirken. Ohne einen Namen besonders zu nennen, gebührt allen, die am Gelingen dieser Aktion mitgewirkt haben, öffentlicher Dank. Sie haben nämlich nicht nur 120 Menschen den Arbeitsplatz und der Gemeinde einen Steuerzahler erhalten, sondern auch auf dem Weg der Vermeidung sozialer Folgen von Arbeitslosigkeit der Gesamtheit einen großen Dienst erwiesen. Die Männer, die da im stillen solange gebastelt haben, bis sie aus dem sinkenden Triumpf-Schiff einen flotten Dreimaster gemacht hatten, zeigten Mut zur Zukunft. Das tat auch der Unternehmer Anton Schwarz und seine Führungsmannschaft, denn es ist in dieser Lage bestimmt nicht leicht, eine so weitreichende Entscheidung zu treffen und gleich auch noch mit großen Ivestitionen einzusteigen. Auch ihnen gebührt öffentlicher Dank, und sie sollen wissen, daß man in und um Wegscheid zu schätzen weiß, was sie getan haben. Hierzulande kennt man den Wert eines sicheren Arbeitsplatzes, hierzulande wird nicht gebummelt und gemosert, sondern gearbeitet. Es muß schon viel passieren, ehe unsere braven Waldler zu murren anfangen, auch dafür bietet Wegscheid ein Beispiel.

Die Wirtschaft funktioniert zu einem großen Teil aus "Trends", "Stimmungen", "Lagen" heraus, die Börse ist dafür das feinste Barometer. Sogar die Bundesregierung versucht es mit "psychologischer Kriegsführung" und will den Investoren den Pessimismus ausreden. Das ist ein weiterer Beweis dafür, daß man Mut zur Zukunft braucht. Dies haben, in etwas anderen Worten, auch die Teilnehmer an einer Diskussion gesagt, die kürzlich in Kropfmühl stattfand und die wirtschaftliche Lage des Hauzenberger Raumes zum Thema hatte. Man lehnte es ab, vom Staat als Armenhäusler angesehen zu werden, denen

ein Almosen hingeschmissen wird, damit "eine Ruh' ist". Man fordert vielmehr Hilfe zur Selbsthilfe, und das scheint uns eine gerechte und fundierte Forderung zu sein. Was ist das für ein Staat, dem die Interessen aller Fremden und Auswärtigen, sogar der Feinde, die uns schmähen und bedrohen, wichtiger sind als die Anliegen der eigenen Bevölkerung? Was sind das für Politiker, die vor den Ausländern buckeln und dienern und die Belange der eigenen Grenzbevölkerung in einer Weise abtun, die sie sich noch nicht einmal gegenüber einem Negerstamm jenseits des Kongo herausnehmen? Das ist gar nicht gegen den Gemeinschaftsgeist Europas gesprochen, denn die anderen EG-Staaten leben ja vor, daß man durchaus an die Interessen der eigenen Leute, der eigenen Wirtschaft denken und doch ein guter Europäer sein kann.
Die Entwicklung der Nachkriegszeit hat erwiesen, daß sich auch unter den erschwerten Verhältnissen des Grenzraumes und der Marktferne Industrien und Gewerbebetriebe aufbauen und führen lassen, wenn ein paar Grundvoraussetzungen erfüllt sind. Die Ungleichheiten der Startpositionen müssen durch gezielte Hilfe, z.B. die Frachthilfe ausgeglichen werden, die Verkehrsverhältnisse müssen auf Anbindung an die Märkte hin verbessert und die Konkurrenzfähigkeit muß durch Fernhalten der Schmutzkonkurrenz aus Staatshandels- und Billiglohnländern gesichert sein. Was soll das eigentlich, daß das Bundeskanzleramt mit Granit aus dem Ausland gebaut wird? Zahlen unsere Granitarbeiter und -betriebe keine Steuern, sind es Menschen zweiter Ordnung, die hier leben? Dauernd beruft man sich auf die höheren Kosten, die z.B. ein hiesiger Granit verursacht und auf die gesetzlichen Bestimmungen zur Sparsamkeit und wirtschaftlichen Auftragsvergabe. Schaut man dann näher hin, machen z.B. 200 Millionen für ein überflüssiges Zeltdach eines ehrgeizigen Architekten nichts aus, 200 000 DM Mehrkosten für Bayerwaldgranit aber können "nicht verantwortet werden". Heuchelei und Doppelbödigkeit, das ist es, was unsere Wirtschaft hier ärgert und verstört.
Auch von den staatlichen Stellen wünschen wir uns zum Christkindl Mut zur Zukunft. Und zwar zur Zukunft unseres eigenen Landes, unseres eigenen Volkes. Hier leben wir uns hier sollen unsere Kinder und Enkel leben, hier müssen wir die Möglichkeit schaffen, daß es auch in hundert Jahren noch funktioniert. Deshalb muß endlich Vernunft einkehren, muß die Zukunft und der Weg zu ihr gesehen und beschritten werden. In Wegscheid ist jetzt wieder ein neuer Anfang zu erwarten, und das ist gut so. Alle guten Wünsche begleiten ihn.

(Weihnachten 1975)

Die Angst des Landrats

Bei der Weihe des neuen Feuerwehrfahrzeugs in Oberneureuth drückte Baptist Kitzlinger in ernsten und eindringlichen Worten eine Sorge, ja Angst aus, die ihn und alle Verantwortlichen im Landkreis derzeit über Gebühr plagen. Der Landrat, bestens bekannt als ein Mann, der nicht schwarz sieht und der immer einen Ausweg kennt, sprach mit tiefem Ernst vor der großen Gefahr, die sich aus den nun dürr werdenden abertausend abgebrochenen Bäumen in unseren Wäldern ergibt. Kitzlinger sagte, es gebe weite Bereiche im Landkreis, in denen bis zu 80 Prozent aller Bäume gebrochen seien, wo der Wald quadratkilometerweit bedeckt sei mit Wipfelbruch, Ästen und Bäumen. Begünstigt durch Dürre der letzten Tage wurde dies alles strohtrocken, der Wald knistere bereits und nur mit Schaudern könne man daran denken, daß ein Leichtsinniger eine brennende Zigarette fortwerfe. Eine unabsehbare Katastrophe würde weite Teile des Landkreises heimsuchen.

Der Landrat sprach zur Bestürzung aller, die ihm zuhörten, von einer "tiefsitzenden Angst", die ihn veranlasse, alle nur möglichen Vorkehrungen zu treffen. Er berichtete von einem schon jetzt in Gang gesetzten Katastrophenplan, mit dem die Feuerwehren vorbereitet werden auf die schreckliche Stunde X. Man denkt an die Bereitstellung von Löschmitteln, an Brandschneisen und vieles mehr. Der Landrat rief die Feuerwehren dazu auf, bereit zu sein.

Und er äußerte sich aus seiner Verantwortung und Sorge heraus sehr kritisch. Baptist Kitzlinger fand harte Worte dafür, daß niemand willens und in der Lage ist, den Waldbauern bei der Beseitigung dieser Riesenschäden zu helfen. Die Bundeswehr drücke sich davor ebenso wie der Staat allgemein, der sich hinter Redensarten verschanze. Der Landrat meinte dazu bitter, schließlich könnten ja die Freiwilligen Feuerwehren nicht alles allein tun.

In der Tat muß jedem, der nur einen Funken Verstand bewahrt hat, die Situation erschreckend erscheinen. Offenbar ist bei den Verantwortlichen die typische Städtermentalität ausgebrochen, die nichts sieht und nichts erkennt, was nicht den eigenen Lebensbereich angeht. Dabei braucht man nur einmal in unsere Wälder hineinzugehen, wie wir des oft und gern tun. Es ist zum Weinen! Zu Tausenden liegen die herrlichen Bäume, geknickt, geworfen, entwipfelt, Wege sind unpassierbar, den Wald querfeldein zu begehen ist fast unmöglich. Aber das alles sieht man nicht, wenn man die Straßen entlangrast, oder, wie es die "hohen Herren" tun, erst überhaupt nicht hinausgeht aufs Land. Und jetzt die sengende Hitze! Der Wald knistert vor Trockenheit, man bekommt schon Angst, wenn man sich nur vorstellt, was passieren könnte. Und das alles ist nicht Phantasie oder Schwarzmalerei, sondern in Norddeutschland hat man es ja erst vor kurzem gelesen und erlebt und dort starren noch immer auf großen Flächen die schwarzverkohlten Strünke in den Himmel!

Die Bauern allein können ihre Wälder nicht aufräumen, selbst wenn sie die Feldarbeit, die jetzt drängt, liegenließen. Eine famose Landwirtschaftspolitik

hat ja bereits einen Kahlschlag in der Landwirtschaft erzielt und jetzt soll wohl noch der Kahlschlag in den Wäldern folgen, nur weil man ein paar selbstgemachte Paragraphen wie Götzen anbetet. Es ist einfach zum Heulen, wenn man da diese Leute anschaut, wie sie "zur Verantwortung drängen", "sie übernehmen" und "tragen", aber wenn mal was zu verantworten wäre, dann sieht man weit und breit keinen. Das Messer geht einem in der Tasche auf, hört man die heuchlerischen Beteuerungen von der Hilfe und dem großen Verständnis und sieht sieht die Taten daneben. Jetzt braucht man Hilfe, nicht mit einem neuen Gesetz und neuen Beamten, die es bürokratisch ausführen, sondern mit Sägen und Äxten, mit Schleppern und Seilen, um die Wälder von einer Ansammlung hochbrennbaren Materials zu reinigen, wie es seit Generationen nicht mehr angehäuft war.
Der Landrat hat recht. Angst kann man bekommen, echte Existenzangst, wenn man sieht, wie wurschtig wir regiert werden. Zu schönen Reden finden sie uns schon, ihre leeren Versprechungen muten sie uns zu, ihre Eifersüchteleien und Rangeleien um Macht und mehr Geld spielen sie uns auf offener Bühne vor. Und wenn einmal eine Gelegenheit zum "Regieren" wäre, zum "Verantwortung tragen", dann ist weit und breit niemand da, und die freiwilligen Helfer der Feuerwehr, alles Berufstätige und selbst mit genügend Sorgen und Arbeit am Halse, sollen es tun. Wehe aber, es ist passiert, unsere Wälder flammen, unser Dörfer sind in Gefahr, unsere Menschen in Not, dann steht schon ein Hubschrauber bereit, um "eingesetzt" zu werden, damit die Herren alles von oben anschauen können und dann wieder schöne Fernsehstatements geben, von dem großen Verständnis, das man hat und der schnellen Hilfe, die man plant. Wir haben davon die Nase voll!
Der Landrat sagte es überdeutlich: Man sollte es erst gar nicht soweit kommen lassen, jetzt die Wälder aufräumen, ehe sie brennen, jetzt handeln, nicht hinterher. Der Landrat von Passau, ein Mann den alle respektieren, sagt, er habe große Angst. Um Himmels willen, welche Angst müßten dann erst wir haben!
Wir rufen die Verantwortlichen auf, jetzt und sofort etwas zu tun, ihre Vorschriften einmal zu vergessen und die Wälder aufzuräumen, ehe ein Unglück in Jahrhundertausmaß über uns kommt.

(26.5.1979)

Wohin soll das führen?

Uns erreichen in den letzten Tagen Meldungen und Berichte, die alarmierend sind. Da erscheinen im Jochensteiner Tal Fremde mit Autos, schwärmen auf die Wiesen aus und graben die Frühlingsknotenblume, hierzulande Schneeglöckerl genannt, gleich massenhaft aus. Einheimische beobachten Frauen, die mit zwei schweren Plastiktüten voll der geschützten Blumen davonhasten, Männer mit Wagen mit auswärtigen Kennzeichen fahren den Forstwirtschaftsweg ins Kohlbachtal hinauf und packen den ganzen Kofferraum voll. Den Bauern bleiben große Löcher in den Wiesen, uns allen stiehlt man Blumen weg. Es ist eine Schande und ein Skandal, wie sich diese Blumenräuber benehmen und wie wenig dagegen getan wird. So, als ob es bei uns gar keine Naturschutzvorschriften gäbe und die Tatsache, daß es "eh nur Blumen" sind, jede Barbarei rechtfertige. Unser Rechtsgefühl ist so pervertiert, daß hierzulande als ahndungswürdige Straftat gilt, wenn man mit den linken Autorädern auf einen durchgehenden weißen Strich gerät, oder wenn man auf schlechtgestreuter Straße mit dem Auto gegen einen Plastikpfahl rutscht. Und gar erst, dort zu parken, wo ein Blechschild steht, ist vollends fluchwürdig und setzt die ganze Staatsmacht in Marsch. Unsere Natur zu schützen sind die Uniformierten nicht so eifrig. Wir waren deshalb so frei, die Landespolizei, die Grenzpolizei und den Zollgrenzdienst nachdrücklich zu bitten, sich um die Blumenräuber "liebevoll zu kümmern". Da sie ja selbst weder Verstand noch Gewissen haben, wird ihnen ein Denkzettel guttun.

Es geht übrigens gar nicht nur um die Frühlingsblumen und auch nicht nur ums Donautal. Wenn der Frühling fortschreitet, geht es auch anderen Regionen an den Kragen und auch anderen Blumen, die massenhaft ausgerissen werden. Es ist doch unsere Heimat, wehren wir uns gegen diese Lumperei!

Wir vernahmen auch noch anderes. Da bestehen bei uns Fischereivereine, die nicht nur die schmackhaften Schuppenträger fangen und verzehren wollen, sondern die viel mehr Zeit, Geld und Kraft darauf verwenden, sie zu hegen, zu schützen und zu vermehren und die Bäche sauberzuhalten. Da sind also diese Fischer unterwegs und was treffen sie an? Autofahrer, die ihre Dreckskarre seelenruhig am Forellenbach waschen, Altöl in das Wasser schütten, ganze Kanister hineinschmeißen und wenn man sie zur Rede stellt, noch frech und drohend auftreten. Fischern, die ihre Befugnisse wahrnahmen, wurde schon mit Prügel gedroht, wenn sie gegen Umweltsünder vorgingen. Daß unsere Bäche voller Matratzen, Autowracks, Plastikteile und anderem Unrat liegen, regt anscheinend niemanden mehr auf. Die Fischer machen jedes Jahr "Ramma damma" und brauchen gleich mehrere Lastwagen, die wiederholt fahren, um den Mist wegzuräumen. Weit und breit ist an unseren kostbaren Gewässern kein Ordnungshüter zu sehen, vielleicht leiht die Stadt Passau einige der übereifrigen Politessen aus?

Und daß sogar Kommunen ihre ungeklärten Abwässer in unsere Bäche leiten, ist mit dem berühmten Geldmangel nur schwer zu entschuldigen. Alle diese

Saubären übrigens, die da Altöl ins Wasser kippen, Gülle und Mistlacke hineinlaufen lassen oder Industriesäuren, alle diese gehen dann seelenruhig heim, drehen den Wasserhahn auf und erwarten als Selbstverständlichkeit, daß sauberes, schmackhaftes Wasser herauskommt. Partiell verblödet, anders kann man es nicht nennen!

Zu hören waren kürzlich schrille Töne der Jägerschaft über alarmierendes Zurückgehen des Wildes. Man sagte dazu mit wünschenswerter Klarheit, daß dort, wo kein Wild mehr leben kann, bald auch der Mensch nicht mehr seine Bleibe findet. Wer es doch nur beherzigen würde! Aber es fehlt schon "vom Boa weg". Als es noch die alte B 388 gab, die viel "langsamer" war als die jetzige, da standen überall am Eingang der großen Wälder, durch die diese Straße führt, die Hinweisschilder auf Wildwechsel. Inzwischen hat man die B 388 schön ausgebaut und so "schnell" gemacht, daß z.B. der Fichtwald von vielen Kraftfahrzeugen mit 120, ja 140 Stundenkilometern durchrast wird. Gerade dort gibt es aber zahlreiche Wildwechsel. Von Rehen weiß man, daß sie noch konservativer als unsere konservativsten Parteien sind und noch im Weltuntergang die gewohnten Wechsel benützen. Es werden deshalb jedes Jahr und immer an den gleichen Stellen diese Tiere getötet,die Autos demoliert und die Insassen gefährdet. Die Hinweisschilder "Wildwechsel" sind jedoch verschwunden und man hört, daß ihre von den Jägern verlangte Wiederaufstellung "abgelehnt wurde". Warum nur, das würden wir gern wissen.

Nun gut, Schilder sind nicht die letzte Weisheit, und die Einheimischen wissen eh, daß im Wald die Tiere wechseln, die B 388, als einzige Bundesstraße hierzulande und Verbindung nach Österreich, wird aber auch von zahlreichen Fremden befahren, und denen könnte man ruhig durch den Hinweis etwas Vorsicht anraten.

Im Bereich Mitterwasser-Niederwegscheid gibt es ein von den Jägern gestartetes interessantes Experiment. Dort hat man die Bäume neben der Straße mit Leuchpunkten versehen, die im Licht der herannahenden Autos reflektieren und den im Schatten stehenden Rehen Angst machen, die Straße zu überqueren. Angeblich sollen diese Leuchtpunkte wirkungsvoll sein, der Landkreis will sie an Kreisstaßen anbringen. Warum um alles in der Welt gechieht dies nicht auch im Ficht, wo ständig Unfälle mit Rehen sind? Deshalb fordern wir: Straßenverantwortliche und Jäger an einen Tisch und endlich was getan; bei den Millionen, die überall hinausgeschmissen werden, kann es doch an den paar 100 DM für die Leuchtpunkte nicht mangeln.

Blumenräuberei, Wasserverdreckung, Wildgefahren auf den Straßen — nur drei Themen, über die man einmal nachdenken sollte. Wohin führt es denn, wenn wir nicht endlich begreifen, daß wir in und mit der Natur leben und von ihr auch noch! Und wenn es am Denken, Fühlen und Verstehen hapert, so muß man eben strafen. Wir wissen uns einig mit der Bevölkerung, die im höchsten Maße verdrossen ist über den Ausverkauf, der mit ihrer Heimat betrieben wird.

(Ostern 1979)

Rückblick und Ausblick

Morgen beginnt das Jahr 1980 und unsere Vorliebe für runde Zahlen und vor allem die "Dezennien" lassen uns ein wenig erschauern. Was mögen die "Achtziger Jahre" uns bringen? Die fünfziger sind bereits Legende, die sechziger in Erinnerung als turbulent und aufrührerisch, die siebziger bescherten uns erste ernste Krisen und eine Erschütterung unseres bisher recht selbstzufriedenen Lebensgefühls des "Wir haben's ja!" Es bedarf keiner großen Prophetengabe, um vorauszusagen, daß die achtziger Jahre uns werden Abschied nehmen lassen vom Traum vom dauernden Wohlstand und von der Illusion, alles sei machbar. Das gilt für die sogenannte große Welt, aber auch für unsere kleine.

Am letzten Tag des Jahres 1979 kann das Wegscheider Land zunächst einmal eine nicht schlechte Bilanz ziehen. Man hat hier mächtig aufgeholt, das Verkehrsnetz ist bis auf kleine Reste gut ausgebaut, die Flurbereinigung ist weitgehend abgeschlossen und auch der Bauernwald durch Forstwegebau wieder attraktiver. Es gibt zahlreiche kleine und mittlere Betriebe, die Leute beschäftigen, die Zahl der Pendler ist nicht mehr so hoch wie früher. Der Fremdenverkehr ist in großen Teilen des Gebietes zum echten Erwerb geworden, und attraktive Einrichtungen sind entweder fertig oder entstehen gerade. Dabei ist unserer Landschaft nicht zuviel Gewalt angetan worden, im Gegenteil, starke Kräfte regen sich zu ihrem Schutz. Wer heute für Landschaft, Umwelt und gute Lebensbedingungen der Menschen eintritt, erfährt sogar öffentliche Auszeichnung. Fürwahr, eine erstaunliche und positive Entwicklung, vergleicht man sie mit dem, was noch vor wenigen Jahren hier darüber zu hören war.

Das Schulwesen im Wegscheider Land ist großzügig und zukunftssicher ausgebaut worden und das Wirtschaftsleben allgemein ist vorangekommen, was sich schon durch das stadtmäßige Warenangebot zeigt — ebenfalls im Vergleich zu früher ein enormer Fortschritt.

Ein fast welterschütterndes Ereignis der siebziger Jahre war die Gebietsreform, die jetzt ausklingt. Sie hat schwerste Umwälzungen gebracht, der Landkreis verschwand, aus 26 Gemeinden sind sechs geworden. Als positiv muß dabei gewertet werden, daß diese Reform ohne Folgen geblieben ist, was den Zusammenhalt der Leute angeht, kein Hader und Zank ist nachgeblieben, keine schwärenden Wunden sind noch offen — die neuen Gemeinwesen haben sich zusammengefunden und arbeiten gut. Die Unkerein vor zehn Jahren sind vergessen.

Positiv beim Rückblick möchten wir auch werten, daß wir in Landkreis und Gemeinden viele großartige Menschen sehen, die nicht nur ihr Fach verstehen, sondern auch sozial denken und menschlich handeln. Verglichen mit dem Krach und Geschrei in den kommunalen Gremien in den sechziger Jahren — besonders im damaligen Landkreis Wegscheid und in einigen Gemeinden ist eine wohltuende Versachlichung eingetreten. Es soll heute sogar vorkommen,

daß ein Geschäftsmann einen Kandidaten unterstützen darf, ohne daß ihm gleich die Kunden vergrault werden...
Wir sind auch in den zehn Jahren, seit wir das letzte Mal ein Dezennium begannen und eine runde Zahl im Kalender fanden, reicher geworden. Selbst hier, wo man doch ein wenig abseits der Konjunktur liegt, sind die Löhne und Gehälter (nebst Unternehmergewinne) gut bis sehr gut, Einfamilienhäuser schossen aus dem Boden, die Orte wuchsen und wachsen noch und die Statistik der Verkehrsunfälle steigt ständig an, gleichbezogen mit der immer mehr zunehmenden Zahl der Autos.
Nun, so weit, so gut oder etwa schon schlecht?
Der Rückblick war, schaut man zuerst das Materielle an, nicht schlecht. Wie wird der Ausblick sein.
Da sehen wir schwärzer, als es uns unsere optimistische Grundeinstellung eigentlich nahelegt. Wir haben einen schweren Rückschlag einstecken müssen, als unsere Bahnlinie eingestellt und sogar abgerissen wurde. Die Folgen werden sich erst noch zeigen. Besonders das eigentliche Gebiet um Wegscheid ist schwer betroffen, und wenn erst einmal die Treibstoffrationierung (die schon ferig vorbereitet ist) in Kraft tritt, wird man sich dringend eine Eisenbahn zurückwünschen. Die Bundesbahn handelt verantwortungslos, wenn sie in Kenntnis der Tatsachen weiter Strecken zerstört, die man mit heimischer Energie betreiben könnte, wenn Not am Mann ist. Unsere Abhängigkeit von der importierten Energie ist so groß, daß wir gefesselt am Boden liegen und es nur noch nicht gemerkt haben. Unser phantastisches Straßennetz, das wir beim Rückblick positiv sahen, müssen wir beim Ausblick negativ sehen, denn es kostet die Kommunen (und damit uns) Unsummen im Unterhalt und beeinträchtigt Landschaft, Landwirtschaft und Wald (durch Salz und Giftabgase) und tötet die Menschen durch den dauernd zunehmenden Verkehr. Es ist abzusehen, daß die Treibstoffknappheit, die das hervorstechendste Merkmal der achtziger Jahre sein wird, hier eine Beruhigung schafft.
Die allgemeine Anspannung in Politik und Wirtschaft wird eine Verlangsamung der Entwicklung auch im Wegscheider Land mit sich bringen — das, was gerade eben aufgeholt werden sollte, wird wieder zurückfallen. Wir tun gut daran, uns rechtzeitig darauf einzustellen und uns unserer traditionellen Tugenden der Bescheidenheit, Anpassung und Zurückhaltung zu erinnern. Gegenüber den Großstädtern, denen ein schwerer Schock bevorsteht, haben wir es aber immer noch besser. Auch deshalb, weil unsere Bauern zum Glück nicht den Rattenfängern in so großen Scharen nachgelaufen sind, als daß wir heute keine Leute mehr hätten, die unsere Nahrung anbauen. Die schweren Zeiten, denen wir entgegengehen, sollten uns veranlassen, auf den Boden der Realitäten zurückzukehren. Im konkreten Fall heißt das, daß sich die Gemeinden den oft unvernünftigen Wünschen der Bürger widersetzen. So braucht Hauzenberg kein Hallenbad, da ja kaum jemand ins vorhandene Ralschulbad geht, selbst wenn es angepriesen wird. Wegscheid braucht kein Gartenbad und sollte, wenn es sein Stadion baut, darauf achten, daß es keine Energie frißt, sonst gehen dort die Lichter bald aus. Obernzell ist mit seinen Badplänen

rechtzeitig gebremst worden, ehe Unheil angerichtet wurde. Stets unerfindlich bleibt, warum solche Pläne unter den Händen der "Fachleute" und "Genehmiger" stets zu Millionenobjekten anschwellen, die niemand bezahlen und betreiben kann. Täte es nicht ein simples Naturbad auch?

"Kleiner zammtun" ist überhaupt die Devise, die man den Gemeinden des Wegscheider Landes für die achtziger Jahre raten möchte. Man hat unbestreitbar viel erreicht und muß auch noch viel tun — in erster Linie sollte das aber so geschehen, daß die Bürger auch in schwerer Zeit etwas damit anfangen können und daß es ihnen bei der Bewältigung ihrer Probleme hilft.

Am düstersten erscheint uns der Ausblick auf die achtziger Jahre, was die Einsichtsfähigkeit auf die Vernunft der Leute betrifft. Verwöhnung und Anspruchsdenken haben den klaren Blick getrübt und das Erwachen wird um so schmerzlicher sein. Deshalb sollte zu den guten Vorsätzen, die man traditionell am Neujahrstage faßt, heuer besonders gehören: Schluß mit dem Träumen vom immerwährenden Wachstum und Reichtum, zurück auf den Boden, bescheidener werden und sparen!

(Silvester 1979)

Dem Untergang geweiht?

Ein paar Skizzen, aufgesammelt im Alltag eines Lokalredakteurs. Da kenne ich eine Gärtnerei, deren Betreiberin ganz ohne Spritzmittel auskommt, dafür aber zahlreiche Nistkästen unterhält und deren Garten von vielerlei Vögeln nur so lebt. Schadinsekten gibt es nicht, die Vögeln tun die Arbeit der Chemie und so solle es ja auch sein. Zu dieser vernünftigen Gärtnerin kommt eine Kundin und erzählt so nebenbei, wie sie ihren Salat spritzt und dies und jenes anwendet. Die Frage nach der Dosis läßt die Gärtnerin erschrecken: Sie ist zehnfach höher als zulässig! Liest sie die Gebrauchsanweisung nicht? Antwort: "Na, des Zeigs les i gornet, interessiert mi net! I spritz nach Gfühl und solang sie ebbs rührt!" Wen wunderts, daß Krebs und andere Krankheiten überhandnehmen, daß das Gleichgewicht der Natur durcheinanderkommt, daß wir alle in Gefahr sind? Amtlichen Ermittlungen zufolge lesen oder verstehen fast die Hälfte aller Benutzer von Insektiziden, Pestiziden und Herbiziden die Gebrauchsanweisungen nicht! Und da macht uns die amtliche Pflanzenschutzstelle weis, es wäre alles in Ordnung! Blinde Buchstabengläubigkeit ohne Bezug zur Wirklichkeit.

Fall zwei. Ein paar Forstleute machen im Wald Brotzeit, ein Jäger kommt dazu, man ratscht ein wenig. Eine Frau marschiert vorbei mit einem vollen Eimer Himbeeren, schön rot und saftig. Ein Gruß hin und her und einer der Forstleute ruft ihr zu: "Sie Frau, die Himbeeren müssen S' fei wegschmeißen!" "Ja, warum denn nachert?" "Na wir haben doch gestern die ganzen Schläge gespritzt, das können 'S fei net essen!" Haben die doch tatsächlich auf die Frucht gespritzt! Die Frau schüttet die mühsam gesuchten Himbeeren ärgerlich und bestürzt weg.

Fall drei. Bei der Jägerversammlung in Kropfmühl wird lang und breit geredet über den Rückgang des Niederwildes, über das Aussterben der Arten, über die Verödung der Landschaft, daß ganze Baumfamilien verschwinden, daß es nicht mehr blüht bei uns, daß man etwas tun muß. Da ruft einer der Weidmänner laut in den Saal: "Die ganze Naturschützerbande ghört in' Stoabruch!"

Die Versammlung lacht dazu. Sind die Jäger eigentlich noch zu retten? Zuletzt waren es die Nazis, die jeden in den Steinbruch oder zu noch schlimmeren Orten schickten, der nicht ihrer Meinung war. Ist dieser Krypto-Faschismus bei uns gar nicht auszurotten? Oder ist man fasziniert von der Praxis bei den Kommunisten, jeden ins Irrenhaus zu stecken, der es wagt, an der "besten aller Welten" made in Russia zu zweifeln? Aber abgesehen davon, haben die Jäger es noch nicht bemerkt, daß sie und die Naturschützer in einem Boot sitzen, auch wenn man mal über Greifvogelabschuß uneins ist? Man sollte sich von solchen törichten Reden distanzieren.

Fall vier. Wir haben eine funktionierende Müllabfuhr samt Sperrmüllabfuhr. Sie ist perfekt organisiert und kostet nicht wenig. Was geschieht? Die Granitwerke Kusser in Hauzenberg können sich nicht anders als mit einer massiven Drohung mit Strafanzeige retten, um künftig ihre Steinbrüche von Abfall,

Dreck und Sperrmüll freizuhalten, die die Leute dort einfach hineinschmissen. Und das eine Woche vor der amtlichen Sperrmüllabfuhr. Die Fischer machen Fotos im Staffelbachtal, wo der Dreck meterhoch liegt, so als ob wir die kulturlosen Kaffern wären, die ihren Abfall vor den Pontok schmeißen... Es ist fast zum Weinen, mit wieviel Dummheit man bei uns noch ein angesehener Mann sein kann.

Fall fünf. Ich gehe gern durch den Wald, zur Erholung und auch wie durch einen Dom, wo mich Stille, Duft und Schönheit an Gottes Schöpfungsrolle mahnt. Nichts mehr damit, ich zähle zwanghaft Käferbäume und bin nach etwa 800 (!) so verwirrt, daß ich aufhöre. Da stehen sie zu Haufen zusammen, die Rinde herabgefallen, weißbraun schimmernd im Wald, niemand räumt sie weg, niemand kümmert sich. Und wo keine Käferbäume sind, da liegen die Schneebruchrelikte vom Jahr zuvor immer noch unaufgearbeitet da, Hunderte, Tausende von Bäumen. Und sogar gefällte Stämme sehe ich da, Blockholz mit Wert, das im Walde verrottet. Aber einem Reh muß man gleich den Tod wünschen, wenn es eine Knospe abbeißt. Einerseits riesige Werte vergammeln lassen, andererseits um einen jungen Baum gleich töten, wie paßt das zusammen?

Man könnte diese Skizzen noch fortführen, z.B. um Leute, die an die öffentlichen Straßen heranackern, daß sogar die Frostschutzschicht herauskommt. Um Leute, die trotz Hinweis und Verbot, trotz Bitte und in Aussicht gestellter Entschädigung schnell vor der Neuverteilung den Flurbaum noch umhauen, damit er nicht dem Nachbarn zufällt...

Sind wir dem Untergang geweiht? Aus Dummheit, aus Uninformiertheit, aus verlorengegangener Einsicht in das, was man tun darf, muß oder lassen muß? Haben wir den Maßstab verloren, haben wir den Sinn für das verloren, was richtig und gut ist? Ich empfehle die Lektüre des Berichts über die Imkerversammlung in Hauzenberg samt Zahlen über die Bienen und ihren Rückgang. sind wir schon so weit wie jener Bub, der meinte, was scheren mich Bauern und Imker, meine Mutter kauft Honig, Milch und Butter eh im Geschäft?

Kleine Zeichen von Umdenken gibt es schon. Nicht mehr alle Raine und Feldgehölze werden durch die Flurbereinigung gerodet, man baut auch nicht mehr eine Straße neben der anderen und denkt, daß man vielleicht mit den vorhandenen bei bevorstehender Benzinknappheit auch auskommt. Es werden Wildäcker angelegt, sogar neue Bäume gepflanzt. Ganz langsam kommt das Bewußsein zum Tragen, daß die Natur unsere Ernährerin und Bechützerin ist, daß wir von ihr leben und daß wir sterben werden, wenn wir diese Mutter umgebracht haben.

Dem Untergang sind wir nur dann nicht geweiht, wenn wir jetzt, jetzt sofort umkehren!

(19.4.1980)

Muh, heilige Kuh!

In Indien sind die Kühe tatsächlich heilig und legen sich mitten auf die Straße zum Wiederkäuen, während der Verkehr ihnen sorgfältig ausweicht. Hauen tut die Tiere auch niemand, und geht ein gläubiger Hindu an solch einem Tier vorbei, und mag es noch so struppig und mager sein, streichelt er es und hat damit “Verdienst erworben”. Wir Europäer lächeln überheblich über die heiligen Kühe der Inder, ohne uns klarzumachen, daß wir gleich Dutzende davon noch närrischer hegen und pflegen und mit uns mit ihrer Behandlung zum Gespött machen. Eine dieser heiligen Kühe in Deutschland heißt “Straßenverkehr”. Und ihre Zwillingsschwester wird “Vorschriften” gerufen...

Die Anbetung dieser beiden heiligen Wesen hat in Hauzenberg groteske Formen angenommen. Da wird die Bewohnerschaft der inneren Stadt seit langer Zeit mehr als erträglich geplagt durch nächtlichen Verkehrslärm. Er geht einerseits von den unverständigen und rücksichtslosen Autofahreren aus, die trotz hervorragender Umfahrungsmöglichkeiten unbedingt durch den engen und winkeligen Stadtkern fahren müssen. Noch mehr Lärm aber als diese Leute, die immerhin noch ein Fahrtziel haben, erzeugen die mutwillig und provokant herumkurvenden meist jungen Leute auf ihren Motorrädern, Mopeds und anderen Vehikeln, die meist auch noch recht laut sind.

Sie veranstalten Wettfahrten, hängen auf ihren Kisten herum, den Motor aufheulen lassend, stehen vor den Gaststätten, und wer im Auto kommt, haut auch noch die Türen möglichst laut zu. Der Lärm ist eine Ursache für die Beschwerden, dazu kommt dann noch die Belästigung durch die Abgase, die die Luft verpesten, so daß sich kein Hauzenberger mehr getraut, das Fenster aufzulassen. Daß jemand, der sich beschwerend um Ruhe bittend aus dem Fenster beugt, noch beschimpft, beleidigt und bedroht wird, versteht sich von selbst und braucht eigentlich keine Erwähnung. Nachdem dies alles also lange genug gedauert hatte, raffte sich der Stadtrat auf und “faßte eine nächtliche Verkehrssperre in der Innenstadt ins Auge”. Ein Jahr schlummerte die Sache und die Belästigung der Bürger ging weiter. Nun wird nichts draus aus einer nächtlichen Sperrung, weil die beiden Kühe denn doch zu heilig sind!

Verkehr und Vorschriften, oder das, was sie in den Köpfen der für die Ordnung unseres Stadtwesens Verantwortlichen bewirken, sind so heilig, so unantastbar, daß leider, leider gar nix zu machen ist, natürlich hat die Stadt Hauzenberg überhaupt keine Befugnisse (hoch lebe die kommunale Selbstverwaltung!) und darf noch nicht mal ihre eigene Innenstadt nachts ruhiger machen. Dafür ist wieder ein beamteter Diener der heiligen Kühe zuständig, der untertänig vor ihnen räuchernd und sich demütig bückend herausfindet, daß “die Vorschriften und Grenzwerte” es nicht erlauben, den Monstern Zügel anzulegen. Dezibel heißt das Zauberwort, und da diese selbstgeschaffenen Hürden wohl nicht übersprungen werden können, läßt man lieber gleich alles wie es ist. Die Rowdys belästigen weiter die Schlafenden, die Abgase verpesten weiter Lungen und Natur, die Glaubwürdigkeit unserer Ordnungsmacht sinkt weiter —

was tut es, wenn nur ja der Dienst an den heiligen Kühen nicht vernachlässigt wird! Der Verkehr über alles und hoch leben die Vorschriften, und seien sie auch der destillierte Unsinn!
Es wird hier nicht bestritten, daß es bei der Beurteilung von Taten, Vorkommnissen, Umständen Kriterien geben muß und daß auch Grenzwerte, selbst wenn sie Dezibel heißen, einen Sinn machen. Wenn, ja wenn der Sinn derer, die diese Werkzeuge (was anderes sind es nicht, keine Sakramente) handhaben, noch nicht "verrückt" ist. Zum konkreten Fall Hauzenberger Innenstadt bei Nacht. Es ist doch nicht der Lärmpegel als solcher per Dezibel der da so stört, sondern es ist die Art des Lärms. Dieses Knattern und Knallen der Motorradmotoren, das Aufheulen, das Anschwellen und Abschwellen beim Fahren, der plötzliche Knall beim Türenzuschlagen, der aufschrecken macht. Und es ist der Ärger darüber, daß große Teile der ordentlichen, rechtschaffenen, ruhigen Bevölkerung sich von einer Handvoll Rücksichtsloser terrorisieren lassen müssen, ohne daß unsere eigens dafür aufgestellten Kräfte willens oder fähig wären, etwas zu tun.
Dafür beten sie auf den Knien diese heiligen Kühen an, wer über den "Verkehr" was sagt, kommt schon bald auf den Scheiterhaufen wie die Hexen im Mittelalter, und wer an der Weisheit "der Vorschriften" zu zweifeln wagt, ist in Gefahr, als geistesschwach entmündigt zu werden. In was für einer Welt leben wir! Da lächeln wir überheblich über die Hindus, die eine ordinäre Kuh für heilig halten, ihren Urin trinken und sich selig lächelnd mit ihrem Mist einreiben! Und was tun wir? Beim Anbeten unserer heiligen Kühe trinken wir tief und glückselig krebserregende Gifte, reiben uns mit den übelsten Sachen ein via Auspuff oder Sauberkeitswahn, der unsere Gewässer tötet und unsere Wälder umbringt. Und kommen uns noch überlegen vor, zivilisiert, fortschrittlich. In Wirklichkeit sind wir mit dieser dummerhaftigen Anbetung unserer heiligen Kühe viel primitiver als die Hindus, denn die haben wenigstens einen Grund, die Kuh heilig zu halten, sie verkörpert ihnen nämlich die Beständigkeit der Welt. Was aber verkörpern unsere heiligen Kühe: Nur Dummheit, Zerstörung, gesellschaftliche Gifte. Wers nicht glaubt, höre sich einmal "im Volke" um. Diese idiotische Anbetung unserer Götzen hat nicht nur die Hauzenberger Innenstädter aufgebracht, sonder jeden, der sehen kann, wohin dieser Wahnsinn führen muß.
Kann denn (zurück nun zum konkreten Fall) im Namen der diesmal wirklich heiligen Vernunft nicht wenigstens einmal versuchsweise für ein Jahr die Innenstadt nachts für diese Herumfahrer gesperrt werden? Wem geschieht damit denn ein Leid, welche heiligen Vorschriften werden durch die Anwendung von ein wenig praktischer Vernunft denn tangiert?
Wir plädieren hier dafür, daß die Verantwortlichen dieses unwürdige Gekrieche vor ihren selbstgeschaffenen Götzen aufgeben und eine Entscheidung treffen, die eines vernünftigen, denkenden, verantwortlichen Menschen würdig ist.
Muh, muh, heilige Kuh!

(6./7.7.1985)

Gott mit dir...

Die Bayern sind in ihrem Selbstverständnis ein Volksstamm besonderer Eigenart. Das Zusammenhalten hat dabei einen größeren Stellenwert als bei anderen Gruppen, vor allem dann, wenn es gilt, sich gegen Außenstehende zu wehren. Das einigende Band, das alle kleinen Gegensätze vergessen läßt, ist u.a. die Sprache, die Religion und die allen gemeinsame Zuneigung zum Heimatland. Gott mit dir, du Land der Bayern! singen die Leute mit Inbrunst und es ist zu vermuten, daß sie es sogar auch so meinen.

Zusammengehörigkeit in einer Gruppe, in einem Volk hat tiefe Wurzeln in der menschlichen Seele und ist aus der Geschichte herzuleiten. Aus der Urmenschenhorde, die eben wegen dieser sozialen Tugenden des Zusammenarbeitens, Zusammenhaltens und miteinander in einer Sprache sprechen zu echten Menschen geworden sind, ist auf dem Wege über Clan, Sippe, Stamm und Volk die Nation geworden. Deshalb stellt selbst der rüdeste Kritiker seine Zugehörigkeit zum eigenen Volk nicht in Frage und horcht er in seine eigene Seele hinein, wird er die Schwingungen fühlen, die entstehen bei dem Gefühl "Wir sind wir". Das Singen einer gemeinsamen Hymne gehört zu diesem Gefühl dazu und man könnte viele Worte machen, um zu erklären, warum gemeinsames Singen von Worten, die jeder kennt und mit denen jeder einverstanden ist, ein großes und gutes Gefühl hervorruft und wiederum die Gemeinsamkeit stärkt und festigt. Es ist keineswegs eine Spinnerei von Autoritäten, einem Volk eine Nationalhymne zu geben und es anzuhalten, diese zu singen. Gerade die Tatsache, daß in Bayern immer zuerst "Gott mit dir, du Land der Bayern" gesungen wird und dann erst das Deutschlandlied zeigt doch mit wünschenswerter Deutlichkeit, welchen Wert dieses allen gemeinsame Lied hat. Jedes Volk dieser Erde und sei es noch so arm und abgelegen, kennt eine gemeinsame Hymne und singt sie bei feierlichen Anlässen.

Noch nicht einmal einem Kaffern im Busch würde es einfallen, sich dabei von der allen Mitbürgern gemeinsamen Zeremonie auszuschließen, ja, sie sogar provokant in Frage zu stellen. Die Formen, auf die Nationalhymne zu reagieren, sind verschieden, in den USA legt man die Hand aufs Herz, woanders senkt man den Kopf, legt die Hände zusammen, entblößt oder bedeckt das Haupt, je nachdem halt wie die Landessitten sind. Nirgends aber kommt es vor, daß eine Gruppe beim Absingen ihrer gemeinsamen Hymne sich von ein paar Provokateuren stören lassen muß...

Nur in Breitenberg ist das geschehen! Nach der CSU-Kundgebung im Festzelt des Seefestes standen die 250 Anwesenden auf und sangen gemeinsam "Gott mit dir, du Land der Bayern" — nicht irgendetwas, nein, sie sangen die Hymne dieser selben Leute, die stets und immer bereit sind, sich als Bayern herauszustellen und Fremde zu verachten, sie sangen nichts Ausländisches und nichts in unverständlicher Sprache — sie sangen ihr eigenes Lied! Was aber geschah? Eine größere Gruppe junger Leute (in einer anderen Zeltecke auch g'standene Mannsbilder) blieb in beleidigender, provokanter Weise beim Singen des

Bayernliedes sitzen, hörte nicht nur nicht mit dem Schwätzen auf, sondern verstärkte noch die Lautstärke. Lachen, Witzeln, Bierkrugheben hielten diese herrlichen Bayern für angemessen, beim Absingen ihres eigenen Liedes das ihre Zusammengehörigkeit, ihr Bayerntum betont.
Getan wurde dies in vollen Bewußtsein, die vielen anderen im Zelt zu stören, zu beleidigen und zu ärgern. Getan wurde es auch in dem sicheren Wissen, daß gar keine Reaktion erfolgen würde. Kein Zuruf zur Ordnung, kein Mannsbild, das hinging und die jungen, saudummen Flegel an den feuchten Ohren in die Höhe zog zu einer aufrechten Haltung, in der sich die Achtung vor dem eigenen Volk und damit vor sich selbst ausdrückt! Denn nichts anderes ist doch das Aufstehen bei der Nationalhymne als die Achtung vor sich selbst, vor dem eigenen Volk und der eigenen Geschichte.
Vielleicht haben diese Bürscherl da in Breitenberg, die ihre miserable Kinderstube, ihre mangelnde Schul- und Herzensbildung derart offenbar werden ließen, genau das ausdrücken wollen. Daß sie nämlich sogar sich selbst verachten!
Verachtung verdienen sie in reichem Maße und wir erlauben uns die Frage, was lernt man heute eigentlich in der Schule, daß diese grünen Burschen noch nicht einmal elementaren Anstand haben? Und wie weit ist die allgemeine Feigheit schon gediehen, daß sich niemand mehr getraut, den Störer zurechtzuweisen? Weit sind wir gekommen, wie wunderbar tief hat die "Umerziehung" gewirkt, wie weitreichend sind die Folgen dieser elendiglichen Hetze gegen die "heile Welt" und gegen "Recht und Ordnung". Gott mit dir, du Land der Bayern? Ohweh, da beißt es aber aus, wir glauben eher, Gott verläßt uns bereits. Von Gott verlassen waren jedenfalls diese frechen Rotzer da in dem Zelt in Gegenbach und wenn sie es nicht schon getan haben, dann sagen wir es ihnen hier klar: Schämt euch, pfui Teufel!

(27./28.7.1985)

Zu kleinkariert!

Der Bürgermeister der Gemeinde Breitenberg, Josef Ascher, fand es nötig, im "Breitenberger Gemeindeboten" zu Weihnachten folgenden Satz zu schreiben: "...wir können zufrieden und dankbar sein... trotzdem schätzen wir es wohl zu wenig. Denn sonst dürfte das öffentliche Leben in unserer Gemeinde nicht so von Neid, Mißgunst, Hetze und Verleumdung geprägt sein..." Das sind starke und offene Worte, aber Josef Ascher hatte wohl allen Grund dazu. Breitenberg gibt seit längerer Zeit Stoff für allerhand Gerede, was da wohl los sei, und da die Gemeinde die benötigten Schneeräumgeräte, Bagger usw. von der stillgelegten Baufirma des Bürgermeisters kaufte, hat dieser Vorgang zum Einschalten der Regierung und des Innenministeriums geführt, Ascher kündigte im gleichen Gemeindeboten an, er werde, wenn alles abgerechnet ist bzw. die Stellungnahmen vorliegen, öffentlich dazu etwas sagen und auch in einer Versammlung mit Vertretern der Aufsichtsbehörde Stellung nehmen. Das sollte man zunächst einmal abwarten und sich des Bibelwortes vom Splitter im Auge des anderen entsinnen und auch der Mahnung: "Richtet nicht, auf daß ihr nicht gerichtet werden!" Unsere Leser werden rechtzeitig erfahren, was da in Breitenberg los war. Wissen tun sie aber längst, welche großartige, einmalige Leistung die kleine und finanzschwache Gemeinde mit ihrem Museumsdorf erbracht hat. Es muß als eine Sternstunde bezeichnet werden, als vor Jahren im Rahmen der Flurbereinigung Gegenbach dieser alte Hof gekauft und schrittweise zu einem Museum gemacht wurde, das seinesgleichen sucht. Es wurde seither erweitert und vervollständigt, durch "Troadkasten" und ein ganzes Haus, das versetzt und wieder aufgebaut wurde. Im Museumsdorf ist heute wieder ein Flachsfeld zu sehen (welche übergroße Seltenheit!), und da die Bevölkerung für den Museumsgedanken aufgeschlossen ist, lebt es in einer Weise, die andere Museen vor Neid erblassen lassen könnte.

Ohne unziemliche Lobrednerei kann gesagt werden, daß "Museumsvater" Helmut Rührl, Bürgermeister Josef Ascher und die Gemeinderäte, die für Kultur und Bewahrung der Tradition aufgeschlossen waren, sich bleibende und unvergängliche Verdienste um ihre Heimat erworben haben! Breitenberg hat allen seinen Nachbarn und sogar dem ganzen Lande ein Beispiel gegeben, das bereits heute wirkt und in Zukunft, wenn die der Bewahrung aufgeschlossene Gesinnung weiter wächst, noch viel stärker wirken wird. Allein um dieser Verdienste willen könnte selbst ein kaltherziger Kritiker diesen Leuten die Zustimmung und das Lob nicht verweigern.

Leider findet sogar eine so großartige, die gesamte Gemeinde ehrende Arbeit ihre Verhöhner. Dem von außen Beobachtenden will es so vorkommen, daß die 1851 von J.F. Lentner festgestellte "Spur einer langversäumten geistigen Kultur" noch immer nicht ganz verschwunden ist. Was soll dieses Gejammere über das "Museum, das sich nicht trägt"? Muß es denn das? ist denn der Gemeinde Breitenberg die Bewahrung der Relikte ihrer Vergangenheit nicht etwas Geld wert? Ganz abgesehen davon, daß Verfassung und Gemeindeord-

nung es der Gemeinde sogar zur Pflicht machen, etwas für die Kultur zu tun und es dafür Haushaltsansätze gibt. Das Museumsdorf könnte Breitenberg einen schönen Batzen Geld kosten und wäre immer noch wohlfeil! Besonders kraß kommt diese "Fünferlscheißerei" zutage bei der gerade jetzt laufenden Diskussion um den Ankauf des "Wau-Häusls". Ganze 1 000 DM soll es kosten und da mag man noch herumfieseln und aufrechnen und sich in Leserbriefen rechtfertigen unter Berufung auf Gewissen und Verfassung! Und nun erfährt noch eine staunende Öffentlichkeit aus dem heute an anderer Stelle abgedruckten Bericht über eine Versammlung der sogenannten "Freiheitlichen Volkspartei", daß sogar die Beschäftigung von Arbeitslosen beim Aufbau des Wau-Häusls im Rahmen von Arbeitsbeschaffungsmaßnahmen kritisiert wird. Verblüfft liest man, daß eine AB-Maßnahme "örtlichen Firmen Arbeit wegnähme". Einen solchen Unsinn muß man erst erfinden, um ihn glauben zu können. Nur um ja am Museum herummäkeln zu können, wird Sinn, Zweck und Finanzierung der AB-Maßnahme auf den Kopf gestellt. Die erheblichen Summen, die der Staat dafür aufwendet, gelten ja gerade den Arbeitslosen, die bei Firmen keinen Erwerb finden können und gelten auch den Maßnahmen, die weder Gemeinden noch Firmen durchführen könnten. Daß aber durch solche Maßnahmen wie den Wiederaufbau alter Häuser im Museum viele Familien wieder Arbeit und Brot haben, damit Kaufkraft, die auch dem Ort zugute kommt, Sozialversicherungen und was alles noch an Wohlfahrtswirkungen, wird einfach ignoriert, nur um diese kleinkarierte Kritik vorbringen zu können. Wäre ihnen nur selbst die Museumsidee gekommen, welche Großtat würde ins Land hinausposaunt: Aber so! Es darf nicht wahr sein, was man selbst nicht fassen kann...
Die Breitenberger Kritikaster und Schreiber von Resolutionen aus Innenministerium sollten sich einmal umsehen statt stets nur in den Spiegel zu gucken, ob schon der künftige MdL herausschaut! Wegscheid baut ein Zollmuseum auf unter allgemeiner Zustimmung, Untergriesbach beschäftigt gleich zwei ABM-Leute, den einen mit Flurnamenforschung, den anderen mit der Sichtung und Sammlung des Materials für ein Heimatbuch. Obernzell hat dank seines Bürgermeisters/Heimatpflegers das vorbildlichste Archiv Niederbayerns und dazu ein Museum von internationalem Rang. Hauzenberg sammelt ebenfalls, diesmal für ein Granitmuseum. Alle Märkte und viele Gemeinden jenseits der Grenzen des Wegscheider Landes schauen bewundernd und ein wenig neidisch nach Breitenberg und machen nach, was dort vorgemacht wurde. Und in Breitenberg selbst werden geradezu abstruse Argumente an den Haaren herbeigezogen, um diese einmalige, weit über die Lebensspanne der derzeit hier Lebenden hinausgreifende Leistung zu schmälern!
An der Schwelle zum Jahr 1986 ist wirklich dringend zu raten, endlich einmal wieder dieses Hassen und Streiten, Hetzen und Verleumden aufzuhören. Uns erscheint das sogar ein Gebot des Eigennutzes derjenigen, die da so laut die Trommel rühren. Wer wird sie denn auf die Dauer noch glaubwürdig und wählbar finden?

(Silvester 1985)

Ansprüche mindern!

Als kürzlich das neue Handbuch des Statistischen Bundesamtes mit allen möglichen Daten für die Bundesrepublik Deutschland vorgestellt wurde, wurde das von den meinungs-gleichgeschalteten Medien mit Hohn und ätzenden Bemerkungen begleitet, wobei natürlich der neueste Buhmann vom "gezählten Menschen" nicht fehlen durfte. So, als ob irgend ein moderner Staat seine vielhundertfachen Pflichten wahrnehmen könnte ohne Wissen über das, was vorgeht. Das ist selbst in einer kleinen, überschaubaren Gemeinschaft wie es das Wegscheider Land ist, zu beweisen. Zwar sind die Daten der hier lebenden rd. 30 000 Menschen nur eine Winzigkeit in der großen Datenmasse der Republik, deshalb aber nicht minder interessant und vor allem was wichtiger ist, folgenreich für das Leben der Menschen hier.

Soweit zu erfahren war, sind aus zur Verfügung stehenden Zahlen einige Umstände zu entnehmen, die Konsequenzen im Handeln fordern. Die Zahl der Neugeborenen geht zurück und die Zahl der Schulkinder hat sich in nur einem halben Jahrzehnt um ein Drittel (!) vermindert. Das hat Auswirkungen auf Lehrer und Schulträger und indirekt auf alle Bürger, weil der Unterhalt der Schulen auf weniger Zahler verteilt werden muß. Mit Schulhausbauten, ja sogar mit Um- oder Erneuerungsbauten dürfte es in der Zukunft nichts mehr werden. Das führt schon zu nächsten "Zahl mit Folgen". Die Zahl der Bauanträge, damit der neu begonnenen Baumaßnahmen im Wegscheider Land ist niedriger als je zuvor und nimmt noch weiter ab. Der Bedarf an öffentlichen Bauten ist fast gedeckt (ein paar Rathäuser und das Krankenhaus Wegscheid als erfreuliche Ausnahme genannt) und der Sättigungsgrad bei den Ein- und Zweifamilienhäusern scheint fast erreicht.

Der Bauwirtschaft stehen schwere Zeiten bevor, auch im kleinen Wegscheider Land, mit Folgen für den Arbeitsmarkt, die Kaufkraft der Familien und die Zulieferer. Und damit zur dritten Statistikzahl. Die Zahl der Erwerbslosen ist seit langem unverändert hoch mit leicht steigender Tendenz. Die Zahl der neugeschaffenen Arbeitsplätze ist klein, die Zahl der Arbeitsplätze, die z.B. durch Konkurse verlorengeht, ist steigend. Grotesk wirkt in diesem Zusammenhang die stark zunehmende Zahl der Supermärkte auf dem flachen Lande! Da müssen Optimisten am Werke sein, die entweder die Statistik verachten oder nicht lesen und deuten können. Aus den Zahlen wären noch viele weitere Folgerungen zu ziehen. Eine Folgerung ist jedoch dem ganz klar, der lesen und denken kann und nicht von Ideologie verblendet ist: Die Ansprüche müssen gemindert werden! So wie jetzt, in Saus und Braus mit hemmungslosem Verschwenden kann und wird es nicht weitergehen. Da mögen die Schlagworterzeuger und Volksverdummer noch so viele Horrormärchen vom gezählten Menschen verbreiten, um ihr eigenes Süppchen darauf zu kochen, die Tatsachen ändern sich nicht. Aber es ist gut, von ihnen zu wissen!

Nicht der ist dumm, der etwas nicht weiß, sondern der, der etwas nicht wissen will, was ihm offen vor Augen liegt. Nur hinschauen muß man halt.

(29./30.8.87)

Beispielhaft

Was die interessante Geschichte angeht, können sich die einstmals fürstbischöflich-passauischen Märkte des Wegscheider Landes durchaus mit dem Markt Schwertberg bei Regensburg messen. Zwar ist die Geschichte vom Inhalt her verschieden und bietet auch unterschiedliche historische Bilder, aber würden die Obernzeller etwa, die Untergriesbacher, Wegscheider oder Hauzenberger ihre Vergangenheit auch einmal so bunt und eindrucksvoll darstellen, wie es die Besucher auf der Plätte in Obernzell nun taten, so könnten sie sich sehen lassen. Die Schwertberger mit ihren Helfern aus Schiltberg — wie romantisch allein schon die Namen — haben in Obernzell einen ausgezeichneten Eindruck hinterlassen — aber auch einen Stachel bei allen Heimatfreunden, die so gern auch etwas Derartiges auf die Beine stellen würden. Die Aufführung im Schloßgarten brachte Bürgermeister und Kreisheimatpfleger Hammel zum tiefen Seufzen, denn er konnte bisher die "Front der Wurstigen" noch nicht durchbrechen und Helfer für den Plan gewinnen, eine Freilichtbühne im Schloßgraben zu bauen. Und wer aus Untergriesbach da war, um das Ritterspektakel zu sehen, der dachte schmerzlich daran, wie lange schon die Idee "im Raum steht", das Spiel von Glanz und Ende der Herren von Grießbach aufzuführen. Aber dazu muß man eine Bühne bauen, die aus mehr besteht als aus Holzwürfeln und es muß auch erst einmal investiert werden, ehe etwas zu sehen ist.
Wieviel haben die Schwertberger und Schildberger investiert! Geld, Arbeit, Mühe, Ideen — Idealismus. Es ist zum Auswachsen, daß hierzulande sowas nicht zu schaffen ist.
Warum tun sich eigenltich nicht die vier einstmals fürstbischöflich-passauischen Märkte zusammen (wenn es einem allein schon zu teuer ist) und finanzieren gemeinsam ein "Historienspektakel"? Oder ist die gegenseitige Eifersucht so groß, ist der Wunsch nach Abkapselung vom Nachbarn so stark, daß er sogar den gemeinsamen Ursprung und die gemeinsame Geschichte auslöscht?
Was die Schwertberger vorführten, war beispielhaft für uns. Sollte man nicht wenigstens versuchen, auch eine gültige Darstellungsform für die Geschichte zu finden? Am Geld könnte es nicht scheitern, wir schwimmen ja im Wohlstand und hauen die "Blauen" nur so hinaus für lauter Sachen, die wir garnicht brauchen. Scheitern könnte es eher am mangelnden Interesse, am fehlenden Schwung, an der inneren Wurstigkeit. Wirklich?
Sollen wir es auf uns sitzen lassen, daß das Beispiel der Schwertberger und Schiltberger schnell wieder vergessen ist?

(5./6.9.1987)

Bischofs-Brunnen

Gottfried II., Fürstbischof zu Passau, verlieh anno 1360 Wegscheid das Marktrecht. Was war damals auf der Welt los? Der hundertjährige Krieg zwischen England und Frankreich dauerte schon 22 Jahre, die Engländer unterdrückten Flandern. Die wachsende türkische Macht bedrohte immer mehr Byzanz. Wat Tyler besetzte mit aufständischen Ziegelbrennern und Bauern London und jagte dem König einen fürchterlichen Schrecken ein. Der später als blutiger Eroberer bekannte Tamerlan war als Timur 22 Jahre alt. Karl IV. regelte die Königswahl in Deutschland durch sieben Kurfürsten und erließ die "Goldene Bulle", Boccacio schrieb das Decamerone, und der arabische Weltreisende Ibn Batuta war in Indien und China unterwegs. Was in Wegscheid selbst passierte, ist nicht überliefert, sicher aber ist, daß die schon lange an der "Scheide zweier Wege" ansässigen Leute sich freuten, nun Marktbürger geworden zu sein und dadurch mehr Rechte bekommen zu haben. Sie dankten das den Passauer Bischöfen durch Treue und standen zu ihnen, als die Passauer Bürger gegen die geistliche Herrschaft stürmten.

Markt ist Wegscheid noch immer, durch alle Stürme der Zeit ist der Ort solide, fleißig, einfach geblieben, und auch die Kommunalreform mit ihren verheerenden Folgen und der dann erzwungenen Bildung der Großgemeinde aus sieben einst selbständigen Gemeinden hat die Wegscheider nicht erschüttern können. Nun nehmen sie die Gelegenheit wahr und stellen bei der Neu- und Umgestaltung des Marktplatzes vor dem historischen Rathaus einen Brunnen auf. Darauf sollen die sieben Gemeinden verewigt werden, aus denen "Groß-Wegscheid" entstanden ist. Das ist nicht nur recht und billig, sondern auch sehr weise und weitblickend. Alle Bewohner der Gemeindeteile, die einmal selbständig waren, begrüßen das uneingeschränkt und freuen sich. Und nun ist die Idee aufgetaucht, den Granitbrunnen mit der Figur Bischof Gottfrieds II. zu krönen, mit der Pergamentrolle in der Hand soll er auf lange Zeit an das Jahr 1360 und die Erhebung zum Markt erinnern.

Es ist von besonderer Bedeutung, daß diese Idee ausgerechnet von dem jungen Bildhauer Bertram Würfl kommt, dem Großneffen des einstigen Wegscheider Bürgermeisters Max Würfl, der ein begeisterter Historiker war und für seine Heimat Schätze gesammelt hat, die bald in einem Museum zu sehen sein werden. Und Bertram Würfl ist, was seine Arbeitsproben beweisen, ein begnadeter Künstler, ein hervorragender Bildhauer, ein erstrangiger Könner.

Wir gestehen gern, daß wir von den Brunnen und Brunnenfiguren, die Bertram Würfl bisher gestaltet hat, tief beeindruckt und hell begeistert sind. Wenn sich Wegscheid dazu durchringt, den Vorstellungen des Künstlers zu folgen und Bischof Gottfried II. zum "Brunnenmanderl" vor dem Rathaus zu machen, wäre etwas geschehen, das weit ins nächste Jahrtausend wirkt. Wegscheid setzte sich in dieser Kombination von Erinnerung an den Bischof und Würdigung der Gemeinden, die sich mit Wegscheid vereinigen, ein Denkmal, das seinesgleichen sucht. Eine Chance, um die jeder vergleichbare Ort Wegscheid beneiden muß, ist da. Gemeinderat, nütze sie! *(12./13.9.1987)*

Eigentor

Die Schöpfung hat den Menschen zu seinem Schutz mit einem Geschenk begabt — Angst zu haben. Beim Menschen ist sie nicht nur kreatürlich und auf die Situation beschränkt, sondern kommt auch aus dem geistig-seelischen Bereich, gehört der Vorstellungswelt an. Deshalb auch fürchtet der Mensch unbekannte Gefahren noch mehr als bekannte — seine Phantasie wirkt mit. Was nun das Thema "Gefahren aus der Atomtechnik" angeht, so kumulieren beide Ängste, die vor dem Unbekannten und Bekannten. Was die Menschen von möglichen Gefahren der Atomtechnik nur ungenau zu wissen meinen, halb ahnen und halb fürchten, das wissen sie von den Mächten und Menschen, die diese Technik handhaben, sehr genau und aus bitterer Erfahrung. Deshalb ist es töricht von einem Politiker ganz allgemein und einem Kommunalpolitiker besonders, psychologische Grundbefindlichkeiten der menschlichen Gemeinschaft aus dem Auge zu verlieren.

Das hat aber die Unionsmehrheit im Stadtrat Hauzenberg getan, als sie die bloße Erörterung möglicher Gefahren und realer Ängste der Menschen vor der Handhabung der Nukleartechnik mit einem Geschäftsordnungstrick vom Tisch wischte. Natürlich handeln Otto Maier und seine Mitstreiter "politisch", was sonst wohl? Und die CSU, die da so unberaten ein krachendes Eigentor geschossen hat, handelt ebenfalls politisch. Politik ist für den Menschen da und nicht umgekehrt.

Uns erscheint es nicht gerechtfertigt zu sein, sich bei Themen, die derart unter die Haut gehen und die die Emotionen der Menschen so in Bewegung bringen, auf "Zuständigkeiten" zurückzuziehen oder auf Inkompetenz. Würde jeder Gemeinderat in diesem Lande bei jedem Thema, das er in seinem Gremium berät und beschließt, sich auf seine Kompetenz besinnen — wie still wäre es da in den Sitzungssälen! Nein, die Zuständigkeit und die Kompetenz können es nicht sein, offenbar hat auch das rechte Lager schlicht Angst. Die ist aber in jedem Fall ein schlechter Ratgeber.

200 000 Einwendungen gegen den Bau der WAA Wackersdorf sollen vorliegen, darunter viele von Kommunen. Ob da Hauzenberg auch noch seinen Senf dazugibt, was bewirkt das? Könnte man sagen. Und auch, warum der Stadtrat Hauzenberg nicht einfach debattiert über das, was die Menschen bewegt und dann, seine Mehrheit benützend, beschließt, keine Einwendungen zu erheben? Das wäre möglich gewesen, sicher richtiger als dieser Geschäftsordnungstrick, der mit einem male einen tiefen Graben in Hauzenberg aufgerissen hat. Uns kommt es so vor, als ob dieses Eigentor nur der Anfang eines wirren, lauten Spiels ist. Wir bedauern das, denn auch die Hauzenberger haben das Recht, ihre Sorgen und Befürchtungen in dem von ihnen gewählten Gremium diskutiert zu erleben. Auch, wenn es sich um unbegründete Ängste handeln sollte. Politik ohne Psychologie und das heißt, ohne Rücksicht auf die Seelen der Menschen ist keine gute Politik.

Gar leicht das Leid zu tragen ist
Woran du selber schuldig bist
Doch das Leid muß zu Herzen gehn
Das unverdient dir ist geschehen

Bridankes Bescheidenheit (1225-1240)

Seit 32 Jahren lebt der Hans in einem Leiterwägelchen

Opfer der Pockenschutzimpfung ohne Hilfe — Eine Mutter opfert sich auf

Sonnen. Seit 32 Jahren lebt, nein vegetiert in einem alten hölzernen Leiterwägelchen der jetzt 33 Jahre alte Hans Pilsl in seinem Elternhaus in Haselberg Nr. 7. Er wird von seiner 60 Jahre alten Mutter, die noch eine Landwirtschaft betreibt und verwitwet ist, aufopfernd versorgt. Staatliche Hilfe ist dem Bedauernswerten bisher vorenthalten worden, die Mutter erhält lediglich ein Pflegegeld.

Sonnen ist neben Oberneureuth die höchstgelegene Gemeinde des Wegscheider Landes und genau zwischen den beiden Orten, auf einer zugigen Höhe, befindet sich Haselberg. In einem einschichtigen Haus, das von der seit neun Jahren verwitweten Elisabeth Pilsl bewirtschaftet wird, wohnt das vierte ihrer insgesamt zwölf lebenden Kinder. Der Hans, am 1. November 1939 geboren, und nach der gesetzlichen Pockenschutzimpfung erkrankt, bietet sich dem Besucher so dar: Der 33 Jahre alte Mann ist auf eine Größe von einen Meter zusammengeschrumpft, nur sein Kopf ist normal groß und ragt aus den Kissen heraus, in die ihn seine Mutter immer wieder einbettet, wenn er sich gequält stöhnend herumzuwälzen versucht. Seine krallenartigen Hände, seine rohrartigen Arm- und Beinknochen, seine papierdünne Haut, das alles ist zusammengekrümmt in einem ständigen, nun schon über 32 Jahre währenden Krampf. In der Haltung des Kindes im Mutterleib liegt der Mann, den man sich gar nicht so nennen traut, in einem Leiterwägelchen. Dies, damit man ihn überall hin mitziehen kann, denn die Arbeit geht weiter und findet kein Ende.

Hans Pilsl kann nicht sprechen, aber er sieht und hört, und was er versteht von allem, was um ihn herum vorgeht, wissen nur seine Mutter und die gesunden Geschwister, die ihn lieben und auf ihn eingehen. Er muß gefüttert und gesäubert werden wie ein Baby. Mehrmals am Tag wechselt Elisabeth Pilsl die Windeln, denn er hat keine Kontrolle über seine Körperfunktionen. Und jeden Tag fällt ein Kessel Wäsche an — jetzt hat sich die Mutter endlich dazu durchgerungen, eine Waschmaschine zu kaufen und das auf Teilzahlung, weil ihre schmale Witwenrente und das Einkommen aus dem Gütchen auf der "Windflach" einfach keine großen Sprünge erlauben.

Was den Besucher an Hans Pilsl aber am meisten erschüttert, ist sein qualvolles Leiden. Er hat sich völlig wundgelegen und weist an den paar Stellen, wo etwas Fleisch an den Knochen ist, handtellergroße, tiefe Wunden auf. Das Hansaplast, sie zu bedecken und immer neu zu verbinden, kostet schon einen Teil des Geldes, den die Sozialhilfe des Landkreises bezahlt.

200 DM "Pflegegeld" erhält die Mutter des seit 32 Jahren in einem Leiterwägelchen lebenden Mannes und das auch erst seit einiger Zeit. Vorher waren es

100 DM, und die wollte man der Frau auch noch wegnehmen mit der Begründung, sie sei als Mutter ohnehin verpflichtet, für ihr Kind aufzukommen...
Hans Pilsl selbst erhält weder Rente noch irgendeine staatliche Zuwendung, obwohl er sein Schicksal einem staatlichen Eingriff zu verdanken hat. Der kleine Hans war bis zum Tag der Pockenschutzimpfung 1940 ein ganz normales und gesundes Kind, wie alle seine elf Geschwister es auch waren. Nach der Impfung begann er zu kränkeln und niemand nahm sich damals die Mühe, das Kind vor seinem Schicksal zu retten. Die Mutter mußte sich von verschiedenen Ärzten mit Redensarten abspeisen lassen, nur der verstorbene Dr. Schneebauer aus Hauzenberg versuchte, eine Anerkennung als Impffolgeschaden durchzusetzen und unterlag auch. Die einfache Frau aus dem "hinteren Wald" konnte man leicht mit allen möglichen Ausflüchten abspeisen, heute weiß sie nur mehr, daß ihr damals gesagt wurde, "die Impfung habe einen Nerv getroffen". Gemeint ist damit wahrscheinlich, daß das Zentralnervensystem unwiederherstellbar geschädigt wurde. Die Nazis wollten den kleinen, verkrüppelten Buben sogar umbringen, das verhinderte aber die Mutterliebe Elisabeth Pilsls.
Mit der gleiche Liebe und Hingabe betreut sie auch jetzt nach 32 Jahren noch dieses Bündel Mensch, das nichts tun kann ohne ihre Hilfe. Nur mit tiefer Erschütterung kann der Besucher diesem Schicksal nachsinnen und er verläßt die Wohnung der Witwe Pilsl in Haselberg 7 mit einem Gefühl grenzenloser Bewunderung für diese fast schon übermenschlich tapfere Frau.
Irgend etwas der Art müssen auch die US-Soldaten empfunden haben, die während der Kampfhandlungen im April 1945 auf den Hof kamen und die Frau mit einem Kind schwanger gehen sahen, von anderen Kindern umspielt und im Leiterwagen den Hans hinter sich herziehend. Sie kehrten wortlos um und taten niemand ein Leid.
Die menschliche Größe der armen, gepeinigten Frau aus Haselberg hat auch andere Herzen gerührt und das ist der unmittelbare Anlaß für diesen Bericht. Viel zu bescheiden, um andere auf ihr Schicksal aufmerksam zu machen, hätte Elisabeth Pilsl nie gewagt, "der Zeitung" etwas zu sagen. Wir erfuhren aber davon, daß sich in Sonnen kürzlich etwas sehr Schönes zutrug. Die Stammtischbrüder des Gasthauses Lichtenauer führten nämlich eine Veranstaltung durch und widmeten den Erlös dem armen Hans und seiner braven Mutter. Sie erschienen mit einem namhaften Betrag in Haselberg und überreichten ihn, ohne einen Dank zu wollen.
Auch die Pfarrcaritas von Sonnen hat schon einmal geholfen. Sie besorgte für das Leiterwägelchen eine Schaumgummieinlage, weil Hans Pilsl bisher auf einem Strohsack liegen mußte, sie verschaffte auch einen Gummiring, auf dem er liegen kann und der seiner Mutter das Säubern erleichtert und sie schickte viel Verbandsmaterial, um seine Wunden zu pflegen.
Ganz ohne Hilfe und menschliche Zuwendung ist Elisabeth Pilsl nicht, sie findet auch viel Trost und Zuspruch und Hilfe ihrer Nachbarn und Freunde, aber sie bangt schon vor dem Tag, da sie nicht mehr kann. Immerhin ist sie 60 Jahre alt und auf sie trifft das Bibelwort zu, daß ihr Leben nichts als Arbeit und

Mühe gewesen ist. "Was wird aus meinem Sorgenkind?" ist die unausgesprochene, bange Frage während des ganzen Gesprächs, in dem die tapfere Frau ohne zu klagen oder zu jammern ihr Leben und ihre Heimsuchungen erzählt. Wir aber, die wir tief erschüttert von Haselberg wegfuhren, erzählen diese Geschichte unseren Lesern, um ihre Welt- und Lebensbetrachtung ein bißchen ins Lot zu rücken und um vielleicht ihre Herzen anzurühren, daß sie ein wenig helfen.

(20.1.1973)

Hier tut Hilfe not!

Wir skizzieren hier die Geschichte des 33 Jahre alten Hans Pilsl aus Haselberg bei Sonnen, der seit 32 Jahren als vollkommener Krüppel an Leib und Seele in einem Leiterwagen lebt und der von seiner Mutter aufopfernd gepflegt wird. Wir skizzieren sie, denn um sie zu erzählen, bräuchten wir viel mehr Raum. Man stelle sich das nur einmal vor: 32 Jahre! Ein Weltkrieg ist vorübergezogen, Not und Aufbau der Nachkriegszeit kamen, ein Wirtschaftswunder wurde geboren und verkehrte sich in Überdruß, eine neue Generation ist erstanden, die ihre kleinen Probleme für Weltenerschütterer hält. Der Mensch flog zum Mond und zurück — und während all dieser Zeit lag dieses auf einen Meter Größe zusammengeschrumpfte Menschenkind in seinem Wägelchen, wurde älter und älter, die Krankheiten, die andere plagen, gingen an ihm vorbei. Viele abertausendmal hat sich die Mutter über dieses Wrack eines Menschen gebeugt, hat es gefüttert und gesäubert und hat es mit Liebe umgeben, die schon grenzenlos zu nennen ist. Die elf Geschwister des geschlagenen Kindes wuchsen derweil heran, einige heirateten und hatten wieder Kinder. Sie haben sich nicht abhalten lassen, sie zur Pockenschutzimpfung zu bringen und es ist ihnen auch nichts passiert. Es passiert überhaupt nach der Statistik jedem soundsovielten nur etwas, diese beruhigende Feststellung treffen Gesundheitspolitiker und Ärzte gemeinsam. Den Hans und seine Mutter hat's eben erwischt, Pech, nicht wahr?

Ein Skanal ist es, was mit dieser einfachen Frau getrieben wurde, wie man sie abspeiste und nach Hause schickte, ohne Gewissen und ohne einen Gedanken an ihr und ihres Kindes Schicksal. Dr. Schneebauer aus Hauzenberg versuchte die Anerkennung als Impffolgeschaden zu erreichen, leider ist der aufopfernde Arzt schon tot, sonst könnte er wohl erzählen, was los war.

Das ist alles vorbei, aber heute noch lebt die Frau von ihrer Witwenrente und dem kärglichen Erlös der 16 Tagwerk steiniger Äcker auf der Höhe zwischen Sonnen und Oberneureuth. 200 DM Pflegegeld hat man ihr großzügigerweise zugestanden, nachdem man ihr die 100 DM, die sie vorher hatte, 1968 wegnehmen wollte mit der Begründung, sie sei die Mutter und also verpflichtet, für ihr Kind zu sorgen. Auch das ist ein Skandal in einem sogenannten sozialen Rechtsstaat. Er kann zwar viel, ja fast alles, aber für seine Sorgenkinder müssen Fernsehlotterien das Geld heranschaffen, seine Klinomobile müssen Journalisten durch Versteigerung ihrer Mützen auf dem Marienplatz in München mitfinanzieren, die Leute müssen angebettelt werden, damit sie etwas finanzieren, was des Staates ist. Des Staates — der wir alle sind, durch unsere horrenden Steuern zahlen wir das alles und lassen uns noch so lächerlich machen.

Es ist kein Wunder, daß man zornig wird, wenn man einen Nachmittag lang der Mutter von Hans Pilsl gegenübergesessen hat und wenn man ihn selbst gesehen hat, auf seinem Schmerzenslager. Solche Wunden an einem menschlichen Körper sahen wir zum letztenmal an einem Kameraden im Lazarett

"Redoutensaal" in Passau. Der arme Mensch hatte eine volle Ladung Granatsplitter erwischt. Den Hans Pilsl hat niemand wo hingeschickt, wo er Verwundung und Tod finden konnte, ihn hat der Staat nur einmal gerufen, das war als er ein Baby war. Dann war Schweigen im Walde! Von wegen Hilfe und Rettung durch die Allgemeinheit!
Wir können für den bedauernswerten Menschen und seine Mutter nicht mehr tun, als unsere Leser zu bitten, ihnen zu helfen. Hilfe tut hier wirklich not und ist an niemand Unwürdigen verschwendet. Jeder, der sich bis Haselberg bei Sonnen ins einschichtige Haus Nr. 7 traut, wird das bestätigen.

Welle von Hilfsbereitschaft für den armen Hans

Unsere Leser von seinem Schicksal berührt — Viele halfen und gaben

Sonnen. Die tapfere Mutter von Hans Pilsl aus Haselberg, der seit 32 Jahren in einem Leiterwägelchen leben muß, kann etwas getroster in die Zukunft blikken. Viele unserer Leser haben sich von der Schilderung seines Schicksals als Opfer der Pockenschutzimpfung ohne staatliche Hilfe (PNP vom 20. Januar) sehr berührt gezeigt. Eine Welle von Hilfsbereitschaft brandete in das einsame Haus in Haselberg, Gemeinde Sonnen. Leute aus Passau, die die Höhenlagen des Wegscheider Landes zum Skifahren ausgesucht hatten, unterbrachen ihr Vergnügen, um nach Haselberg zu kommen und Elisabeth Pilsl selbst die Hand zu schütteln und dem armen verkrüppelten Hans ein Lächeln zu schenken, das er sehr wohl versteht und für das er so dankbar ist. Die Besucher ließen es aber dabei nicht bewenden, sondern baten Elisabeth Pilsl, ein Geschenk anzunehmen, das ihr und ihrem Sohn das Leben etwas leichter machen kann. Ähnlich verfuhren viele unserer Leser, die in Briefen nach Haselberg ihre Anteilnahme am Schicksal von Hans und seiner Mutter ausdrückten. Seit dem Wochenbeginn ist der Strom der Briefe nicht abgerissen, jeden Tag bringt der Postbote neue ins Haus. Man kann die hilfsbereiten Menschen nicht aufzählen, es sind Rentner darunter, die selbst ein schweres Schicksal erlitten haben und deshalb Elisabeth Pilsl besonders gut verstehen können, aber auch Geschäftsleute, kurz Personen jeder sozialen Schicht bewiesen ihr gutes Herz.

Auch in die Redaktion der PNP in Untergriesbach kamen Menschen, die uns baten, Grüße und Geschenke nach Haselberg zu bringen, was wir inzwischen getan haben.

Ein Unternehmer, der selbst schwer erkrankt ist und zur Kur weilt, rief uns an und erzählte, er habe in der Nacht unseren Bericht gelesen und weise sofort seine Buchhaltung an, einen Scheck auszustellen. Ein Stammtisch in der Nachbargemeinde Germannsdorf hat sich entschlossen, ähnlich zu handeln wie der Stammtisch in Sonnen und für den armen Hans etwas auf die Beine zu stellen. In Wegscheid verzichteten Kinder auf einen Schlittschuhnachmittag und sammelten statt dessen "für den Hans in Haselberg", den Erlös wollen sie selbst überbringen.

Unser Bericht vom letzten Samstag war überall im Verbreitungsgebiet der PNP Tagesgespräch und das beweist, daß die Menschen keineswegs abgestumpft sind gegen das Leid ihrer Mitmenschen, daß sie mitzufühlen und recht zu handeln verstehen. Ein Passauer Geschäftsmann hat uns mitgeteilt, daß er selbst nach Haselberg kommen und den Hans besuchen werde. Dabei will er einen Einkaufsgutschein mitbringen und viel Verbandmaterial und Einlagen, die seiner Mutter das Säubern erleichtern. Hilfe über Hilfe — wir sind unseren Lesern sehr dankbar, daß sie uns nicht enttäuscht haben.

Besonders dankbar aber ist Elisabeth Pilsl, die wir jetzt wieder besuchten. Sie sagte uns, daß sie jedem einzelnen, der ihr geschrieben oder sonstwie geholfen

habe, danken wird, daß aber viele Leute keine Adresse angegeben haben und sie ihnen deshalb auf diese Weise danken will.
"Ein herzliches 'Vergelt's Gott!' allen, die mir geholfen haben, richten Sie das bitte aus!" gab uns Elisabeth Pilsl mit auf den Weg. Sie sagte noch, daß sie durch die Hilfsbereitschaft ihrer Mitmenschen die größten Sorgen los sei. Hatte sie doch vergessen, als sie uns ihre Lebensgeschichte erzählte, zu erwähnen, daß sie noch Schulden abzutragen hat von Baumaßnahmen am Haus, die ihr Mann vor seinem Tod durchführte.

(Jan/Febr.1973)

Hans Pilsls Schicksal hat die Menschen erschüttert

Unsere Leser bewiesen ihr gutes Herz — Hilfsangebote reißen nicht ab.

Haselberg. Seit dem 20. Januar dieses Jahres wissen unsere Leser von dem Schicksal des 33jährigen Hans Pilsl aus Haselberg bei Sonnen, der seit 32 Jahren als Opfer der Pockenschutzimpfung in einem Leiterwagen liegt. Er wird von seiner 60jährigen, verwitweten Mutter aufopfernd betreut, Staat und Gesellschaft haben abseits gestanden. Unsere Leser waren anders. Sie bekundeten auf rührende Weise ihre Anteilnahme am Schicksal Hans Pilsls und seiner Mutter und halfen mit Wort und Tat. Vier Wochen nach Erscheinen unserers Berichts sind die Hilfsangebote noch immer nicht abgerissen.

Der Schnee tobt ums einschichtige Haus in Haselberg und man muß den Wagen weit unten auf der Straße stehen lassen und zu Fuß über die Felder stapfen, denn eine geräumte Zufahrt hat das Haus Nr. 7 nicht. Aber der Mann, der uns gebeten hat, ihn nach Haselberg zu begleiten, nimmt mit Humor die Strapaze auf sich, denn auch er ist gekommen, um zu helfen. Später dann, im Zimmer der Familie Pilsl, als er den Hans in seinem Elend sieht, wird Herr Putz von der Firma Stengelin in Passau ganz still. Er kennt viel Leid und menschliche Tragödien, aber dieser Anblick hat ihn besonders erschüttert. Lange drückt er Elisabeth Pilsl die Hand. Dann erklärt er ihr, warum er da ist: Der Rotary-Club in Passau hat das Schicksal des Hans zum Anlaß genommen, einen Spezial-Krankenwagen zu kaufen, damit der arme Mensch aus dem Leiterwagen herauskommt. Putz nimmt Maß und erklärt Elisabeth Pilsl, welches Modell zu nehmen ist. Und er hat auch gleich praktische Ratschläge bereit, wie der Patient künftig besser sauberzuhalten ist. In vier Wochen wird der Wagen geliefert und dann nach Haselberg gebracht.

Einstweilen kommen wir uns reich belohnt vor durch das Lächeln, mit dem Hans uns anschaut, denn er erkennt uns wieder vom ersten Besuch her. Er stößt ein paar Töne aus und seine Mutter sagt: "Er freut sich, Sie wiederzusehen!" Elisabeth Pilsl ist noch immer ganz erschlagen von der Berühmtheit, die sie durch die Veröffentlichung ihres Schicksals erlangt hat. Sie hat viele, viele Briefe bekommen und beantwortet, alle waren freundlich und liebevoll und enthielten Schecks oder Geld mit dem Vermerk "Für den Hans!" Es wurden Beträge überwiesen mit dem Vermerk: "Bitte keinen Dank" oder "Eine Unbekannte, die weiß, wie's ist".

Elisabeth Pilsl ist in ihrem tiefsten Herzen erschüttert und gerührt durch das Mitgefühl und die Hilfsbereitschaft der vielen fremden Menschen. "Bitte, schreiben Sie es doch in die Zeitung, daß ich allen so sehr dankbar bin", sagte sie uns, "ich kann es gar nicht richtig ausdrücken, was wir alle empfinden, meine Kinder und ich. So viele Leute haben keinen Absender angegeben, ich möchte ihnen auf diesem Wege wenigstens danken."

Elisabeth Pilsl fühlt sich ein wenig beschämt durch den Umstand, daß sie Gaben annehmen mußte. Wir aber sagen ihr, daß man dieses Problem anders sehen muß. Es ist sehr schön und zutiefst christlich, wenn man einem Menschen Gelegenheit gibt, gut zu sein. Und gut aus vollem Herzen waren so viele unserer Leser. Es ist einfach nicht wahr, daß die Menschen heute verhärtet und egoistisch sind. Vielleicht wenden sie sich ab vom anonymen Schicksal irgendwo, aber ihr Gemüt ist dem greifbaren, erfaßbaren, nachfühlbaren Schicksal des Nachbarn gegenüber immer noch so offen wie einst. Wir haben dafür mannigfache Beweise.

Die Belegschaft der Sparkasse Passau war vom Schicksal in Haselberg so aufgewühlt, daß sie eine Spontansammlung unternahm und den dabei zusammengebrachten Betrag selbst nach Haselberg brachte. Ähnlich verfuhren mehrere Firmen in Passau und die Beamten des Hauptzollamtes. Eine Passauerin besorgte sich eine Sammlungsgenehmigung und ging von Haustür zu Haustür, andere riefen in der Redaktion an, brachten ihr Scherflein oder fragten nach der Adresse. Wegscheider Kinder taten sich zusammen, ebenso Kinder aus Schönau und Hochwinkl, die von ihren Lehrern unterstützt wurden. Auch sie gingen selbst nach Haselberg, um ihr Sammlungsergebnis abzuliefern und dabei gleich einen Anschauungsunterricht in Soziologie zu empfangen. Wir erhielten sogar einen Scheck aus Bremen und erfuhren bei dieser Gelegenheit, daß dort seit 30 Jahren ein ehemaliger Hauzenberger wohnt, der noch so an seiner Heimat hängt, daß er bis an die "Waterkant" hinauf die PNP abonniert hat!

Ein Brief an die Redaktion beginnt so: "Ich habe zufällig hier in Frankfurt vom Schicksal und Leid der Familie Pilsl gehört... Sie sollen in Ihrer Zeitung des öfteren auf Schicksale in Ihrer unmittelbaren Umgebung aufmerksam machen, so könnte vielleicht manches Leid gemildert werden durch die Hilfe Ihrer Leser." Dem Brief lag ein Geldschein bei.

"Eine alte, bekannte Passauerin" nannte sich eine Leserin, die ebenfalls einen Betrag schickte und dazu schrieb: "Mit Erschütterung und Empörung habe ich Ihren Artikel über Hans Pilsl gelesen. Das schreit ja zum Himmel, daß unser 'Vater Staat', dem wir brav unsere Steuern zahlen, für diese arme, schwergeprüfte Mutter nichts übrig hat. Millionen und Millionen werden nach fernsten Ländern gespendet, aber an der Not im eigenen Lande geht man herzlos vorüber. Da kann man nur hoffen, daß Ihr SOS-Ruf nicht ungehört verhallt. Gerade Eltern, die gesunde Kinder haben, dürften sich hier angesprochen fühlen und aus Dankbarkeit ein Scherflein zur Linderung dieser grenzenlosen Not beitragen."

Tatsächlich haben viele unserer Leser, die zur Hilfe eilten, damit einen Dank an ihr eigenes Schicksal ausdrücken wollen. Elisabeth Pilsl erfuhr Hilfe aus allen Schichten des Volkes, von der Rentnerin ebenso wie vom Geschäftsmann, von Bamten und Arbeitern, von reichen und armen Leuten.

Etwas ist übrigens noch aus der Vorgeschichte nachzutragen, wir hatten es seinerzeit nicht erfahren. Als Elisabeth Pilsl in Schwierigkeiten kam, weil ihr das Pflegegeld genommen werden sollte, setzte sich Bürgermeister Kinateder von Oberneureuth sehr für sie ein und verhalf ihr wenigstens zu dieser Unterstützung. Der Bürgermeister ist auch heute noch recht besorgt um das

Schicksal des Hans und freut sich mit uns über die Hilfe, die nach Haselberg gelangte.
Ein besonders interessanter Brief erreichte die Redaktion gerade in dem Augenblick, da wir mit diesem Bericht unseren Lesern Rechenschaft über das abgeben wollen, was seither mit Hans Pilsl geschah. Auch er hat uns verblüfft und erfreut. Eine Frau aus Schwaben schrieb einen langen Brief, der so beginnt: "Da ich seit über zehn Jahren damit beschäftigt bin, Impfgeschädigten zu ihrem Recht zu verhelfen, wurde mir der von Ihnen verfaßte Artikel über den bedauernswerten Hans Pilsl von mehreren Seiten zugeschickt. Leider ist es eine bekannte Tatsache, daß wir im christlich-sozialen Bayern die größten Schwierigkeiten bei der Durchfechtung der Impfschäden zu überwinden haben und daß hier behördlicherseits alles unter den Tisch manövriert wird, wenn die Betroffenen dem damit verbundenen Papier- und Behördenkrieg nicht gewachsen sind. Ich besitze selbst eine 16jährige, impfgeschädigte Tochter, ebenfalls völlig debil, stumm, halbblind, unsauber, halbseitig gelähmt, für welche der bayerische Staat eine Rente von rund 100 DM zugestehen wollte. Ich führte dann einen fast zehnjährigen Prozeß bis zum Bundesgerichtshof...
Man sieht schon aus diesem Zitat, daß die skandalösen Zustände, denen 1940 Hans Pilsl zum Opfer fiel, auch heute noch bestehen. Unsere Leserin machte sich erbötig, ebenfalls einen Prozeß zugunsten von Hans Pilsl zu führen und bat uns um Hilfe und genaue Mitteilungen. Wir möchten an dieser Stelle diese Bitten zum Teil an unsere Leser weitergeben. Wer hat vielleich ein Foto, das Hans Pilsl als gesunden Säugling vor der Impfung zeigt. Wer kann Aussagen darüber machen, wie er vor und nach der Impfung war? Gibt es irgendwo noch jemanden, der sich an die vergeblichen Hilfebemühungen von Elisabeth Pilsl erinnert, als sie von Arzt zu Arzt geschickt wurde?
Wir sind der Ansicht, man sollte auch den winzigsten Hoffnungsschimmer, Hans Pilsl noch zu seinem Recht zu verhelfen, weiterverfolgen.
Allen denen aber, die mit Rat und Tat geholfen haben und die sich als echte Menschen erwiesen im Mitleiden und Mitfühlen, denen sei im Namen des stummen Hans und seiner Mutter, die ihre Freude und Dankbarkeit nur schwer ausdrücken kann, von ganzem Herzen Dank gesagt.

(17.2.1973)

Hier tut Dank not!

Wir berichten auf dieser Seite wieder über Hans Pilsl aus Haselberg und seine tapfere Mutter, aber wir tun es mit viel leichterem Herzen als vor vier Wochen. Damals waren wir erschüttert von dem Schicksal, das wir in dem kleinen Waldhaus in der Einschicht in Haselberg antrafen und wir drückten diese Anteilnahme so gut aus, als wir es vermochten. Ein ganz klein wenig hofften wir dabei, daß einige unserer Leser unser Mitfühlen teilen und helfen würden. Die ganzen Unkenrufe über eine immer hartherziger werdende Gesellschaft, über immer unmenschlicher werdende Menschen im Ohr, bangten wir ein wenig dem Erscheinungstag des Artikels entgegen. Würden wir eine Enttäuschung erleben? Wieder eine Enttäuschung, eine in der langen Kette, die das ganze Leben begleitet?
Nicht nur Elisabeth Pilsl aus Haselberg und ihre Familie, auch wir wurden in den darauffolgenden Wochen förmlich erschlagen von der Flut an Hilfsbereitschaft, Mitleid und Mitlieben, die über uns hereinbrach. Wir haben uns eine so wirksame Hilfe, wie sie nach Haselberg gelangte, nie zu träumen gewagt. Deshalb fühlen wir uns auch verpflichtet, an derselben Stelle, wo wir vor vier Wochen "Hier tut Hilfe not" ausriefen, herzlich Dank zu sagen.
In einer Zeit, die arm an solchen Begebenheiten ist, tut eine Erfahrung gut, wie wir sie jetzt mit der Geschichte über Hans Pilsl machten. Sie tut gut nicht in dem Sinne, daß uns das große Leserecho und die oft freundlichen und anerkennenden Worte nun überheblich machten, sondern so verstanden, daß sie uns wieder die richtigen Dimensionen sehen läßt. Und die sind in diesem Falle wirklich erstaunlich. Wir hätten nicht geahnt, daß unser Bericht in Bremen, in Frankfurt, in Schwaben und wer weiß noch wo gelesen wird. Konnte der Verfasser auch nur annehmen, daß so viele Menschen gleich ihm im Herzen erwärmt werden und bemerken, daß sie noch mitfühlende Menschen sind, Wesen mit Gemüt und Gefühl? Konnte er hoffen, daß seine so schwer errungenen und so oft verfochtenen Thesen von einer echten, wohlverstandenen Religiosität einen solchen Widerhall finden?
Alle diese rhetorischen Fragen können nur eine Antwort haben: Auch wir sind zu aufrichtigem Dank verpflichtet! Wir haben durch das Echo unserer Leser tiefe Freude empfangen, die uns leichter leben läßt als vorher. Sie ist nur vergleichbar der Freude, die uns das Wiedersehenslächeln im Gesicht des armen Hans Pilsl machte, der irgendwo in seinem zerstörten Gehirn einen Rest Bewußtsein davon hat, daß man ihm wohl will.
Dank also noch einmal allen Lesern und Freunden, allen, die halfen und weiterhin helfen.

(17.2.1973)

Sozialminister Pirkl bemüht sich um Hans Pilsl

**Er kündigt eine Entscheidung an —
MdL Hermann Wösner erhielt Nachricht**

Oberneureuth. Es ist zu erwarten, daß in Kürze eine Entscheidung über die Anerkennung des Impfschadens von Hans Pilsl aus Haselberg erfolgt. Dies kündigte Sozialminister Pirkl in einem persönlichen Brief an, den er an MdL Hermann Wösner geschrieben hat. Wösner setzte sich aktiv dafür ein, daß Hans Pilsl und seine Mutter zu ihrem Recht kommen.

Die Vorgeschichte des Falles ist inzwischen allgemein bekannt. Zur Ehre der Bevölkerung muß gesagt werden, daß das schwere Schicksal, daß das Impfopfer Hans Pilsl und seine tapfere Mutter erlitten haben, viele Menschen bewegt und zu guten Taten angespornt hat. Die Not in Haselberg ist zu Ende, und das Leben des armen Hans ist materiell und ideell ein wenig leichter geworden. Wir haben wiederholt darüber berichtet, daß und wie zugunsten des Hans reagiert wurde, auch heute noch, fast ein halbes Jahr nach unserer ersten Veröffentlichung, beten die Menschen noch für Hans und seine Mutter und denken in Wort und Tat an sie.

Neben dieser spontanen und rein menschlich ausgerichteten Hilfe bekommt die Familie aber auch Unterstützung durch offizielle Stellen. MdL Hermann Wösner wandte sich wiederholt an Sozialminister Pirkl, Landrat Baptist Kitzlinger schaltete sich ein und ordnete eine Verbesserung der durch den Kreis zu tragenden Hilfeleistungen an und einige andere Stellen befaßten sich mit der Angelegenheit. Es geht nämlich darum, die Frage zu klären, ob eine Anerkennung als Impfschaden erfolgen kann und ob Hans Pilsl eine Rente zu beanspruchen hat.

Darüber schrieb Sozialminister Pirkl jetzt an MdL Hermann Wösner. Er teilte ihm zunächst mit, daß seit der ersten Veröffentlichung des Falles in der PNP unabhängig von den Initiativen aus diesem Raum im Sozialministerium eine Untersuchung angelaufen sei. Sie sei allerdings langwierig und schwierig. Pirkl schrieb deshalb an Hermann Wösner, man habe die Untersuchung noch nicht abschließen können, in einigen Wochen sei aber eine Entscheidung zu erwarten. Man kläre den Sachverhalt in tatsächlicher, rechtlicher und medizinischer Hinsicht. Wörtlich schreibt der Minister: "Erschwert werden diese Ermittlungen dadurch, daß die als Ursache des heutigen Gesundheitszustands angeschuldigte Schutzimpfung gegen Pocken bereits im Jahre 1940 vorgenommen wurde und die Beiziehung der Unterlagen deshalb besondere Schwierigkeiten bereitet. Zu berücksichtigen ist auch, daß der ursächliche Zusammenhang zwischen der Schutzimpfung und den vorliegenden Gesundheitsstörungen bereits von der nach früherem Recht zuständig gewesenen Regierung von Niederbayern abgelehnt worden ist."

Das stimmt in der Tat bedenklich. Man kann nur hoffen, daß die Medizinalbeamten in den jetzt zuständigen Stellen etwas weniger bürokratisch eingestellt sind als die Regierung von Niederbayern. Vielleicht kann auch das Wort des

Ministers selbst etwas ausrichten, der, wie MdL Wösner weiß, persönlich an dem Schicksal Hans Pilsl Anteil nimmt.
Einstweilen wartet Elisabeth Pilsl noch geduldig auf das, was mit ihr und Hans geschieht. Sie trägt ihr schweres Schicksal mit der gleichen bewundernswerten Größe wie bisher. Ein Angebot, Hans in ein Heim zu tun, hat sie abgelehnt. Sie erklärte gegenüber dem Sozialhilfeamt des Landkreises, daß sie es als ihre Lebensaufgabe ansehe, ihren Sohn selbst zu betreuen. Niemand kann ihr dafür die Hochachtung versagen.
Nachdem die private Hilfsbereitschaft sich so großzügig gezeigt hat und auch die Behörden und Abgeordneten sich einsetzen, liegt es allein an den beamteten Medizinern und den Juristen, eine gerechte und menschliche Lösung für Hans Pilsl zu finden. Viele Menschen hierzulande warten mit Interesse auf die Entscheidung, sie werden an ihr die Funktionalität unseres sozialen Rechtsstaates messen.

(16.6.73)

Bitte großzügig, Herr Minister!

Die versammelten Chirurgen auf ihrem Kongreß haben weidlich über die Journalisten geschimpft, weil sie es wagen, über medizinische Fragen zu schreiben. Das konnte man in den Zeitungen lesen. Der einzelne Journalist, und sei es im letzten Winkel des Bayerischen Waldes, erlebt an sich selbst diese, gelinde gesagt, Zurückhaltung der Ärzteschaft, wenn er es wagt, ein Impfopfer zu nennen. Und er muß sich dafür tadeln lassen, daß "solche Berichte geeignet sind, in der Bevölkerung Zurückhaltung gegenüber den nötigen Impfungen zu wecken".

Nun, dazu muß man einmal etwas sagen. Ein Haus, das brennt, hört nicht damit auf, nur weil eine Zeitung nicht mehr über Brände berichtet. Und Mißstände im medizinischen Bereich sind nicht deshalb vorhanden, weil Zeitungen darüber berichten, sondern sie haben ihre eigene Existenz und Wahrheit. Sie zu verschweigen, vernebelt das Problem nur, schafft es aber nicht aus der Welt. So ist es auch mit den Pockenschutzimpfungen. Es ist kein Zufall, daß sich die Impfgegner zu einer Interessengruppe zusammengeschlossen haben und daß es gleich mehrere Vereine gibt, die die Impfopfer vertreten. Die medizinische Wissenschaft weiß durchaus, daß es in einem gewissen, wenn auch kleinen Prozentsatz Impfschäden und Impffolgen gibt. Das wissen sogar die beamteten Mediziner, denn ihre Aufklärungsblätter, die an die Eltern der Impflinge verteilt werden, enthalten solche Hinweise. Es darf also als feststehend angenommen werden, daß die Pockenschutzimpfungen gelegentlich leichte oder schwere Folgen haben, auch ohne daß Journalisten darüber vorher berichtet haben...

Es ist nun, und das muß mit aller Deutlichkeit gesagt werden, nichts gegen Pockenschutzimpfungen einzuwenden. Sie sind nötig und nützlich und sollten beibehalten werden.

Alles und mit großer Schärfe ist aber dagegen einzuwenden, daß in dem seltenen Falle, daß wirklich eine solche Impfung einmal schlimme Folgen hat, die Staatsmacht mit List und Gewalt verhindert, ihre Haftung anzuerkennen. Kurzum, man drückt sich vor dem Zahlen, wie es nur geht, man gutachtet und untersucht, man findet Ausflüchte und Gründe und man zwingt die Eltern der Impfopfer zu kostspieligen Prozessen. Unsere Leser wissen das, weil wir im Falle Pilsl über die Vorsitzende eines Vereins der Impfgeschädigten berichtet haben, die Elisabeth Pilsl helfen will und die uns und unseren Lesern ihre Geschichte erzählte.

Es ist einfach nicht zu begreifen, warum in den wenigen Fällen, da eine Impfung Folgen hat, nicht großzügig verfahren wird. Das würde die Impfbereitschaft der Bevölkerung heben! Die juristischen und medizinischen Haarspaltereien aber, die man in solchen Fällen beobachten kann, sind es, die die Leute gegen das vom Staat verordnete Impfen aufbringen. Und — bitte! — nicht der Journalist, der drüber schreibt!

Es ist sehr erfreulich, daß sich Sozialminister Pirkl so um Hans Pilsl und seine Mutter bemüht. Ihm gebührt Dank und auch allen anderen, die sich eingesetzt haben. Uns stimmen aber zwei Sätze im Brief des Ministers bedenklich. Er spricht von "...der als Ursache des heutigen Gesundheitszustandes angeschuldigten Pockenschutzimpfung...". Das ist natürlich wieder so eine unverbindliche Rückzugs-Formulierung, wie sie aus Ministerien kommt und die Leute verrückt macht. Es ist doch längst klar, daß der Hans seit 33 Jahren krank ist! Wir haben genug darüber berichtet, wie lange sein Martyrium im Leiterwagen gedauert hat, wann und wie es begann. Es geht nicht um den "heutigen Gesundheitszustand", sondern um den, der 33 Jahre lang bestand.

Und weiter weiß Minister Pirkl zu berichten, daß die Regierung von Niederbayern den Anspruch bereits abgelehnt hat. Na bravo! Nur schade, daß kein Wettpartner zu finden war, man hätte Unsummen gewinnen können beim Setzen auf den todsicheren Tip daß die Mediziner und Juristen in Landshut bestimmt einen Grund gefunden haben, um jemanden aus dem Volk mit dem Holzhammer vor den Kopf zu schlagen. Zu fragen ist, was eigentlich in Landshut noch nicht abgelehnt wurde?

Natürlich ist es schwierig, heute mit letzter Sicherheit festzustellen, was damals Hans Pilsl eigentlich passiert ist, als er gesund zum Impfen gebracht wurde und danach erkrankte und langsam verkrüppelte, obwohl seine Mutter es an Bemühungen nicht fehlen ließ. Aber muß denn alles derart "nachprüfungssicher" sein, kann man denn nicht auch einmal nach Gewissen und Überzeugung entscheiden? Kann man denn nicht auch im medizinisch-juristischen Bereich "im Zweifel für den Angeklagten" entscheiden?

Wir und alle, die an dem Schicksal Hans Pilsls und seiner Mutter Anteil nehmen, haben deshalb eine Bitte an Sozialminister Pirkl und alle, die mit der Entscheidung über ihn befaßt sind: Seien Sie menschlich und großzügig, bitte!

(16.6.1973)

Ein Wort zum guten Ende

Meine Geschichte vom Schmerzensmann Hans Pilsl und seiner selbstlos sich aufopfernden Mutter wurde seinerzeit im ganzen deutschsprachigen Raum von Zeitungen und Zeitschriften nachgedruckt oder aufgegriffen. Natürlich ohne daß jemand einen Gedanken an's Urheberrecht veschwendet hätte...
Aber es kamen viele Spenden und das Aufsehen war so groß, daß die Behörden sich nach einigem Zieren vom hohen Roß herunterbegaben und Hans Pilsl eine Rente zuerkannt wurde, seiner Mutter ein Pflegegeld und sogar zu einer Nachzahlung verstieg man sich, sodaß die letzten Jahre des Impfopfers wenigstens medizinisch leichter wurden. Er bekam ein Wasserbett und andere der Pflege dienenden Gerätschaften und auch finanziell ging's gut. Was mich freute, war, daß Menschen nach Haselberg kamen "um die Übertreibungen und Lügen eines Journalisten zu enlarven" und dann erschrocken, betroffen und stumm vor diesem Leiden standen. Denn ich hatte gerade nur eben angedeutet, was dort zu sehen war. Noch mehr aber freute es mich, daß Hans Pilsl mich erkannte, sooft ich hinkam und seine Mutter mir sagte, er wisse, daß jemand ihm wohlwill.
Nach ein paar Jahren ist der arme Hans gestorben und nicht lange darauf seine Mutter. Keine andere Frau habe ich so bewundert wie sie.
Mir ging's ein wenig seltsam mit diesem Fall. Jemand, der Horoskope stellt, besorgte sich die Lebensdaten von Hans Pilsl und meine dazu und erklärte mir, indem er viele Kreise zeichnete und Berechnungen anstellte, daß des Hans Schicksalslinie und meine sich an einem einzigen Punkt berühren und daß da für ihn "eine große Wende" verzeichnet ist und für mich eine "wichtige Tat für jemand anderen". Nun, wer mag, kann es glauben oder nicht, etwas nachdenklich hat es mich gemacht, wie viele "Zufälle" zusammenkommen mußten, um nach 32 Jahren in diesem Einödhaus etwas zum Guten auszurichten.
Komme ich heute in Haselberg vorbei, wärmt die Erinnerung an den verstehend-dankbaren Blick des armen Hans mein Herz.

Guter Nachbar ist besser als Bruder in der Ferne

Deutsches Sprichwort

Der Mann, bei dem ein Dutzend Rembrandts hängen...

Hans Mannsbart hat sich ein seltenes Steckenpferd ausgesucht

Abenteuer mögen einem hie und da noch begegnen, geistige Abenteuer sind selten. Wer die Malerei liebt und mit den Meistern auf dem scheu-vertrauten Fuße eines bewundernden Jüngers steht, dem mag es ein geistiges Abenteuer sein, unvermittelt die Wohnung Hans Mannsbarts in Obernzell zu besuchen. In der kleinen, behaglich-bürgerlichen Behausung eines betagten Ehepaars trifft der Gast Rembrandt. Auch Leonardo da Vinci ist vertreten, Wolf Huber, Vermeer van Delft, altdeutsche Meister die Fülle — sind wir einem heimlichen Milliardär auf die Schliche gekommen? Hat da einer die Museen der Welt ausgeraubt?

Ach nein, damit ist es nichts, aber Hans Mannsbart kann trotzdem für das große Staunen sorgen. Der 73jährige versteht es, alte Meister in einer Vollendung zu kopieren, daß man mehr als einen ersten Blick darauf werfen muß, um sich zu überzeugen, wo man ist. Und hätte er nicht in stolzer Bescheidenheit groß ins Bild geschrieben, daß hier kopiert wurde, so müßte wohl ein Sachverständiger nachprüfen, ob es Kopie oder Original ist. Das trifft natürlich nicht überall zu, denn daß Leonardos berühmte Mona Lisa noch immer im Louvre zu Paris hängt, ist niemand verborgen geblieben, aber bei manchem kleinerem Werk mag für einen Laien die Verwechslung schon möglich sein.

Aber Hans Mannsbart ist nie auf die Idee gekommen, nicht zu sagen, was er tut, ebensowenig, wie es ihm einfällt, seine Bilder zu verkaufen. Er malt sie nur aus Freude an der Kunst. Er begibt sich mit jedem Bild erneut auf eine weite geistige Reise, die ihn Verständnis des alten Künstlers lehrt, ihn hinführt zu seiner Maltechnik, seiner Auffassung der Welt und der Dinge, die ihn große Ehrlichkeit lehrt und grenzenlose Liebe zur Kunst. Hans Mannsbart setzt sich nicht einfach hin und kopiert ein Bild, sondern er studiert zunächst den Maler und sein Leben, lernt alles, was er über ihn erfahren kann, liest Fachliteratur und wälzt sogar alte Folianten, um zu erfahren, wie die Maler einst ihre Farben anlegten. Dann vertieft er sich in das Bild, nimmt es in sich auf, versinkt in die Welt eines Rembrandt oder Vermeer, um dann mit dem eigenen Pinsel der Welt vergangener Jahrhunderte neues Leben zu geben.

Diese Arbeit hat Hans Mannsbart beneidenswert jung erhalten, sein Geist sprüht, seine Augen blicken lebhaft wie die eines Zwanzigjährigen, er weiß zu plaudern und zu berichten, daß der Gast nur staunen kann. Wie kommt nun ein studierter Maschinenbauingenier und gewesener heimatvertriebener Gemeindeinspektor zu einem solchen Steckenpferd? Wieso begibt er sich stets wieder ins weite Meer des Geistesabenteuers mit Pinsel und Farbe der alten Meister?

Bei einem Gläschen, mitten unter den Kopien der Großen, berichtet Hans Mannsbart von seinem Leben, das etwas so Typisches für diese Zeit hat. Er stammt aus Znaim in Südmähren und malte schon in den Kindertagen, als der Friede noch über dem Lande lag. Das Land war es auch, das Hans Mannsbart jahrzehntelang die Motive für sein Schaffen gab, denn er kopiert erst seit dem letzten Weltkrieg. Vorher schuf er eigene Arbeiten, der klassischen Maltradition verhaftet, in einem ländlichen Expressionismus, der ihm Anerkennung brachte. Heimkehr vom Feld, das Tischgebet und andere Bilder stellte er bei der Künstlergilde in Znaim aus, der er auch angehörte.

Überallhin begleiteten ihn Farben, Pinsel und Palette, er malte als Soldat, er malte in Freude und Leid, in Kummer und Jubel. Viele, viele Bilder hat Hans Mannsbart in den Jahrzehnten seines Lebens geschaffen, fast alle sind verloren, gestohlen, verdorben in den Wirren von Krieg und Vertreibung.

Die Malerei war es auch, die den entlassenen Ex-Offizier in Passau mit seiner Familie zusammenführte. Er wußte nichts von Frau und Tocher, diese hatten keine Ahnung, wo er wohl geblieben sein könnte. Irgendwie nach Passau verschlagen, suchte Hans Mannsbart nach einer Farbenhandlung, um zu fragen, ob er vielleicht ein paar Ölfarben bekommen könne... Und seine Tochter, ebenso zufällig nach Passau gekommen, hatte sich in ein Farbengeschäft aufgemacht, weil sie der Meinung war, wenn man den Vater wo treffen könne, dann dort... Daß sich die beiden zwischen Farbtöpfen und Tuben dann auch richtig in die Arme liefen, ist ein leuchtender Glücksstrahl im Leben der Familie geblieben, so unwahrscheinlich, daß man es sich kaum zu erfinden getraute!

Hans Mannsbart malte stets, wenn er einen Raum hatte, ein paar Farben und einen Malgrund. Die Amerikaner erkannten sein Talent, und er konnte sich und seine Familie mit Aufträgen über Wasser halten und mit Lebensmitteln versehen. Die Staffelei, die er noch heute benützt, ließ ihm damals ein US-Offizier machen, den er malen sollte.

Mitten in den Nöten und Wirren der Nachkriegszeit fand Hans Mannsbart zu seiner neuen Berufung — dem Eingehen auf die alten Meister. An die 50 Kopien hat er inzwischen geschaffen, teilweise verschenkt, die anderen bewahrt er sorgfältig auf. Die Rahmen macht er sich selbst im Stil der Zeit, die zu den Bildern paßt. Mit Freude hängt sein Blick an jedem Tag, den er als Gottesgeschenk ansieht, an seinen Bildern.

Mit welcher Hingabe sich Hans Mannsbart an die Arbeit macht, kann ein Blick in sein altes Buch lehren, das er auf dem Tisch liegen hat. Es stammt aus der ersten Hälfte des 18. Jahrhunderts, der Titel ist ellenlang und beginnt so: "Die mit vielen raren und curiosen Geheimnüssen angefüllte Illuminir-Kunst Worinnen enthalten: Wie alle Farben künstlich zu bereiten und nützlich zu gebrauchen, Item: Allerhand rare Vergüldungen..."

Das wertvolle Werk will Hans Mannsbart dem Doerner-Institut, der Forschungsanstalt für Maltechniken, vermachen. Er steht mit dieser Gesellschaft ebenso in Verbindung wie mit anderen Instituten, von denen er immer noch zulernen möchte.

Hans Mannsbart, der Könner, als Lernender, vielleicht ist das das Geheimnis seiner begnadeten Kunst? Wie glücklich — trotz aller herben Schläge des Schicksals .. ist doch ein Mensch, der sich bis ins Alter hinein ein solches Aufgehen und eine solche Hingabe an die Kunst bewahrt hat. Hans Mannsbart steht da als ein Beispiel, wie man es machen kann, glücklich zu bleiben.

(Silvester 1970)

Farah Dibas Brieffreundin zaubert Biedermeiersträuße

**Die Hobbys von Christine Pilsl —
Kunsthandwerkerin und Fußballschiedsrichterin in einem**

Hauzenberg. Leidet man nicht zu sehr an männlicher Überheblichkeit (für die Weiber die drei K: Kinder, Küche Kirche!!) und hat man noch dazu Spaß an Menschen, die Ideen und geschickte Hände haben, um sie in die Tat umzusetzen, denkt man außerdem noch an's Jahr der Frau und was man ihm schließlich schuldig ist — dann kommt man ganz zwangsläufig dazu, Christine Pilsl in Hauzenberg zu besuchen. Geht man dann, ist man reicher. Denn die biedere Hauzenberger Hausfrau und Mutter von zwei Töchtern ist so mancherlei, was man nicht hinter ihr vermutet hätte. Eine leibhaftige, geprüfte Fußballschiedsrichterin, und man fragt sich, ob man sich getraut hätte, ihr zuzurufen "Schiri ans Telefon!" Dazu eine Sparkassenleiterin in Germannsdorf, die der Einfachheit halber auch gleich ihr Büro selber putzt, wenn der letzte Kunde gegangen ist. Die Brieffreundin der persischen Kaiserin Farah Diba, deren mit dem kaiserlich-persischen Staatswappen gezierten Briefe die Postboten unwillkürlich zu einer tiefen Verneigung genötigt haben. Die von der Schauspielerin Maria Schell bevorzugte Lieferantin von Biedermeiersträußen, die vom ehemaligen Regierungspräsidenten Riederer hochgeschätzte, sachkundige Wiederherstellerin vergammelter Bauernmöbel, die tüchtige Hausfrau, deren Wohnung derart heimelig und gemütlich eingerichtet ist, daß man nur mit sanfter Gewalt zum Gehen genötigt werden kann, die Frau, die Mutter, die Tochter und Enkelin, die ihrer Großmutter Maria Süß, in Hauzenberg noch in bester Erinnerung, das meiste von dem verdankt, was sie heute kann. Und das ist nicht wenig. Christine Pilsl machte eine Menge Dinge, von denen jeweils ein paar schon genügen würden, einen gewöhnlichen Menschen vor Stolz über seine Fähigkeiten zerplatzen zu lassen. Da sind einmal die herrlichen Hinterglasbilder, an verschiedenen Stellen des Hauses recht wirkungsvoll plaziert. Niemand hat der jungen Frau diese Technik besonders beigebracht, aus ihr selbst heraus kommt das Können, kommen Strich, Komposition und Farbgebung. Der Eindruck ist bemerkenswert, ebenso wie bei den spärlich von ihr erhaltenen Bilder aus der "frühen Periode". Sie hätte Malerei studieren sollen.

Aber auch so verkümmert ihr Talent nicht, sie weiß damit zu wuchern. Ihr künstlerischer Blick gestattet es ihr, Bauernmöbel und andere alte Möbel fachkundig zu restaurieren, dabei tut sie alles selbst in ihrer Werkstatt hinten im Hof, die so gemütlich aussieht wie aus einem alten Bild gesprungen. Sie bemalt alte verbeulte Milchkannen, daß man hinterher meint, sie wären aus dem Museum gestohlen, dasselbe tut sie mit einem alten Hausapothekenkastl, das andere Leute wahrscheinlich weggeschmissen hätten. Nun ist es ein Prunkstück. Einen Böhmschuh bemalt sie künstlerisch und für einen alten Pferdeschlitten, der heute im Flur die Blumen trägt, hat sie gar die alte Restaurierungsmethode mit Ochsenblut wieder ins Leben gerufen. Man steht und staunt.

Aus einem alten, geflochtenen Brotkorb entsteht unter Christine Pilsls geschickten Händen eine hübsche Lampe für die Küche, andere Lampenschirme bastelt sie ebenfalls zusammen, alles mit viel Geschmack und Geschick. Bunte Sacktücher für die Schnupfer werden bei ihr Kissenhüllen für die Bauernstube, das schmiedeeiserne Gitter eines alten Kachelofens hat sie so wieder hergerichtet, daß es heute das Wohnzimmer aufs beste schmückt. Alte Petroleumlampen, mit Schirm und Zug, die im Besucher wehmütige Erinnerungen an die Kindheit hervorrufen, wurden unter den Händen der geprüften Fußballschiedsrichterin zum Schmuck-Mittelpunkt des Zimmers.
Ihr Können, ja ihr Genie darf man wohl sagen, kommt zum Vorschein, wenn die Brieffreundin Farah Dibas Biedermeiersträuße herstellt. Das meiste dafür sammelt sie auf Spaziergängen im Walde auf, Zapfen, Gräser, Blätter, einiges muß man auch in Spezialgeschäften kaufen. Aber Christine Pilsl setzt den Ehrgeiz darein, das meiste selbst zu sammeln und die Sträuße, ihre Idee, ihre Gestaltung, sind ganz ihr eigenes Werk. Das, was geschickte Frauenhände vermögen und was eine liebevolle, genau beobachtende Phantasie dann zustande bringt, das ist des Ansehens wert. Durchaus auch für ein Mannsbild und deshalb hat auch Regierungspräsident Riederer einen solchen Strauß bei sich stehen, deshalb wartet Maria Schell geduldig, bis Christine Pilsl Zeit hat, ihr einen besonders schönen Strauß zu machen.
Es scheint, als ob Christine Pilsl ein schönes, harmonisches, reiches Leben führt, reich an Schönem, an Selbstverwirklichung, an Freude für sich und die Menschen, die diese Freude mit ihr teilen. Es scheint so und es ist so. Dabei hat man es dem kleinen Christinchen nicht an der Wiege gesungen, daß es ihr einmal so ergehen würde. ihr Vater fiel im Kriege, ihre Mutter mußte sich hart durchschlagen und heiratete wieder, der Stiefvater, verständnisvoll und fördernd für ihre frühen Talente, starb ebenfalls, es hieß zu lernen, zu arbeiten, etwas zu werden. Schon daß das junge Mädchen Mut und Lust hatte, mit einer persischen Prinzessin zu korrespondieren, die später einmal Kaiserin werden sollte, das zeigt bereits, was mit ihr los war. Sie schrieb englisch, Farah Diba französisch und als Helfer und Übersetzer war Franz Morawek dabei, heute ein alter Herr, dem Christine Pilsl aber gern und mit Wärme erinnernde und dankende Worte widmet.
Aus dem jungen Mädchen wurde die junge Frau, die Beruf, Familie Hausbau und Haushalt trefflich mit ihren Hobbys zu vereinen weiß. Es tut gut, einen solchen Menschen kennenzulernen, die Welt scheint dadurch wieder etwas mehr ins Lot zu kommen. Nichts Materialistisches, nichts bloß vom Habenwollen und Nehmenmüssen, sondern viel vom Schönem, vom Ideellen, vom bloßen Spaß am Schöpferischen, am Selbermachen, Selberkönnen. Ohne Hintergedanken, ohne Nebenzweck, nur "einfach so". Uns erscheint so etwas herrlich, bemerkens- und erzählenswert. Deshalb haben wir einen weihnachtlichen Besuch bei Christine Pilsl und ihrer Familie gemacht, haben ihre Hinterglasbilder, ihre Sträuße, ihre Erntekrone, ihre schönen Möbel und schließlich sie selbst aufrichtig bewundert. Die Welt ist reicher, in der solche Menschen wohnen und Weihnachten ist schöner. *(24.12.1975)*

In der Gebrechtsmühle wohnt ein berühmter Künstler

Christian Goller ist Maler und Restaurator — Alte Mühle wurde bewahrt

Untergriesbach. Man könnte eine Wette leicht gewinnen mit der Frage — wer kennt die Gebrechtsmühle? Nur ein paar Eingeweihte (und die Nachbarn aus Lämmersdorf natürlich!) wüßten es, sonst aber ist das auch "Hanslmühle" genannte Gebäude weitgehend unbekannt. Aber keineswegs Leuten, die mit Kunst zu tun haben. Ihnen ist in der ganzen westlichen Welt bis hin zu den USA der Name Christian Goller und Gebrechtsmühle ein Begriff. Und zwar ein Begriff für höchste Kunstfertigkeit, verbunden mit einfachem Wesen und Kenntnisssen, die tiefer gründen als akademische Weisheit.

So kommt es, daß hierzulande ein Mann lebt, den jedermann kennt (er ist in seiner Größe auch nicht gut zu übersehen!), der ein Nachbar und Freund ist, von dem man aber kaum recht viel mehr weiß, als daß er "schee moit" und einmal in die internationalen Schlagzeilen kam. Machen wir also einen "Besuch beim Nachbarn" und stellen wir Christian Goller vor, der sich bescheiden "Maltechniker" nennt, jedoch ein vielseitiger, faszinierender Künstler von hohen Graden ist. Zur Biographie. Christian Goller ist heute 43 Jahre alt, verheiratet und stammt aus Oberbayern. Er ging in die Volksschule und erlernte dann das Retuscheurhandwerk, arbeitete als Tiefdruckretuscheur beim Süddeutschen Verlag in München. Schon als Bub interessierte er sich für die alten Meister und ihre Technik, las alles, was er dazu finden konnte, versuchte selbst, herauszubringen, wie "sie es gemacht haben" und hatte damit auch Erfolg. Er wechselte ins Fach des Restaurators, lernte diese Arbeit gründlich und beschäftigte sich daneben noch mit einer Fülle von "Nebenwissenschaften" wie Chemie, Optik usw. Wandgemälde und Tafelbilder zu restaurieren war eine ganze Zeit die Hauptbeschäftigung des jungen Christian Goller, er arbeitete bei Firmen, schaute aber schon damals weit hinaus über den engen Horizont des Kunstzweiges. Er lernte weit mehr, als ihm ein Meister beibringen konnte — durch eigene Bemühung, durch Studium und das, was man heute mit dem englischen "trial and error" (also Versuch und Irrtum) bezeichnet. Christian Goller selbst, der wie viele große Künstler nichts Rechtes mit dem Akademiebetrieb anfangen konnte, nennt sich untertreibend "Autodidakt" und "Maltechniker". Seit seinem 23. Lebensjahr ist er selbständig und seitdem ist sein Ruf immer nur noch gewachsen. Er ist gefragt, wird gesucht, geholt, gebeten. Alte Fassaden entstehen unter seiner kundigen Hand neu (so wie in Passau am "Wilden Mann"), alte Bilder bekommen wieder Glanz und Ansehen und selbst das, was verloren war, schafft er neu. Aus seinem Genius heraus und mit viel Schweiß, Mühe und Detailkenntnissen! Ein Beispiel dafür konnten wir erleben, als wir zu "Besuch beim Nachbarn" waren.

Vor einigen Jahren zerstörte ein Brand die Stadtpfarrkirche in Bad Orb und vernichtete dabei den Altar des "Meisters der Darmstädter Passion". Er entstand 1450 und zufällig waren Flügel dieses Altars im vorigen Jahrhundert nach Berlin verkauft worden. Vom Altarkernstück, das in Bad Orb verblieben

Meisterhaft versteht es Christian Goller, Gemälde alter Meister in überlieferter Technik und mit selbstgemachten Farben wiederherzustellen.

war, gab es gute Farbdias. Es verstand sich von selbst, daß Bad Orb bei der Wiederherstellung des Altars Christian Goller herbeirief. Er kennt sich aus mit den alten Farben (und versteht sie noch so zu mischen, wie dies um 1450 üblich war) er kennt die Maltechniken der alten Meister und so hat Christian Goller seit vielen Monaten an der vollkommenen Wiederherstellung des Altars von Bad Orb gearbeitet und setzt diese Tätigkeit auch weiter fort.
Als wir ihn besuchten, hatte er gerade die "Anbetung der Hl. Drei Könige" vor sich, weitere Arbeiten wie der Gnadenstuhl, Maria mit dem Kind, die Kreuzabnahme, usw. sind entweder bereits vollendet und nach Bad Orb gebracht oder sie stehen auf seinem Arbeitsplatz für die nächsten Monate. Pfingsten soll der neuerstandene Altar in Bad Orb der Öffentlichkeit gezeigt werden und dann wird wieder die Frage gestellt werden: Wo ist Gebrechtsmühle?
Nun, wo ist sie nun wirklich? Hinter Lämmersdorf, am "Waldfriede" vorbei, durch die Schleifermühle buchstäblich hindurch und dann — am rauschenden Mühlbach steht es, das Haus wie aus einer Eichendorff'schen Geschichte. Christian Goller, der diese Gebrechtsmühle 1970 kaufte, sieht es als einen Glücksfall an, daß die damaligen Besitzer kein Geld für "Modernisierungen" hatten. So übernahm er das Haus zwar in einem desolaten Zustand, dafür aber original aus der Entstehungszeit um 1818. Die Hanslmühle war etwa 1816 abgebrannt, Goller fand bei der Restaurierung feuergeschwärzte Mauerreste und das Türgericht weist die Jahreszahl 1818 auf. Im "ländlichen Empirestil" wurde die einsame Waldmühle damals aufgebaut und so sieht sie auch heute wieder aus. Aber wieviel Mühe und Kosten standen davor, ehe es soweit war! Christian Goller zeigt dem Besucher ein Album, in dem Bilder sind vom ursprünglichen Zustand über die schlimme Bauphase bis zur Vollendung. Aus der Mühlstube wurde das große Atelier, aus den übrigen Räumen des alten Hauses eine mit erlesenem Geschmack ausgestattete Wohnung voller Kunstwerke. Goller sammelt und da er etwas versteht, hat er sich eine Heimat geschaffen, die den unvorbereiteten Besucher sozusagen umhaut. Ganz unmöglich, zu beschreiben oder gar aufzuzählen, was sich da alles um den Künstler herum zusammengefunden hat, um ihm das Ambiente zu geben, das er braucht, um seine unersetzbare Arbeit der Bewahrung alter Kunstwerke zu tun.
Christian Goller würde selbst gern eigene Bilder malen, er neigt "phantastischem Realismus" zu, aber da er so gefragt ist, findet er für eigene Arbeiten kaum Zeit. Sehr schade, das ist das einhellige Urteil aller Kenner, die Arbeiten von Christian Goller sehen dürfen. So ist der "Maltechniker" Christian Goller in der ganzen Bundesrepublik und im europäischen Ausland unterwegs, hier eine Barockkirche wieder in den ursprünglichen Zustand versetzend und dabei über die Putzfrauen fluchend. Er nennt sie, was Zerstörung von Kunstwerken angeht "schlimmer als der Zweite Weltkrieg", denn das ewige feuchte Wischen der "Putzteufel" zerstört alles, was nur in Reichweite ist! Kuriose Dinge erlebt Christian Goller dabei.
Nach dem Kriege, als aus den Zerstörungen die Gebäude erneut entstanden und die Kunstwerke wiedergeschaffen wurden, da kam es zu den irrwitzig-

sten Aktionen. Goller kam in eine Stadt (deren Name gnädig verschwiegen sein soll) in der man moderne Gemälde in alte Rahmen montiert hatte und um Verständnis dafür bat, "daß sich die Besucher erst an die alten Rahmen gewöhnen müssen!" Zum Glück ist dieser Unsinn aus den Köpfen hinweggefegt worden und heute wird alter Kunst wieder der ihr zukommende Stellenwert eingeräumt und neuer Kunst der Platz gegeben, den sie verdient. Daß der Maltechniker Christian Goller mit seinen selbstgemischten Naturfarben da gefragt ist, wundert nicht. Goller macht überhaupt kein Geheimnis daraus, daß er vor einigen Jahren als "genialer Fälscher" in die internationalen Schlagzeilen geriet. Es ging dabei um ein Bild von Matthias Grünewald, das seit 1614 von den Schweden entführt als verschollen und vernichtet galt und so auch in allen Kunstgeschichten steht. Es gibt aber eine Zeichnung als Vorstudie dazu und der junge Maler Christian Goller setzte sich hin und schuf in einem Geniestreich dieses Grünewaldbild neu. Er "fälschte" es keineswegs und er signierte es auch nicht mit dem Namen des Meisters, sein Käufer, der ihm damals 4000 DM dafür gab, wußte auch, daß er dieses Bild neu gemalt hatte. Aber nun kam der "kostbare Grünewald" plötzlich in die USA, wechselte dort für 3,7 Millionen DM den Besitzer und hing im Cleveland-Museum. Und wurde in kunstgeschichtliche Bücher aufgenommen! Eines zeigt Christian Goller dem Besucher, der verblüfft vor dieser fabelhaften Neuschöpfung steht. Ein Grünewald!
Goller hörte damals im Radio, in den USA sei ein "Kunstskandal" aufgedeckt worden und eine "Grünewaldfälschung" entlarvt, die "Spur führe nach Niederbayern". Im Nu wurde er in die Schlagzeilen gehoben, aber die ganze Anklage als Fälscher fiel in sich zusammen — das Gollersche Grünewaldbild wird aber noch heute von vielen Kunstfreunden gern angeschaut und bestaunt. Sicher könnte der so erfrischend natürliche, überhaupt nicht "künstlermäßig-überspannte" "Hanslmüllner", wie er sich auch gern nennt, noch viele heitere und nachdenkliche Geschichten erzählen. Aber er kehrte zur Staffelei zurück, während wir noch vor dem Kamin sitzenblieben und ihm zuschauten. Dabei ging uns so manches durch den Kopf von Kunst und Zeit, von Menschen und Moden und wir freuten uns, einen so interessanten, so faszinierenden "Nachbarn" zu haben. Ihn zu besuchen war wirklich keine vertane Zeit gewesen!

(11.1.1986)

Aus dem Austragsstüberl ein Blick zurück in Kindheit und Jugend

Maria Hödl aus Renfting schreibt ihre Lebenserinnerungen — Lesenswerte Köstlichkeiten

Hauzenberg/Renfting. "Schon seit vielen Jahren hab' ich mir vorgenommen, wenn ich im Austrag bin und Zeit hab', dann schreib ich nieder, wie es in der Kindheit und Jugend war", sagte die Altbäuerin Maria Hödl aus Renfting und schob uns vier Schulhefte über den Tisch, in denen mit sauberer Schrift niedergelegt ist, was ihr erwähnens- und erinnernswert war. "Heute ist das ja modern geworden, die 'Herbstmilch' von der Wimschneider hab' ich gelesen und auch 'Kopfsteinpflaster'. Wahre Bücher — aber ich bin von selber draufgekommen und schon lange vorher — netta Zeit hab ich nie ghabt zum Niederschreiben."

Heute aber hat sie Zeit, die muntere Altbäuerin, die herzerfrischend zu plaudern weiß und deren Fröhlichkeit, Zufriedenheit und Gläubigkeit ansteckend ist. So sehr, daß wir "zu Besuch beim Nachbarn", uns verratschen, viel länger bleiben als wir eigentlich wollten und dann mit den Schulheften abziehen, um auch anderen Menschen die Freude zu gönnen, zu lesen, was Maria Hödl geschrieben hat. Sie tat es zuerst nur, damit die Kinder und Enkel auch erfahren, wie es einmal gewesen ist, dann aber, als die Geschichte wuchs und sich ausdehnte, da kam es Maria Hödl auch in den Sinn, es wäre doch schön, ein kleines Buch daraus zu machen. Warum auch nicht? Keine Zeit vorher hat einen so raschen, grundlegenden Umbruch aller Lebensumstände auf dem Lande gebracht wie unsere. Schon verstehen die Kinder die Sprache der Eltern nicht mehr, schon ist die natürliche Kluft zwischen den Generationen zu einem Abgrund geworden, über den man kaum mehr hinüberschreien kann! Aber wer nachdenklich geblieben ist, dem wird es wünschenswert erscheinen, zu erfahren, woher die Elterngeneration ihre Eindrücke und prägenden Erfahrungen genommen hat.

Maria Hödl, in ihrer schmucken Austragswohnung im kleinen Dorf Renfting hat uns ihre Lebenserinnerungen anvertraut und je weiter wir im Lesen fortschritten, desto mehr wußten wir, daß sich viele Menschen daran freuen werden. Es kann schon sein, daß nächstes Jahr um diese Zeit das schmale Bändchen zu haben ist und sich viele Menschen hier beim Lesen erinnern werden und laut rufen (wie wir es taten): "Ja, genau! So ist's gewesen!"

Nehmen wir unseren Besuch beim Nachbarn als Gelegenheit wahr, heute schon ein paar Proben aus dem Manuskript sozusagen als "Appetitmacher" unter die Leute zu bringen.

Maria Hödl wurde als Maria Windpassinger in Glotzing geboren, ihr Bruder ist der Altbürgermeister von Jahrdorf, ihre Mutter stammt aus dem Prüglhof in Matzenberg, sie hat dann ins benachbarte Renfting geheiratet. So ist alles

das, was die Altbäuerin zu erzählen hat, unmittelbare Geschichte der eigenen, engeren Heimat. Vor allem über Sozialgeschichte und das muß heute, mitten im sozialen Umbruch des Jahrtausends, besonders fesseln.
Wandern wir nun durch das Manuskript und picken wir uns da und dort eine Kostprobe heraus: "...Wir Kinder hatten alle den gleichen Taufpaten, es war der Prügl Göd aus Matzenberg, Mutters Heimat. Zu Fuß kam er jedesmal zur Taufe, zwei Stunden weit und da kam es einmal vor, als meine jüngste Schwester getauft wurde, daß er zu Hause ihren Namen nicht mehr wußte, und den Kalender brauchte, um herauszufinden, das es eine Sabina war..."
Und dann erinnert sich Maria Hödl ans Schulgehen: "Unser Schulweg war ein richtig steiniger Feldweg, hinunter über unsere Hofwiese, vorbei an einem kleinen Quellenteich, daneben einige alte Kirschbäume und dann zum Ederhäusl, wo ein böse bellender Hund am Zaun hing. Ein kleiner Haselnußhain, daneben knorrige Eichen und dann weiter hinunter über die Hosweber Woad hin zum Staffelbach. Da kam dann die wackelige Steinbrücke, sie war nicht ungefährlich, besonders bei Hochwasser. Einmal ist ein kleines Mädchen mit sieben Jahren trotzdem rübergelaufen und wurde dabei von den Fluten mitgespült und ertrank. Am Spätnachmittag haben es die Dorfleute gefunden, seit dieser Zeit ist am Brückenende ein Kreuz angebracht..."
Maria Hödl ging ins Mädchenschulhaus, heute Rathaus und sie hat lebhafte Erinnerungen, wie es damals dort war: "Öfters waren wir noch mit einer älteren Klasse zusammen in einem großen Schulzimmer. Unten links im Mädchenschulhaus war die Lehrerinnenwohnung, die Schulzimmer waren recht groß und jedes wurde von einem Kachelofen geheizt. Diejenige, die am nächsten bei der Ofenbank saß, mußte immer die Buchenscheite nachlegen. Die Schulputzerin mußte alle Arbeit allein verrichten, in allen Zimmern einheizen, für Holz sorgen, putzen usw. im Sommer wurde für den nächsten Winter das Holz klein gemacht und vor den großen Ferien mußten die Mädchen von den oberen Klassen armweise die Buchenscheite zum Dachboden hinauftragen, das ersetzte dann die Turnstunde..."
Sehr wach war bereits das von streng religiöser Erziehung geprägte soziale Bewußtsein des Kindes Maria, das zusammen mit den Kindern der Häuslleut aufwuchs. "Dicht neben dem Elternhaus meiner Freundin Rosi stand ein uraltes Inhäusl. Da wohnte die Marei drin, ganz ärmlich, geschlafen haben die größeren Kinder am Heuboden oben, wo eine Falltür hinaufging. Im Winter hat es ihnen das Tuchert gefroren beim Aus- und Einatmen. Mareis Vater konnte so schöne Geistergeschichten erzählen, aber dann haben wir uns recht gefürchtet..." "...wenn ich mir heute die Zustände betrachte, unter denen damals die Häuslleut lebten! Als ich einmal die Nachbarkinder abholte zur Schule, da saßen sie bei einer Schüssel Ziegenmilch, ihr Vater war Frührentner und die Not war Dauergast bei dieser kinderreichen Familie. Der Vater saß mit dem Stock dabei und jedes Kind durfte nur jeden vierten Löffel Milch mit einem Brocken Brot auffüllen, sonst bekam es mit dem Stock eins auf die Hand! Acht Kinder waren in dieser Not zu Hause und wenn nicht hin und wieder die Bäuerin beim Brotbacken einen Laib geschenkt hätte, wäre oft nur eine

Schüssel Ziegenmilch und ein paar Erdäpfel die Hauptnahrung gewesen. Der Vater wurde von den Kindern in einem Leiterwagerl herumgefahren, weil er sich nur gebückt mit zwei Stöcken fortbewegen konnte. Sobald die Kinder ein wenig bei Kräften waren, halfen sie bei den Bauern mit ums Essen. Die Stube, in der sie wohnten, war klein und dunkel, in der hinteren Ecke stand das Bett des Vaters, der ja nicht mehr über die Stiege gehen konnte. Die beiden Schlafkammern waren oben, ungeheizt im Winter, die Fenster schlossen schlecht und zwei und drei Kinder mußten die Betten miteinander teilen..."
Aber auch den Bauern ging es damals nicht gut, Bargeld war wenig im Haus und Maria Hödl erinnert sich mit köstlichem Humor an ihre Erstkommunion. "Zu Fuß gingen meine Eltern und ich den alten Schulweg, ich hatte einen alten Wintermantel an von meiner Schwester, der ihr zu klein war. Mein Vater trug einen Karton, in dem sich meine Kommunionsachen befanden, bei Bekannten in Hauzenberg durfte ich mich dann umziehen, mein Kleid hatte mir unsere Störnäherin, die Dichtl Rosi aus Gruppenberg genäht. Sie brauchte drei Tage dazu, unten waren drei Reihen Rüschen dran und ich fand mich sehr schick darin! Meine langen dicken Zöpfe hatte mir meine Mutter mit zwei großen weißen Schleifen zusammengebunden, nur die Schuhe paßten nicht, die hatten meine beiden Brüder schon zur hl. Kommunion bekommen..."
"...In dieser Zeit war auch der Reischl-Schuster auf Stör da, ganz hinten in der Stube an der langen Bank hatte er seinen Schusterstuhl und Dreifuß aufgestellt. Wir Kinder rissen ja auch viel Schuhzeug zusammen und für den Winter mußten die Schuhe wieder neue Ledersohlen bekommen. Wenn es im Herbst noch trocken war, durften wir vom Vater aus nicht mit Lederschuhen zur Schule. Er sagte immer, jetzt könnt ihr ruhig noch mit den Holzschuhen laufen, die sind billiger! Einmal konnten meine Eltern die Bezirksumlage nicht bezahlen, da kam der Gerichtsvollzieher zum Pfänden eines Schweins, so zornig, wie damals meine Mutter wurde, weiß ich es nie, sie hatte einen Schuh in der Hand und wollte wohl fest zuschlagen..."
Diese wenigen Kostproben aus den Heften, in denen Maria Hödl aus Renfting ihre Erinnerungen niedergeschrieben hat, machen Appetit auf mehr. Mit gesundem Realismus weiß die Altbäuerein, daß niemand ihr die Mühe abnimmt, ein Büchlein daraus zu machen. Wirklich niemand? Wollen einmal sehen, ob aus dem Besuch bei der so herzerfrischend plaudernden Nachbarin nicht doch mehr wird... Übers Jahr sprechen wir uns wieder und dann sind bestimmt viele neue Früchte vom reichen Lebensbaum dieser braven, frommen, dabei so lebfrischen und natürlichen Frau zu pflücken...

(Ostern 1986)

Ein Untergriesbacher als Helfer der Sprachbehinderten

Professor Dr. Michael Atzesberger wird 60 — Viele wichtige Veröffentlichungen

Untergriesbach. Im Jahre 1980 kann ein Untergriesbacher den 60. Geburtstag feiern, den man mit Recht als einen "großen Sohn der Gemeinde" bezeichnet. Der heute in Lahnstein lebende und an der Erziehungswissenschaftlichen Hochschule in Koblenz lehrende Gelehrte hat sich überragende Verdienste gerade um die Sonderpädagogik für behinderte Kinder, vor allem für Sprachbehinderte, erworben. Professor Dr. Michael Atzesberger ist in mehrfacher Hinsicht ein interessanter Beweis dafür, daß gängige Vorurteile über das, was jemand im Leben erreichen kann, nicht immer stimmen. Der Bub wuchs in Untergriesbach auf als Sohn einfacher Leute, seine Eltern mußten schwer und mühsam um ihre Existenz ringen. Harte Arbeit in der Landwirtschaft, ebenso harte Arbeit als Totengräber — das war der Alltag des Vaters des jungen Michl, die Mutter hatte neben der Schufterei und Sorge für die Familie noch die Aufgabe, den Kindern den Lebensweg zu ebnen. Daß man dies vermochte, trotz widrigster, schwerster Zeit, daß man den hochbegabten Buben studieren ließ, ist ein Beweis dafür, daß selbst unter schlechten wirtschaftlichen und sozialen Voraussetzungen Bildung möglich ist, wenn man nur will.

Michael wollte, er war ein fleißiger, begabter Bub und nahm alle Widrigkeiten, die damals mit dem Besuch einer höheren Schule verbunden waren, gern und willig auf sich. Aber seine Prüfungen waren damit nicht zu Ende. Michael Atzesberger, Jahrgang 1920, war ein Soldat der ersten Stunde im Zweiten Weltkrieg und er kämpfte tapfer an der Front. Mehrmals aufs schwerste verwundet, kehrte er schließlich heim, so stark behindert, daß sich manch anderer mit Rente zur Ruhe gesetzt hätte.

Nicht so Michael Atzesberger, seine schweren Verwundungen, die Schmerzen und die Behinderungen waren ihm nur Ansporn, jetzt noch mehr zu leisten. Vorbild und Hilfe waren und blieben ihm dabei die Eltern, zu denen er stets ein liebevolles Verhältnis hatte, so wie er auch immer gern in seine Heimat Untergriesbach zurückkommt und es als einen Ehrennamen ansieht, daß man ihn hier immer noch nur den "Grabermichl" nennt. Michael Atzesberger studierte fertig, wurde 1947 erst Volksschullehrer, dann Sonderschullehrer. Seine vielfältigen eigenen Behinderungen durch die Verwundungen gaben ihm in reichem Maße Verständnis und Zuneigung zu anderen behinderten Menschen ein, eben zu Kindern, die er besonders erfolgreich unterrichtete.

Michael Atzesberger promovierte im Fach Psychologie, er ist diplomierter Heilpädagoge und wurde 1961 als Lehrbeauftragter, 1962 als Dozent an die Pädagogische Hochschule Koblenz berufen. Seit 1969 ist er ordentlicher Professor an der Erziehungswissenschaftlichen Hochschulabteilung Koblenz und seit 1970 Leiter des Seminars für Psychologie. Von 1973 bis 1976 leitete er das

Forschungsprojekt Legasthenie (Leseschwäche) im Auftrag des Kultusministeriums in Mainz und des Wissenschaftsministeriums in Bonn.

Aus dem kleinen, barfüßigen Buben, der in Untergriesbach herumlief, ist nun das geworden, was man in Deutschland am höchsten schätzt — ein Professor, ein Wissenschaftler und ein Mann dazu, der aus seiner Wissenschaft praktischen Nutzen für seine Mitmenschen ableitet. Und da setzt nun der eigentliche Grund ein, warum man das Jahr 1980, das nun anbricht, in Untergriesbach besonders beachten sollte. Ein Mitbürger, ein von hier abstammender Mann hat sich mit gutem Recht den Ehrentitel "Engel der Lernbehinderten" verdient.

Vor uns auf dem Redaktionsschreibtisch liegen vier Bücher, die Professor Dr. Michael Atzesberger geschrieben hat. Wir gestehen gern, daß ihre Lektüre uns Mühe gemacht hat, aber daß wir sie mit tiefer Bewegung aus der Hand gelegt haben. Sie sind das Resümee eines ganzen Lebens voller Hingabe an die Behinderten und die wissenschaftliche Ernte einer unermüdlichen Forschertätigkeit.

Da ist zunächst einmal das Buch "Sprachaufbauhilfen für geistig Behinderte". Man hat ja heute gelernt, diese Bedauernswerten nicht mehr als "Deppen" anzusehen und zu isolieren, sondern man sucht ihnen Hilfen zu geben und sie zu integrieren. Dr. Atzesberger hat dazu grundlegende Erkenntnisse beigesteuert, die Grundfragen des Spracherwerbs bei ihnen untersucht, den Sprachgebrauch selbst klar dargestellt und dann daraus "Sprachaufbauhilfen" abgeleitet. Sein Buch, 1978 erschienen, fehlt in keiner Bibliothek von Sonderschulen und anderen Anstalten, in denen geistig Behinderte betreut werden. Es sollte — so jedenfalls will es uns nach der Lektüre scheinen — auch zum Rüstzeug jedes Studierenden werden, damit schon Anfänge erkannt werden können.

In ähnlicher Weise befaßt sich sein Buch "Sprachaufbau, Sprachbehinderungen, Pädagogische Hilfen" mit diesem heute so weitverbreiteten Problem, allerdings diesmal nicht auf die geistig Behinderten beschränkt, sondern für die Pädagogik allgemein gedacht. Ist es doch heute so, daß von 100 "normalen" Volksschulkindern zwischen 20 und 30 Prozent Sprachbehinderungen aufweisen? Was früher nicht erkannt wurde, wird heute sehr sorgfältig untersucht und — nicht zuletzt dank der wissenschaftlichen Arbeiten des Untergriesbachers — gibt es wirksame Hilfen. Man kann dies hierzulande bestens studieren an den sprachheilkundigen Initiativen der Sonderschule Hauzenberg, die mit ihren fachlich besonders qualifizierten Pädagogen schon zahlreichen Kindern geholfen hat.

Pädagoge aus Bewunderung und Leidenschaft und selbst bewährter Praktiker, hat Professor Dr. Michael Atzesberger noch ein weiteres Buch verfaßt, zusammen mit seinem Kollegen Herbert Frey. Es heißt "Verhaltensstörungen in der Schule" und gliedert sich in eine Darstellung der Erscheinungsformen, die Diagnostik und der Behandlung. Dieses Buch ist mit vielen Beispielen aus dem Schulalltag angereichert, nicht nur ein wissenschafliches Fundamentwerk für Erzieher, sondern sollte auch allen erzieherisch interessierten Eltern zugänglich gemacht werden. Manch einem Vater, manch einer Mutter würde

da ein Licht aufgehen und durch rechtzeitiges Einwirken könnte viel Unheil verhindert werden.
Sozusagen als Krone seiner bisherigen Arbeiten und als eine Art Geburtstagsgeschenk zum 60. ist geade in diesen Tagen ein neues Buch des Untergriesbachers erschienen. "Einführung in die Tiefenpsychologie und Kinderpsychotherapie". Atzesberger hat es in diesem Buche hervorragend verstanden, die bestimmt nicht leichte Materie der Tiefenpsychologie so darzustellen, daß man sie auch als Laie verstehen kann. Er zieht dazu auch die neuesten Veröffentlichungen heran und — das ist sein Hauptverdienst — faßt zusammen, was daran bedeutsam ist in einem weiten Bogen von Sigmund Freud bis Ginoot aus New York, der wesentliche Erkenntnisse zur gemeinsamen Therapie für Kinder und Eltern beigesteuert hat. Professor Dr. Atzesberger hat sein Buch in erster Linie für Studierende der Psychologie, Pädagogik und Medizin geschrieben und dazu als Grundinformation für Personen aus diesen Kreisen. Da muß man ihm recht geben, gerade Mediziner in der Praxis sollten sein Buch in die Hand nehmen, auffrischen, was sie früher gehört haben und es ergänzen mit dem, was inzwischen neu dazugekommen ist.
Leib und Seele hängen enger zusammen, als man bisher wahrhaben wollte, und viele Krankheiten, die der praktizierende Arzt behandelt, sind unerkannte Krankheiten der Seele. Vor allem auch bei Kindern, und da kann wieder dieses verständnisvolle mit viel Liebe und Hinwendung geschriebene Buch helfen.
Die Ernte eines wissenschaftlichen Lebens kann hier nicht in ein paar Zeitungsspalten gewürdigt werden, das ist klar. Was wir darstellen wollten ist, daß der Markt Untergriesbach stolz sein darf auf den "Grabermichl", auf Professor Dr. Michael Atzesberger, der aus sehr kleinen Anfängen groß geworden ist und der uns allen in seinem Kampf und Erfolg ein Beispiel ist und bleibt. Überflüssig zu sagen, daß er selbst so bescheiden ist, daß er möglicherweise damit gar nicht einverstanden ist, was hier geschrieben wurde, aber als Psychologe und Pädagoge wird er es sicher tolerieren. Und zum 60. Geburtstag darf man schon einmal ein wenig loben!
Also die besten Wünsche nach Lahnstein aus Untergriesbach an diesem Silvestertag, gerade ehe das Jahr 1980 anbricht und herzlichen Glückwunsch, lieber Professor.

(Silvester 1979)

Arbeit, Kameradschaft und Todeserlebnis in der Graphitgrube

Langgediente Bergleute erinnern sich — Mit ihren eigenen Worten wird eine Welt lebendig

Kropfmühl. Weihnachten als Fest der Christenheit zur Feier der Geburt ihres Erlösers hat einen sehr starken Bezug auf die Menschen selbst. Denn die Gestalt und Mission Jesu Christi ist ohne die Menschen, an die er sich gewandt hat und durch seine Lehre noch heute wendet, gar nicht denkbar. Jesus selbst hat diese besondere Betonung seiner Lehre für die Menschen stets in den Vordergrund gestellt und, was heute gern vergessen wird, er umgab sich einst ausschließlich mit einfachen Menschen, mit Arbeitern. War auch die soziale Struktur damals vor 2000 Jahren anders als heute, so ist doch auffällig welch besondere Hinwendung Jesus zu den arbeitenden Menschen zeigte. Sein Vater war Zimmermann und auch Jesus hat, ehe er zu seiner Lehrmission aufbrach, als Handwerker gearbeitet.

Es erscheint und deshalb als eine besonders sinnige Weihnachgsgeschichte, einmal aus dem Leben und Denken unserer arbeitenden Bevölkerung zu berichten. Da paßte es sehr gut, daß die Graphitwerk Kropfmühl AG anläßlich der Ehrung ihrer Arbeitsjubilare etwas tat, das bisher noch keinem Betrieb eingefallen ist. Die langgedienten Bergleute wurden eingeladen, in kurzen Worten von den Jahrzehnten ihrer Arbeit zu berichten und sich an merkwürdige Begebenheiten zu erinnern. Diese kleinen und notwendigerweise knappen Erzählungen sprechen für sich eine laute Sprache. Mit der Erlaubnis aller, die diese Berichte an die Werksleitung abgegeben haben, wollen wir hier Weihnachten 1983 daraus zitieren. Jeder Leser wird eingeladen, selbst seine Schlüsse daraus zu ziehen.

Johann Fillafer aus Mühlberg bei Hauzenberg schreibt folgendes. "Mein erster Arbeitstag war der 8. April 1946 und ich wohnte damals in Rablhäuser bei Hochwinkl und mußte täglich im Sommer wie im Winter eineinhalb Stunden zu Fuß bis Pfaffenreuth gehen. Geräumte Straßen im heutigen Sinne gab es damals genausowenig wie öffentliche Verkehrverbindungen. So hatten wir besonders im Winter einen sehr beschwerlichen Hin- und Rückweg zur Arbeitsstelle und dies zusätzlich zu der nicht gerade leichten Tätigkeit unter Tage. Ich war drei Jahre lang als Schlepper auf der Hauptstrecke tätig, es gab weder Gummistiefel noch anderes geeignetes Schuhwerk, wir mußten uns mit einfachen Holzschuhen abfinden.

Johann Fillafer erzählt dann weiter, daß er erst 1957 die Bergmannsprämie erstmals ausbezahlt bekam, er empfand dies als eine angenehme und willkommene Überraschung. Auch 1957 noch mußten die Bergleute für ihre Arbeitskleidung selbst aufkommen, für Stiefel, Licht, Helm, Kleidung und alles andere. Und deshalb sieht Johann Fillafer die heutige Situation als großen Fortschritt an. Er fährt in seinem Bericht so fort. "Die Zusammenarbeit mit den

Im Graphitbergwerk Kropfmühl wird das seltene schwarze Mineral abgebaut und die Bergleute wissen Interessantes von ihrem Leben und der Arbeit zu erzählen.

anderen Kumpeln war sehr gut, Kameradschaft in der Grube war für uns oberstes und erstes Gebot und diese Kollegialität setzte sich auch außerbetrieblich fort. Eine der schönsten Erinnerungen für mich verbindet sich mit der Einführung der 40-Stunden-Woche und meine traurigsten Erinnerungen habe ich an die Unfälle und die Todesfälle in der Grube. Ich erlebte neun derartige

Unfälle mit. Meine letzte Schicht war Juni 1983 und obwohl meine Gesundheit angegriffen ist und ich deshalb froh bin, diese schwere Arbeit nun aufhören zu können, ist es mir doch nicht leichtgefallen, vom Betrieb Abschied zu nehmen, dem ich immerhin seit 1946 angehört habe." Diese Erfahrungen teilt Johann Fillafer mit vielen anderen Bergleuten und das, was er so knapp und kurz schildert, hat einen weit gefächerten sozialen Hintergrund. Es ist gut, sich einmal mitten in der Fülle unserer Güterwelt daran zu erinnern. Josef Altenhofer aus Rampersdorf berichtet in seinem Brief, daß er im vierten Kriegsjahr, April 1943 als Lehrling in die Elektrowerkstatt des Graphitwerks Kropfmühl kam. Etwas humoristisch merkt er dazu an, diese Zeit habe der heutigen nur das vorausgehabt, daß es einfach war eine Lehrstelle zu finden, die seinen Neigungen und Vorstellungen entsprach. Josef Altenhofer schreibt wörtlich. "Zu dieser Zeit wurde gerade die Mühle gebaut und ich konnte mit Monteuren der Firma Siemens und einer Passauer Installationsfirma beruflich die ersten Erfahrungen sammeln. Es ist wohl natürlich, daß dabei auch mal was schief ging und z.B. ein gebrochener Gewindebohrer mit einer Ohrfeige quittiert wurde. In meiner Lehrzeit habe ich drei solche Bohrer kaputtgemacht. Daß man dafür Ohrfeigen bekam, ist verständlich und entschuldbar bei der damaligen Materialknappheit. Außerdem tröstete ich mich damit, daß es auch manchmal einen Kollegen erwischte. Das beeinträchtigte nicht das gute und kollegiale Verhältnis in unserer Werkstätte. Mit zwei französischen Kriegsgefangenen, die bei uns arbeiteten, verband uns echte Freundschaft und meine Freude war riesengroß, als mich einer davon 20 Jahre nach Kriegsende besuchte. Nach mehrmaligen gegenseitigen Besuchen stehen wir noch immer in freundschaftlichem Kontakt."

Gerade diese Erinnerung eines Kropfmühler Bergmannes ist besonders sinnreich, bedenkt man wie kurz die Zeit gewesen ist, die den Menschen zur Verfügung stand aus der "Erbfeindschaft" mit Frankreich zu einer echten Freundschaft zu kommen. Sie wurde im wesentlichen mitbestimmt von der gewandelten Weltsicht der einfachen Menschen, die offenbar die Botschaft Jesu zum Frieden und zur Versöhnung richtig verstanden haben.

Josef Altendorfer hat auch Erinnerungen an eine erheiternde Begebenheit aus der Nachkriegszeit, als es noch Lebensmittelkarten gab und die Betriebsangehörigen Sonderrationen bekommen konnten, u.a. auch Spirituosen. Humorvoll schreibt er folgendes. "Nun müssen sich wohl beim Transport auf unserer Kleinbahn ein oder zwei Korken einer Schnapsflasche durch das Rütteln gelöst haben, was bewirkte, daß der Lokführer und der Heizer eine falschgestellte Weiche an der Werkseinfahrt übersahen, in das Geleise zum Friedrichschacht einfuhren und dort an einem Rammbock die Dampflok ihre letzten Lebensgeister aushauchte."

Unerfreuliche Erinnerungen hat Josef Altenhofer an die fünfziger und sechziger Jahre, als der Betrieb anfing, sich gesundzuschrumpfen und die Tage vor den Entlassungen für alle Arbeiter in der Grube Tage der Furcht und Bedrükkung waren. Sehr positiv sieht der Betriebsangehörige die Änderung zum wesentlich Besseren sowohl bei den Arbeitsbedingungen, als auch bei der

Arbeitszeit und bei der Leitung der Firma. Mit Dank schließt er seinen interessanten Bericht, der bezeichnende Schlaglichter auf die Wandlung in den Arbeitsbedingungen hierzulande wirft.
Alois Weidinger erinnert sich an seinen Beginn beim Graphitwerk Kropfmühl am 1. September 1950 als Schlepper und daß damals vor Schichtbeginn die Namen der Hauer laut verlesen wurden, zu denen die Schlepper gehörten. Später wurden dann Kontrollmarken eingeführt und Alois Weidinger erlebte vor Ort die ganze Entwicklung des Graphitwerks Kropfmühl mit. Er fing im Westfeld auf der achten Sohle an, arbeitete wechselnd zwischen Abbau, Vortrieb und Überbrechen und schrieb dazu an die Werksleitung, diese Arbeit habe ihm viel Spaß und Freude gemacht. Lehrhauer und später Hauer geworden, kam er als Fahrhauer zu einer der interessantesten Aufgaben, als 1977 von der sechsten Sohle anfangend nach oben gearbeitet wurde, um den Erhardschacht anzulegen.
Alois Weidinger schreibt dies mit seinen Worten so: "Am 1. Dezember 1977 war es so weit. Wir waren über Tage angelangt, da war die Freude groß und es wurde gefeiert. Das Messen des Markscheiders bewies die Genauigkeit der Arbeit. Im nächsten Jahr zur Barbarafeier wurde der Schacht eingeweiht und er heißt nun Kurt-Erhard-Schacht. Im April 1981 fuhr ich für sechs Wochen zu Schachtarbeiten nach Rhodesien auf die Luxmine. Neue Eindrücke und neue Freunde wurden dort gewonnen und es war für mich ein großes Erlebnis auf einen fremden Kontinent zu kommen. Der 6. August 1981 war für mich der schwerste Tag, da verlor ich meinen guten Freund und Kameraden, den Betriebsleiter Josef Graml auf so tragische Weise, nach seinem Tod übernahm ich seinen Posten als Betriebsleiter bis zu meiner Zurruhesetzung im Januar 1983."
Der Tod in der Grube spiegelt sich auch in dem kleinen Bericht von August Resch aus Mühlberg ab, der schreibt, als er seine erste Schicht machte, dachte er sich, hier bleibe ich nicht lange, denn er hatte Angst. Mit der Zeit aber gewöhnte er sich daran und dann war August Resch vier Jahre Schlepper, später Lehrhauer und seit 1961 Hauer. Es war eine harte Zeit und die Bergleute mußten sich alles selbst kaufen. Wörtlich schreibt August Resch dann: "Einen Tag aber werde ich in meinem ganzen Leben nicht vergessen. Es war auf der siebzehner Rolle und wir mußten Luft- und Wasserleitungen verlängern. Hauer Hans aus Jahrdorf war damals Grubenschmied, er schickte mich zur Achterrolle um ein Rohr. Leder Paul und Hauer Hans arbeiteten an der Leitung. Wie ich zurückkam, fragte ich Hans wo Paul sei, er sagte, ich weiß es nicht. An der Seite stand ein Licht, das nur von Paul sein konnte. Mir kam ein schrecklicher Gedanke, er wird doch nicht in die Rolle gefallen sein? Ich ging sofort auf die Hundertmetersohle und wirklich war es so. Ich konnte ihn nur noch tot bergen. Das meldete ich dann Steiger Simon, der mich um eine Trage schickte. Wir brachten Leder Paul heraus und Direktor Erhard sagte dann zu mir, ich könne nach Hause gehen, das war kurz vor der Brotzeit, aber um drei Uhr müßte ich wiederkommen, wenn das Bergamt kommt. Jedesmal, wenn ich an die Stelle kam, mußte ich an Paul denken, denn er war ein prima

Kumpel." Zweiunddreißigeinhalb Jahre ist August Resch in der Grube gewesen, eine Arbeitsleistung, die kaum heute noch nachvollziehbar ist.
Die Freundschaft zwischen den Bergleuten betont besonders Josef Reisinger aus Knappenhäusl in seinem Bericht. Er hatte es schwer, denn nach vier Jahren Arbeit in der Grube wurde er wegen Absatzmangel entlassen und mußte sich andere Arbeit suchen. Er arbeitete im Steinbruch, wurde auch dort wieder entlassen und arbeitete dann in der Ziegelei in Ziering und erst 1960 kam er an das Graphitwerk Kropfmühl als Packer in der Mühle zurück. Interessant ist ferner, daß jeder der Bergleute in den Berichten auf die interessante Tätigkeit und das, was dort zu lernen war, hinweist. Das tut auch Josef Reisinger, der schreibt, in der Mühle habe er seine Kenntnisse erweitert und dort eine interessante Tätigkeit angetroffen.
Er hatte allerdings auch Schweres durchzumachen, wurde verschüttet und lag einmal dreieinhalb Monate im Krankenhaus. 25 Jahre ist er nun im Werk tätig und er hofft, daß er bis zum Erreichen des Rentenalters seinen Arbeitsplatz behält.
Aus diesen kurzen Skizzen ist mehreres zu ersehen. Die große Bindung der Bergleute an ihr Werk, die Identifizierung mit ihrer schweren Arbeit, die Wandlung in den Arbeitsbedingungen, die sich auch auf Denkweise und Gemüt der Menschen auswirkte und damit auch die Lehren für die Zukunft. Weihnachten als Fest der Freude ist eine gute Gelegenheit, einmal darüber nachzudenken, daß es die arbeitenden Menschen sind, die die Zukunft unseres Volkes sichern. ihr Interessen zu vertreten muß das Anliegen der Mandatsträger und aller sein, die in der Öffentlichkeit wirken. Sie befinden sich damit keineswegs im Gegensatz zur Religion, ganz im Gegenteil, gerade da, was wir eingangs über die Hinwendung Jesu zu den arbeitenden Menschen gesagt haben, gilt heute noch mehr denn je.
Wenn diese kurzen und trotzdem so einprägsamen Erinnerungen von Bergleuten aus Kropfmühl dazu beigetragen haben, uns an diesem Weihnachten 1983 ein wenig nachdenklich zu machen, dann ist der Zweck dieser kleinen Aktion damit erfüllt.

(Weihnachten 1983)

Ein Mensch in unmenschlicher Zeit

"Zenz, das Waldweiberl" erinnert sich am 4. März 1989 an einen US-Amerikaner, dessen Tod die Öffentlichkeit betrauerte. Und bekennt sich damit auch zu den Werten, die von ihrem Verfasser stets vertreten wurden:

Wie ich jetzt die Zeitung aufgeschlagen hab' und las, daß in Passau Arthur Brasgalla gestorben ist, da hab' ich innegehalten in meinem Tagwerk und das Nachsinnen angefangen. Mit dem Namen des US-Amerikaners verbinden mich viele Erinnerungen und als ich ihnen nachgehangen hab', da ist mir auf einmal klar geworden, wie alt ich schon bin und daß heute schon jemand, der jünger als 50 ist, sich kaum mehr an die Zeit erinnern kann, als Arthur Brasgalla hierzulande ein oftgehörter Name war. Für die, die's nicht wissen, erinnere ich nur daran, daß er Stadtkommandant der US-Besatzungstruppen war, bald nach Kriegsende herkam und dann nach zehn Jahren guten und erinnerungswerten Wirkens hier heimisch geworden und geblieben ist.

Für mich verbindet sich mit dem Namen eine sehr lebhafte Erinnerung an eine Zeit, die heute wirkt wie aus einem anderen Jahrhundert und von den Jungen weiß ich, daß sie garnichts mehr davon hören wollen. Gerade deshalb aber breite ich hier ein paar Streiflichter aus, denn in all unserem Wohlleben ist uns die Dankbarkeit verlorengegangen und das Bewußtsein, daß alles, was wir so schätzen und offenbar unverzichtbar brauchen, schnell weg sein kann. Gerade das Gefühl aber hatte man damals in und um Passau, als der Gefechtslärm verhallt war und das begann, was man die "Nachkriegszeit" nennt, die ersten Jahre nach der Stunde Null. Wie grau und trist war damals Passau! Die Brücken gesprengt, die Eisen der Hängebrücke ragten aus dem Wasser heraus, über die Reste der Marienbrücke hatten die US-Pioniere eine Behelfskonstruktion gebaut, dort, wo heute die Schanzlbrücke ist, bestand eine Armeebrücke auf Pontons, die Deutsche nicht benützen durften. Auch die einzige Ilzbrücke war eine "Baileybridge", wie die Amerikaner sagten. Viele Häuser hatten von Granatsplittern genarbten Putz, einige lagen auch in Trümmern, vor allem in der Frühlingsstraße, wo die den Bahnhof verfehlenden Bomben die Menschen beim Frühstück töteten.

Wie sahen Donau und Hafen aus! Schiffe der Balkanstaaten und des Bayer. Lloyd dicht an dicht gedrängt, Tausende von Ausländern da, die vor den Sowjets geflohen waren, dazu noch mehr Flüchtlinge und "displaced persons", die man damals nur DP's nannte. In Passau herrschte der Thyphus, die US-Truppen machten es wie die Leute in der Pestzeit und kennzeichneten die Thyphushäuser mit großen Warnschildern, auf Oberhaus war ein Thyphuslazarett. Über die Ludwigstraße waren große Transparente gespannt "Death is so permanent — drive carefully", die Jeeps und Trucks kurvten aber unbekümmert herum. Viele Schaufenster der Geschäfte waren mit Brettern verschlagen, zu kaufen gab es kaum etwas, lange Schlangen ziemlich grau und dünn aussehender Leute drängten sich vor den Bäckereien und Metzgereien. Nur langsam kam die Versorgung in Gang, 1945 und 1946 waren noch gut gegen-

über 1947, da hab' ich gedacht, ich muß verhungern, mit 75 Gramm Fett auf Marken im ganzen Monat!
Lange waren die Schulen geschlossen und als die endlich wieder aufgemacht wurden, da konnte man sie nicht heizen und Schüler und Lehrer saßen in Mänteln in den Klassen und geschrieben wurde auf die Ränder der wenigen Zeitungen, die es gab und die "zugeteilt" wurden. Überall an Wänden und Bäumen wurden die großen farbigen Plakate angeschlagen, die die "Entnazifizierung" angekündigten, aber das von den US-Besatzungstruppen gebrauchte Wort lautete anders, nämlich "denacification" und dann kam "reeducation" dazu... Auf der Strecke von Wegscheid nach Passau mußten die, die von der Militärregierung die Genehmigung hatten, zu reisen, drei Kontrollposten passieren und wurden von mürrischen GI's gefilzt. Die schwarzen Soldaten wirkten exotisch und Kaugummi und Zigaretten wurden zur Währung. In Passau bei Brüder Buchner stapelten sich die Kisten mit Coca-Cola, aber dieses damals mit soviel Geheimnis umgebene Getränk war "Off limits" — für Germans! Wir waren damals nicht würdig, Cola zu trinken!
Was passierte in diesen Jahren nicht alles, als Arthur Brasgalla eine bekannte Persönlichkeit in Passau wurde. US-Offiziere in einer Villa einquartiert, brachten sich gegenseitig um wegen Weibern und zuerst meinten die Besatzer, es sei der "Werwolf" gewesen! Ein Deutscher ermordete seine Frau und, wie die abgebrühten Spötter sagten, verheizte sie in einem kalten Winter!" Bei Auerbach fuhr ein Zeiserlwagen in die Donau und die Insassen ertranken im von außen verschlossenen Kasten dieses Behelfsomnibusses. Zwischen Erlau und Obernzell starb ein Geistlicher auf der Straße, weil ihm polnische DP's auf der Gegenfahrbahn mit einem "requirierten" Auto entgegengerast kamen. Die US-Truppen beschützen darauf die Polen und drohten den aufgebrachten Deutschen. Und die schlugen sich mehr recht als schlecht durch, von weitem hörte man das Klappern ihrer hölzernen Schuhsohlen oder das Schlurfen der aus alten Autoreifen geschnittenen selbstgemachten Latschen. Die Soldaten kamen heim, dreckig und verlaust, viele blieben lange weg, in Passau wurde am Ludwigsplatz eine große Tafel aufgestellt mit den Namen der noch in Kriegsgefangenenschaft befindlichen Männer. Nachts war die Stadt dunkel und gefährlich, die Schieber und Schwarzhändler hatten das Sagen und finstere Kriminelle dazu, im Neuburgerwald ragte pilzsuchenden Kindern die Hand eines nur oberflächlich verscharrten Ermordeten entgegen.
Hier bei uns im Wegscheider Land sah es nicht garso trist aus, aber viel Not und Jammer versteckte sich hinter der Fassade der Menschen, die wieder auf ihren Feldern arbeiteten. Lange blieben die Granattrichter offen, lange lagen im Wald Blindgänger und Ausbläser herum, später suchten dann die US-Truppen nach vergrabener Munition und fanden sie auch z.B. auf den Wirtwiesen bei Pölzöd. Die Wracks der ausgebrannten deutschen Wehrmachtsfahrzeuge wurden weggeschleppt und ausgeschlachtet, im Sommer 1945 fuhren hunderte deutsche Panther- und Tigerpanzer hier durch, die die US-Truppen nach Westen schafften. In Wegscheid gruben die Menschen mit den Händen in den rauchenden Ruinen ihrer Häuser, ebenso in Obernzell, wo das gesprengte

Viadukt die hochgebogenen Schienen in den Himmel reckte wie jemand, der "Hände hoch!" macht. In Obernzell in der Lederfabrik war die US-Militärregierung, lange noch fuhren Streifen der ersten Besatzungstruppen die Straßen entlang und feuerten mit MG's auf alles, was sich im Wald rührte, sie brauchten Zeit, bis sie begriffen, daß es keinen "Werwolf" gab. Die "Zuteilungen" waren sehr wenig und "aufgerufen" wurde fast nichts und wer was zum Tauschen hatte, der gab's her im Wortsinne für ein Butterbrot und ein Ei.
Ich möchte noch lange fortfahren im Erinnern, es können nur Schnappschüsse sein, lassen wir's dabei. In diesem wildbewegten Meer war aber Arthur Brasgalla ein Art Fels der Menschlichkeit. Unter seiner Regie wurden die US-Maschinen zum Helfen nach Wegscheid geschickt, er trat für Schulspeisung ein und ich habe selber die Maisbreisuppen gegessen, die er austeilen ließ. Wie überall auf der Welt, war's auch damals so, daß Gutes und Böses nahe beieinanderlag. Arthur Brasgalla jedoch verkörperte für mich und viele, die damals schlimm 'dranwaren, das Gute, Hoffnung und Zuversicht auf eine besseres Morgen. Nun ist er also tot, der brave, schlichte Mann und wenn ich euch hier so bewegt ein Bild vor die Phantasie zu rücken wagte, wie es war, als er herkam, so werdet ihr hoffentlich jetzt auch mehr begreifen, was er und Seinesgleichen dann aus dem gemacht haben, was sie vorfanden und nicht gutheißen konnten und wollten. Liebe Freunde, wißt ihr eigentlich, daß ihr in der längsten Friedensperiode lebt, die Deutschland seit dem Dreißigjährigen Krieg erlebt? Ich wollte es nicht glauben, hab' es nachgerechnet und mußte mich dann überzeugen. Solltet ihr trotz Quellensteuer und der Sorge, wo der Drittwagen untergestellt werden kann, eine Minute zum Nachdenken haben, dann verwendet sie auf ein Loben und Danken, wie gut es uns geht! Sagt nun nicht, die alte, sentimentale Rutschn, die Zenzi, will es uns ungemütlich machen — macht es mir nach und widmet ein Gedenken im Gebet an einen Mann, der damals, als wir ganz unten waren, uns eine Hand geboten hat.

Das "Frein Spornraft" und die alte Volksschule

Erinnerung an langvergangene Zeiten von einem, der's erlebte

Untergriesbach. Aus dem vorigen Jahrhundert stammt im Markt das alte Schulhaus, das baulich mit dem Lehrerwohnhaus eine Einheit bildet und seit Jahren anderen Zwecken diente. Die Schüler und Lehrer sind längst in das neue Verbandsschulgebäude umgezogen. Ein wenig verwahrlost fing es an, zu wirken, das mit so vielen Erinnerungen ganzer Generationen befrachtete Haus. Aber nun hat es eine neue Bestimmung als Pfarrzentrum bekommen und wurde renoviert, die Räume dienen anderen Zwecken und bei der feierlichen Eröffnung und Weihe ist's wohl erlaubt, ein wenig zurückzuschauen und hervorzukramen, was das Gedächtnis aufbewahrt hat vom alten Schulhaus, dem "Frein Spornraft" und anderen Leuten...

Direkt aus den Klassenzimmern haben wir auf den Friedhof geschaut und zwischen den Gräbern haben wir in der Pause gespielt. Und die Frau vom Hauptlehrer Ruhland hat die Wäscheleinen zwischen den beiden Hausecken vom Lehrerwohnhaus und dem Schulhaus gespannt und wir sind unter der nassen Wäsche durchgelaufen und einmal habe ich zwei Laken und ein Hemd heruntergerissen und in den Dreck geworfen. Da hat mir der Herr Hauptlehrer eine saftige Watschen gegeben! Und, wenn draußen eine Leich' war und wir Kinder die gute Gelegenheit ergriffen haben und alle hinausschauten auf den Friedhof, hat das Fräulein Spornraft mit dem Tatzenstock scharf auf das Katheter gehauen und gesagt: "Herg'schaut zu mir und aufgemerkt!" Ja mei, das Fräulein Spornraft! Lebt noch hochbetagt in ihrer Heimat, aber mir ist sie in Erinnerung, wie sie da mit der strengen Knotenfrisur vor mir stand, der ich in der ersten Bank saß und andächtig hochgeschaut habe zu ihr. Streng war sie und doch gut und um sie herum war ein eigener Duft. Von Lavendel, Kernseife, Kreide und manchmal Rauch. Denn damals haben die Lehrer den großen braunen Kachelofen selber heizen müssen, der im Klassenzimmer stand und einer der Buben wurde hinausgeschickt zum Holzhereinholen. Er hat den Arm voll Holz dann immer recht laut in den Kasten geschmissen und sich einen strafenden Blick des "Frein" zugezogen.

Zwei Klassen auf einmal wurden im selben Raum unterrichtet, werden bestimmt mehr als 50 Kinder gewesen sein, die da in den langen Bänken saßen. Ganz verschmiert und zerschnitzt waren sie, voll Tintenflecken und draufgekritzelten Zahlen und Namen. Die Tintenfässer hatten eiserne Deckel, die schepperten, wenn man sie auf und zumachte und die Tinte war batzig und hat aus den Federn gespritzt. Und mußten wir neue Federn kaufen gehen beim Pongratz, dann fragte der immer: Gänsfedern oder Antnfedern? und erwartete jedesmal, daß wir über seinen alten Witz lachten!

Damals sind die Kinder in Holzschuhen oder Böhmschuhen in die Schule gegangen und bloß ein paar Bürgerkinder aus dem Markt haben Lederschuhe angehabt. Draußen vor der Schulzimmertür war auf dem Gang das hölzerne Gestell für die Schuhe und jeden Morgen gab's da ein Stoßen und Rempeln

und 'Rausschlüpfen und ins Klassenzimmer rennen in Socken, auf denen harte Leinenflecke genäht waren... Nie im Leben werde ich den Geruch der alten Schule vergessen, die damals, als ich dort in den Bänken saß, schon viel mehr als hundert Jahre auf dem Buckel hatte, wenn halt eine Schule einen Buckel hat...
Gleich rechts neben der Schulzimmertür und an der Treppe zum oberen Schulsaal waren die Aborte. Ja, so hat man sie genannt damals, kein "Clo" hat's gegeben und kein WC. War ganz unbekannt, auch bei den anderen Leuten im Markt. Die Aborte haben erbärmlich gestunken und der Geruch daraus, vor allem im Sommer und immer dann, wenn's Wetter umschlug, vermischte sich mit dem Geruch des Öls, mit dem die Fußböden eingelassen wurden, mit Kreidestaub und den Ausdünstungen der Kleider vieler Kinder, die weit gerannt waren und schwitzten...
Wir haben's damals sicher nicht bewußt gerochen, aber manchmal war es einfach zuviel und dann hörte man von oben den Hauptlehrer Ruhland rufen: "D' Fenster auf, da derstickt ma' ja!" Und das Fräulein Spornraft schwang selbst die etwas schiefen Fensterflügel zum Friedhof auf und schaute lange hinaus, während die Buben den Mädchen Zettel zugeschmissen haben.
Wie gingen wir zur Schule! Die Mädchen mit Zöpfen und langen "Kitteln", Schürzen darübergebunden und hinten mit einer Schleife, die die Buben oft aufzogen. Die Buben in halblangen Hosen aus grobem Manchester, geflickt und ausgebleicht, Jacken an mit Lederflecken auf den Ellbogen. Und war die Schule aus, dann klipperte und klapperte es von Holzschuhen das Pflaster im Markt entlang und die Kinder juchezten ihre Freude hinaus, daß die Schule endlich aus ist! Die Tafeln schepperten in den harten Schülerpacks, Schwamm und Lappen baumelten draußen und schwenkten herum wie kleine Fahnen. Die Kinder aus den Dörfern machten sich dann an den Heimweg, mancher eine halbe Stunde oder gar eine ganze und kam ein Bauernfuhrwerk daher, dann schwangen sich die Buben auf die hinten 'nausschauende Lawid und hockten da wie die Schwalben auf dem Draht. Und ganz kühne riefen dem Bauern oder dem Roßknecht zu: "Laß mi aufsitzen!" und thronten dann stolz auf dem Kutscherbrett und versuchten, mit der Goaßl zu knallen...
Das alles fällt mir ein, wenn ich mich an das alte Schulhaus erinnere, das jetzt ganz umgebaut worden ist und Pfarrheim wurde. Damals sind wir dem Herrn Pfarrer zugerannt, wenn er durch den Markt ging und haben nach der Soutane gelangt und sie geküßt. Und er hat ein Heiligenbildl ausgeteilt. Oder wenn's garzu schön war draußen, dann hat es erst ein Geräuspere und Gescharre gegeben in der Klasse und ein Hinschauen auf den Wortführer und auf einmal haben wir alle halb gerufen und halb gesungen: "Die Sonne scheint, das Wetter ist schön, wir bitten den Herrn Lehrer spazierenzugehn..."
Und wer weiß, vielleicht waren sie froh, die Lehrer damals, der strenge Oberlehrer Friedrich Lang, der so saftige Tatzen gehaut hat, die Lehrerin Anna Weber, bei der ich das ABC gelernt habe, Maria Spornraft oder Albert Ruhland, Franz Xaver Bumberger und wie sie alle hießen. Lange liegen sie schon auf dem Friedhof, aber es kommt mir so vor, alsob ihre Geister noch immer in dem

alten Haus vorhanden seien mit dem Tatzenstock aufs Pult schlagend oder rufend: "Die Tafeln heraus!"
Wie ist's denn, liebe Leut', habe ich auch eure Erinnerungen aufgeweckt? Das wollte ich, weil jetzt unsere alte Schule so ganz anders und neu geworden ist. Aber der eche, unvergängliche Geruch ist immer noch drinnen, den kann niemand herausmodernisieren. Oder ist er nur noch in meiner Nase? Und ist das Klappern der Tintenfaßdeckel und Tafeln, das Quietschen der Griffel auf den Schiefertafeln und das Knarren der alten Bodenbretter nur mehr in meinen Ohren, weil ich mich erinnern will?
Ganz gleich, schön war's und jetzt ist aus der alten Schule und dem Haus, in dem Hauptlehrer Ruhland wohnte und aus dem immer ein Geruch nach Wirsing oder Schmalznudeln in die Klassenzimmer zog, ein Pfarrzentrum geworden samt "Dritte Welt Laden" und gekacheltem öffentlichen Wasserklosett!
Hoffentlich bleibt das Neue auch so lange erhalten wie das Alte und erinnert sich in einem halben Jahrhundert mal wieder einer an die "gute alte Zeit"? Verzeiht mir, daß ich's getan habe. Und damit Pfüat Gott und schaut auch das neue Pfarrheim morgen gut an — vielleicht spürt ihr einen Hauch vom Geist der vergangenen Tage?"

In memoriam Maria Spornraft

Rektorin i.R ist mit 87 gestorben

Untergriesbach. Die Ehrenbürgerin des Marktes Untergriesbach, Rektorin a.D. Maria Spornraft ist nach langer Krankheit in Ergolding bei Landshut gestorben. Dies geschah schon am 28. Februar, hier erfuhren es die Menschen erst jetzt und sie bedauern, eine der markantesten Persönlichkeiten der Ortsgeschichte nicht an die letzte Ruhestätte begleiten zu können. Aber die Erinnerung an sie lebt, nicht zuletzt in den Herzen ihrer vielen Schüler.

Meine alte Lehrerin ist tot! Das mögen mit mir heute viele Untergriesbacher sagen und denken und ein wenig innehalten im Tagesgeschäft und sich erinnern, was das "Fräun" einmal für uns und unsere Nachfolger in den alten Bänken war. 1927 ist sie als 25jährige nach Untergriesbach gekommen und hat hier bis 1938 gewirkt, nie verleugnete sie ihre zutiefst christliche, aus bayerischen Wurzeln stammende humanitär-konservative Haltung, die es ihr nicht erlaubte, mit einem Regime Kompromisse zu schließen, das Religion verachtete und die Kreuze aus den Schulklassen entfernen wollte. Deshalb erfuhr ihre Zeit bei uns eine Unterbrechung bis nach dem Kriege, niemals unterbrochen aber war ihre tiefe Liebe zu den Kindern, ihr Verständnis für sie, ihr überragendes pädagogisches Können. Als ich in die Schule kam und das "Fräun" kennenlernte (und mit mir eine ganze Generation heutiger Untergriesbacher) da war Maria Spornraft schon eine Untergriesbacher Persönlichkeit, ein nicht wegzudenkender Teil der alten Schule. Sie war in zwei historischen Häusern untergebracht, die alten Dielen knarrten und dunsteten Bodenöl aus, von den Schulaborten drang scharfer Geruch herein und Lappen und Schwamm rochen nach Kreide. Die Kleider des "Fräun" aber dufteten nach Lavendel und Wäschestärke und dies mit dem Schulmief zusammen umgab sie wie eine Wolke. Wie seltsam, daß ich mich am Tage, als ich von ihrem Tod erfahre, an ihren Geruch erinnere.

Von ihrem klaren Geist und ihrem von Strenge nur unscharf verdeckten liebend-guten Herzen aber ging etwas anderes und mehr aus als Geruch. Wie stand sie vor der Klasse! Gerade, mit niemals gesenktem Blick, jeden Buben, jedes Mädchen immer anschauend, ich erinnere mich nicht, sie laut schimpfen gehört zu haben, ein Heben ihrer Stimme genügte schon, das Schwätzen und Scharren zu beenden. Wie sie "Aufgemerkt! Die Tafeln heraus!" sagte, wie zierlich und exakt sie die Buchstaben vormalte, wie sie bedacht war auch auf den schwächsten Schüler und sein Mitkommen. Fleißbildchen verteilte unser "Fräun" und ich konnte nicht verstehen, warum meine Eltern darüber lachten, als ich sie stolz daheim vorzeigte. Das Sausen ihres Stöckchens durch die Luft ersetzte meist die Strafe, selten habe ich Maria Spornraft eine Tatze geben sehen. Und mußte sie's doch einmal tun, hatte ihr liebes, rundes, meist etwas rotes Gesicht einen geschmerzten Ausdruck. Ich fühlte ihr gegenüber ein Gemisch aus Respekt, etwas Furcht, Zutrauen und unerkannter Liebe, wie ein Kind eben ist. Aber schon dem Knirps ging eine Ahnung auf, was eine Lehrerin

ist, als mir Maria Spornraft einmal in einer bösen Krise half und zwar ohne daß mein Hilfeschrei laut geworden wäre. Sie hatte meine Not nur in den Augen gelesen! Auch deshalb bewahrte ich ihr bis heute ein liebendes Andenken und tue es über's Grab hinaus! Wieviel Ähnliches mag in den Herzen der ungezählten Kinder schlummern, die sie in den vielen Jahrzehnten geleitet, geführt, geliebt und auf den richtigen Weg gebracht hat!
Was kann ich in den wenigen Zeilen zu ihrem Gedenken denn sagen? Daß sie wiederkam nach dem Kriege und ihre Liebe und ihr Verzeihen das zudeckte, was ihr hier geschehen war? Daß sie die neue Zeit ebenso fest in den Griff bekam wie die, aus der sie stammte. Daß sie 1960 die neue und moderne Grundschule mit schuf, daß sie noch nach dem Ruhestand, in den sie 1968 trat, weiter erste Klassen unterrichtete. Deshalb hat nun auch meine Tochter noch eine Erinnerung an das "Fräun", nur fehlt dabei der Duft — die neue Schule hatte ihn verloren! Der Markt Untergriesbach machte Maria Spornraft zur Ehrenbürgerin und ihre christliche Erziehungsarbeit und Lebenseinstellung wurden mit dem päpstlichen Orden "Pro Ecclesia et Pontifice" gewürdigt. Beide male habe ich darüber berichtet und ich glaubte, in den Augen meiner alten Lehrerin, als sie mich lange anschaute, ein wenig Stolz zu sehen, daß einer ihrer "Buben" ein Redakteur geworden ist. Denn sie war es ja, die schon in dem kleinen Kerl die Lust am Schreiben und Formulieren weckte und förderte! Mit Lob und behutsamem Lenken.
Nun ist sie also eingeschlafen und leidet nicht mehr. Ich habe überlegt, was ich ihr zum Gedenken schreiben soll, diese übliche Würdigung aus Phrasen und Zahlen? Oder eine ganz persönliche Erinnerung? Für letztere habe ich mich entschieden und bin sicher, mein altes "Fräun" würde sie anschauen, wie sie immer meine Arbeiten anschaute — mit nur gespielter Strenge und viel liebevoller Milde und würde mir einen Fehler nicht verweisen, sondern erklären. Möge ihr die Erde leicht werden — in meinem und unser aller Herzen lebt Maria Spornraft fort.

(10.3.1989)

Der alte Schmied und die Spinnerin

Wie oft haben wir uns auf dem Heimweg von der Schule bei der alten Schmiede aufgehalten! Damals, als wir noch Kinder waren und unsere Welt noch nicht von der Motoren Glanz und Krach eingeschnürt wurde wie heute. Da war ein weiter, schwarzer Schlund, in dessen Tiefe ein Feuer gloste, da scholl das Stampfen der Rosse heraus und beißender Qualm von sengenden Hufen stieg in unser kindlichen Nasen. Wie rußig und unheimlich hantierte der Schmied an der Esse und am Amboß, wie wild schien er das glühende Eisen zu schwingen! Mit Gruseln und Bewunderung sahen wir den Gesellen bei ihrer schweren Arbeit zu und versäumten darum Tischzeit und Heimweg. Was gab es aber auch alles zu sehen. Das offene Feuer, dem der Blasbalg, vom Lehrling getreten, knisterndes und lohendes Leben verlieh, hundert Gerätschaften, Hämmer und Zangen, alle schwer und von Eisen. Den Gesellen schwollen die Muskeln, Schweiß zog in ihren rußigen Gesichtern feuchte Bahnen, mit Kling und Klang schwangen sie die Hämmer. Da kam das Eisen glühend aus der Esse und formte sich unter den Schlägen, da dampfte es im Wasser, da zischte der Huf beizend und qualmend.

Wir fürchteten uns, die Pferde könnten ausschlagen und erzählten uns Geschichten darüber, wie einmal ein wilder Hengst... Wir bewunderten die furchtlosen Männer, die da mit den ungeheuren Pferden umgingen, die in der engen Schmiede uns noch größer vorkamen als sonst schon. Nie, nie würden wir uns trauen, das nachzumachen!

An anderen Tagen waren keine Rösser da, wenn wir aus der Schule kamen und den gewöhnlichen Gang zur Schule machten. Aber man war dort nicht müßig. Der Wagner hatte hölzerne Räder angeliefert, Deichseln oder Leitern, wohl stand auch einmal ein ganzer Heuwagen dort, unbeschlagen, seltsam zerbrechlich in seiner Hölzernheit. Da wurden die eisernen Reifen glühend aufgetrieben, daß es nur so flammte, da machte der Qualm verbrennenden Holzes unsere Augen tränen, die ganz dicht an den Seltsamkeiten hingen. Wie stand der neubeschlagene Wagen so schmuck da, eine Zierde — schade, daß man ihn zur Arbeit entweihte.

Ein merkwürdiger Zauber ging für uns Kinder von der alten Schmiede aus, sogar für den Sohn des Schmieds, der doch eigentlich hätte daran gewöhnt sein sollen. Heimlich versuchte er den schwersten Hammer zu heben; wenn niemand hinsah, trat er den Blasbalg. Wir beneideten ihn, trauten uns aber nicht in das Gewölbe hinein.

Nie kam uns der Gedanke, daß es einmal keine Schmieden mehr geben würde, daß wir einmal nicht mehr stehenbleiben könnten, um den stiebenden Funken zuzusehen. Aber dennoch ist es so gekommen. Und wo einst die Pferde stampften, findet man heute nüchterne Maschinen und statt des faszinierenden Gestanks beschlagener Hufe dringt nur der fade Ölgeruch auf die Straße.

Es ist wohl diese Erinnerung aus Kinderzeiten, die unsere Schritte schnell innehalten läßt, als wir in einem Dorf noch einen alten Schmied bei der Arbeit

Der alte Schmied übt immer noch Faszination auf den Besucher aus.

finden. Da klingt es ja noch, da stieben die Funken, da riecht es nach offenem Kohlenfeuer. Und da steht er vor der Esse, im Lederschurz, das Eisen in der Hand, ein Blinzeln in den alten Augen, die schon viele Tage gesehen haben. Er schaut ein wenig verständnislos auf den Fremden, der die rußige Schmiede mit so auffallender Rührung betrachtet und der selbst im Ring in der Mauer, daran einst die Pferdehalfter festgemacht wurden, etwas Besonderes findet. Und jetzt wird gar noch fotografiert. Ist denn die alte Schmiede und ihr alter Bewohner so etwas Eigenes? Ja, so ist es. Ein Wahrzeichen einer versinkenden Zeit, eine ländliche Gestalt, die unsere Enkel nur mehr aus Lesebüchern kennen werden. Wie wandelt sich doch die Welt —

Es ist wohl ein Zauberland, in das wir da unversehens gekommen sind. Denn als wir mit dem Schmied, der sein Schurzfell nun abgelegt hat, ins Haus treten, um der freundlichen Einladung zu einer Brotzeit zu folgen, was sehen wir da? Am Spinnrad sitzt die Mutter und zupft mit flinken Fingern aus dem Rocken das Werg, von der Spindel geschwind zum Faden gedreht. Das alte, hölzerne Spinnrad in der niedrigen Stube, der Rocken, die Spindeln — wir erinnern uns jetzt auch wieder dieser Stunden unserer Kindheit. Wenn wir dem surrenden Rade zusahen oder versuchten, es den Frauen gleichzutun — was gab es da für schauerliche Gebilde von Fäden! Denn es mußte gekonnt sein, das Spinnen und an der Feinheit des Fadens schätzte man einst das Mädchen ein.

Mehr noch als der Schmied, dessen Dienste man immerhin noch gelegentlich einmal braucht, ist die Spinnerin aus unserem Alltag in die Welt der Märchen

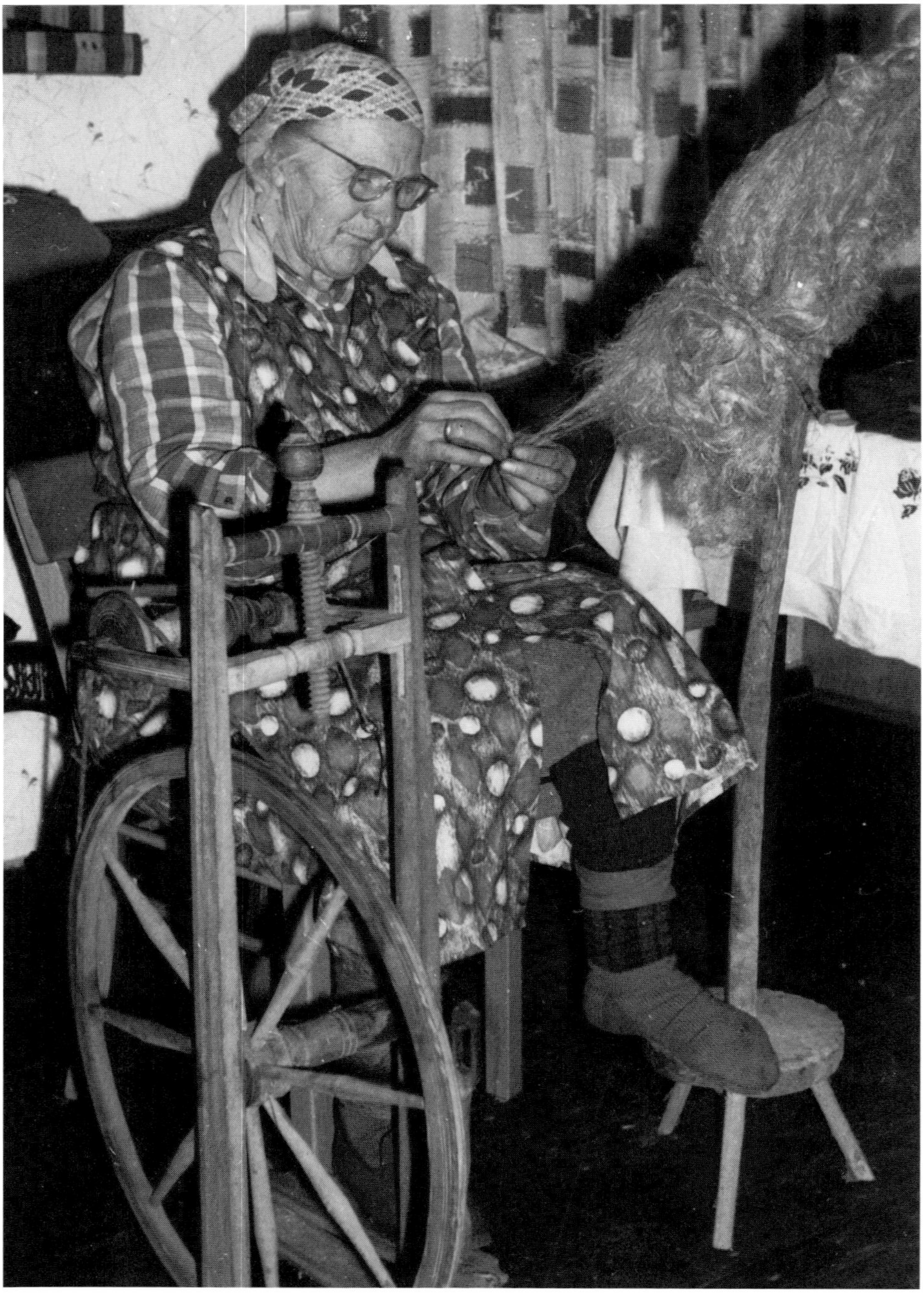

Wie aus einem Märchen der Brüder Grimm schaut einen die Spinnerin an, deren Geschicklichkeit von langer Mühe und viel Arbeit herkommt.

versetzt worden. Und doch ist es nicht gar so lange her, daß rings um die Walddörfer die blauen Flachsblüten im Böhmwind schaukelten und man in Scharen zum Ernten auszog. Viel Arbeit gab es für die Frauen, brecheln und waschen, spinnen und gar auch weben. Man baute den Flachs und verarbeitete ihn selbst bis zum königlichen Linnen. Inzwischen sind die Maschinen gekommen und haben die Spinnräder und Webstühle verscheucht und den Flachs baut man nun auch nicht mehr an, den läßt man sich schicken. Daß die alte Schmiedin noch immer einmal am Spinnrad sitzt, ist wohl mehr eine liebe, alte Gewohnheit als die Notwendigkeit zur Arbeit. Das liegt hinter ihr. Aber sie kann nun einmal ohne das Surren der Spindel nicht sein, das sie ihr Leben lang begleitet hat.

Und wenn wir uns wohl besinnen, dann haben auch wir vor Jahren mancher Stunde diesem Geräusch gelauscht. Es gehört noch zu uns wie der Qualm aus der Schmiede.

Wir dürfen uns gern daran erinnern, denn es steht dem Menschen wohl an, die Arbeit der Väter und Mütter zu ehren. Was wird unseren Enkeln an uns und unserem Treiben einst ehrwürdig sein? Noch können wir selbst die Antwort bestimmen!

Vom "Bleda"

In unserer schnellebigen Zeit geraten Dinge und Begriffe bereits in Vergessenheit, die noch vor 50 Jahren jedermann geläufig waren. Das ist besonders auffällig in der bäuerlichen Kultur unserer niederbayerischen Heimat, die — so fürchten ihre Freunde nicht zu unrecht — sich bald unter dem Einfluß von Technik und "modernem Leben" so gewandelt haben wird, daß sie niemand mehr von der sogenannten Stadtkultur unterscheiden kann. Einen nicht geringen Anteil an der Umwandlung der ländlichen Lebensformen hat der nun auch hier zunehmende Wohlstand. Er sei zwar jedermann herzlich gegönnt — warum er aber die Gemüter der Menschen von ihren natürlichen Lebensformen abziehen muß, ist eigentlich nicht recht einzusehen.

Solche und ähnliche Gedanken drängten sich mir auf, als ich neulich unvermittelt auf eine Erinnerung aus meiner Waldjugend stieß. Ich besuchte einen alten Mann in seiner niedrigen, von winzigen Fenstern nur spärlich beleuchtete Stube, auf der eine uralte Balkendecke wie eine schwarze Wolkenwand lastete. Ich fand meinen Freund in eine Beschäftigung vertieft, die mir unwillkürlich den Ausruf: "Jessas, a Bleda!" entlockte. Sogleich wurde ich lebhaft an die Kindheit und Jugend erinnert — gar nicht so lange zurückliegend und dennoch wie einem anderen Jahrhundert angehörend — als mir der "Bleda" erst ein Gegenstand heiliger Scheu und Bewunderung, dann der Neugier wurde, um sich schließlich zu einem guten Freund zu entwickeln.

Ich wollte sehen, ob die Burschen heutzutage noch ein Verhältnis zum "Bleda" haben, erfuhr jedoch, daß auf dem kleinsten Dorfe zwar Begriffe wie "American Blend" oder "King Size" (zwar schauderhaft ausgesprochen, aber immerhin) bekannt waren, man jedoch nur sehr vereinzelt etwas vom ungarischen Landtabak, dem "Blättertabak" oder "Bleda" wußte.

Zu einer Zeit, da Bargeld hier wenig unter den Leuten war und sich der Arbeiter für einen Betrag schinden mußte, den man heute den Kindern als Taschengeld gibt, konnten auch nur wenige Leute daran denken, sich ihre Pfeife mit "Brinkmann" zu stopfen.
Wie es so merkwürdig zugeht auf der Welt — selbst in den bittersten Notjahren mochte man nicht auf das kleine Rauchlaster verzichten, vielleicht auch neben der "Maß" der einzige Trost der geschundenen Männer. Zigaretten waren viel zu teuer. Die Pfeife, mit Porzellankopf und "Schnürl", ein Jagdmotiv aufgemalt, mußte herhalten. Und sie tat es und verließ ihren Eigentümer weder bei der Arbeit noch in der kärglichen Freizeit.
Gefüttert wurde sie mit dem "Bleda", dem aromatischen, ungarischen Landtabak. Der "Kramer" hielt ihn vorrätig, ganzblätterig, mit Rippen und Stengeln, zusammengerollt und in Papier eingeschlagen. Eine Rolle "Bleda" war damals nicht teuer und der Herr des Hauses leistete sich den Tabak, sorgfältig vor dem Nachwuchs im "Kastl" gehütet.

Um den Blättertabak rauchen zu können, mußte man ihn zuerst schneiden. Dazu gehörte eine Unterlage, das "Klötzl", beim echten, rechten Bledafreund

Den "ungarischen Bledatowag" mit scharfem Messer auf dem Stöckl fein herzuschneiden verstand der alte Eggerl Fritz aus Wildenranna trefflich.

vielfach eingekerbt und deutliche Spuren treuen Dienstes tragend. Dann ein haarscharfes, kräftiges Messer. Er wurde kunstgerecht geschliffen und vor Gebrauch noch einmal abgezogen. Eine harte Faust nahm das "Bledapackl", rollte und hielt es sorgfältig zusammen, legte es aufs "Klötzl" und dann fuhr das scharfe Messer zu. Sorgsam und gleichmäßig wurde Lage für Lage des Tabaks abgeschnitten, je dünner, desto besser. Wehe dem "Bamsen", der den Vater dabei anstieß!

Damit war es allerdings noch nicht getan. Um den geschnittenen Tabak, von dem immer nur soviel, wie man zu brauchen meinte, hergeschnitten wurde, unterzubringen, brauchte man einen Tabaksbeutel. Er wurde damals allgemein aus Schweinsblasen fabriziert, der "Blodern". Man besorgte sie sich vom Metzger oder erleichterte die eigene Sau darum, wenn's zum Schlachten kam. Bargeld für einen Tabaksbeutel auszugeben — wem wäre das eingefallen in jener armen Zeit! Der Tabaksbeutel bekam seinen Platz im "Hosensack", zusammen mit dem "Schnapper" und verließ seinen Herrn erst, wenn er das Zeitliche segnete.

Es war mir immer ein hoher Genuß, einen alten Waldler sich aus der "Blodern" bedienen zu sehen. Wie bedächtig putzte er die Pfeife aus, "strottete" im Mundstück mit einem Strohhalm und blies dann prüfend hindurch. Mit von vieler Übung zeugendem Schwung wurde der Tabaksbeutel aufgedreht und dann hineingelangt. Ein Pfeifenstopfer aus Metall? Du lieber Himmel! Wozu hat der Herrgott die Finger geschaffen?

Ich habe manchen Waldler gekannt — Gott hab' ihn selig! — dem es nichts ausmachte, seinen von lebenslanger Arbeit verhärteten Finger ruhig in die Glut im Pfeifenkopf zu stecken und ein wenig zu drücken, wenn es ihm nötig schien. War die Pfeife dann in Brand gesetzt — eine fast kultische Handlung! — wie heiter strahlte es dann aus dem vom Leben gezeichneten Gesicht!

Selbst wenn man die verklärende Wirkung der Erinnerung in Anschlag bringt, so will es einem doch scheinen, daß dem Heutigen etwas entgeht, wenn er sich hastig seine "Kurze" aus einem Päckchen mit Phantasienamen stopft und lospafft, weil, wie die Reklame behauptet, das Pfeifenrauchen männlich wirkt. Die Nachbarn, denen ich in meiner Kindheit beim "Bledaschneid'n" zusah und denen ich "einen Zug" und dann wohl auch etwas Tabak abbettelte, brauchten aus diesem Grunde nicht zu rauchen, weiß Gott, nein! Was waren das für Männer!

Daß die alte Sitte noch nicht ganz abgekommen ist, bewies mir der Besuch bei meinem alten Freunde. Ich konnte nicht widerstehen und bat mir etwas Tabak aus, stopfte ihn in die vornehme Pfeife, die zu haben man heute verpflichtet zu sein scheint und die feinere Tabake gewohnt war und rauchte. Da war ich wieder 30 Jahre jünger und der alte Mann, dem der "Bleda" eine lebenslange Gewohnheit war, konne es gar nicht verstehen, was mich an dem "Bröckl Towak" so rührte. Aber immerhin saß er mir Modell für Bilder, von denen und von diesen Zeilen ich hoffe, daß sie manchen Freund alter Sitte gleich mir an die Tage erinnern, da uns eine verstohlene "Pip" noch die Seligkeit bedeutete.

Aus der Erinnerungskiste gepurzelt

Vom alten Wegmacher und den Arbeitern im Weinberg des Herrn

Als ich ein Kind war und jeden Tag zu Fuß von meinem Elternhaus in Ficht nach Untergriesbach zur Schule ging, waren damit keine größeren Gefahren verbunden, als daß ich hätte hinfallen und mir das Knie aufgeschlagen können. Was sich da als "Verkehr" auf der alten Bezirksstraße bewegte, bestand aus Bauernfuhrwerken, Radfahrern und dreimal am Tag dem Speth-Omnibus, vielleich mal einem der großen Langholzlastwagen der Passauer Firma Leitzinger und Kadlez. Sie rumpelten und dröhnten so, daß ich sie schon von weither hören konnte und mich vorsah.

Die Zeit, von der ich erzähle, war ehe die Baukolonnen kamen und die Straße "in weiser Vorausschau auf den Anschluß Österreichs" an beiden Seiten um je einen Meter verbreiterten. Tatsächlich marschierten dort dann auch im März 1938 die Truppen. Aber als es den alten Wegmacher Kronawitter gab und ich ihm auf dem Schulweg begegnete, lag das alles noch im Zukunftsschoß verborgen und ich tippelte die Dreimeter-Sandstraße entlang, während Schwamm und Lappen am Schülerpack baumelten und innen die Griffel im Kasten schepperten. Der Ficht war damals noch dicht und dunkel und die Straße deshalb immer feucht und glatt, es patschte so schön beim Barfußlaufen!

Aus gutem Grund hatten die Bauleute mindestens einen, meist aber zwei Straßengräben angelegt, denn es regnete viel und das Wasser sammelte sich in den Gräben, allerdings nicht ohne vorher den Sand ordentlich abgeschwemmt zu haben. Deshalb, und weil die Gräben und Durchlässe von Verunkrautung gesäubert und die Schlaglöcher aufgefüllt werden mußten und die Straße ständige Wartung brauchte, gab es den Wegmacher. Dem alten Kronawitter aus Untergriesbach war die Strecke vom Markt bis zur Gemeindegrenze vor dem Schlattlhäusl und der Pölzöd anvertraut und jeden Tag war er langsam und bedächtig unterwegs. Er schob eine hölzerne "Radltruhe" vor sich her, in der eine Schaufel, eine Kreuzhaue und ein Besen lagen. An drei Stellen, die sich wegen der Erdbeschaffenheit anboten, hatte der alte Wegmacher in den Böschungen Sandgruben angelegt. Dorthin fuhr er gemächlich, füllte seine Radltruhe mit dem einzigen Material, das ihm zur Straßenreparatur zur Verfügung stand, karrte zu den Löchern und Ausschwemmungen, füllte sie zu und rastete dann. Er zündete sich gemütlich eine Pfeife mit kurzem Weichselholzstiel und Porzellankopf mit einem Wilderer drauf an und stand, auf den Besen gelehnt, am Wegrand, während ich vorbeihüpfte. "S'God, Wegmocha!" sagte ich und "S'God, Bua", entgegnete der alte Kronawitter. Er war ein kleiner, stämmiger Mann mit starkem Bauch und einem runden, roten Gesicht. Sein Schnauzbart zuckte oft, denn er lachte gern und hatte die Gewohnheit, vorbeikommende Erwachsene anzuhalten und mit ihnen Scherzworte oder Witze auszutauschen. Der Gummistiefel war damals noch nicht erfunden und der alte Wegmacher verrichtete seine Arbeit in schweren

Böhmschuhen, hatte derbe Manchesterhosen und eine an den Ärmeln geflickte Jacke an. So kannte ich den alten Wegmacher und sah ihn jeden Tag mit anderer Arbeit beschäftigt. Mal säuberte er die Abflüsse am Straßenrand, mal die Gräben, dann schaufelte er in seinen Sandgrübchen oder kehrte sehr gemächlich den feinen Steingries zusammen, den die eisenbereiften Holzfuhrwerke beim Holpern über die immer wieder bloßliegende Rollierung hinterließen. Staubwolken wirbelte er nicht auf, der alte Wegmacher, aber er tat immer seine Arbeit und ging dabei jeden Tag zweimal die ganze Strecke ab, einmal hin, einmal zurück. Der Kronawitter gehörte zu meinem Leben und sah ich ihn einmal nicht gleich, schaute ich mich nach ihm um. Mein Vater stand auf gutem Fuß mit ihm, denn damals lag überall auf der Straße der Pferdemist und der Wegmacher tat ihn auf einen Haufen zusammen, um ihn meinem Vater dann radltruhenweis in den Garten zu kippen. Mein Vater glaubte an Pferdemist als besten Dünger!

Aber dann kam dieser Tag, als die Baukolonnen anrückten und die so herrlich feuchte Sandstraße aufgerissen, verbreitert und sogar geteert wurde. Der alte Wegmacher war auf einmal weg und ich, voller Freude auf dem wunderbar glatten Belag mit dem Roller fahrend, merkte, daß ich zu niemandem mehr "S'God!" sagen konnte, wie meine Eltern mir es eingeschärft hatten. Sie respektierten den braven und fleißigen Wegmacher sehr und hätten mich gestraft, wäre ich an ihm grußlos vorbeigelaufen. Vergleicht man's mit heute, ist schon allein daraus abzunehmen, daß sich die Welt auf den Kopf gestellt hat.

Die einfache Welt der Dreißigerjahre war zwar nicht die gute, alte Zeit, die gibt's nur in der verklärten Erinnerung, aber sie erlaubte doch so ziemlich Jedem seine Nische zum Leben. In solch einem Lebenseckchen hatte sich der Weber Mühlbauer angesiedelt, ein Mann ohne Haus und Grundbesitz, arm also und in der bäuerlichen Besitzgesellschaft nicht sehr angesehen. Aber was er machte, brauchte jedermann und kaufte es ihm ab: Putzlappen! In der großen Stube des Webers Mühlbauer stand ein Webstuhl, auf dem er aus dem Garn, das er aus Passau holte, große, feste und starke Putzlappen webte und als kleinen Kniff einen roten Faden hindurchlaufen ließ, sozusagen sein Markenzeichen. Zweimal im Monat fuhr der alte Weber mit der Bockerlbahn nach Passau, seine Putzlappen zu einem Bündel zusammengerollt und dieses an einem Stock über der Schulter tragend. Er hatte wohl Abnehmer für seine Ware und brachte vom Erlös neues Garn mit und ein Packerl Tabak für sich und einen Kathreiner's Malzkaffe für s' Wei und de Kinna! Auch meine Eltern kauften ihre Putzlappen beim Weber im Dorf nebenan und deshalb kam ich öfter in die Stube beim Mühlbauer und schaute mir den Herd in der Ecke an mit dem übers Kreuz in einem doppeten Eisenring geführten Holzgestell drüber, von dem die Socken zum Trocknen herunterhingen. Am meisten aber faszinierte mich kleinen Buben der große, knarrende und klappernde Webstuhl, auf dem der Mühlbauer seine Putzlappen machte. Er hatte drei nebeneinander gekettelt und wie das Schiffchen hin- und hersauste und das Fach aufging im Rhythmus seiner tretenden Füße, das konnte ich kaum begreifen.

Der Weber Mühlbauer war ein hagerer Mann mit einem starken Adamsapfel und einem struppigen Schnurrbart, er ging sehr bedächtig, mit weitausgreifenden Schritten und redete gern "nach der Schrift", vor allem mit meinem Vater. Für die Bauern und Arbeiter hatte er einen mit alten Ausdrücken gespickten Dialekt bereit. Nur schade, daß es damals noch kein Tonbandgerät gab, was der alte Weber so sagte, würde heute gut ins Archiv der Sprachaltertümer passen! Für mich war's jedoch Alltag und niemand machte sich die Mühe, dem Weber groß zuzuhören. Damals gab es auch noch die "Doherbauern", die großen Bauern mit den Graphitgruben und den altüberkommenen Berwerksgerechtsamen. Zu ihnen gehörte auch der Bedernbauer aus Oberötzdorf und er beutete mit seinen Knechten Vorkommen guten Graphittons aus, eben den "Doher". Seine Gruben waren im Rannatal, die Menschen und Tiere mußten sich furchtbar schinden, die schwarzen Säcke erst aus dem Tal auf die Höhe und dann über den Feldweg hinunter zum kleinen Bahnhof zu schaffen, wo über den Tag ein Güterwagen stehenblieb zum Beladen. Eines Tages standen mein Vater, ich und der alte Weber Mühlbauer an der "Bedarfshaltestelle" Oberötzdorf und warteten, daß der Dampfzug von Wildenranna heranpfeifen und -pfausen sollte. Der Weber trug sein Putzlappenbündel geschultert und rauchte langsam. Da knarrten auf dem steinigen Weg die Knechte des Bedernbauer heran, die Ochsen schnauften mühsam vor dem Wagen mit den Graphitsäcken und die Männer waren schwarz wie die Teufel und ihre Gesichter glänzten, denn sie wischten sich immer drüber. Wie sie da so einen Sack nach dem anderen mit Rufen und Ächzen vom Wagen in den Waggon umluden und wir ihnen zuschauten, sagte auf einmal der alte Weber mit Betonung zu meinem Vater: "Ja, ja, auch das sind Arbeiter im Weinberg des Herrn!"

Mein Vater nickte nur, dann kam der Bockerlzug und wir fuhren davon, ich weiß nicht mehr, zu welchem Zweck und wohin genau. Aber mein Vater hatte dann eine mühsame Zeit, denn ich wollte gern genau wissen, was ein "Weinberg des Herrn" ist und warum die graphitschwarzen Knechte des Bedernbauern ausgerechnet ihren Arbeitern zuzuzählen wären? Damals bekam ich, kleiner Knirps, der ich war, die erste Ahnung, wie wunderlich-kraus es zugeht in den Gehirnen der Menschen. Heute arbeitet der alte Weber schon lange selbst "beim Herrn", ob im Weinberg, weiß ich nicht, er mochte das Bier lieber!

Die aus früheren Jahrhunderten stammenden Bergbaugerechtsame der Doherbauern wurden vom Bayerischen Staat abgelöst und der "Ersten Bayerischen Graphit-Bergbaugesellschaft" übertragen, der Vorläuferin der heutigen "Kropfmühl". Und die "Erste Bayerische", wie sie beliebter Kürze wegen allgemein hieß, hatte im Ficht ihre Gruben, darunter den mächtigen Helenenschacht, gleich hinter meinem Elternhaus. Wie streng war uns verboten, nahe heranzugehen! Und nur ein paar hundert Meter entfernt war das große Fabrikgebäude mit der Aufbereitung, den Absetzteichen, der Mühle und der Verpackerei samt Sacklager. In meiner Kindheit (bis dann Pioniere kamen und die gesamte Anlage als Übung in die Luft sprengten!) arbeitete das Graphitwerk noch und sein Leiter war ein Mann namens Hartl, der kein "Hiesiger"

war, komisch sprach und deshalb "der Haddl von da schwazzn Broobe" genannt wurde, weil er seine Graphitproben so zu bezeichnen pflegte.
Dieser "Haddl" hatte ein Herz für Kinder und mochte vor allem meinen älteren Bruder gern, der damals anfing, chemische Experimente zu machen. Gerade zu der Zeit, als mein Bruder auf allerhand Umwegen meinen Vater dazu zu bringen suchte, Reagenzgläser, Kolben, Flaschen und wer weiß was noch zu kaufen (wobei er auf wenig Gegenliebe stieß, denn die Zeit war arm und wir brauchten unser Geld für's Alltägliche) stellte das Graphitwerk seinen Betrieb ein, die Männer zogen weg, die schwarzen Gebäude standen verlassen da und ehe er sich verabschiedete, nahm der "Haddl von da schwazzn Broobe" meinen Bruder mit in sein bisher sorgsam verschlossenes Werkslaboratorium und erlaubte ihm, sich etwas zusammenzusuchen. Es geht eh alles perdü! sagte der Haddl und bewies damit Prophetengabe. Denn wie gesagt, später kamen Pioniere und sprengten die "ganze Musi" in die Luft.
Ehe das aber passierte, lagen die Werkshallen der Ersten Bayerischen im Ficht leer und verlassen da. Mein Bruder dachte wohl, der Haddl habe ihm einen immerwährenden freien Eintritt gewährt und stieg gelegentlich durch ein zerbrochenes Fenster in die Hallen ein. Zwar durften meine Eltern nichts davon wissen, denn es war gefährlich dort. Unvermittelt taten sich unabgedeckte Löcher auf, die Treppen waren baufällig und mein Vater meinte, wer weiß, was die alles in ihrem Labor zurückgelassen hatten, Finger weg, ihr Buben! Mein Bruder jedoch nickte zwar dazu, unternahm mit seinem Freund Sepp aber die nervenkitzelnden Einbrüche. Um mich ruhigzustellen (plärrend hatte ich Verrat angedroht) nahmen mich die großen Buben mit und mit Herzklopfen stolperte ich durch die düsteren und dreckigen Hallen. Alle Maschinen waren weg, aber es lagen noch Seile herum, Drahtenden, Eisengerät und vor allem, im Labor waren noch soviele schöne Dinge und in beschrifteten Schachteln unterschiedlicher Farbe allerhand chemisches Zeug. Und wir fanden auch die berühmten und oftgenannten "schwazzn Brooben" des mittlerweile längst anderswo seine Menschenfreundlichkeit auslebenden Hartl.
Da ich als harmlos und unverdächtig galt, hatte mein Bruder mir die Aufgabe zugeteilt, die Beute der Streifzüge kleinweis' und unter der Spielschürze (die ich zu meinem Verdruß tragen mußte) versteckt ins Haus zu schaffen. Da ich die Gewohnheit hatte, den linken Nasenflügel intensiv mit dem Finger zu reiben, sah mein Gesicht leicht zebraesk aus und meine Mutter rief mich beim dritten Gang ins Haus an.
Wie ich wieder aussähe? Wo ich mich wieder dreckig gemacht hätte? Ob ich nie gescheit würde und verstünde, daß sie sich in der Waschküche am Rubbelbrett abplagen muß? Mein Bruder hatte mir allerlei angedroht, würde ich ihn "verschiagen" und deshalb gestand ich, im Graphitwaggon auf dem Bahnhof gespielt zu haben und bekam von der Mutter ein Ohrwachlrennats. Mein Bruder entschädigte mich mit einem Stoß in den Rücken, was bei ihm das Non-Plus-Ultra der Anerkennung war.
Mein Bruder und sein Freund Sepp phantasierten von Sprengstoff, den sie herstellen, in einem Eisenrohr verschließen und dann an entlegener Waldstelle

hochjagen wollten. Zum Glück enthielt das Labor der Ersten Bayerischen nichts, das man dazu verwenden konnte. Deshalb sprengten die leichtsinnigen Kerle mit Karbid.
Damals gab es noch die starkwandigen Einliterflaschen für Bier, die den Drahtbügelverschluß hatten. In meinen Elternhaus konnte eine solche Flasche nicht aufgetrieben werden, aber der Sepp "organisierte" sie vom Nachbarn, der mehrere davon hintereinander austrank, wenn er das Geld dafür auftreiben konnte. Beim Sepp daheim wurde die mit weißer Flamme zischende Karbidlampe verwendet und es stand immer ein Blechkübel mit dem seltsam riechenden, steinartigen Karbid im Schuppen. Die beiden Buben verfügten sich deshalb in den Wald und auf eine Lichtung, wo ein Bächlein floß, denn Wasser war für die Sprengerei vonnöten. Mich mußten sie schweigenshalber wieder mitnehmen, mein Bruder war jedoch nicht dumm und kannte die Gefahr. Er verpackte mich deshalb zuerst in sicherer Entfernung hinter einen großen Baumstrunk und drohte mir mit allen Höllenstrafen, wenn ich den Kopf herausstrecken oder gar aufstehen würde. Aus der Entfernung schaute ich ängstlich-gespannt zu, wie die Buben den Karbid durch den engen Flaschenhals einfüllten, dann Wasser hineinlaufen ließen und die bereits schäumende und leise Geräusche vonsichgebende Flasche mit dem Bügel verschlossen. Sie warfen sie ins Gras und rannten wie die Hasen davon. Nach dem Deckungssuchen hinter halbüberwachsenen Baumstrünken dauerte es einige Minuten und dann knallte die Explosion durch den Wald und sirrten die Glassplitter durch die Luft. Einer blieb in einem Baum weit weg von der Sprengstelle stecken und mein Bruder sagte, verdammt nochmal, die fliegen ja viel weiter, als ich gedacht habe. Wir lassen es lieber doch sein!
Auf diese Weise kam ich unbeschädigt aus diesem Abenteuer heraus und konnte deshalb in dieser Erinnerungskiste kramen!

Die Hammerschmiede als Lebensschule...

Handwerks- und sozialgeschichtliche Betrachtungen anhand der Erinnerungen eines alten Mannes

Wegscheid. Dem Schmid wurde schon in der germanischen Mythologie eine besondere, ja magische Bedeutung zugestanden, Männer, die das Eisen zu bearbeiten verstanden, waren bedeutend und sogar gefürchtet. Sie galten mitunter als mit zauberischen Kräften begabt. Geschickte Handwerker waren sie allemal, oft sogar heilkundig bei Tier und Mensch. Ihre Erzeugnisse wurden dringend gebraucht, ihre Kunst sicherte dem ganzen Volk das Überleben. Eine besondere Note erhielt das Schmiedwesen gerade in unserer engeren Heimat mit ihren vielen kleinen Flüssen und raschfließenden Bächen mit dem Aufkommen der wasserradgetriebenen Hammerschmieden. Zu ihrer technischen Einrichtung und wirtschaftspolitischen Bedeutung an anderer Stelle. Da noch Hammerschmiede alter Art unter uns leben, soll hier als ein Beispiel für die Handwerks- und Sozialgeschichte aus den Erinnerungen Franz Auers vom Frickenhammer bei Meßnerschlag erzählt werden.

In seinem 75.Lebensjahr berichtete Franz Auer erst von seinem alten Geschlecht, das seit Generationen dem Hammerschmiedewesen verbunden ist. Seit 1688 sitzen die Auer auf dem Frickenhammer, der anderthalb Jahrhunderte vorher von einem Meister Hans Frick, der auch Waffenschmied war, gegründet wurde. Vorher hieß er Lobenhammer. Franz Auer hat seine Kindheit vor dem 1. Weltkrieg verlebt und seine Lehre beim Vater in den ersten Kriegsjahren begonnen, in einer Zeit, die heute mondenfern erscheint, so sehr haben sich seitdem die Verhältnisse geändert. Neben dem Hammerschmiedemeister selbst arbeiteten im Frickenhammer zwei Gesellen und ein Lehrbub. Der damals 14jährige Franz mußte so ran wie ein Fremder und das bedeutete jeden Werktag von 5 Uhr früh bis 19 Uhr abends und Samstag bis 18 Uhr an den Hämmern und den Feuern stehen. "Das war eine harte Arbeit", berichtet der alte Mann, der noch heute stark und gesund ist und den offenbar nichts umbringen konnte, "immer mit den Eisen hantieren, schwer heben und tragen, Feuer und Lärm, da hab ich schon gelernt, was auszuhalten." Die Entlohnung damals klingt heute wie ein Märchen. Ein Lehrbub erhielt 50 Pfenning die Woche, der 1. Geselle 9 Mark und der 2. Geselle 4.20 Mark die Woche, dazu Kost und Wohnung. Mit der Kost war das so eine Sache. "In der Früh eine Mehlsuppen und Brot, eine vormittägliche Brotzeit haben wir uns in die Esse hängen können, die gab's nicht. Mittags saßen alle um den großen Tisch und es wurde das übliche Bauernessen aufgetragen, fettes Gselchts mit Kraut und Kartoffeln, hintnach vielleicht einen Selbern. Und abends gabs wieder eine Saure Suppn oder eine Mehlsuppn" erinnert sich Franz Auer und auch daran, daß es ihn als Lehrbuben und als Gesellen immer mächtig gehungert hat. Fett ist keiner geworden von den Hammerschmieden, aber stark.

Was wurde nun alles so hergestellt im Frickenhammer? Da machte man Pickel und Schaufeln, Äxte und Beile, Kartoffelhauen, Sicheln für Getreidemähen, vor allem aber Schneidstockmesser, denn damals wurde dem Vieh das "Gsott" noch jeden Tag vorgeschnitten. Eben alles, was der Bauer und Arbeiter brauchte, wurde von den Hammerschmieden gemacht und zwar "auswendig", ohne Vorlagen oder Maße. "Der Vater hat von seinem Vater her gewußt, wie diese Sachen aussehen mußten und ich hab's wieder vom Vater gelernt", erinnert sich der alte Hammerschmied, der nie gezählt hat, wieviele praktische und nützliche Dinge er nun eigentlich in seinem Leben gemacht hat. Es müssen unzählige gewesen sein, denn damals ließ die Landbevölkerung noch alles "von Hand machen" und am Absatz der Waren fehlte es nicht. In der ganzen Umgebung verkauften die Auerleute ihre Waren und bis nach Österreich hinein hatten sie Kundschaft.

Eine besondere Spezialität waren die Wagenreifen. Dazu nahm man nicht das teure, eigens aus Passau bezogene Eisen her, sondern die Abfälle und Alteisen, das man sammeln ließ. Vor allem dem Lehrbuben oblag es, diese Abfälle "zusammenzubauschen", sie also in ein Paket zu verwandeln, das dann erhitzt und in einem langen Arbeitsgang ausgeschmiedet wurde zu Wagenreifen. "Das hat gerumpelt, wenn die zwei wassergetriebenen Hammer zugeschlagen haben," erinnert sich Franz Auer, "aber was in die Ohren haben wir uns nicht getan, wir haben den Krach gewöhnt. Mit einem Ratsch in der Werkstatt war aber nichts."

Dazu wäre den Schmiedegesellen und dem Lehrbuben auch gar keine Zeit geblieben in ihrem 14stündigen Arbeitstag. Denn in den Zeiten, da es "drabi" war mit der Landwirtschaft, mußte man auch auf dem Hof aushelfen, der zur Hammerschmiede gehörte. Und dann war da noch eine wichtige Arbeit, das Kohlenbrennen. Steinkohle hat der kleine Franzl als Hammerschmiedlehrbub garnicht gekannt, die kam erst lange nach dem ersten Weltkrieg in den Bayerischen Wald, das Schmiedefeuer wurde nur mit selbstgebrannter Holzkohle betrieben. Und zwar verwendete man dazu Weichholz, kein Buchenholz, das sich für die Zwecke der Hammerschmiede nicht eignete. So wurde Franz Auer also auch noch Köhler und er hat in seinem Leben viele Meiler aufgesetzt, den letzten im 2. Weltkrieg, als es wieder schlecht um die Kohlenzufuhr stand. Von der Kohlenbrennerei stammt auch der Name "Kohlstatt" her, der überall dort, wo einmal Hämmer arbeiteten, daheim ist, auch in der Nachbarschaft des Frickenhammer gibt es ein Kohlstatt.

Soviel Holz hatte Franz Xaver Auer, der Vater von Franz, garnicht, daß er eigene Scheiter hätte brennen können, so kaufte man das Holz ringsum auf oder nahm es als Zahlung für gelieferte Ware an. Viel Geld war daraus nicht zu erlösen, denn eine reiche Kundschaft suchte der Hammerschmied vergebens. "Ein Schneidstockmesser war unser teuerstes Erzeugnis" erzählt Franz Auer, "es mußte mit viel Können und Sorgfalt hergestellt werden und brachte 4 Mark, aber eine Kartoffelhaue haben wir schon um 70 Pfennig verkaufen müssen." Man versuchte allerdings schon damals im Frickenhammer soetwas wie Rationalisierung, denn Waren wie etwa Kartoffelhauen oder auch Schneidstockmesser, die man in größerer Zahl brauchte, wurden 40 Stück-

weise vorbereitet und dann hintereinander weg gefertigt, mit einer Routine, die sich die Schmiede natürlich bald erworben hatten.
Franz Auer besitzt seine Fertigkeiten heute noch, sein Sohn hat sie schon nicht mehr erworben, er machte aus der Hammerschmiede eine Landmaschinenwerkstätte, der alte Hammer wurde ausgebaut und liegt jetzt auf dem Schrotthaufen. 1966 schlug dem uralten Frickenhammer die letzte Stunde, aber einen kleinen Federhammer hat man sich behalten und auf dem schmiedet der alte Auer immer noch das, was von ihm verlangt wird. Vor allem Staudenhacken sind noch immer recht gefragt, soetwas stellt keine Industrie her und so muß der Hammerschmied immer wieder einmal dran.
Aber längst ist die Zeit vorbei, da alles fein säuberlich in einem Buch notiert wurde und zum Jahreswechsel die Rechnung hinausging an die Kundschaft, mühsam mit der Hand geschrieben, "Und oft habens dann net zahlt!" schmunzelt Franz Auer über diese längst ausgestandenen Sorgen, die aber damals, zu ihrer Zeit, recht drückend waren, denn so besonders gut ging es den Hammerschmieden nicht mehr, die Industrie bedrängte sie schwer. Deshalb war man auch garnicht zimperlich bei Krankheit und Verletzungen, die in einer Schmiede nicht gerade selten sind. Einen Doktor hat da niemand geholt, es sei denn, es kam ganz schlimm. Franz Auer weiß über ein praktisches Mittel seines Vaters zu berichten: "Wenn wir uns wehgetan haben, dann hat er gesagt, geh naus in'd Wasserstubn und soach dir drauf..." Und diese Art von Desinfektion hat auch fast immer geholfen.

Solange dein Gast weilt,
heiß ihn nicht eilen
Noch weilen
wenn du ihn siehst eilen

Friedrich Rückert

Chitraleka Prasad aus Mysore in Südindien erlernte den traditionellen indischen "Bharat natyam"-Tanz, um die Folgen der Kinderlähmung zu überwinden.

Als Chitraleka Prasad den Watschenplattler sah...

Gäste aus Südindien im Landkreis zu Besuch — Bayern als Station einer Weltreise

Untergriesbach. Was tut ein keineswegs aus dem Rahmen des Üblichen fallender Mitteleuropäer, ein Waldler, wenn er eines schönen Tages die kurze Nachricht erhält, daß eine Hindufamilie aus Südindien ihn zu besuchen gedenke, um durch das Leben in einer deutschen Familie Einblicke in eine fremde Lebensart zu erhalten? Er verwandelt sich samt Weib, Kind und Freunden flugs in einen "Botschafter" seines Landes", entdeckt allerhand sonst verschüttete nationale Tugenden, arrangiert ohne Rücksicht auf die Konjunkturlage geschwind ein Programm, das einem Verkehrsdirektor Ehre machen würde, und harrt der Dinge, die da kommen würden.

Uns sie kamen in Gestalt von Dr. Ananda Bai Prasad, Ärztin und Inhaberin einer gynäkologischen Klinik in Mysore/Südindien, ihrer 22jährigen Tochter Chitraleka Prasad, ausstudierter Medizinerin und in altindischen Tempeltänzen seit dem siebten Lebensjahr wohl erfahren, und schließlich des zwölfjährigen Deepak Prasad, was auf deutsch Licht bedeutet.

Wenn man, wie der besagte Mitteleuropäer beziehungsweise Waldler in Bangalore/Südindien seit 20 Jahren einen Freund hat, der einem mitteilt, daß seine Freunde eine zu Weltreise unternehmen gedächten und auf seine Empfehlung hin doch freundlich aufgenommen werden möchten, was tut man dann anderes, als sich in aller Eile über die Eßgewohnheiten hochkastiger Hindus zu informieren, entsprechende Nahrung herbeizuschaffen und dabei den Curry nicht zu vergessen? Und wenn man dann dank längst vergangener Bemühungen noch etwas Englisch gerettet und nicht vergessen hat, daß der Hindugruß "Namasthe" lautet, dann kanns losgehen.

Trotz Goetheinstitut in Passau ist hierzulande die Gewohnheit an anders aussehende Leute noch nicht so groß, daß zwei Inderinnen in Seidensaris, gold-durchwirkt und in verzierten Sandalen, mit Goldschmuck an den Armen, Perlen und Ringe in den Ohren und dem roten Zeichen auf der Stirn nicht genügend Aufsehen bei Jung und Alt erregten. Offenbar aber empfanden sich nicht nur der besagte Mitteleuropäer beziehungsweise Waldler und seine Familie als kleine Botschafter ihres Landes, sondern auch vielerlei andere Leute in Stadt und Land. Wie anders wäre es sonst zu erklären, daß bei einem Einkaufsbummel in Passau die Verkäuferinnen ihre Super-Schokoladenseite zeigten und einigemale unaufgefordert Preisnachlässe geboten wurden? Es war eine Freude, mitzuerleben, wie nett man hierzulande gegenüber Ausländern sein kann, wenn sie nur von weit genug herkommen.

Inder, vor allem aus gebildeten und vermögenden Schichten, haben oft eine uns nicht recht verständliche Vorliebe für die europäische städtische Zivilisation. Ganz anders die Gäste aus Mysore, die ihren Aufenthalt auf einer Reise, die über Teheran, Rom, Genf, München, Paris, Kopenhagen, Oslo, Städte in den USA, Hongkong, Bankok führte, in Deutschland Halt nur zu dem Zweck machten, Bayern und die Bayern kennenzulernen.

Wie sehr wir auch unsere Heimat lieben, unser Stolz wächst noch, wenn wir an einem schönen Tag, wie ihn der Himmel für die Gäste beschert haben mochte, vom Höhenberg aus die Landschaft zeigen, wenn wir, wie geschehen, von der Dolomitenstraße ins Donautal blicken, Obernzell streifen und die Wälder auf Wirtschaftswegen durchfahren. Was liegt dem Botschafter der bayerischen Heimat näher, als das Gymnasium herzuzeigen, dessen Hausmeister sich gern und freundlich aus der Ferienruhe stören ließ und alles zeigte? Und sogar die vielen Straßenbaustellen, fatalerweise eine davon unmittelbar vor dem gastgebenden Hause, gewinnen noch eine besondere Note des Fortschritts, die den Gästen als vorbildlich erscheint. Na, schön wärs, wer streitet schon über Politik und mag "Strukturförderung" und "Konjunkturzuschlag" ins Englische übersetzen?

Die exotischen Gäste, daran besonders interessiert, besuchten das Kreiskrankenhaus und verglichen die eigenen Anlagen daheim mit denen des deutschen Hauses. Daß sie sich dabei in Fachgespräche verwickelten und uns Gelegenheit gaben, Chefarzt Dr. Steinhardt ärztliches Englisch sprechen zu hören, war nur ein willkommener Nebeneffekt.

Die neue Wegscheider Kirche mußte als Beispiel moderner christlicher Architektur dienen und beeindruckte die Hindus, die gewohnt sind, alle Religionen zu achten, besonders durch die Innenarchitektur und die Buntglasfenster.

Wenn man seine Kenntnisse über klassischen indischen Tanz nur aus Büchern bezieht, braucht man sich nicht darüber zu wundern, daß man unvorbereitet einem Abend entgegensieht, den sich die Gäste zu einer Vorführung reserviert haben, die viel mehr Zuschauer verdient hätte, als wir in der Eile auftreiben konnten. Im Wohnzimmer, vor einer Kulisse der in vielen Jahren zusammengetragenen orientalischen Kunstsammlung, die die Gäste gerade mit einer Parvati-Statue bereichert hatten, tanzte Chitraleka in einem Kostüm, das in halbstündiger Toilette mühsam angezogen werden mußte und bei dem jede Falte etwas zu bedeuten hat. Noch mehr aber sagen dem Kenner Schmuck und Schminke und die zuchtvollen Tanzbewegungen, von einer seltsam fremden Musik vom Tonband begleitet. Welch Glück, daß die Technik auch in Indien so beliebt und Tonbänder so leicht im Fluggepäck zu transportieren sind.

Unser Gast tanzte Krischnalegenden, die man auch verstand, ohne genau zu wissen, was jede der Hand- und Fingerbewegungen zu bedeuten hatten. Jahrtausendealt ist der klassische indische Tanz, aber bestimmt war es zum erstenmal, daß tief im Bayerischen Wald mit klingendem Schmuck die hübsche Geschichte vom Gott Krischna und den Hirtenmädchen vorgetanzt wurde.

Was mochten die Gäste nun denken, als die Tänzerinnen, Tänzer, Sängerinnen und Musikanten des Trachtenvereins Lämmersdorf freundschaftlich um Gäste und Gastgeber bemüht, sich in der Bauernstube des Kerberhofs in Niederndorf sehen ließen. Da wurde gejodelt und geplattelt, daß die indischen Gäste ehrlich zu staunen anfingen und sich fragten, wie das möglich sei.

Als aber dann von besonders sorgfältig kostümierten Burschen gezeigt, der Watschenplattler durch die Stube tobte, freute sich Chitraleka in herzgewinnender Weise. Vielleicht erfahren die freundschaftlich sich in Schweiß arbeitenden Lämmersdorfer erst jetzt aus diesen Zeilen, daß ihre Gäste zum erstenmal in ihrem Leben Wein tranken, um sie mit einem Anstoßen zu ehren. Wir vergessen nur allzuleicht, daß wir für Hindus aus Südindien ebenso exotisch wirken, wie sie auf uns.
Dinge, die uns selbstverständlich sind, machen sie erstaunen. Sind die Leuchtpfosten an den Sraßen elektrisch beleuchtet oder wie funktionieren sie? Das hieß es zu untersuchen. Ein Brief mit der Anregung, so etwas auch in Indien einzuführen, wird demnächst die indische Zentralregierung in Neu-Delhi erreichen.
Das freie Zusammensein von Burschen und Mädchen war die Grundlage langer Gespräche. Minikleider verursachten der jungen Inderin neugierige Blicke. Darf ein wohlerzogenes Hindumädchen doch nie ihre Beine zeigen. Und wenn schon, die Saris waren auch ganz fesch!
Unser gewohntes Pantoffelkino, das Fernsehen, gewann eine neue Seite durch das fast kindliche Interesse, das es dem Besuch abnötigte. Oh Wunder, in Indien kennt man diese Errungenschaft nur vom Hörensagen und sogar das Werbefernsehen nebst Weißem Riesen und Mainzelmännchen war Gegenstand gespannter Aufmerksamkeit: Eine neue Bildungsaufgabe für unsere Schulen: Die Englischlehrer mögen unsere Kinder in den Stand setzen, deutsche Werbesprüche zu übersetzen...
Eine Fahrt ins Oberland nach Berchtesgaden vervollständigte den Eindruck vom geliebten Bayernland, das sich den Gästen in ihren luftigen Gewändern von allen Seiten zeigte — in Sonne und augustlichem Regen mit Kühle, Hatschi und Gesundheit! Auch das etwas, um sich über die fremden Sitten zu wundern.
München zum Schluß dieser leicht verzauberten Tage, dann erhob sich der Düsenvogel mit der Fracht aus dem fernen, heißen Land wieder in die Luft.

(29.8.1970)

Sprachlos und ohne Hoffnung in einem fremden, kalten Land

Verfolgte Kurdenfamilie in der Landwirtschaftsschule — Sie wollen lernen und arbeiten

Untergriesbach. Eiskalt fegt der Wind über die mit dünnem Schnee bedeckten Felder, und auf den Straßen bilden sich matschige Pfützen. Alles hastet und rennt, denn Weihnachten kommt näher, das Fest der Liebe, des Lichts, der familiären Geborgenheit. Die Lichterketten schaukeln und die Christbäume vor den Geschäften glitzern im Licht ihre Kerzen, während drinnen die Kassen klingeln. Ich bin "wahnsinnig beschäftigt", von Terminen gehetzt, bekomme Post, denke an Briefe, die noch zu schreiben sind, an Geschenke, an ein paar Tage Ruhe, endlich, endlich. Was ist es nur, das mir nicht aus dem Sinn will, das mich im Unterbewußtsein quält, das mich noch mehr umtreibt als all dieser Rummel? Ach ja, da habe ich was gehört von Flüchtlingen aus dem Libanon, die in der Landwirtschaftsschule untergebracht sind. Die Leute reden über sie, wie werden sie wohl dieses eiskalte Wacheln vertragen — und dann geht man zur Tagesordnung über. Oder doch nicht?

Ich mache mich auf den Weg zur Landwirtschaftschule und gehe zum Hausmeister, zu Johann Fuchs. Er wird wohl wissen, was mit dieser Familie los ist. Ich treffe ihn bei der Arbeit an. Ein Bad wird eingerichtet, Stuben in der Landwirtschaftsschule aus- und umgeräumt, Handwerker sind da und man bespricht sich mit ihnen. Die Familie soll es so gut haben wie möglich, Landratsamt und die mit der Obsorge für die Flüchtlinge beschäftigten Leute tun, was sie können. Ich platze hinein in eine Atmosphäre, die ich lange vergessen hatte — Piccolominis Lager! Betten stehen da und darin ein schnauzbärtiger Mann, eine dicke Freu und Kinder. Krank? Achwas, sie vertreiben sich nur die Zeit, denn was sollen sie draußen tun in dieser eiskalten fremden Welt? Sie haben nur ein paar Sachen an und an dem Tag, da mich in der Pelzmütze und gefüttertem Parka friert, was sollen sie draußen? Und was drinnen? Also wird geschlafen, ein Bub liest in einem Lehrbuch "Deutsch für Araber..."

Johann Fuchs hat es in den paar Tagen, die die Flüchtlinge nun hier sind, redlich versucht, sich bayrisch-deutsch mit Leuten zu verständigen, die ein paar Brocken aufgeschnappt haben: Kalt, essen, danke und auf Wiedersehen! Es geht mehr schlecht als recht und in der Zeichensprache.

Freudiges Erstaunen, als ich meine paar arabischen Brocken, aus Ägypten mitgebracht, versuche, aber für eine Verständigung langt es nicht. Da ist es ein Wink des Himmels, daß noch zwei andere Libanesen da sind, ein Ehepaar — und der Mann spricht gebrochen Englisch. Also wird parliert — mein Englisch, sein Englisch, sein Arabisch, das Arabisch der Familie — na denn, endlich kommt etwas dabei heraus und die sprachliche Isolierung weicht.

Erste Überraschung, die Familie da in den Betten ist weder libanesisch noch arabisch, es sind Kurden aus dem türkischen Teil von Kurdistan, geflohen

schon vor Monaten vor den dauernden Verfolgungen, denen die Kurden ausgesetzt sind. Allah mag wissen warum. Kamel el Zhain ist Schreiner von Beruf, aber er sah in seiner Heimat keine Möglichkeit mehr, weiterzuleben und seinen Kindern ein Zuhause zu bieten. Schießerein, Verfolgungen, Haß auf die Minderheiten — wer liest schon vom Schicksal der Kurden in einer unserer Zeitungen? Also war Kamel el Zhain mit seiner Familie in den Libanon geflohen, in der doch recht freien Gesellschaft dort, wo Muslim, Drusen und Christen friedlich zusammenleben, glaubte er sicher zu sein... Ich weiß nicht, was die Kurden für "Ja Schnecken!" sagen, aber so etwas ähnliches muß es gewesen sein, als der biedere Kurde merkte, daß der Libanon nicht mehr friedlich war und tolerant schon gar nicht mehr! Erneute Verfolgung, erneute Flucht. Der Libanon, froh die ungebetenen Gäste los zu sein, gibt ihnen Transitpässe und dann ab nach Deutschland, ins gelobte Land.
Nun sind sie also da, ein 15jähriger Bub, ein 12jähriger, ein Mädchen, noch ein Mädchen und ein Baby, wie alt alle sind, hab ich nicht ganz mitgekriegt, mir der arabischen Zählerei hat es schon seinerzeit im Bazar Khan el Khalili in Kairo gehapert...
Als Kamel el Zhain gemerkt hat, daß da ein Zeitungsmensch vor ihm sitzt, der Anteil an ihm und seiner Familie nimmt, da sprudelt es kurdisch-arabisch aus ihm heraus: "Ich möchte ja arbeiten — ich bin ein Stuhlmacher — alle wollen arbeiten, das Baby nicht (Lächeln) — die Buben wollen lernen! Ja, lernen! Zur Schule gehen, ist das möglich? Wir wollen bleiben, Deutschland ist gut — aber kalt (wieder Lächeln), die Deutschen sind gut — können wir bleiben?"
Als er das sagt, hebt es die ganze Familie fast von den Stühlen, so erwartungsvoll schauen sie mir ins Gesicht, als ob ich der Minister persönlich wäre, der ihnen das Bleiben versprechen kann. Ich sage ein paar freundliche Worte, die mir fast im Halse stecken bleiben: "Allah kerim — Gott ist groß, er wird's schon richten!" Die frommen Moslem berühren ihre Stirnen...
Der eine Bub, der das Lehrbuch in der Hand hat, schwenkt es mir vor der Nase herum. Er versucht, die deutschen Worte: "Ich möchte ein Brot kaufen? Was kostet das?" korrekt auszusprechen. Nun, Kinder lernen schnell, sie brauchten nur Anleitung. Ob es die Eltern noch lernen werden? Aber das ist wohl nicht das Problem, wenn nur die Kinder anfangen, sich zu verständigen. Einstweilen sind sie alle sprachlos in einem fremden, kalten Land. Alles lebt und redet um sie herum, alles tönt und klingt, aber es rauscht an ihren Ohren vorbei. Sie verstehen es nicht und niemand versteht sie — ist das nicht ein erbärmliches Los?
Ich erinnere mich beklommen, wie es mir in Indien und Ägypten zumute war, als alles um mich herum redete und ich außen stand. Als Gast mag das gehen und sogar kurios sein, aber für den, der dauernd bleiben will, für den, der nach langer Verfolgung und Flucht heimisch sein möchte, kann er eine Sprachlosigkeit ertragen, ohne starken Schaden zu nehmen?
Ich fange gleich eine improvisierte Deutschstunde an, und die Kurden, ihr arabischer Dolmetsch und ich lachen zusammen, lustig und befreit. Johann Fuchs und Max Pöppel werkeln derweil an der Badewanne, ein Waschbecken

kommt auch schon, ein Boiler wird installiert, sogar Kraftstrom gelegt. Was denken sich die Kurden dabei? Ich kann es nur raten, aber das sehe ich klar, wie wohl ihnen wird, als ich mit "Salaam aleikum" gehe. Nein, keine Zigarettenmarke, es heißt "Friede sei mit dir" und sie laufen mir alle bis auf die eiskalte Treppe nach und es tönt im Chor: "Aleikum salaam" — Auch mit dir sei Friede!"

Ich gehe die Treppe hinaub und wie ich so meine Gedanken ordne, da kommen mir plötzlich Worte in den Sinn, die mein Stadtpfarrer Wagner im Konfirmandenunterricht zu mir sagte, vor 35 Jahren, als ich ein Bub war. Wo waren sie so lange? Irgendwo in meinem Herzen vielleicht und jetzt hat sie das Schicksal dieser Kurdenfamilie wieder ans Tageslicht gebracht. Wie sagte Pfarrer Wagner mit seiner schönen, klaren Stimme zu uns gelangweilten Konfirmanden: "Jesus sagt, was ihr dem Geringsten unter euren Brüdern tut, das habt ihr mir getan..."

Sind die Kurden meine Brüderm unsere Brüder? Wir werden es beweisen müssen. Die Kinder frieren in ihren dünnen Pullovern, die Eltern haben sichtbar Angst. "Wir wollen arbeiten — wir wollen lernen — wir wollen bleiben — Deutschland gut!" Allahu akbar — Gott ist groß und ich hoffe, daß er Weihnachtsfrieden auch in die Gemüter dieser Armen senken wird.

(Weihnachten 1978)

Helfen lohnt sich bestimmt

Es gibt eine wissenschaftliche Untersuchung, der zufolge ein englischer Arbeiter sein ganzes Leben lang mit 300 Worten und Begriffen auskommt. Es ist kaum anzunehmen, daß der alltägliche Wortschatz eines einfachen Deutschen viel größer ist. Es ist deshalb wirklich ein Gegenstand des Wunderns, daß die Gastarbeiterkinder solche Schwierigkeiten mit der Verständigung haben. So schreiben doch alle Zeitungen, und auch das Fernsehen kann sich nicht genug damit tun, die Kinder zu bedauern, die zehn Jahre hier leben und ach wie schrecklich! immer noch nicht integriert sind und unsere Sprache sprechen. Natürlich ist wieder einmal die "Gesellschaft" daran schuld, dieser Popanz, der es allen Nichtsnutzen und Faulpelzen erlaubt, ihre eigene Sturheit und Indolenz zu verdrängen.

Was aber mit denen, die neu zu uns kommen, und zwar nicht, weil sie gute Arbeitsverträge haben und sich Geld für ein Geschäft oder einen Schafstall daheim verdienen wollen, sondern die vertrieben sind, die flüchten ums nackte Leben? Erst kürzlich war alles bewegt vom Schicksal der Vietnamesen, und beinahe wäre es auch dabei geblieben, wenn Ernst Albrecht sich nicht darauf besonnen hätte, daß "die Gesellschaft" überhaupt nie hilft, wenn man es nicht selbst tut. Es gibt viele Flüchtlinge bei uns, viele sind echt, manche unecht, einige sind lästig, andere gefährlich. Das alles trifft aber nicht auf die Kurdenfamilie des Kamel el Zhain zu, über die wir hier berichten.

Es ist Jahrzehnte her, daß Sudetendeutsche von der Moldaubrücke geworfen wurden und man ihnen die Hände mit der Kreissäge abschnitt. Es ist auch lange her, daß man in Ostpreußen die Gutsbesitzer an ihre Scheunentore nagelte — lange her und vor allem erfolgreich verdrängt, weil es ja nicht wahr sein darf, was wahr ist. Und weil es so lange her ist und so erfolgreich durch die Beschreibung zahlloser anderer Verbrechen, die wir selbst begangen haben, verdeckt wurde — deshalb hat hierzulande kaum mehr jemand eine Vorstellung davon, was eine Familie mit fünf Kindern zu leiden hat, die vor Verfolgung flieht.

Warum werden die Kurden eigentlich verfolgt? Niemand kann darauf eine Antwort geben, wahrscheinlich noch nicht einmal die Verfolger selbst. Die Kurden haben einiges gemeinsam mit den Basken, mit den Eskimos, mit den Amazonas-Indianern und vielleicht auch mit den Deutschen — sie wollen sie selbst sein, sie wollen ihre Sprache sprechen, ihren Kulturtraditionen folgen, ihre Religion ausüben, sie wollen halt nicht "fremdeln". Das hat irgend etwas mit der nationalen und persönlichen Identität zu tun und mit dem Naturrecht, das auch durch noch so viele Redensarten nicht aus der Welt geschafft wird. Und weil sie das wollen, weil sie Kurden sein wollen und nicht Syrer oder Iraker oder Türken (was sie eben nicht sind, weil sie Kurden sind) so verfolgt man sie, erschlägt ihre Kinder, vergewaltigt ihre Frauen, köpft ihre Männer. Die Iraker (natürlich im Namen des Sozialismus) haben die Kurden tonnenweise mit Napalm überschüttet und lebendig verbrennen lassen. Nun ja, was

geht's uns an, könnte man sagen, bloß sind diese Verbrechen nicht mehr so weit weg und im wilden Kurdistan Karl Mays, sondern wir sehen sie vor unserer Haustür.
Eben in der Familie Kamel el Zhains verkörpert, die nun nach langen Irrfahrten in der Landwirtschaftsschule Untergriesbach gelandet ist. Was wissen wir davon, wie diese Menschen gelitten haben und noch leiden? Und stark leiden sie an ihrer Isolierung, weil sie niemanden verstehen und niemand sie. Wann findet man schon einmal eine Chance, quer durch drei Sprachen zu dolmetschen? Und das bleibt Episode, das ersetzt nicht die Kommunikation, die wir selbstverständlich finden. Das Gespräch, das Radio, das Fernsehen, die Zeitung. Muß das aber alles so bleiben? Müssen die Kinder schullos aufwachsen, müssen die Erwachsenen arbeitslos bleiben? Müssen sie nach ein paar Jahren so weit sein wie viele Gastarbeiter und ihre Kinder, die heute so viele Probleme machen? Wir sind der Ansicht, nein! Das alles ist nicht nötig, wenn wohlverstanden geholfen wird. Geld bekommen diese Flüchtlinge ja, nicht gerade viel, aber mehr wäre womöglich von Übel. Da ist sparsames und vernünftiges Einteilen am Platze. Kleidung bekommen sie auch, nicht genug, die Kinder könnten warme Sachen brauchen. Aber auch das wird sich finden. Was diese Menschen aber brauchen ist eine Antwort auf ihre flehenden Rufe: "Wir möchten arbeiten — wir möchten lernen — wir möchten bleiben!" Können wir hart und kalt zu ihnen sein, gerade heute, wo wir uns erinnern, daß der Heiland der Welt mit seinen irdischen Eltern ohne Herberge war und in einen Stall zog? Wie hoch preisen wir die Hirten, die kamen, um anzubeten, wie verehren wir die Weisen aus dem Morgenland, die mit Gaben kamen. Sollten wir unser Christentum nur in Äußerlichkeiten darstellen und vor der Krippe knien als Ersatzhandlung für das, was wir selbst nicht tun wollen?
Es sind Moslem. Na und? Sie beten zu einem Gott wie wir und verehren Jesus Christus und Maria, zwar mit einem anderen Stellenwert in ihrem Weltbild, jedoch, ist unseres vollkommen?
Wir plädieren hier für Toleranz und für aktives Mitmenschentum. Und wie? Ziehen wir diese Menschen in unseren Kreis! Wer läßt sie Weihnachten mitfeiern! Wer holt die Kinder zum Spielen zu den eigenen? Wer bringt Kleidung für die kalte Wintertage, wer etwas zum Anschauen? Und wer hat den Mut, einen systemantischen Unterricht "Deutsch für den Hausgebrauch und Eingewöhnen in der neuen Heimat" zu veranstalten? Hier denken wir an die Volkshochschule. Im kommenden Jahr kann sie gleich einmal zeigen, was sie außer Bastelkursen noch anbieten kann. Gedacht ist nicht an einen hochoffiziellen Unterricht mit Lehrplan und Aufsicht durch das Ministerium nebst Planstellen und Schulrat, sondern an ein Lehren eben dieser 300 Worte und Grundbegriffe, die man als einfacher Mensch hier braucht, wenn man nicht geade Sartre lesen will oder Heidegger.
Also, was ist? Helfen lohnt sich bestimmt. Wer packt es an und ersetzt die "Gesellschaft", auf die man sicher vergeblich warten wird? Es gibt sie nämlcih gar nicht, wir sind es alle zusammen!

(Weihnachten 1978)

Deutsch-indische Freundschaft durch Sportbegegnung vertieft

Basketballer aus Neu-Delhi auf Besuch — Herzliche Aufnahme in deutschen Familien

Wegscheid. Was mit ein wenig Bangen und Befangenheit auf beiden Seiten begann, endete mit herzlicher Freundschaft, viel gegenseitigem Verständnis und dem Wunsch nach Vertiefung der menschlichen und sportlichen Kontakte. So steht fest, daß die Reise der Baseketballer aus Neu-Delhi in Indien nach Wegscheid ein über das erwartete Maß hinausgehender Erfolg wurde. Ganz abgesehen einmal davon, daß die jungen indischen Sportler, unter ihnen zwei Nationalspieler, hervorragenden Basketball boten und die Zuschauer hinrissen.

18 Mitglieder der “New Delhi Basketball Association” auf Besuch in Wegscheid, Teilnehmer der Eröffnung des Sportstadions und lustige Besucher des Frühlingsfestes? Wie kommt denn das? Die Geschichte ist es wert, erzählt zu werden, denn sie ist exemplarisch dafür, wie in einer Zeit der Aggressionen, des gegenseitigen Mißtrauens und der oft offen gezeigten Ausländerfeindlichkeit Freundschaft entsteht, gepflegt und vertieft wird. Zum Nutzen und Segen aller. Es begann alles an einem Novembertag des Jahres 1981 in einem Reisebüro in Neu-Delhi. PNP-Redakteur Volker Stutzer, auf seiner Reise von Australien über Thailand nach Indien begriffen, war in Delhi angekommen und holte die bestellten Flugtickets für innerindische Flüge ab. Wie im maßlos übervölkerten Nordindien und vor allem Neu-Delhi üblich, herrschte allgemeine Sturheit und Unfreundlichkeit, auch im Reisebüro hob niemand den Kopf, um den Gruß zu erwiedern. Niemand? Nicht ganz richtig, einer der Angestellten lächelte freundlich, hieß den deutschen Gast willkommen, sprach mit ihm, löste ein Problem, das man ihm vorlegte, hatte die Tickets bereits, schielte nicht nach einem “Tip” (Trinkgeld), sondern zeigte sich als ein hervorragender Vertreter eines guten und liebenswerten Indiens, das oft unter der Kruste von Korruption und Hochmut zu verschwinden droht. Es war S.K. Sharma, neben seiner Tätigkeit im Reisevermittlungsgewerbe noch ein bekannter Journalist in Neu-Delhi und (auch das gehört zum Bild) mit einer Frau aus der Gandhi-Familie verheiratet, Brahmane von Geburt. Man freundete sich an, man schrieb sich und plötzlich kam eine Einladung aus Indien für bayerische Basketballer. S.K. Sharma, mittlerweile Inhaber eines eigenen Reisebüros und auf Sportreisen spezialisiert, hatte ein wenig gezaubert und so konnte zu Weihnachten 1982 ein niederbayerisches Basketballteam Nordindien bereisen, dort spielen und den Grundstein legen für die Freundschaft zwischen den Sportlern. Wir haben seinerzeit ausführlich über diese Reise berichtet, bei der das deutsche Team wie Staatsgäste willkommen geheißen wurde. Die damals geknüpften Freundschaftsbande waren es nun, die die Inder veranlaßten, ihrerseits nach Niederbayern zu reisen.

Vor die Völkerfreundschaft hat St. Bürokratius die Formalitäten gesetzt, sie hier zu schildern, würde zu weit führen, erneut mußte gezaubert werden und in enger Zusammenarbeit der Indischen Basketballvereinigung, des Bayerischen Basketballbundes, der Wegscheider Basketballer und der "Freunde Indiens" gelang es, die Reise möglich zu machen.
Junge Sportler in Deutschland und Indien haben nicht soviel Geld, herumzureisen wie sie wollen. Das galt für die Reise der Bayern nach Indien, die das nur mit von den "Freunden Indiens" lockergemachten Zuschüssen tun konnten und weil sie in Indien Gastfreundschaft vorfanden. Und auch die Inder waren darauf angewiesen, trotz der Förderung, die sie von sportfreundlichen indischen Industriellen erfuhren. Und da setzt nun auch ein, was wir eingangs das Bangen nannten. In Indien wird noch heute von bestimmter Seite eine systematische Hetze gegen Deutschland und alles Deutsche betrieben, Deutsche erscheinen dort im Film und in den Medien als Rassisten, Nazis und Kindermörder. Zu denen reisen, bei denen wohnen? Die Inder waren mehr als gespannt, was ihnen hier wohl widerfahren würde!
Daß sie überhaupt kamen, ist schon eine Erwähnung wert, doppelt aber das, was dann wirklich sich abspielte. Rainer Moschek, Wegscheider Spitzenbasketballer und einer der Organisatoren der seinerzeitigen Indienreise, ließ die Telefondrähte glühen und organisierte eine Fahrt, die wohl noch nie eine ausländische Sportlergruppe aus Asien hier erleben konnte.
Rainer Moschek war am Flughafen Frankfurt, um die Inder abzuholen, den Nationaltrainer H.D. Sharma, den Reiseveranstalter, der als Reiseleiter dabei war, S.K. Sharma, vier Funktionäre der indischen Basketballvereinigung und die Spieler, zwei berühmte Nationalspieler darunter, alle anderen in ganz Nordindien angesehene und bekannte Sportler. Rainer Moschek brachte seine "Herde" per Bahn nach Nürnberg. Schon das erste Erstaunen der Inder, von denen die allermeisten das erstemal aus ihrem Land herausgekommen und alle das erstemal in Deutschland waren. Die Bahnhöfe ohne Schlafende und Kochende, die Züge nicht voll Leute, die auf den Dächern und Puffern sitzen und die 2. Klasse in Deutschland besser als die "First luxury class" indischer Züge. In Fürth ein herzliches Willkommen, bayerische Basketballer am Zuge, die ihre indischen Gäste in die Familien mitnahmen, sportliche Begegnungen, Stadtführung in Nürnberg und — Shopping! Die Fülle der Eindrücke überwältigte die Inder, sie begannen zu kaufen! Vergebens die Mahnungen der Älteren, das schmale Reisebudget zu schonen. Verständlich, wenn man weiß, daß unsere Selbstverständlichkeiten wie Pocketkameras, Rekorder, ja sogar Feuerzeuge, die funktionieren, im fernen Indien Seltenheitswert haben.
Da seinerzeit auf der Indienreise des bayerischen Teams Fürther Spieler dabei waren, machte es keine Schwierigkeiten, die Inder dort willkommen zu heißen und die nächste Station, Tegernheim bei Regensburg, hatte dieselbe Wurzel — Freundschaften, geschlossen von Tegernheimer Spielern bei der ersten Reise. Die Inder konnten nun nach Nürnberg Regensburg sehen und erleben, sie spielten wieder gegen dortige Mannschaften und sie schlossen neue Freundschaften.

Bisher war ihnen noch kein Rassist und erst recht kein Nazi begegnet! Überall, wo sie hinkamen, wurden sie herzlich aufgenommen, vom Bürgermeister, den Sportfunktionären begrüßt, die anfängliche Befangenheit schwand, die Sprachbarriere bröckelte ab, die Deutschen schwadronierten Englisch, die Inder lernten "danke", "bitteschön" und "Grüß Gott". Die Mädchen schielten auf die Athleten, die z.T. ausgesucht schöne junge Leute sind... Nur ein Wermutstropfen fiel in den Freudenbecher in Tegernheim. Die indischen Gäste waren gemeinsam im Sportheim untergebracht und mußten miterleben, wie eine 16jährige, unter Drogen stehend, mitternachts von Polizei und Rotem Kreuz abtransportiert wurde! "Shocking!" Für junge Inder ist so etwas ein großer Schrecken, schade, daß das von ihnen so bewunderte Gastland ihnen dieses scheußliche Schauspiel bieten mußte. Aber sie nahmen es dann doch als Erfahrung, die man eben machen muß,

"Hoch ist hier nun Wegscheid zu preisen!" kann man mit leicht abgewandeltem Wilhelm Busch nun sagen. Von Wegscheid aus setzte sich eine Kolonne in Bewegung, Rainer Moschek und Freunde sausten nach Regensburg und transportierten ihre indischen Besucher samt vom "Shopping" schwer gewordenem Gepäck auf der soeben eröffneten Autobahn in den Bayerischen Wald. Erneut Erstaunen! Eine Schnellstraße, wie sie noch nie jemand gesehen hatte. Keine Kühe und Büffel, die über die Fahrbahn rennen! Was würde Wegscheid, dieser "remoted place", die Entlegenheit im fernen Bayern, für sie bieten?

Nun, was bot Wegscheid? Zum Ruhme aller muß man sagen, daß sich in diesen Tagen die Wegscheider als die exzellentesten Botschafter der ganzen deutschen Nation erwiesen haben! Nach dem Besuch in Wegscheid wird keiner dieser Inder es je wieder dulden, daß so über Deutschland gesprochen wird, wie dies bis jetzt immer wieder der Fall war. Bürgermeister Max Binder war da und kramte sein Schulenglisch hervor, um die exotischen Gäste zu bewillkommnen, die "Freunde Indiens" waren natürlich ebenfalls da und dazu die ganzen Gastfamilien samt Kinder, die ebenfalls zeigten, was sie gelernt hatten. Im Nu war alles im Lot, die Küche im Haus des Gastes vermochte sogar die Vegetarier unter den Indern sattzumachen und dann begannen Tage, die, wie man den Gästen wohl glauben darf, als sie es beim Abschied sagten, ihnen "auf ewig unvergeßlich sein werden". Die Wegscheider Gastfamilien überboten sich an Freundschaft und Hinwendung an die exotischen Besucher, schnell schmolz die verständliche Befangenheit dahin. Die "Freunde Indiens" luden zu einer Omnibusfahrt ein, zum Dreisessel, nach Philippsreut an die tschechische Grenze, zum Nationalpark, ins Bauernhausmuseum am Rothausee und auf die Ruine Hilgartsberg.

Viel mehr als sportliche Freunde gefunden

Es gab Erläuterungen dazu in reicher Fülle, unterwegs wurde eingekehrt, die grüne Landschaft bewundert, die "wohlerzogenen Kühe", die nicht über die Straßen rennen und als Abschluß spielten die Inder in Vilshofen gegen eine niederbayerische Auswahlmannschaft vor viel Publikum, herzlich begrüßt und beschenkt wiederum — und gewannen nach spannendem Match. Über die sportliche Seite wird im Sportteil berichtet, hier soll das wiedergegeben werden, was sich sonst so bei diesem Besuch tat.

Wegscheid und der Bayeriche Wald hatten für die Gäste Regen und Sonnenschein, Wolken und blauen Himmel bereit, die Mailandschaft mit dem Kuckucksruf aus den Wäldern bezauberte die aus dem staubigen Delhi kommenden Inder. Mit Begeisterung waren sie dabei, als die Kinder das Sportstadion eröffneten, mit Staunen sahen sie dem Fallschirmsprung zu, als der Bürgermeister zum Fest eingeladen hatte. Und das Bierzelt vollends! Selbst die strengen Funktionäre, die erst finster auf die Maßkrüge geblickt hatten, schmunzelten, als so mancher Hindu nach dem Grundsatz handelte "schwoabts es obi" und laut "Prost" schreiend (auch das lernte sich schnell) im Zelte saß.

Die Inder, überlegene Sportler, gewannen als Sieger den herrlichen Kristallpokal des Turniers und zogen stolz damit ab, sie selbst beschenkten Bürgermeister Max Binder, Rainer Moschek und Volker Stutzer mit Erinnerungstellern, der Reiseleiter S.K. Sharma hatte seinerseits den Pfau für Bürgermeister Max Binder dabei, Anstecknadeln wurden verteilt und alle Sportler sahen sich von der Jugend umringt und gaben Autogramme wie Filmstars.

In seiner Ansprache sagte der Leiter der Gruppe, Nand Kishore Jamdagny, Indien sehe den Sport und die sportlichen Begegnungen als bestes Mittel zur Verständigung der Völker an und man sei nach Bayern, nach Wegscheid besonders gekommen in der Erwartung, hier sportliche Freunde vorzufinden. Was man gefunden habe sei viel mehr. Verständnis, Liebe, tiefe Freundschaft auf beiden Seiten, man habe sich wie daheim gefühlt und danke den Deutschen von ganzem Herzen. Unvergeßliche, herrliche Tage habe man beschert bekommen, dringend luden sowohl Mr. Jamdagny als auch dann noch S. K. Sharma die Zeltbesucher ein, nach Indien zu kommen. Die Inder, überwältigt vom herzlichen Empfang, planen mit einer Jugendmannschaft zu kommen. Nationaltrainer H.D. Sharma war sehr beeindruckt und sagte, so etwas wie diese Reise und diese Begegnungen müßte den Jugendlichen geboten werden!

Nicht ein einziger Mißklang, nicht ein einziges "rassistisches" Wort war zu hören, ganz im Gegenteil, die sympathischen jungen Inder saßen im Zelt verteilt an den Tischen, umringt, umarmt und bewirtet und unterhalten, daß man so etwas noch nie hier sah. Wann war schon einmal eine Gruppe indischer Spitzensportler in Wegscheid? Noch nie. Der Bayerische Rundfunk nahm ein Interview auf, einziges Zugeständnis der "nationalen Informationszuteilungsbehörde", das man in München erreichen konnte. Indische Nationalspieler, der indische Nationaltrainer in Wegscheid waren keine TV-Sendeminute wert. Vielleicht wirds mit dem Privatfernsehen besser?

Die Inder waren zufrieden, immer wieder herzlich angesprochen vom Bürgermeister, von Gemeinderäten, von der ganzen Bevölkerung. Der Abschied war schwer, als sich die Wagenkolonne in Bewegung setzte. Wiederum waren Rainer Moschek und seine Freunde da, um in ihren Fahrzeugen die Gäste über

Chiemsee und Alpen nach München zu bringen, wo sie wiederum sportliche Begegnungen erwarteten und neue Gastfreundschaft in Bayern.
S.K. Sharma, der Reiseleiter und Journalist, wird ausführlich in indischen Zeitungen über diese unvergeßliche Fahrt in den Bayerischen Wald berichten und die Ausschnitte hierher senden. Wir werden dann erneut berichten, denn es dürfte doch interessieren, was die indischen Sportler aus ihrer Sicht zu sagen haben.
Fest steht aber heute schon, daß diese Sportbegegnung weit mehr wurde als geplant, daß die deutsch-indische Freundschaft dadurch sehr vertieft wurde und die allgemeine Völkerverständigung gefördert. Da haben sich dann aller Ärger bei der Überwindung der bürokratischen Barrieren und auch aller finanzieller und persönlicher Einsatz gelohnt.

(6.6.1984)

Lehren aus einer Begegnung

"Ost ist Ost und West ist West und niemals werden sie sich verstehen..." schrieb einst der britische Dichter Rudyard Kipling, Autor des weltberühmten "Dschungelbuchs" und vieler Erzählungen aus Indien. Eines Indien unter britischer Herrschaft allerdings, und so gilt Kipling den Indern heute als "Verkünder des Imperialismus" und ein typischer Vertreter einer europäischen Überheblichkeit, die Wunden hinterlassen hat, die noch nicht vernarbt sind. In Deutschland kennt und schätzt man dagegen in erster Linie den Dschungelromantiker, der den offensichtlich als Archetyp in der menschlichen Seele beheimateten "Wolfssohn" Maugli, den Frosch, geschaffen hat. So ist das deutsche Indienbild wesentlich von Kipling bestimmt, denn wer kennt schon Gjellerup, den Dänen, der in den "Weltwanderern" und dem "Pilger Kamanita" ein ganz anderes Indien vorstellte? Und jede Wette ist zu gewinnen, daß im heutigen Deutschland niemand mehr etwas von Max Müller gehört hat. In Indien dagegen sind die Universitäten nach ihm benannt, Plätze in Städten und das, was hierzulande Goethe-Institut ist, das heißt in Indien "Max Mueller-Bhavan" und dort lernen die Inder Deutsch. Max Müller war ein deutscher Gelehrter des 19. Jahrhunderts, der Sanskrit, die klassische indische Sprache und ihre reiche Literatur vor dem Verfall rettete und für die Welt bewahrte.

Dieser kleine, nur skizzenhafte Exkurs in die europäisch-indische Geschichte und vor allem in die deutsch-indischen Beziehungen ist nötig, um zu verstehen, warum der Besuch von 18 Indern in Wegscheid einen Kommentar wert ist.

Politik soll hier beiseite gelassen werden, Erwähnung verdient jedoch das beklagenswerte, aber gewiß vorhandene Nicht-Wissen in Deutschland über indische Kulturtradition, Religion und Sittenwelt. In der Reisegruppe aus Neu-Delhi befand sich ein junger Brahmane, Ravinder Pandey, der Geschichte studiert und gerade dabei ist, seinen "Doktor" zu machen, oder das, was im indischen System dieser deutschen Bezeichnung am ehesten entspricht. Wenn sein Basketball-Hobby ihm Zeit ließ, sprach Ravinder Pandey sachkundig über die Gründung des Deutschen Reiches, über Bismarck und die Folgen, über die Beziehungen der europäischen Mächte untereinander und sogar über Wallenstein und König Gustav Adolf und die Schlacht bei Lützen. Möglicherweise findet man irgendwo in Deutschland irgend einen Studenten, der etwas von Kaiser Ashoka oder Chandragupta gehört hat oder von der Schlacht bei Panipat — aber ob er als deutscher Basketball-Nationalspieler nach Indien fährt...?

Das ist doch stark in Zweifel zu ziehen, und gerade diese Kombination in der Person des jungen Brahmanen, brillanter Sportler und Student und Kenner deutscher Geschichte ist eine der Lehren, die aus dieser denkwürdigen Begegnung zu ziehen sind. Sollte jemand in Wegscheid den eingangs zitierten Spruch Kiplings gekannt haben; so hat er jetzt seine Gültigkeit verloren. Ost und West können sich doch verstehen — allerdings nur auf der Basis gegenseitiger Zuneigung und Toleranz für Verschiedenheiten.

Brahmanische Vegetarier als Gäste in deutschen Familien, mit Weißwürsten bewirtet, eine Maß Bier in der Hand? Daß das geklappt hat, ist ein kleines Wunder. Nur möglich durch gegenseitiges Tolerieren, durch Vergessen der Gegensätze zugunsten einer allgemeinen Menschlichkeit. Das ist denn auch der Kernpunkt dessen, was man als die Lehren einer einmaligen Begegnung bezeichnen kann. Sportler verstehen sich leichter, selbst Gelehrte können Gegensätze vergessen — aber allen gemeinsam ist der oft widersprüchliche kulturelle, soziale und ökonomische Hintergrund, das "Menschsein in Verschiedenheit". Daß diese Verschiedenheit durch Zuneigung, Toleranz und Menschlichkeit aufgehoben wurde, rechtfertigt jede Mühe, die an diese Begegnung gewendet wurde. Wir wissen aus ihrem eigenen Munde, daß die jungen (und älteren) Inder diese Reise in Bayern und vor allem diesen Aufenthalt in Wegscheid als einmalige Kostbarkeiten, als unbezahlbaren Glücksfall bezeichnen. Und wir wissen von den Wegscheidern, daß sie gleiche oder ähnliche Gefühle und Gedanken hatten und daß aus der Saat dieser Begegnung neue Menschlichkeit als Frucht sprießt.

Allen, die das möglich gemacht haben, ist dafür Dank zu sagen, sie leisteten mehr für internationale Verständigung als alle Diplomaten zusammengenommen. Der Nationaltrainer der indischen Basketballer hat, tief beeindruckt vom Erlebten, den Wunsch geäußert, einmal mit einer Jugendmannschaft wiederzukommen. Er meinte, es müßte eine charakter- und geistbildende Reise, eine singuläre Chance im Leben dieser jungen Leute sein. Wir denken, daß man weder Deutschland noch Bayern und vor allem Wegscheid kein besseres Kompliment machen kann. Hoffen wir also, daß Kipling auf Dauer nicht recht behält hierzulande und daß diese Reise der Jugendmannschaft der indischen Basketballer zustande kommt. Niemand weiß, welche Wirkungen für eine bessere Zukunft davon ausgehen können. Fluch und Segen der Welt entspringt aus Köpfen und Herzen der Menschen, bildet man sie, bildet man auch die Zukunft.

Auf eine gute, glückliche Zukunft denn der deutsch-indischen Beziehungen, für die der weltenferne Markt Wegscheid im Bayerischen Wald soviel Bleibendes getan hat.

(Pfingsten 1984)

Breitenberger Asylanten hungern vor vollen Tiefkühltruhen

Am Dienstag brach plötzlich ein Streik aus — Bevölkerung reagiert verständnislos

Breitenberg. Bisher ging alles so problemlos und friedlich vor sich bei den Asylanten in Breitenberg. Während aus anderen Landesteilen immer wieder Nachrichten von Auseinandersetzungen kamen, hörte man aus Breitenberg nichts. Dort sind seit Januar 1985 in wechselnder Belegung um die 50 Inder, Pakistani und Bangladeschi, auch vereinzelte Iraner, untergebracht. Am Dienstag, 10. September, verweigerten sie plötzlich die Nahrung und gaben bei der Gemeindeverwaltung ein in Englisch gefaßtes Schreiben ab.

Wir übersetzen es hier so, wie es geschrieben wurde, einschließlich der Ungereimtheiten darin. "An die gesetzliche Behörde für Ausländer in Breitenberg. Sehr geehrte Herren, wir sind die Ausländer von Breitenberg und haben Schwierigkeiten. Erstens geht es ums Essen, zweitens um die Gemeinschaftsarbeit. Soweit wir davon wissen, bekommen Leute anderswo, wenn sie Gemeinschaftsarbeit tun, dafür Geld. Aber hier haben wir für unsere Arbeit bisher kein Geld bekommen. Es ist unsere Ansicht, daß uns Geld zusteht, wenn wir arbeiten. Und unser zweites Problem besteht darin, daß wir Essen von niedriger Qualität erhalten. Wir verlangen deshalb besseres Essen oder Geld. Wir bitten sehr darum, die notwendigen Schritte zu unternehmen, um unseren Anliegen zu erfüllen. Hochachtungsvoll... folgen 26 Unterschriften."

Gleichzeitig hängten die Asylanten handgeschriebene Plakate an den Zaun vor ihrer Unterkunft "Hunger-Streik" und saßen dann in Gruppen vor dem Hause. Innen stapelten sich mittlerweile die Eßpakete in der großen Tiefkühltruhe, die der Hausverwalter aufgestellt hat. Die Breitenberger Asylanten hungern also sozusagen vor vollen Fleischtöpfen! Sie erklärten am Dienstagnachmittag, als wir sie aufsuchten, daß sie den Hungerstreik solange fortsetzen wollen, bis sie besseres Essen bekommen und ihren Beschwerden Gehör gegeben wird. Die Heimleitung informierte die Grenzpolizei, diese wiederum ihre vorgesetzte Dienststelle und das Landratsamt Passau und die Regierung von Niederbayern. Das tat auch die Gemeinde Breitenberg, die ja keineswegs, wie die Asylanten zu glauben scheinen, die "legale Ausländerbehörde" ist.

"Aber was können wir machen, wir haben sie nun einmal da und müssen schauen, wie wir fertigwerden", sagte dazu Bürgermeister Josef Ascher. Er drehte den Brief der Streikenden in den Händen herum, denn in der Gemeinde Breitenberg konnte ihn niemand lesen, man muß ein wenig Übung haben mit indischen Handschriften und indischem Englisch, dann geht es schon! Die Regierung von Niederbayern sagte in einer ersten Reaktion auf die Nachricht vom Hungerstreik zu, daß sie sich um eine Verbesserung der Verpflegung kümmern werden (wir berichteten bereits kurz im Bayernteil am Mittwoch). Die Streikenden wurden betreut von einem Sozialarbeiter des Diözesan-Cari-

tasverbandes Passau, der seine Überredungskünste dazu benützte, die meist jungen Leute davon zu überzeugen, daß es so nicht geht.
Von unserem Besuch bei den Hungerstreikenden nahmen wir einen Menüzettel mit, der genau aufführte, was in der "Kostart 21 bis 26 Moslem" vom 5. September bis 8. September bzw. 7. September bis 10. September geboten wurde. Übersetzt (das Original ist Englisch) liest sich das dann so (wir zitieren nur Beispiele): "Frühstück: Kaffee, Zucker, Margarine, Marmelade, Ei, Brot". "Mittagessen: Roastbeef, Reis, Salat oder Huhn mit Reis und Salat oder grüner Paprika gefüllt mit Reis und Früchten." "Abendessen: Salat aus rohem Gemüse, Margarine, Brot, Zucker oder heißer Topf mit Reis und Nudeln, Fleisch und Huhn, Tee, Zucker oder Joghurt, Margarine, Kartoffeln, Tee, Zucker." Wie dazu von den Asylanten zu erfahren war, erhalten sie derartige Rationen abgepackt für drei Tage und sollen sich aus den genannten Zutaten das Essen selbst zubereiten. Sie haben Kühlschränke zum Aufbewahren und eine Küche mit Elektroplatten und anderem Gerät zum Kochen.
Das Beispiel gilt für Muslims, also für die Pakistani und Bangladeschi, die im Asylantenheim sind, die Inder bzw. Sikhs bekommen andere Zusammenstellungen, die ihren Religionsvorschriften angemessen sind. Die Beschwerden der Asylanten, soweit sie von ihrem gebrochenen Deutsch sprechenden Beauftragten vorgetragen wurden, gehen dahin, daß das Essen nicht ausreichend ist, zu eintönig, zuviel Kartoffeln enthält (ulkigerweise auch zuviel Reis!) und daß man mehr Fleisch haben möchte. Am liebsten aber möchten die Asylsuchenden Geld, damit sie sich selbst kaufen können, was sie wollen!
Das, was in ihrem Schreiben von "Geld für Gemeinschaftsarbeit" steht, ist schwer zu verstehen. Bürgermeister Josef Ascher ist der Meinung, daß sie damit meinen, für die Hilfe, die sie gelegentlich bei Bauern leisten, Bezahlung zu verdienen.
Seit die Asylbewerber im Januar kamen, hat die Belegung so ziemlich gewechselt, nur mehr wenige der ursprünglichen Mannschaft sind noch in Breitenberg. Das erklärt wohl auch einiges an den jetzigen Vorgängen. Bei den im Januar kommenden Asylanten befanden sich einige ältere Leute mit höherer Bildung, die Englisch sprechen konnten. Allein aus den Unterschriften auf dem Brief an die Gemeinde ist schon zu entnehmen, daß die meisten der jetzt in Breitenberg befindlichen Asylbewerber aus unteren sozialen Schichten sind, keine oder schlechte Schulbildung haben und kaum einer Englisch kann, sie sind offenbar darauf angewiesen, was Singh Jarnail, ihr Wortführer, in deutsch radebrecht. Der Bürgermeister nennt ihn lieber "Rädelsführer", und er macht auch einen sehr aggressiven und fordernden Eindruck auf den Besucher, der ohne Vorurteile sich durch ihn informieren lassen will. Singh Jarnail behauptet, bereits sechs Jahre in der Bundesrepublik zu sein, und auf die Frage, warum dann sein Asylantrag nicht längst entschieden ist, sagt er, sein Anwalt sei eingesperrt und solange ruhe das Verfahren!
Ganz offenbar gibt es da in Breitenberg eine Menge an "Hintergründen" zu klären. Uns fiel auf, daß niemand mit uns Englisch sprechen wollte, obwohl sicher einige es wenigstens in Ansätzen können, alles konzentriert sich auf den

deutsch radebrechenden Singh Jarnail. Die Regierung von Niederbayern hat für die Vorgänge in Breitenberg die Erklärung, es sei den Asylanten "wohl zu langweilig bei diesem Wetter". Sicher ist es so, sie haben überhaupt nichts zu tun und hängen nur so herum. Wie viele Männer noch aus eigener Erfahrung aus Militärzeit und Gefangenschaft wissen, erzeugt solche Beschäftigungslosigkeit zwangsläufig ein ununterbrochenes Gerede übers Essen. Ein Hauptproblem erschien uns in der "Sprachlosigkeit" zu liegen, alle standen nur so herum und einer oder zwei Leute redeten. Der Sozialarbeiter versuchte ziemlich desperat, damit klarzukommen. Und die Breitenberger reagieren auf die Ereignisse in ihrem Ort ziemlich verständnislos. Hausmeister und Bürgermeister verbergen ihren Grant nur mühsam, "Volkesstimme" weiß anzumerken, daß man "sie heimschicken soll", "diese Leute gefälligst das essen sollen, was man ihnen vorsetzt" und "wir in der schlechten Zeit froh gewesen wären um das, was sie wegschmeißen".
An diese Vorgängen in Breitenberg zeigt sich, wie in einem Vergrößerungsglas betrachtet, die ganze Problematik der liberalen Asylpraxis. Was sollen nur alle diese Leute hier machen, denen alles fremd ist, Sprache, Essen, Sitten, Klima? Wer sie einfach nur so herumhängen läßt, der muß sich nicht wundern, daß es dann zu solchen Reaktionen kommt. Und es erscheint auch wenig hilfreich, wenn, wie in Breitenberg geschehen, die jungen Asiaten "Scheißausländer" genannt werden. Auch darüber beklagen sie sich und meinten: "Was würden Sie denn sagen, wenn wir Scheißdeutsche riefen?"
Es sieht so aus, als ob die Regierung von Niederbayern, die vielgeplagte, hier, von einem Psychologen beraten, eingreifen müßte.

(12.9.1985)

Asylanten und kein Ende!

Wenn ein Staat sich dazu entschlossen hat, eine liberale Asylpraxis einzuführen, dann muß er daraus auch die Konsequenzen ziehen und kann die Asylsuchenden nicht wegwerfend und wie überlästige Schmarotzer behandeln. Wenn er letzteres will, sollte er lieber gleich eine strikte Asylpraxis betreiben und die Leute an den Grenzen heimschicken. Liberal zu agieren und den Leuten "vor Ort" dann die harte Praxis zuzumuten, ist schlicht unfair. Die Politiker sollten aus dem Stadium des Redens und der Absichtserklärungen endlich heraustreten und Nägel mit Köpfen zu machen. Und die sollten endlich den Mut haben, die Wahrheit zu sehen und zu sagen. Daß die DDR nämlich auf dem Wege ihrer Praxis, die Asylsuchenden in ihren Flugzeugen zu befördern und sie geschwind via Westberlin bei uns einzuschleusen, eine Destabilisierungspolitik betreibt. Sie will bei uns Probleme, Unruhe und Unmut der Bürger gegen die Regierung schaffen. Wer das nicht sehen will, ist schlicht ein Narr. Und wer meint, wenn er diesen Leuten, die uns vernichten und unter ihre Botmäßigkeit bringen wollen, nur genug Geld gibt, sie dann besänftigt, hat noch nie etwas aus der Geschichte gelernt. Wir sind der Ansicht, daß unser Staat endlich auf das möglicherweise einsetzende Gejammere von irgendwelchen Weltfremden nicht mehr hören sollte, sondern eine an der Praxis orientierte Asylantenpolitik betreiben muß.

Was ist denn das nun? Zuerst einmal die Frage, was diese Leute aus Asien und Afrika bei uns eigentlich sollen? Wir kennen zufällig nun den indischen Raum und seine Leute und wir können mühelos ausmachen, daß z.B. die in Breitenberg jetzt hungerstreikenden Menschen aus niedrigen sozialen Schichten stammen, schlecht gebildet und ausgebildet sind und gerade ihre jeweiligen Muttersprachen sprechen oder schreiben. Was wollen sie hier denn anfangen, selbst wenn ihnen Asyl gewährt worden sein sollte? Sie haben keine Qualifikation, keine genügend große Intelligenz, sich schnell anzupassen, sie sind aus vielerlei Bedingtheiten und Zwängen heraus dazu auch gar nicht in der Lage, selbst wenn sie wollten.

Hart gesagt, der Staat tut diesen armen Kerlen gar keinen Gefallen, wenn er ihnen auch nur die vage Möglichkeit eröffnet, hierbleiben zu können. Nur weltfremde Spinner können glauben, daß man z.B. Bangladeschi aus niedriger sozialer Gruppe hier integrieren könnte! Sie sind ja noch nicht einmal in ihrem Heimatland in ihr Sozialgefüge voll integriert! Wer das nicht sehen will, sollte sich statt nebelhafter Sozialphantastereien einmal die Fakten vor Ort zu Gemüte führen. Und sich informieren aus der Literatur.

Nur zum Fall Breitenberg selbst. Was wir dort trafen, waren allesamt Opfer. Auch die Breitenberger sind Opfer, ihnen hat die liberale, weltfremde Asylpraxis aus dem Grundgesetz (die niemals von ihren Schöpfern so gemeint war, wie sie jetzt gehandhabt wird!) ein Problem beschert, das sie nicht lösen können. Sogar die bedauernswerten Sachbearbeiter der Regierung von Niederbayern sind Opfer, sie tun uns wirklich leid, versetzen wir uns in ihre Lage, diese Knoten lösen zu müssen. Opfer aber auch sind die "Scheißausländer", denen das Essen nicht schmeckt und die schlicht Heimweh haben, Angst vor der Zukunft in der fremden Welt um sie herum. Die in einem folterhaften Müßiggang dahinleben müssen, der zwanghaft zu neurotischen Reaktionen führt. Es gehört nur ein wenig Phantasie dazu, sich diese endlos langen Tage vorzustellen, mit immer denselben Gesprächen, Latrinenparolen und Streitereien. Wie die Tage dahingehen ohne Beschäftigung, ohne Hoffnung auf Änderung — ist es da ein Wunder, wenn ihnen die "Kostart 21 bis 26 Moslem" auf den Geist geht und sie einen Hungerstreik vom Zaune brechen vor vollen Tiefkühltruhen?

Asylanten und kein Ende! Wir möchten dafür eintreten, daß dieser "Fall Breitenberg", der eigentlich ein "Fall saudumme Asylpraxis" ist, nicht einfach zu den Akten gelegt wird, sondern daraus Folgerungen abgeleitet werden. Eben die, wie die nun einmal hier befindlichen armen Kerle beschäftigt, abgelenkt und ein wenig vorbereitet werden können. Wir täten uns damit auch einen Dienst!

(12.9.1985)